中国歷史研究院集刊

PROCEEDINGS OF CHINESE ACADEMY OF HISTORY 2024 No.2 (Vol. 10)

李国强　主编

2024年　**2**　总第10辑

社会科学文献出版社
SOCIAL SCIENCES ACADEMIC PRESS (CHINA)

中国历史研究院集刊

编辑委员会

中国历史研究院集刊

2020 年 1 月创刊　　　　半年刊　　　　第 10 辑　　　2/2024

目　录

Proceedings of Chinese Academy of History

Founded in January 2020   Semiyearly   Vol. 10   **2**/2024

Contents

"古史层累造成说"的学理反思

郭伟涛

摘　要： 顾颉刚认为，早期历史与神话不分，无法求证，传统上古史系统主要是战国秦汉间人出于各种目的而建构的，应该被视为"中古期的上古史说"。在此基础上，他运用历史演进法，通过古书辨伪进行史料排队，并参考故事发生学原理，提出"古史层累造成说"。严格审视该学说的论证手段、方法和内在前提，虽都存在充分的合理性、必要性与正当性，但也很难称得上圆满。"古史层累造成说"可以理解为狭义和广义两个类型，狭义说论述古史帝王出现时间和次序，广义说阐述古史帝系的演进和形成。前者未必能够成立，后者形成三种变体，即顾颉刚的"虚构—移并—层累说"，杨宽的"分化—移并—层累说"，以及徐中舒、李锐的"传说—移并—层累说"。三种广义说虽然存在不小差异，但对古史系统层累现象一致认同。

关键词： 顾颉刚　古史层累造成说　古史辨　中古期的上古史说

1923 年，顾颉刚在《与钱玄同先生论古史书》一文里提出"层累地造成的中国古史"（简称"古史层累造成说"）观点，引起轩然大波。支持者誉为"替中国史学界开了一个新纪元"，[①] 反对者认为"附会周纳"，无法让人信服。[②]

---

① 胡适：《介绍几部新出的史学书》，欧阳哲生编：《胡适文集》（10），北京：北京大学出版社，2013 年，第 699 页。

② 胡堇人：《读顾颉刚先生论古史书以后》，顾颉刚编著：《古史辨》第 1 册，上海：上海古籍出版社，1982 年，第 96 页。

在随后 20 年内，顾颉刚、罗根泽、童书业、吕思勉将相关争论汇编为 7 册《古史辨》，① 深刻影响学界对上古史的认知。20 世纪七八十年代以来，地下文献陆续出土，揭示许多前所未有的新认识，但是学界对"古史层累造成说"的态度依然两极分化，相关争议也更趋激烈。

从 1923 年"古史层累造成说"提出算起，围绕此说与《古史辨》的争论，已经沸沸扬扬 100 年。之所以争论如此长久和激烈，是因为该问题涉及已经流传数千年古书所载上古史的可信性，被历史学、考古学、神话学等多学科和领域共同关注。可惜学界过去多沿着近现代思想史和学术史路径，或者聚焦于"古史层累造成说"的思想来源和历史背景，② 或者阐发这一学说的重要意义与影响，③ 或者关注胡适、傅斯年、钱穆等学人的态度和看法，④ 或者分析顾颉刚学术理念

---

① 《古史辨》第 1 册、第 2 册、第 3 册、第 4 册、第 5 册、第 6 册、第 7 册分别出版于 1926 年、1930 年、1931 年、1933 年、1935 年、1938 年、1941 年。本文所引《古史辨》为上海古籍出版社 1982 年重印版，特此说明。

② 如施耐德：《顾颉刚与中国新史学》，梅寅生译，台北：华世出版社，1984 年，第 61—96 页；许冠三：《新史学九十年》，长沙：岳麓书社，2003 年，第 192—200 页；王汎森：《古史辨运动的兴起——一个思想史的分析》，台北：允晨文化实业股份有限公司，1987 年，第 29—59 页；廖名春：《试论古史辨运动兴起的思想来源》，《中国学术史新证》，成都：四川大学出版社，2005 年，第 155—177 页；路新生：《中国近三百年疑古思潮史纲》，上海：复旦大学出版社，2014 年，第 397—409 页；吴少珉、赵金昭主编：《二十世纪疑古思潮》，北京：学苑出版社，2003 年，第 1—111 页；李长银：《"层累说"起源新论》，《清华大学学报》2014 年第 5 期；黄海烈：《顾颉刚"层累说"与 20 世纪中国古史学》，北京：中华书局，2016 年，第 9—48 页；李长银：《"史学上的中央题目"："古史层累说"再探讨》，《社会科学论坛》2019 年第 3 期；王晴：《顾颉刚"层累演进"分析法的生成——族群意识与实证交融下的文本阐释》，《民间文化论坛》2023 年第 1 期；等等。

③ 如赵吉惠、毛曦：《顾颉刚"层累地造成中国古史"观的现代意义》，《史学理论研究》1999 年第 2 期；王学典、李扬眉：《"层累地造成的中国古史"——一个带有普遍意义的知识论命题》，《史学月刊》2003 年第 11 期；黄海烈：《试论顾颉刚"层累说"对中国古史学的影响》，《江苏社会科学》2010 年第 4 期；汤莹：《化腐朽为神奇：顾颉刚"伪书移置说"的建立及其反响》，《史学月刊》2022 年第 10 期；等等。

④ 如陈勇：《疑古与考信——钱穆评古史辨派的古史理论》，《学术月刊》2000 年第 5 期；李锐：《疑古与重建的纠葛——从顾颉刚、傅斯年等对三代以前古史的态度看上古史重建》，《清华大学学报》2009 年第 1 期；李长银：《"重建"成就"疑古"：傅斯年与"古史辨运动"》，《兰州学刊》2017 年第 1 期；等等。

的变化,① 对于"古史层累造成说"及其所涉及古史系统的争论,则关注者寥寥。② 尤其是20世纪七八十年代以来,出土文献揭示许多新资料和新认识,面对这样的局面,"古史层累造成说"能否成立?学界达成哪些基本共识?哪些依然争论激烈?这些问题和相关研究,亟须系统梳理和澄清。

"古史层累造成说"自成体系,若要有效和彻底检验其合理性,首先需要明确其论证思路和方法。据顾颉刚晚年自述,他之所以提出此说,"从远的来说就是起源于郑(郑樵——引者注)、姚(姚际恒——引者注)、崔(崔述——引者注)三人的思想,从近的来说则是受了胡适、钱玄同二人的启发和帮助"。③ 其中郑樵、姚际恒、崔述的影响,主要是提示关注古书和古史的真伪问题,注重辨别伪书和伪史;钱玄同(连同此处未提及的康有为)的影响,④ 主要是顾颉刚接受今文经学对古文经学的否定和批评,认为刘歆一班人为了迎合新莽篡汉而伪窜

① 如许冠三:《新史学九十年》,第200—207页;冯峰:《从〈古史辨〉前三册看"古史辨"运动的一个转向》,《史学史研究》2007年第2期;李政君:《1940年前后顾颉刚古史观念转变问题考析》,《史学理论研究》2019年第4期;等等。

② 刘俐娜:《顾颉刚学术思想评传》,北京:北京图书馆出版社,1999年,第277—316页;吴少珉:《近五十年来"古史辨派"研究述评》,洛阳大学东方文化研究院主编:《疑古思潮回顾与前瞻》,北京:京华出版社,2003年,第45—54页;张越:《新旧中西之间:五四时期的中国史学》,北京:北京图书馆出版社,2007年,第281—294页;范静静:《"疑古"与"走出疑古"的回顾与反思》,《哈尔滨学院学报》2019年第12期。

③ 顾颉刚:《我是怎样编写古史辨的?》,《顾颉刚古史论文集》第1卷,北京:中华书局,2010年,第159页。

④ 顾颉刚在《〈古史辨〉第一册自序》中回忆说,"翻览一过,知道它(《新学伪经考》——引者注)的论辩的基础完全建立于历史的证据上,要是古文的来历确有可疑之点,那么,康长素先生把这些疑点列举出来也是应有之事。因此,使我对于今文家平心了不少。后来又从《不忍杂志》上读到《孔子改制考》,第一篇论上古事茫昧无稽,说孔子时夏、殷的文献已苦于不足,何况三皇五帝的史事,此说即极惬心餍理",又说"我的推翻古史的动机固是受了《孔子改制考》的明白指出上古茫昧无稽的启发"(中国社会科学院科研局组织编选:《顾颉刚集》,北京:中国社会科学出版社,2001年,第37、52页)。顾颉刚所受康有为的影响,主要是认为不少经典古书都受到汉末刘歆等人的伪窜而失其本来面目。1961年12月24日,顾颉刚记录他与童书业的对话:"予询丕绳:'我所受之影响孰为最:郑樵、朱熹、阎若璩、姚际恒、崔述、康有为、胡适?'丕绳答曰:'康有为'。予亦首肯,盖少年时代读夏曾佑书,青年时代上崔适课,壮年时代交钱玄同,三人皆宣传康学者也。至胡适,仅进化论之一点皮毛耳。"(《顾颉刚日记》卷9,北京:中华书局,2011年,第372页)可见顾颉刚受康有为影响之深。

古书；胡适的影响，在于通过《井田辨》《〈水浒传〉考证》等著作示范历史演进的研究方法。

"古史层累造成说"的学理逻辑，是首先认为上古时期神话和历史不分，且没有文字记载，无法加以有效研究，而春秋战国诸子通过将神话历史化而形成的上古史传说，又掺杂各种各样的考量，不值得信赖。这套古史传说的发生和演变，则与戏剧、歌谣、传说、神话等故事的形成路径相同,① 因此可用历史演进法加以研究；历史演进法的真谛，是按照文献生成的时代顺序给史料一一排队，以观察古史传说的流变，从中辨别先后和真伪；欲达到有效的史料排队，必须辨识战国秦汉间人造作的伪书以确立史料年代，也就是古书辨伪。换言之，在"古史层累造成说"整个学理逻辑中，神话与历史之别是前提，故事发生学是参照，历史演进法是方法，辨伪书是手段。

本文认为，顾颉刚提出的"古史层累造成说"，在学理逻辑上其实暗含内在矛盾和张力，可以理解为狭义和广义两种类型。学界过去没有注意到这一点，以致相关分析和争论过于笼统，没有对焦，纷纷扰扰达不成共识。有鉴于此，本文先分析"古史层累造成说"的狭义与广义之别，然后检视其研究方法（历史演进法和故事发生学原理）是否可行，内在前提（神话认识和古书辨伪）能否成立，最后再进一步审视学界对狭义与广义"古史层累造成说"的讨论。

有三点需要事先交代，一是本文围绕"古史层累造成说"内在学理逻辑，结合新资料和新研究对此学说加以严格地审视和评判，属于学理分析型评述和反思。二是为了梳理分析的顺畅和圆满，各节开头简要交代"古史层累造成说"相关论题的认识和内在逻辑。三是本文所说的"上古史"，是指夏代及其以前的历史时期。

一、"古史层累造成说"的狭义与广义之别

顾颉刚提出的"古史层累造成说"具体包含三个层次。一是"时代愈后，传说的古史期愈长"，即"周代人心目中最古的人是禹，到孔子时有尧、舜，到战国时有黄帝、神农，到秦有三皇，到汉以后有盘古等"。二是"时代愈后，传说

---

① 有关顾颉刚研究的戏剧、歌谣、传说和神话等民间文学，学界多统称为故事，有时也称为民俗，本文通取前者。

中的中心人物愈放愈大",比如舜"在孔子时只是一个'无为而治'的圣君,到《尧典》就成了一个'家齐而后国治'的圣人,到孟子时就成了一个孝子的模范了"。三是"即不能知道某一件事的真确的状况,但可以知道某一件事在传说中的最早的状况"。"我们即不能知道东周时的东周史,也至少能知道战国时的东周史;我们即不能知道夏、商时的夏、商史,也至少能知道东周时的夏、商史。"①

第一层次论述的主要是帝系,② 古史学界最为熟悉,争议也最多,而备受冷落的第三层次,实际上却对理解顾颉刚的整个说法具有关键作用。第三层次直接表明古史的"真确状况"已不可知,只能追寻后世有关古史传说的"最早状况"。顾颉刚撇弃对上古史真相的追求,致力于探讨后世有关上古史认识的形成与演变。1930年,顾颉刚进一步明确表示,"我所自任的……乃是战国秦汉的思想史和学术史,要在这一时期的人们的思想和学术中寻出他们的上古史观念及其所造作的历史来。我希望真能作成一个'中古期的上古史说'的专门家,破坏假的上古史,建设真的中古史"。③ 这一番概括和定位,集中体现顾颉刚考索古史的两点主要旨趣:第一,直接研究对象不是上古史本身的真实发展情况,而是中古期形成有关上古史的各种认识、看法和知识,也就是"中古期的上古史说"的演变历程;第二,与此目标相匹配的是,顾颉刚搁置了在史实层面对上古史真相的追求,而致力于在史料层面辨别古史传说的真伪。④ 从这个角度理解"古史层累造成说"的第一层次,最符合顾颉刚本意。

《与钱玄同先生论古史书》发表同年,顾颉刚在《答刘胡两先生书》中提出要打破"民族出于一元的观念":"在现在公认的古史上,一统的世系已经笼罩了百代帝王,四方种族,民族一元论可谓建设得十分巩固了。但我们一读古书,商

---

① 顾颉刚:《与钱玄同先生论古史书》,中国社会科学院科研局组织编选:《顾颉刚集》,第2页。

② 随着思考和研究的深入,顾颉刚在1933年正式提出"古史四考"设想,即《帝系考》《王制考》《道统考》《经学考》,以系统全面批判传统古史。《帝系考》主要分析传统帝王和帝系的形成与演进。相关分析参见拙文:《顾颉刚疑古史学的再认识:"古史四考"的提出、演进与学理》,《史学史研究》2025年第1期。本文论述的是帝系,所用概念和说法也主要适用于帝系,不涉及王制、道统和经学。

③ 顾颉刚:《〈古史辨〉第二册自序》,顾颉刚编著:《古史辨》第2册,第6页。

④ 详细分析参见拙文:《重探顾颉刚古史研究的历史认识论》,待刊。

出于玄鸟，周出于姜嫄，任、宿、须句出于太皞……他们原是各有各的始祖……自从春秋以来，大国攻灭小国多了，疆界日益大，民族日益并合，种族观念渐淡而一统观念渐强，于是许多民族的始祖的传说亦渐渐归到一条线上，有了先后君臣的关系……"[①] 细审此说，其实与《与钱玄同先生论古史书》第一点有所不同。《答刘胡两先生书》强调的是，原来分属不同民族的始祖传说，后来被改造成大一统帝系，有了先后的君臣关系。《与钱玄同先生论古史书》认为，越是排在前面的古帝王，见于史籍越晚，言外之意，后起的古帝王是后人杜撰出来的，不消说大一统帝系也是虚构的。

1933 年，顾颉刚在《〈古史辨〉第四册自序》中主张推倒作为种族偶像的帝系，进一步申述《答刘胡两先生书》中打破民族一元的认识。他认为，早期各族祖先互不统属，彼此没有关系，随着秦始皇统一全国，各族之间的隔阂和疏离却并未消失，有碍于政治统一，因此"几个聪明人起来，把祖先和神灵的'横的系统'改成了'纵的系统'，把甲国的祖算做了乙国的祖的父亲，又把丙国的神算做了甲国的祖的父亲"。于是，"这种说法传到了后世，便成了历史上不易消释的'三皇五帝'的症瘕，永远做真史实的障碍"。[②] 意思是秦始皇统一天下之后，时人将本来没有关系的各族始祖归拢到三皇五帝大一统帝系上来。两年后，顾颉刚在《战国秦汉间人的造伪与辨伪》中重申此说，只是将黄帝一元、三代同源的大一统帝系形成时代，从秦统一之后提前至战国时期。

顾颉刚在《答刘胡两先生书》《〈古史辨〉第四册自序》和《战国秦汉间人的造伪与辨伪》中透露出对古史系统形成的认识，与《与钱玄同先生论古史书》第一点所说有同有异。相同之处在于，从后往前看，两者都具有逐渐拉长、扩充、叠加的层累特点。相异之处在于，《与钱玄同先生论古史书》论述传统古史系统中的帝王，强调其出现时间和次序具有一元单线的层累特点，而《答刘胡两先生书》等文章阐述传统古史系统的帝系，强调其演进具有多元多线的层累特点。因此，顾颉刚提出的"古史层累造成说"，可以理解为一元单线的狭义层累说和多元多线的广义层累说。其实，细读《与钱玄同先生论古史书》，顾颉刚在

---

① 顾颉刚：《答刘胡两先生书》，中国社会科学院科研局组织编选：《顾颉刚集》，第 11 页。
② 顾颉刚：《〈古史辨〉第四册自序》，中国社会科学院科研局组织编选：《顾颉刚集》，第 112—113 页。

文中所说"自从汉代交通了苗族，把苗族的始祖传了过来，于是盘古成了开天辟地的人，更在天皇之前了"，[①] 近似于多元多线的广义层累。

必须强调，顾颉刚在阐扬广义"古史层累造成说"的同时，也未放弃狭义"古史层累造成说"，[②] 因此两者是并存互补而非先后更替的关系，广义"古史层累造成说"包含狭义"古史层累造成说"。换句话说，虽然大一统帝系来自各族始祖的移置和归并，然而排在最前面的三皇五帝，实际上是后起的，也就是虚构杜撰出来的。因此，顾颉刚的广义"古史层累造成说"，可视为通过虚构、移并而形成的层累，就像童书业所说的"是一种积渐造伪的古史观"，[③] 与杨宽、徐中舒、李锐等人的观点有所不同。

二、历史演进法的使用与效力

顾颉刚在《〈古史辨〉第一册自序》中说，"适之先生带了西洋的史学方法回来，把传说中的古代制度和小说中的故事举了几个演变的例，使人读了不但要去辨伪，要去研究伪史的背景，而且要去寻出它的渐渐演变的线索，就从演变的线索上去研究"。[④] 其所说的"古代制度"指井田制，"小说"为《水浒传》。顾颉刚运用的历史演进法就是从胡适那里学来的。

那么，历史演进法是如何操作的呢？胡适归纳为四个步骤：

（1）把每一件史事的种种传说，依先后出现的次序，排列起来。（2）研究这件史事在每一个时代有什么样子的传说。（3）研究这件史事的渐渐演进：由简单变为复杂，由陋野变为雅驯，由地方的（局部的）变为全国的，由神

---

① 顾颉刚：《与钱玄同先生论古史书》，中国社会科学院科研局组织编选：《顾颉刚集》，第7页。

② 顾颉刚在学术生涯的绝大部分时间里，都坚持认为三皇五帝乃后世虚构，直到晚年才倾向于认为可能属于始祖传说。这一游移和转变迄今尚未引起学界注意，而且顾颉刚晚年的学术工作几乎处于停顿状态，考虑到这两点，本文按照顾颉刚长期坚持的观点分析"古史层累造成说"。

③ 童书业：《〈古史辨〉第七册自序二》，吕思勉、童书业编著：《古史辨》第7册，第5页。

④ 顾颉刚：《〈古史辨〉第一册自序》，中国社会科学院科研局组织编选：《顾颉刚集》，第84页。

变为人，由神话变为史事，由寓言变为事实。（4）遇可能时，解释每一次演变的原因。①

从中不难看出，该方法重在依据时代先后进行史料排队，从中观察古史传说的演变和发展，并揭示发展和演变的原因。其重点是前三项，也就是通过观察古史传说的流变而辨别伪史。

对于利用历史演进法辨别伪史，顾颉刚在《〈古史辨〉第一册自序》中有更明确和详细的说法：

第一，要一件一件地去考伪史中的事实是从哪里起来的，又是怎样地变迁的。第二，要一件一件地去考伪史中的事实，这人怎样说，那人又怎样说，把他们的话条列出来，比较着看，同审官司一样，使得他们的谎话无可逃遁。第三，造伪的人虽彼此说的不同，但终有他们共同遵守的方式，正如戏中的故事虽各各不同，但戏的规律却是一致的，我们也可以寻出他们的造伪的义例来。②

第一点重在考察古史传说的来源和演变，第二点比较古史传说的差异，进而发现其作伪之处，第三点则是寻出造伪规律，也就是类似于"时代愈后，传说的古史期愈长"和"时代愈后，传说中的中心人物愈放愈大"等现象。可以说，顾颉刚之所以运用历史演进法，在于他认为此方法既可以发现古史传说的伪造之处，又能进一步总结其伪造的特点或规律。

然而，历史演进法若要得到有效运用并不容易。首先，抛开文献真伪先不谈，该方法首要面临的一大问题，就是口头传说与文献之间的隔膜。顾颉刚考察的古史传说，多是口耳相传，而口传材料找不到，只好退而求其次，利用写定文字材料进行分期排队。不过，文字记载的生成早晚与传说发生的时代先后，并没有必然、稳定的对应关系，毕竟口耳相传的传说可能存在独立流转途径。正如茅

① 胡适：《古史讨论的读后感》，欧阳哲生编：《胡适文集》（3），第 74—75 页。
② 顾颉刚：《〈古史辨〉第一册自序》，中国社会科学院科研局组织编选：《顾颉刚集》，第 52 页。

盾所说，"同在一民族内，有些地方文化进步得快，原始信仰早已衰歇，口头的神话亦渐就澌灭，而有些地方文化进步较迟，原始信仰未全绝迹，则神话依然是人民口中最流行的故事。这些直至晚近尚流传于人民口头的神话，被同时代的文人采了去著录于书，在年代上看，固然是晚出，但其为真正的神话，却是不可诬的"。① 也就是说，后世采集著录的神话，可能在很早之前就已产生。文献生成时代，与传说发生时代并不完全一致，甚至严重背离。因此，要依靠文字材料揭示传说的先后演变，存在一定困难和风险。

其次，顾颉刚进行史料排队的原则是文献生成时代。如他在《论尧舜伯夷书》中所说，要给史事逐个列表排队，而"格上纪事以著书之时代为次"，② 他在《答柳翼谋先生》中说，"我要说明这个（古史——引者注）系统，当然要依了时代去搜集材料，从各时代的材料中看出各时代人对于古代的中心人物的观念的演变"。③ 然而，文献作为一个整体的生成时代，有时未必与其中个别内容的生成时代同步。比如梁园东质疑道："谁能保定一件传说先出的书上记了后一段，后出的书上记了前一段？又谁能保定两种书上不是记着同一最早或同一演变的状况呢？"他举例说："《楚辞》（在后）上记着的禹是神，《论语》（在前）记着的禹是人，而《诗经》（更前）上所记的禹也是神，究竟那个是最早的状况呢？《诗经》和《国语》，都载着些商周初的事迹，究竟那个上边是最早的状况呢？"换言之，晚出文献未必就不能记载早期生成的内容，毕竟古书中存在大量因袭情况，并非全都是作者从无到有的一次性创作。究其实质，顾颉刚的做法是在文献（包括个别篇章）本身生成时代与文献内容生成年代之间画等号。梁园东还进一步反问道："《礼记》是秦汉间的一部书，而《礼运》说：'昔者先王未有宫室，冬则居营窟，夏则居橧巢，未有火化，食草木之食'，这是不是最早的状况呢？"④ 言外之意，应该遵循文献记述时代而非文献生成年代。这一说法和取

---

① 茅盾：《中国神话研究》，《中国神话研究初探》，上海：上海古籍出版社，2011 年，第118 页。

② 顾颉刚：《论尧舜伯夷书》，顾颉刚编著：《古史辨》第 1 册，第 44 页。

③ 顾颉刚：《答柳翼谋先生》，顾颉刚编著：《古史辨》第 1 册，第 223 页。

④ 梁园东：《〈古史辨〉的史学方法商榷》，姚奠中、梁归智选编：《梁园东史学论集》，太原：山西人民出版社，1991 年，第 41—42 页。

向，后来屡屡被学界采用。

站在顾颉刚的立场看，文献生成时代固然不能完全等同于文献内容的来源年代，然而大致上还是可以成立的。更何况，如果抛开文献生成时代，按照文献记述时代进行史料排队，恐怕太过孟浪，任何托古附会之说都可能借以洗刷荒诞不经的身份而摇身变成信史。比如，可将盘古传说视作盘古时代的产物。因此，按照文献生成时代进行排队，固然不免机械呆板之讥，却终能在一定程度上揭示历史事实。

最后，历史演进法面临的第三个大问题，就是"中古期的上古史说"的相关文献，流传下来的十分有限，无法充分满足历史演进法所要求的文献条件。因为历史演进法要求尽可能多搜集和比较不同历史时期的资料，以观察古史传说的演变。然而，从逻辑上说，某事某人不见于记载，未必就是当时没有某人某事，也可能没有必要记载；今天看见的最早记录，未必就是当时最早的记录，也可能是更早的记载没有流传下来。

对此学界有不少批评。论战之初，张荫麟从学理上提出，"凡欲证明某时代无某某历史观念，贵能指出其时代中有与此历史观念相反之证据。若因某书或今存某时代之书无某史事之称述，遂断定某时代无此观念，此种方法谓之'默证'"，顾颉刚的做法则是"几尽用默证，而什九皆违反其适用之限度"。他还进一步引证瑟诺博斯（Charles Seignobos）的说法，提出"默证"成立必须具备两大要件：一是"未称述某事之载籍，其作者立意将此类之事实为有统系之记述，而于所有此类事皆习知之"；二是"某事迹足以影响作者之想象甚力，而必当入于作者之观念中"。[1] 顾颉刚的论述，显然不能完全满足"默证"要求。傅斯年批评说，"找出证据来者可断其为有，不曾找出证据来者亦不能断其为无"。[2] 梁园东认为，顾颉刚悄悄把"最早状况"，替换为"最早看见的状况"。[3] 钱穆也

[1] 张荫麟：《评近人对于中国古史之讨论》，陈润成、李欣荣编：《张荫麟全集》，北京：清华大学出版社，2013 年，第 801—802 页。
[2] 傅斯年：《评〈秦汉统一的由来和战国人对于世界的想象〉》，顾颉刚编著：《古史辨》第 2 册，第 11 页。
[3] 梁园东：《〈古史辨〉的史学方法商榷》，姚奠中、梁归智选编：《梁园东史学论集》，第 34 页。

说,"从一方面看,古史若经后人层累地造成;惟据另一方面看,则古史实经后人层累地遗失而淘汰"。① 这些批评,都认为顾颉刚把现在看到的材料视作当时全部材料,而现在看不见的材料也视为当时不存在。

顾颉刚的做法,实质就是"不言＝不知＝不有"的逻辑置换,这一置换当然有问题。不过,站在顾颉刚的立场,固然可以在学理上批评他以"不言"等于"不知"、以"不知"等于"不有",但是面对先秦文献的"不言",又怎能说一定就"知"或"有"呢?换句话说,"不言＝不知＝不有"固然违反默证使用限度,"不言＝知＝有"恐怕更加说不通。顾颉刚对大禹在西周为天神的主张加以申辩,说"更古的材料,我们大家见不到,如何可以断说他的究竟",② 该辩白不能说是无力的。实际上,学界不乏利用默证进行研究。比如胡适根据战国以前从未见到井田制的记载,而推断井田属于战国时代的乌托邦,此说虽然受到不少批评,但直到今天依然不乏坚定的支持者,即便他们没有提出确凿有效的证据。再如徐中舒、唐嘉弘、王玉哲等学者以类似方式推测夏代并无文字的观点,也未见强有力的反证。③

有些批评未免走得太远。比如谢维扬说,"虽然疑古学派指出了某些属于较早时期的传说人物——如黄帝、尧、舜等,是出现在形成于较晚时期(主要指春秋战国时期)的文献中的这一现象,但是,他们从未提出过任何关于这些传说是由某部文献或某个古代学者编造出来的直接证据",因此"无法排除"没有必要记载和文献散佚两种可能性。④ 纯粹从逻辑上说,此批评有道理,然而古代发生的所有事情不可能一一记录在案,所有文献记录不可能完整无缺地流传到现在,因此从绝对理想的条件去要求顾颉刚和疑古派,有点求全责备。更何况按照谢维扬的说法,别说黄帝尧舜,历史上任何荒诞古怪之事,除非验以现代理性(比如不存在神和鬼等),否则都无法予以否认。

---

① 钱穆:《国史大纲》,北京:商务印书馆,2010年,第8页。
② 顾颉刚:《〈古史辨〉第一册自序》,中国社会科学院科研局组织编选:《顾颉刚集》,第72页。
③ 参见周书灿:《"默证法"与古史研究》,《史学理论研究》2014年第2期。
④ 谢维扬:《中国早期国家》,杭州:浙江人民出版社,1995年,第94—95页。

　　总之，从顾颉刚的角度说，中古期史料当然不可能记录中古时期有关上古史的所有认知，现存中古期史料只是全部史料的一部分，但将现有材料一个个排列开来，"中古期的上古史说"的流变和面貌能够隐约显现出来。正因如此，顾颉刚后来反复强调历史演进法的合理性和必要性。[①] 从梁园东、张荫麟的角度说，现有"中古期的上古史说"材料，不足以构成有效排队，或者如谢维扬所言，顾颉刚的做法"对有关记述内容之来源的看法过于简明、简单，在方法上过于理想化"，[②] 因此从材料排队上得出的结论不值得信赖。不过，正如李锐对待历史演进法的矛盾态度，虽然"古书中的古史，也不可全依古书的时间先后来考察"，但"从时间角度出发整理古史系统"，毕竟还是"推翻了'三皇五帝'的旧古史系统"，[③] 因此历史演进法不能说全无用武之地。

　　利用历史演进法研究"中古期的上古史说"，面临最大问题就是文献不足征。毕竟传说中的三皇五帝，距离现今所见文献生成的最早时代，已经有一两千年之遥。即使是 2000 年后的记载，又因为经历两三千年的辗转传抄和散佚汰失，不仅错综复杂、真伪莫辨，而且百不遗一。因此，用历史演进法考察早期文献注定异常艰难，需要谨慎把握好分寸和尺度。

三、故事发生学的类比与共情

　　顾颉刚将古史传说演变跟故事发生发展相类比和共情，并非如学界通常所认为是他自己从民俗故事中悟出来的，而是受益于胡适的示范和启发。1925 年初，

[①] 顾颉刚在《〈古史辨〉第三册自序》中说："我深知我所用的方法（历史演进的方法）必不足以解决全部的古史问题；但我亦深信我所用的方法自有其适当的领域，可以解决一部分的古史问题，这一部分的问题是不能用它种方法来解决的。"（《古史辨》第 3 册，第 9 页）他在《〈古史辨〉第七册序》中重申此说，并反问："现在这第七册出版，这类的论文合编在一起，大家看了可以想想，研究传说的演进是不是只能用这一种方法？"同时，他又强调，"能有新材料可用，我们固然表示极度的欢迎，就是没有新材料可用，我们也并不感觉触望，因为我们自有其研究的领域，在这领域中自有其工作的方法在"（参见《顾颉刚古史论文集》第 1 卷，第 146—147 页）。

[②] 谢维扬：《徐中舒先生读古史方法的一些启示》，《四川大学学报》2009 年第 4 期。

[③] 李锐：《经史之学还是西来之学："层累说"的来源及存在的问题》，《学术月刊》2009 年第 8 期。

他在《答李玄伯先生》一文中说：

> 十年前，我极喜观剧，从戏剧里得到许多故事转变的方式，使我对于故事的研究甚有兴味。后来读到适之先生的《井田辨》与《〈水浒传〉考证》，性质上虽有古史与故事的不同，方法却是一个，使我知道研究古史尽可应用研究故事的方法。回忆观剧时所得的教训，觉得非常亲切；试用这个眼光去读古史，它的来源，格式，与转变的痕迹，也觉得非常清楚……我用了这个方法去看古史，能把向来万想不通的地方想通，处处发现出它们的故事性，所以我敢大胆打破旧有的古史系统。①

这一番剖白说明顾颉刚对戏剧故事的转变早就有所觉察，但并未联想到古史上来。受到胡适《井田辨》和《〈水浒传〉考证》启发，他才意识到戏剧故事演化与古史传说发展相通相近，都呈现逐步发展和演化的现象，因此可以使用历史演进法加以考察。②

顾颉刚主张把古史当作故事进行研究。他在《我的研究古史的计划》中说："要研究古史的内部，要解释古代的各种史话的意义，便须应用民俗学了……我希望自己做这项工作时，能处处顺了故事的本有的性质去研究，发见它们在当时传说中的真相。"③ 他在《答柳翼谋先生》中又说："现在我们知道古书古史中尽多传说的分子了，我们便该顺了传说的性质而去搜寻它们的演化的经历。"④ 两处都强调古史传说与故事的相通相近，因此研究古史可以借鉴故

---

① 顾颉刚：《答李玄伯先生》，顾颉刚编著：《古史辨》第 1 册，第 272—273 页。
② 1948 年 8 月 29 日顾颉刚致信张静秋说："我呢，看了几年的戏，对于故事发生了研究的兴趣，可是在戏剧里，在小说里，同样一件故事，写得各各不同，这使得我踌躇起来，究竟那一个是真确的呢？动了几年的脑筋，找不到一个恰当的方法来处理。适会胡先生发表了几篇论文，正好解决我所不能解决的问题，我始知道故事的变是随着各时代和各地方的社会背景的，于是我用了五六年的功夫研究了两个问题，在古史方面是禹，在故事方面是孟姜女。"（《顾颉刚书信集》第 5 卷，北京：中华书局，2011 年，第 255 页）这里就说明，他是受胡适启发而将民间故事与古史传说放在一起考虑。
③ 顾颉刚：《我的研究古史的计划》，顾颉刚编著：《古史辨》第 1 册，第 214—215 页。
④ 顾颉刚：《答柳翼谋先生》，顾颉刚编著：《古史辨》第 1 册，第 230 页。

事研究的方法。对此，疑古派殿军杨宽有非常准确的评价："古史传说的层累地造成，主要从神话的层累地发生演变而形成。神话演变的现象才是他的主要论据。"① 杨宽所说的"神话"，就是指神话传说一类的故事。也就是说，顾颉刚是比附故事层累演进的特点和现象而提出"古史层累造成说"，故事发生学原理既是该学说的参照，又是他证成此说的主要论据之一。

在"古史层累造成说"提出前后，顾颉刚对故事发生学原理并没有相应揭示，虽然他自己心知其意，但要取信于学界还有待进一步论证。为弥补不足，给"古史层累造成说"添加有力旁证，顾颉刚打算研究民间神道和故事。1924 年，他在《东岳庙游记》中说，"我近年来为了古史的研究，觉得同时有研究神话的必要"，② 同时还做了不少实地考察和资料准备。不过，民间神道的研究最终并未完成。约略同时，顾颉刚开始研究孟姜女传说故事。他在写给钱玄同的书信中说，"孟姜女故事之研究，亦借以说明古史之创造、演变、成立等情状，使人确知古史与故事无殊，故研究之目的并不专在故事"，③ 充分说明他研究孟姜女故事的出发点和用心。

通过搜集分析文献和口头流传的孟姜女传说，顾颉刚发现"（孟姜女——引者注）故事虽是微小，但一样地随顺了文化中心而迁流，承受了各地的时势和风俗而改变，凭借了民众的情感和想象而发展"，最后"变成的各种不同的面目"。④ 换言之，通过孟姜女故事的个案，可观察故事（也是古史）传说发生、演变的路径与特点。顾颉刚进一步类比孟姜女故事与古史传说的记载，举例说道："江、浙人说孟姜女生在葫芦、冬瓜或南瓜中，这不像伊尹的生于空桑中吗？广西唱本说范杞郎是火德星转世，死后归复仙班，这不像傅说的'乘东维骑箕尾而比于列星'吗？厦门唱本说孟姜女升天后把秦始皇骂得两脚浮浮，落在东海里

---

① 杨宽：《历史激流中的动荡和曲折：杨宽自传》，台北：时报文化出版企业有限公司，1993 年，第 71 页。
② 顾颉刚：《东岳庙游记》，顾颉刚著，王煦华编：《孟姜女故事研究及其他》，北京：商务印书馆，2014 年，第 342 页。
③ 《顾颉刚书信集》第 1 卷，第 558 页。
④ 顾颉刚：《〈古史辨〉第一册自序》，中国社会科学院科研局组织编选：《顾颉刚集》，第 75 页。

做春牛，这不像'尧殛鲧于羽山，其神化为黄熊以入于羽渊，实为夏郊'吗?"①也就是说，民间故事与古史传说具有相近的生成特点和演进路径。

不仅如此，顾颉刚还从反面自我设问：古史与神话不同，不能因神话与戏曲相类，就说古史也具有神话一般层累演进的特点。针对质疑，顾颉刚一方面重申古史是神话"人化"或历史化的结果；一方面又"试退让一百步，把流行于民众间的孟姜女故事的唱本小说等抛开，只就士人的著述中看这件故事的情状"。比对汉代、唐代和清代有关孟姜女故事的记载可以发现，后期记载确实存在删落神话情节而呈现近似于历史叙述的情况。历史脱胎于神话传说，两者界限并没有那么分明。因此，顾颉刚认为，只要把握住古史传说与故事的相通性，就能"历历看出传说中的古史的真相，而不至再为学者们编定的古史所迷误"。②

至此，顾颉刚完成他的论证，即古史传说的发生与故事形成近似，呈现相同的路径和现象，都具有层累演进的特点。仔细检视顾颉刚的论证，主要面临两大问题：一是孟姜女故事的传说，是否如他所说具有层累演进的特点；二是古史毕竟与故事不同，两者可否类比相通。

关于孟姜女故事传说的特点，民俗学界已经有非常深入的分析。施爱东提出，顾颉刚研究孟姜女故事预设"一元发生"和"线性生长"的前提，因此"忽视了同时共存的多种可能性，先验地把各种异文'合理化'地投射在一维的时间坐标上，无形中赋予了异文之间必然的前后承接或替代关系"。③ 从故事发生看，孟姜女故事可能由多种相关子故事汇合演变而成，并非脱胎于某个单一故事；从故事流传看，孟姜女故事的诸多子故事很可能平行发展，彼此之间错综复杂，被偶然记录下来的孟姜女故事只是当时存在诸多孟姜女故事中的一个；从故事异文的演变看，孟姜女故事在同一时代和同一地区都可能存在诸多异文，而异

① 顾颉刚：《〈古史辨〉第一册自序》，中国社会科学院科研局组织编选：《顾颉刚集》，第75页。

② 顾颉刚：《〈古史辨〉第一册自序》，中国社会科学院科研局组织编选：《顾颉刚集》，第76—77页。

③ 施爱东：《顾颉刚故事学范式回顾与检讨——以"孟姜女故事研究"为中心》，《清华大学学报》2008年第2期。

文之间又可能互相嫁接演化，彼此交错缠绕，最后发展为杂乱无序的状态。① 由此可知，顾颉刚从历史文献中归纳出孟姜女故事一元单线的生成路径，于情于理都不符合历史事实。②

施爱东同时强调："当顾颉刚把这些不同时代的孟姜女故事翻检出来、罗列在一起的时候，即使只是使用最简单的归纳法进行描述，他就已经科学地论证了故事的不断演化的大趋势。"③ 孟姜女故事的发生流变固然未必呈现一元单线层累，但逐渐扩大、演化和叠加的多元多线层累是难以否认的。

故事演进的多元多线特点，顾颉刚后来也有所注意。他在《孟姜女故事研究的第二次开头》中说："上一年中所发见的材料，纯是纵的方面的材料，是一个从春秋到现代的孟姜女故事的历史系统……这时看到了徐水县的古迹和河南的唱本，才觉悟这件故事还有地方性的不同，还有许多横的方面的材料可以搜集。"④ 顾颉刚已经注意到孟姜女故事发生和流变的复杂性，并非只有单线条的先后关系，可能同时存在并行的多种情况。

顾颉刚在考虑"古史层累造成说"时，也注意到不同空间和地域的因素。1924 年 3 月，他制订未来的研究计划："把古书的时代与地域统考一过……依据考定的经籍的时代和地域抽出古史料，排比起来，以见一时代或一地域对于古代

---

① 施爱东：《顾颉刚故事学范式回顾与检讨——以"孟姜女故事研究"为中心》，《清华大学学报》2008 年第 2 期。

② 新近陈泳超从"故事学"与"传说学"的不同入手，对施爱东的说法进行批评，认为孟姜女故事呈现一元多线的形成路径。参见《"历史演进"的传说学方法论——重新对话顾颉刚孟姜女研究》，《民族文学研究》2023 年第 4 期。笔者以为，关于孟姜女故事的发生学原理，或许可以这样理解：作为孟姜女故事原型的杞梁妻和郊吊，自然可以算作历史事实，视为此故事固定和唯一的源头，但是将此历史人物和事件演绎成种种故事传说，很可能同时或先后存在多种源头，因此孟姜女故事的发生还是多源的。孟姜女故事虽然有一个真实、唯一的历史源头，但其演化和生长依然可能是多源的。更何况，这只是就依托于真实历史人物和事件的故事而言，而对于古史传说，其背后是否存在真实的历史尚无法论定，因此陈泳超的观点并不妨碍本文的分析。

③ 施爱东：《顾颉刚故事学范式回顾与检讨——以"孟姜女故事研究"为中心》，《清华大学学报》2008 年第 2 期。

④ 顾颉刚：《孟姜女故事研究的第二次开头》，顾颉刚著，王煦华编：《孟姜女故事研究及其他》，第 108 页。

的观念，并说明其承前启后的关系。"① 1929 年 4 月，他又在一次演讲中说道："战国秦汉人的古代史料，我相信是种传说，而非史实。传说渐传渐变，和原来之实事相去愈远，且经过了纵（时间）横（空间）的变迁……但这种见解在这一二百年中，还不能完全确定，仅略明其梗概罢了。"② 两处均明确说到不同地域的来源。过去有学者批评"古史层累造成说"忽视不同地域的复杂情况。比如谢维扬说，"古代可能存在古史记述资料形成的多线条、多系统的过程，而不是只有一个单一的过程"；③ 李锐则认为，"没有重视不同空间区域古史载入古书的问题"，④ 而目前所见的资料"有可能是不同地域、不同文化在不同时期所形成的文化痕迹"。⑤ 两位学者的意思是，复杂的古史传说极可能来自不同文本和地域，而顾颉刚的处理过于单一和理想化。从上引材料看，顾颉刚对此早已有所认识。⑥ 只不过在他看来，限于材料仅能"略明其梗概罢了"，因此才迫不得已把古史传说放在一条线上进行观察，只能从纵的层面进行历时观察，而无法从横的层面进行共时分析。

---

① 顾颉刚：《我的研究古史的计划》，顾颉刚编著：《古史辨》第 1 册，第 213—214 页。
② 顾颉刚：《中国的学术概况》，《顾颉刚全集补遗》，北京：中华书局，2021 年，第 23—24 页。
③ 谢维扬：《徐中舒先生读古史方法的一些启示》，《四川大学学报》2009 年第 4 期。
④ 李锐：《新出土史料与古史研究中的问题》，《中原文化研究》2019 年第 2 期。
⑤ 李锐：《近出简帛与中国古史框架探略》，瞿林东主编：《史学理论与史学史学刊》总第 7 卷，北京：社会科学文献出版社，2009 年，第 218 页。
⑥ 早在"古史层累造成说"提出之前，顾颉刚对此已有所认识。1921 年，他在读书笔记中引述胡适的说法："故事相传，只有几个 motif（介泉译作主旨）作柱，流传久远，即微变其辞。若集拢来比较研究之，颇可看出纵的变痕与横的变痕。譬如此 motif 是明代发生的，其形容描写都用明代之习尚服装；传到清代，即改变为清代之习尚服装了。又如此 motif 是江苏发生的，其形容描写都是当地的风尚；传到安徽、江西、湖南、四川等处，又变成各该地的风尚了。所以 motif 不变，而演化出来，可以多方。如中国有'三愿'的祝告，无论小说、弹词、京腔、昆曲等都用，举必成三，各国亦均有之。又如佛经肇自印度，当地尊蛇，乃译成中国文字，即因中国人之崇拜，统易为龙矣。中国之龙王，固即印度传来者也。"（《景西杂记（五）》，"故事主题"条，《顾颉刚读书笔记》第 1 卷，北京：中华书局，2011 年，第 298 页）这里首先表明在"纵的变痕"之外，还有"横的变痕"，也就是在不同地域的变化，然后举出故事在江苏、安徽、江西各地，以及印度和中国的不同记载，都是在说区域和空间因素。顾颉刚引述胡适之语后评论道"予拟搜集此纵横变易之材料"（第 298 页），显然是注意到横向的因素。

　　总体看来，孟姜女传说故事的发生、传播和流变异常复杂，不可能从实证层面弄清楚所有细节。从情理上推测，其很可能呈现多元多线而非一元单线的层累特点。由此回看顾颉刚研究孟姜女故事的初衷，类比孟姜女故事的发生和演化，古史传说很可能也具有多元多线的广义层累，而非一元单线的狭义层累。

　　从故事到古史，中间到底有多大跨度，能否类比相通？在顾颉刚看来："从前的学者……以为民间的传说是村语俚言，而学者所传的古籍中记着的古事则是典论雅记，至于各地志书里记的古迹也是真实的。从我们看来，这是强生分别，它们的不同除了已写出来和未写出来的一点以外再没有什么。"① 此说基本抹平古史典籍与民间故事之间的差异。对此，学界的认识不尽相同。

　　民俗学界一般持积极态度。比如张铭远从"功能模拟"角度提出："顾颉刚的'演变'的方法论的移植就是一种科学方法的功能模拟行为。故事、歌谣、传说和古史神话同样都具有'演变'的特点……既然可以用演变的方法分析研究歌谣、传说、故事的形成，那么，从同样的立场出发也可分析研究古史神话的构成。"② 可知古史传说与民俗故事之间并非隔若鸿沟，两者可能仅一步之遥，可以无缝衔接。施爱东也持类似看法，认为顾颉刚"通过对当代社会民俗生态的考察，将之升华为'人同此心，心同此理'的一般文化形态，看成一种古今共通的文化模式，以此作为考察工具，重构古代社会的文化生态，作出合情推理"。③ 新近黄东阳、成祖明引用俄国学者普罗普的故事形态学理论，分析古史传说的深层故事结构，从正面论述古史传说的层累生长。④ 上述说法和做法基本承认民俗故事与古史传说的相通性。

　　刘宗迪认为，"历史文本总归是一种叙述文本……故事与古史、文学与历史在本体和本原上是相通的"，因此可以"用故事的眼光解释古史"，研究民间文学

---

① 顾颉刚：《〈钟敬文〉〈两广地方传说〉序——论地方传说》，《顾颉刚民俗论文集》第 2 卷，北京：中华书局，2011 年，第 296 页。

② 张铭远：《顾颉刚古史辨神话观试探》，《民间文学论坛》1986 年第 1 期。

③ 施爱东：《顾颉刚故事学范式回顾与检讨——以"孟姜女故事研究"为中心》，《清华大学学报》2008 年第 2 期。

④ 黄东阳、成祖明：《走出疑古与释古之争——故事形态学与"层累成长的中国古史说"建构》，《南京大学学报》2024 年第 2 期。

的方法也能够行之有效地用于古史传说研究。① 此说实质是站在后现代主义立场，消解了文学与史学的界限。后来王学典、李扬眉、吕微、李幼蒸都循此思路，高度评价顾颉刚悬置上古史实而致力于"中古期的上古史说"的研究取向，认为这一做法化历史为叙述，强调文本中心主义，堪称海登·怀特后现代史学的先驱和同道。②

必须承认，顾颉刚还是有浓厚的史学本位情结，要想让他彻底站在后现代主义立场，从宽泛意义上认可历史记载的本质就是文学叙事，进而否认历史的可认识性，恐怕还有点难度。不过，就上古史而言，顾颉刚的立场确实近于后现代主义。在他看来："我们的古史……在东周以前，简直渺茫极了，我们只知道有那几个朝代和若干个人名地名，但都是零零碎碎的，联贯不起来。从前固然也很有人提到这些，但不是黏附着许多神话，使我们不敢相信，就是支离矛盾，使我们没法相信。更有些人则是有意的去妄造古史，那就弄得更混乱了。"③ 可以说上古时期历史与神话相混，又没有当时的文字资料作为依凭，而中古期形成有关上古史的认知又彼此矛盾，甚或出于人为杜撰，因此与上古史实之间几乎不具有必然和实质的联系。因此，顾颉刚将"中古期的上古史说"视作抽离掉历史真实的叙事。

当然，并非所有学者都承认此点，也并非所有学者都认可古史传说与民间故事之间的类比和共情。比如许冠三就认为，"以'故事的眼光'看古史传说，如应用过当，则类乎以儿童心理解释成人行为"。④ 换言之，"中古期的上古史说"固然十分特别，与故事传说非常相似，但两者毕竟不能完全画等号。该质疑在一定程度上有其道理，"中古期的上古史说"虽然随着各种各样的因素而发生流变，但毕竟受限于文字记载的外在形式约束，要说它像荒诞不经的口头传说一样特别

---

① 刘宗迪：《用故事的眼光解释古史：论顾颉刚的古史观与民俗学之间的关系》，《合肥联合大学学报》2000年第2期。
② 如王学典、李扬眉：《"层累地造成的中国古史"——一个带有普遍意义的知识论命题》，《史学月刊》2003年第11期；吕微：《顾颉刚：作为现象学者的神话学家》，《民间文化论坛》2005年第2期；李幼蒸：《顾颉刚史学与历史符号学——兼论中国古史学的理论发展问题》，《文史哲》2007年第3期。
③ 顾颉刚：《中国古代史述略》，《顾颉刚古史论文集》第4卷，第413页。
④ 许冠三：《新史学九十年》，第206页。

任意流转和变化，恐怕也未必说得过去。反过来说，上古史本身好比固体，"中古期的上古史说"可能更像液体，而故事传说则像气体；液体与气体的流转随意性固然不能完全等而视之，但相比固体而言，两者的随意性并没有特别大差异。因此，在一定程度上将古史传说与民间故事进行通约，是基本可行的。

综上可知，顾颉刚参照和类比故事发生学路径而提出的"古史层累造成说"，一元单线的狭义之说可能不符合历史事实，多元多线的广义之说虽然大体上能够成立，但未得到充分证明。即使是广义上的"古史层累造成说"，参照前述施爱东对孟姜女故事发生和流布的分析，是否如顾颉刚所主张的通过虚构和移并形成层累，也有待于进一步检验。

尽管不少学者未必赞同一元单线的狭义"古史层累造成说"，但对于多元多线的广义"古史层累造成说"还是持肯定态度。比如讥刺顾颉刚为田巴的陈寅恪，[1] 与疑古派取向不同的蒙文通、徐中舒、饶宗颐，甚至严厉批评狭义"古史层累造成说"的李锐，实际上都持有广义古史层累的观点，即便同中有异。几位学者之所以如此，除可能受到顾颉刚的直接影响外，应该还与生活中的朴素观察有关，因为历史记载或故事确实存在逐渐走样、叠加、层累和扩充的现象。如同胡绳所说："我看甚至在当代史中也要注意这个问题……如果搞得不好，也许会形成越是后来的人对毛泽东、周恩来等描述得越具体、越生动，但越来越多地掺入附会的、出于想像的、甚至编造的材料。"[2] 尽管从实证角度，几乎不可能百分之百证明古史传说的层累性，但是经验观察和逻辑推理支持此点。

四、疑古派对神话与历史的看法

讨论顾颉刚对神话与历史的看法，有必要将杨宽一并纳入视野。杨宽提出

---

[1] 陈寅恪 1929 年在《北大学院己巳级史学系毕业生赠言》一诗中写道："群趋东邻受国史，神州士夫羞欲死。田巴鲁仲两无成，要待诸君洗斯耻。"鲁仲指胡适，田巴所指未有定论。王东杰据《史记正义》引《鲁连子》所载"齐辩士田巴，服狙丘，议稷下，毁五帝，罪三王，服五霸，离坚白，合同异，一日服千人"，认为田巴指顾颉刚（《"故事"与"古史"：贯通 20 世纪二三十年代"疑古"和"释古"的一条道路》，《近代史研究》2009 年第 2 期），当为确论。

[2] 胡绳：《在纪念顾颉刚诞生一百周年学术讨论会上的讲话》，《中国社会科学院研究生院学报》1993 年第 5 期。

"神话演变分化说",认为"古史传说之来源,本多由于殷周东西二系民族神话之分化与融合"。① 进一步说,"夏以前的古史传说全部来自殷周时代的神话,其中少数是出于虚构……绝大多数原是殷人—东夷和周人—西戎的天神和祖先的神话",而"古史传说系统的形成,主要是长期经过分化演变的东西两大系复杂神话传说逐渐混合重组的结果"。② 所谓"分化",童书业有一个非常准确的概括,"就是主张古史上的人物和故事,会得在大众的传述中由一化二化三以至于无数",比如"一个上帝会得分化成黄帝、颛顼、帝喾、尧、舜等好几个人……一件上帝'遏绝苗民'的故事会得分化成黄帝伐蚩尤和尧舜、禹窜征三苗的好几件故事"。③

杨宽"神话演变分化说"与顾颉刚"古史层累造成说"最大不同,是前者用演变分化解释古史传说的层累,而后者则解释为伪造虚构。比如对于顾颉刚主张尧舜后起的说法,杨宽就说:"尧舜之历史传说初见于战国时,而尧舜之神话实为殷周二民族所固有,惟至战国初始由神话润色为人话,而见于载籍耳。"④ 他认为,尧舜虽然在文献上出现较晚,但并非伪造和虚构,而是来自久远的神话。用童书业的话说就是,"夏以前的古史传说全出各民族的神话,是自然演变成的,不是有什么人在那里有意作伪"。⑤ 杨说可视为分化、移并的广义层累。

二者之说尽管存在显著差别,但在看待上古史与神话之间关系上是一致的。前引顾颉刚《答刘胡两先生书》"打破古史人化的观念"就认为:"古人对于神和人原没有界限,所谓历史差不多完全是神话……自春秋末期以后,诸子奋兴,人性发达,于是把神话中的古神古人都'人化'了……对于古史,应当依了那时人的想像和祭祀的史为史,考出一部那时的宗教史,而不要希望考出那时以前的政治史。"⑥ 杨宽的认识如出一辙:"古史传说之纷纭缴绕,据吾人之考辨,知其无不出于神话。古史传说中之圣帝贤王,一经吾人分析,知其原形无非为上天下

---

① 杨宽:《中国上古史导论》,上海:上海人民出版社,2016年,第40页。

② 杨宽:《历史激流:杨宽自传》,台北:大块文化出版股份有限公司,2005年,第119、122页。

③ 童书业:《〈古史辨〉第七册自序二》,吕思勉、童书业编著:《古史辨》第7册,第3页。

④ 杨宽:《中国上古史导论》,第128页。

⑤ 童书业:《〈古史辨〉第七册自序二》,吕思勉、童书业编著:《古史辨》第7册,第3页。

⑥ 顾颉刚:《答刘胡两先生书》,中国社会科学院科研局组织编选:《顾颉刚集》,第12—13页。

土之神物。"① 两说实质是，古史传说都是被历史化的神话，根本无法追溯到真实历史。

总括顾颉刚、杨宽对上古史与神话之间关系的看法，其实涉及三个层面。一是认为上古时期神话与历史不分，因此真相不可探知；二是东周以后，上古神话传说被历史化，后来所说的圣帝贤王原本多为神，而不是人；三是神话在历史化的过程中，古史系统是通过造伪还是分化而层累拉长。下面逐一检视这些问题。

关于神话与历史相混的说法，其实疑古派的批评者也不否认，只不过他们认为尚可从中辨认出史实，或者需要区别神话与传说的不同。比如王国维说："上古之事，传说与史实混而不分。史实之中，固不免有所缘饰，与传说无异；而传说之中，亦往往有史实为之素地。"② 王氏一方面承认传说（神话）与历史相混，另一方面又主张不可因传说（神话）而抹杀历史。钱穆则认为，"各民族最先历史无不从追记而来，故其中断难脱离'传说'与带有'神话'之部分。若严格排斥传说，则古史即无从说起"，而且"神话有起于传说之后者，不能因神话而抹杀传说"，③ 主张分出神话与传说的不同。徐旭生兼收两者，一方面强调"当时的神权极盛，大家离开神话的方式就不容易思想，所以这些传说里面掺杂的神话很多，想在这些掺杂神话的传说里面找出历史的核心也颇不容易"；另一方面，他又以《荷马史诗》所载特洛伊战争为例，认为"掺杂神的传说……同纯粹的神话……有分别……无论里面掺杂了多少神祇……它仍只能算作传说，因为这个相当长的战事是曾经有过的"。④ 三位学者的核心意思是，应该努力从传说与神话中辨认出历史，而不是一概将二者归入不可知论。

疑古派并不否认古史传说蕴含史实，只是认为历史与神话相混，真假不明，实在难以分辨。至于钱穆、徐旭生所主张的神话与传说有别，并未获得神话学界认可。比如茅盾就认为，虽然"神话自神话，传说自传说，二者绝非一物"，但是"二者同是记载超乎人类能力的奇迹的，而又同被原始人认为实有其事的，

---

① 杨宽：《中国上古史导论》，第 286 页。
② 王国维：《古史新证》，谢维扬、房鑫亮主编：《王国维全集》第 11 卷，杭州：浙江教育出版社、广州：广东教育出版社，2010 年，第 241 页。
③ 钱穆：《国史大纲》，第 8 页。
④ 徐旭生：《中国古史的传说时代》，桂林：广西师范大学出版社，2003 年，第 24 页。

故通常也把传说并入神话里，混称神话"。① 袁珂也提出"神话、传说在理论上固然可以做某些区分"，"但事实上却无法加以截然的划分，也无须去作截然的划分"，"许多神话故事，往往是神话里有传说，传说里也有神话"。② 当代民俗学界，基本上延续上述看法，如陈泳超就认为，"传说在民间文学界通常被视为神话的弱化表达形式"。③ 可见，从概念上区分神话与传说，在实践中是行不通的。不仅如此，别说神话与传说之分，就是神话本身，现在也没有一个学界公认的定义。至少神话学界对于何为神话，就存在主要依照内容（神的行事）的"神话内容优先论"和主要依照形式（信仰）的"神话形式优先论"两种界定方式。④ 由此可知，钱穆、徐旭生关于神话与传说有别的观点可能不成立，而疑古派提出上古神话与历史相混、真相不可探知的看法，在一定程度上可以成立。

东周以后神话被历史化的说法，则获得学界普遍认同。比如前引胡适概括历史演进法的第三个步骤，观察"由神变为人，由神话变为史事，由寓言变为事实"的历程，⑤ 显然就是神话历史化的意思。又如傅斯年说，"战国学者将一切神话故事充分的伦理化、理智化，于是不同时代不同地方之宗神，合为一个人文的'全神堂'，遂有《皋陶谟》一类君臣赓歌的文章"。⑥ 郭沫若说，"天上的景致转化到人间，幻想的鬼神变成圣哲"，"所谓黄帝（即是上帝、皇帝）、尧、舜其实都是天神，都被新旧史家点化成了现实的人物"。⑦ 法国汉学家马伯乐也说，

---

① 茅盾：《神话的意义与类别》，《中国神话研究初探》，第 127—128 页。

② 袁珂：《从狭义的神话到广义的神话——〈中国神话、传说辞典〉序》，《民间文学论坛》1983 年第 2 期。

③ 陈泳超：《从感生到帝系：中国古史神话的轴心转折》，谭佳主编：《神话中国——中国神话学的反思与开拓》，北京：三联书店，2019 年，第 316 页。

④ 关于"神话内容优先论"和"神话形式优先论"，具体可参吕微：《"神话"概念的内容规定性与形式规定性》，《长江大学学报》2015 年第 11 期；《神话作为方法——再谈"神话是人的本原的存在"》，《民间文化论坛》2017 年第 5 期。

⑤ 胡适：《古史讨论的读后感》，欧阳哲生编：《胡适文集》（3），第 75 页。

⑥ 傅斯年：《周东封与殷遗民》，《民族与古代中国史》，上海：上海三联书店，2017 年，第 95 页。

⑦ 郭沫若：《古代研究的自我批判》，《郭沫若全集·历史编》第 2 卷《十批判书》，北京：人民出版社，1982 年，第 5 页。

"神与英雄于此变为圣王与贤相，妖怪于此变为叛逆的侯王或奸臣"。① 张光直表示，对"他（杨宽——引者注）的结论中由神变人的一个大原则，则是不能不加以赞同"。② 这些意见都赞同早期神话被历史化的看法。

现当代神话学界的研究支持上述看法。在东周至秦汉时期，一方面，神话逐步被历史化、理性化和伦理化，原来的天神变为人王，原来富含神性的种种行为和故事变为古史传说；另一方面，神话又被系统化，原本分散的各部族神话被糅合为华夏共同体的整体神话。③ 之所以发生转化，除神话自身的发展因素外，还与社会现实密切相关。在此时期，神话与古史传说其实具有调节社会内部冲突和矛盾的功能。④ 进一步说，神话和古史传说在古代社会可以视作两种基本的"神圣叙事"。神圣叙事是"原始信仰与道德的实用宪章"，服务于现实社会秩序和正统价值，充当类似于意识形态的角色，具有调节、塑造与规范整个社会的作用。⑤ 其实，不仅中国古代的神话服务于社会现实，而且希腊神话中英雄谱系的构拟也与当时家族政治深度牵连在一起。⑥ 因此，神话被历史化在学理和研究上都受到学界普遍认可。

不过，值得追问的是，神话英雄和人物难道都出于虚构吗？有没有实际的影子？进一步说，有没有可能是由实际的历史人物变成神话英雄呢？或者说在神话历史化之前，存不存在历史的神话化呢？

"古史辨"论战之初，就有不少学者提出类似疑问。比如针对顾颉刚认为大禹由神变为人的说法，刘掞藜反驳说："纵或祀禹为社，亦是后人尊功（平水土）报

---

① 马伯乐：《〈书经〉中的神话》，《马伯乐汉学论著选译》，伭晓笛等译，北京：中华书局，2014 年，第 376 页。

② 张光直：《商周神话之分类》，《中国青铜时代》，北京：三联书店，2013 年，第 401 页。

③ 祁连休、程蔷主编：《中华民间文学史》，石家庄：河北教育出版社，1999 年，第 56 页；陈泳超：《从感生到帝系：中国古史神话的轴心转折》，谭佳主编：《神话中国——中国神话学的反思与开拓》，第 339 页。

④ 艾兰：《世袭与禅让——古代中国的王朝更替传说》，余佳译，北京：商务印书馆，2010 年，第 4 页。

⑤ 陈连山：《论神圣叙事的概念》，张三夕主编：《华中学术》第 9 辑，武汉：华中师范大学出版社，2014 年，第 377 页。

⑥ 王以欣：《神话与历史——古希腊英雄故事的历史和文化内涵》，北京：商务印书馆，2006 年，第 26—29 页。关于国外对神话参与现实政治的分析，可参王倩：《论文明起源研究的神话历史模式》，《文艺理论研究》2013 年第 1 期。

德之举，加之之名，岂为'神职'？"① 大禹本来是人，因为治水有功，而被神化为天神。冯友兰也持有相同意见，以孙中山为例说，"近来中山亦渐成中国革命之象征，但中山之人之存在，固吾人之所知也"。② 既然孙中山能被神化，那么大禹可能也是如此。今人也有类似批评。③ 对于这类质疑，顾颉刚给出一个颇为自洽的回答。他认为，"禹之是否实有其人，我们已无从知道"，并且举例说"关羽、华佗、包拯、张三丰、卜将军是由人变神的"，因而"从神变人和从人变神是同样的通行"，也就是说并未断然否认大禹实有其人的可能性。与此同时，顾颉刚又说，"禹尽可以是一个历史上的人物，但从春秋上溯到西周，就所见的材料而论，他确是一个神性的人物。更古的材料，我们大家见不到，如何可以断说他的究竟。至于春秋以下的材料，我早已说过，他确是人了"。就现有材料看，大禹是由神变为人。在这个意义上，顾颉刚接着说，"我说禹由神变人，是顺着传说的次序说的；刘（掞藜）、冯（友兰）诸先生说禹由人变神，乃是先承认了后起的传说而更把它解释以前的传说的"。④ 这个表述简单说就是，理论上当然不能排除大禹被神化之前在历史上实有其人，但是相应的材料看不到，因此可能性推测无法令人信服。

顾颉刚的观点，一方面看不具有充分的说服力。以关羽、包拯为例，假如他们的早期资料消失不见，只有被神化之后的记载流传下来，按照顾颉刚的逻辑，自然也不能推出历史上实有其人的说法。但另一方面，之所以能用关羽、包拯为例质疑顾颉刚的回答，是因为知道他们在历史上确有其人。而在神话与历史相混且没有文字记载流传下来的上古时期，就如顾颉刚所说无法证实"禹之是否实有其人"，因此，顾颉刚的说法有其道理。这一左右逢源同时也左支右绌的说法，反映从实证层面研究上古史的困境。

杨宽、童书业的说法与顾颉刚接近。杨宽认为："吾人证夏以上古史传说之

---

① 刘掞藜：《讨论古史再质顾先生》，顾颉刚编著：《古史辨》第1册，第186页。

② 冯友兰：《大人物之分析》，《三松堂全集》第14卷，郑州：河南人民出版社，2001年，第321—322页。

③ 可参王青：《中国神话形成的主要途径——历史神话化》，《东南文化》1996年第4期；常金仓：《中国神话学的基本问题：神话的历史化还是历史的神话化？》，《陕西师范大学学报》2000年第3期。

④ 顾颉刚：《〈古史辨〉第一册自序》，中国社会科学院科研局组织编选：《顾颉刚集》，第71—72页。

出于神话，非谓古帝王尽为神而非人也。盖古史传说固多出于神话，而神话之来源有纯出幻想者，亦有真实历史为之背景者。"[1] 童书业说："鲧禹神话极丰富而复杂，是否确有其人而为古代部落酋长，后渐神化？亦只能存疑，现时尚不能臆断。"[2] 可见，他们也没有断然否认神话人物在历史上实有其人的可能。在神话历史化之前，不排除经过一番历史的神话化。

实际上，神话历史化概念广泛运用于中国神话与上古史研究，是 20 世纪初期茅盾、鲁迅等参照西方神话而得出的认识，具有浓厚的线性进化论色彩。[3] 就世界范围内而言，既有人神对立的西方神话模式，又有人神混合的印第安神话模式，因此从文化多样性立场出发，就不能认为中国神话模式与西方神话相同。[4] 换言之，中国上古神话英雄也可能是历史人物。

因此，不论如何，都不能否认上古时期存在历史被神话化的阶段，也就不能否定上古神话人物实有其人。不过，这仅仅是一种可能，并不代表一定存在。不仅如此，神话人物实有其人，与附着在他们身上的道统和政统是否实有其事，也不能画等号。杨宽强调，尧舜颛顼等神话人物"仅为殷周东西两氏族原始社会之史影而已，乌有所谓三皇、五帝、唐、虞、夏等朝代之古史系统哉？"[5] 神话人物在历史上实有其人是一回事，后人围绕他们建构起来的朝代系统又是一回事。现当代神话学界持有相近看法，陈泳超认为，"任何分散的知识一旦成为体系，一定是被着意建构的，上古神话亦然"。[6] 换句话说，整齐的帝系和朝代序列背离了历史事实。

关于第三个问题，杨宽的"神话演变分化说"尽管与顾颉刚的"古史层累造

① 杨宽：《中国上古史导论》，"自序"，第 5 页。
② 童书业：《春秋左传研究》，童教英校订，北京：中华书局，2006 年，第 19 页。
③ 参见常金仓：《中国神话学的基本问题：神话的历史化还是历史的神话化？》，《陕西师范大学学报》2000 年第 3 期。
④ 陈连山：《走出西方神话的阴影——论中国神话学界使用西方现代神话概念的成就与局限》，《长江大学学报》2006 年第 6 期。关于"神话历史化"概念的由来和反思，还可参考李川：《反思中国神话学的"神话历史化"命题》，谭佳主编：《神话中国——中国神话学的反思与开拓》，第 172—183 页。
⑤ 杨宽：《中国上古史导论》，"自序"，第 6 页。
⑥ 陈泳超：《从感生到帝系：中国古史神话的轴心转折》，谭佳主编：《神话中国——中国神话学的反思与开拓》，第 317 页。

成说"存在显著差别，但对古史层累现象则是肯定的。比如杨宽说："古史传说之先后发生，自有其层累，亦自有其演变发展之规律，非出向壁虚造，庙号与神祇称号之混淆，实为神话转变为古史之主要动力，此多出自然之演变；智识阶级之润色与增饰，特其次要者耳。"① 可知层累是存在的，只不过顾颉刚认为其主要是伪造虚构而成，而杨宽主张神话的自然分化才是主要原因。可以说，两人都支持广义"古史层累造成说"，只是前者持虚构—移并说，后者持分化—移并说。

对于顾颉刚与杨宽两说之间的关系，童书业认为："古史传说怎样会'层累'起来的呢？我以为这得用分化演变说去补充它。因为古史传说愈分化愈多，愈演变愈繁，这繁的多的，那里去安插呢？于是就'层累'起来了……所以有了分化说，'层累地造成的古史观'的真实性便越发显著。"② 从这点来说，杨宽的"神话演变分化说"，一方面支持广义"古史层累造成说"，另一方面又与顾颉刚的主张有所不同。

当然，顾颉刚并不十分认同杨宽的说法。1947年顾颉刚、方诗铭和童书业合编的《当代中国史学》出版，其中一节"古史辨与古史传说的研究"写道："颉刚认为古史的传说固然大半出于自然的演变，却着实有许多是出于后人有意的伪造。新莽为了要夺地位，恰巧那时五行的学说盛行，便利用这学说来证明新的代汉合于五行的推移，以此表明这次的篡夺是天意，刘歆所作的《世经》分明是媚莽助篡的东西，而《世经》里排列的古帝王的五德系统，也分明是出于创造和依托的，这其间当然会造出许多伪史来了。"③ 从三人的分工和研究背景看，该节当出自顾颉刚之手。其中所说的演变，应指杨宽的"神话演变分化说"，可见顾颉刚仍然持伪造的层累说。直到晚年，他依然坚持此说。④

---

① 杨宽：《中国上古史导论》，第68页。

② 童书业：《〈古史辨〉第七册自序二》，吕思勉、童书业编著：《古史辨》第7册，第6页。这段引文中，几处"层累"写作"累层"，当为误植，径改。

③ 顾颉刚等：《当代中国史学》，《顾颉刚古史论文集》第12卷，第434—435页。

④ 顾颉刚在《我是怎样编写古史辨的？》中说道："古史的传说固然大半由于时代的发展而产生的自然的演变，但却着实有许多是出于后人政治上的需要而有意伪造的。王莽为了要夺刘氏的天下，恰巧那时五行学说盛行，便利用了这学说来证明'新'的代'汉'合于五行的推移，以此表明这次篡夺是天意。刘歆所作的《世经》分明是媚莽助篡的东西，而《世经》里排列的古帝王的五德系统，也分明是出于创造和依托的，这中间当然会造出许多伪史来。"（《顾颉刚古史论文集》第1卷，第171页）该表述与1947年顾颉刚在《当代中国史学》中所说如出一辙。可见，直到晚年，顾颉刚依然坚持伪造之说。

从学理上看，"神话演变分化说"的问题和缺陷非常明显，不能视为定谳。比如潜明兹提出，此说泯灭了"神话本身的民族特点、地域特点以及时代特点"。[①] 这一批评有点言过其实，毕竟"神话演变分化说"指的是殷人—东夷和周人—西戎两系而非一系之民族神话，却多少道出杨宽此说对于神话传说发生演变考虑过于简单和理想的一面。之所以如此，根源在于杨宽的研究方法，他采用语言学派的方法，认为神话传说起源于语言的讹误（theory of disease of language）。杨宽尽管认识到该学派的方法备受批评，但仍然坚持"此实神话演变分化之主要关键"。[②] 今天看来，此流派的缺陷非常突出，不仅"把自然力和自然现象作为神话的核心"，认为"最为原始的神其实就是各种自然力和自然现象本身"，而且"仅仅利用语言工具去解决神话学、原始宗教学的基本问题"，忽视了"原始共同神话、宗教产生的不同社会、文化和物质状况"。因此，语言学派神话学在受到人类学派神话学猛烈冲击之后，很快就销声匿迹，没能流传到 20 世纪。[③] 可见杨宽基于语言学派神话学得出的"神话演变分化说"，只是假说而已，还有待进一步检验。

五、基于新出文献重思古书与古史

古书辨伪在中国学术传统中源远流长，然而作为"古史层累造成说"的手段，顾颉刚开展辨伪古书有特别的考量和背景。站在他的角度，要考察古史传说的生成，就必须贯彻历史演进法，为此首先就是甄别古书真伪，确定古书的真正年代，以便将真书和伪书按照时代先后进行史料排队。因此，辨别伪书是一切工作的基础和前提。更何况在当时学界，不少人还将《尧典》视为尧时的记录、《禹贡》作为禹时的记录。如果古书真伪和时代问题没有得到妥善解决，那么，"古史层累造成说"依赖的历史演进法就无法有效贯彻。在一定意义上，顾颉刚

---

① 潜明兹：《评顾颉刚的古史神话观》，《民间文学论坛》1987 年第 4 期。
② 杨宽：《中国上古史导论》，第 28 页。
③ 孟慧英：《比较语言学派与民俗研究》，《广西民族研究》2004 年第 2 期。关于语言学派神话研究存在的问题，还可参考王倩、尹虎彬：《从语义比较到文明探源——论比较神话学的近代转向》，《江西社会科学》2009 年第 6 期；陈刚、刘丽丽：《语言疾病与太阳学说遮蔽下的缪勒神话研究》，《青海社会科学》2018 年第 4 期。

从事的古书整理和研究工作与其视为古书辨伪，不如视为古书年代的考订，或许更能体现其工作旨趣。

顾颉刚的上述学理逻辑，也是后期"古史辨"运动和他本人转向古书研究的主要原因和内在要求。《古史辨》第 3 册以《周易》和《诗经》的辨伪为主，有人质疑："这分明是'古书辨'了，哪里可以叫作'古史辨'？"顾颉刚答说："古书是古史材料的一部分，必须把古书的本身问题弄明白，始可把这一部分的材料供古史的采用而无谬误。"① 到了晚年，他再一次申说"古书是古史的史料，研究史料就是建筑研究历史的基础。由'古史辨'变为'古书辨'，不仅不是怯退的表示，恰恰相反，正是研究向深入发展的表现"。② 过去不少学者鉴于顾颉刚后期转向古书整理，因此认为他放弃辨伪而转向考信。实际上，从"古史层累造成说"的学理逻辑和顾颉刚的表述看，③ 他后来以古书整理为代表的所谓"考信"，不过是早期疑古和辨伪的自然延伸，并无实质更张。

当然，顾颉刚的辨伪并非停留在通常意义上的纯技术层面，而是与古书和古史传说生成的社会背景深度纠合在一起。他说，"我的惟一的宗旨，是要依据了

---

① 顾颉刚：《〈古史辨〉第三册自序》，顾颉刚编著：《古史辨》第 3 册，第 4 页。

② 顾颉刚：《我是怎样编写古史辨的？》，《顾颉刚古史论文集》第 1 卷，第 169 页。

③ 1952 年 10 月 29 日，顾颉刚致信王伯祥说："弟卅年前本期专治古史，后知不先整理古书即是失却古史研究基础，故专力于古书。"（《顾颉刚书信集》第 1 卷，第 128 页）1960 年 9 月 9 日，顾颉刚致信于鹤年说："弟一生治学目标，只是想把战国、秦、汉人随口所讲之虞、夏、商、周之尘雾扫清。适值抗战，壮年浪掷，竟不克作系统之批评，仅得零星写些在笔记里。"（《顾颉刚书信集》第 3 卷，第 326 页）1962 年，顾颉刚在读书笔记中写道："'五四'运动后，予以考辨古籍之真伪是非自任，于朴社出《辨伪丛刊》十余册，时代动荡，迄未有成也。解放后，人民政府既征予至北京，中华书局又劝编《古籍考辨丛刊》，初编既刊出，二编亦成书……然运动过多，开会又忙，欲觅读书时间而不得，况写作乎……然今年政府号召，老专家应多多发挥积极性，从事撰述，意者今后其可以容我埋头工作也乎？予蓄意搜集唐、宋以来之著作，录出其考辨古籍者，成《丛刊》十编，使'五四'时代之宿愿得偿于耄年，亦使后学者治古文籍而不陷于歧途，以古籍之考定而古史层次宛若地质学家之判分世纪，则亦无负时代之使命矣。"（《朝阳类聚》，《顾颉刚读书笔记》第 10 卷，第 3—4 页）综合起来看，顾颉刚是由辨伪书而走向辨伪史，后者是他一生的志向，而前者是实现此志向的手段和基础。中华人民共和国成立后，顾颉刚依然沿用早年辨别伪史的思路继续从事古籍辨伪工作，只是因为年老体衰和社会原因才中途放弃。其中所说"以古籍之考定而古史层次宛若地质学家之判分世纪"，其实就是贯彻历史演进法，依然延续"古史层累造成说"的学理逻辑。

各时代的时势来解释各时代的传说中的古史"，① "作伪和成伪都有他们的环境的诱惑和压迫，所以只须认清他们的环境，辨伪的工作便已做了一半"。② 为何造出伪书和伪史，需要从当时的社会背景中找原因。顾颉刚在《我的研究古史的计划》一文中规划了六个学程，最后一个学程总结前面的学习和积累，著成专书考察两组问题。第一组考察"当时的古史观念"，而第二组考察"当时的史事"，③此安排鲜活体现顾颉刚将古史观念演变与当时史事发展深度结合的宗旨。童书业对此立场的阐述更清晰直接："我们要明白'五帝'问题，必定要先弄清楚战国秦汉间的政治背景和那时代的学术思想；我们要明白'三皇'问题，也一样的必定要先弄清楚战国秦汉以至历代的政治和宗教上的情形。"④ 疑古派主要着眼于社会背景，以此为出发点，考察古史传说知识的生成、传播与流变。

顾颉刚之所以特别看重古史传说产生的社会背景，过去学者多认为是受到今文经学影响。⑤ 实际上，今文经说的影响只是表象，从深层学理上看，民间故事演变对顾颉刚的影响可能更为深远。比如他在分析孟姜女故事时就说："战国时，齐都中盛行哭调，需要悲剧的材料，杞梁战死而妻迎柩是一个很好的题目，所以就采了进去。西汉时，天人感应之说成为一种普遍的信仰，在那时人的想象中构成了奇迹，如荆轲刺秦王的白虹贯日，邹衍下狱的六月飞霜，东海孝妇冤死的三年不雨，都是。杞妻的哭，到这时便成了崩城和坏山的感应，以致避兵而回，因渴泉涌。"⑥ 因此，顾颉刚对社会背景的特别考量，与其视为今文经说的影响，毋宁视为民俗学思维的体现。民俗学思维是顾颉刚疑古史学的底色。

在此思路影响下，顾颉刚发现，传统认为成书很早的某些古书，其实是后世之人的伪托，反映的是后世思想观念和社会现实。比如载录九州分划的《禹贡》，传

---

① 顾颉刚：《〈古史辨〉第一册自序》，中国社会科学院科研局组织编选：《顾颉刚集》，第72页。
② 顾颉刚：《战国秦汉间人的造伪与辨伪》，《古史辨自序》，北京：商务印书馆，2011年，第114页。
③ 顾颉刚：《我的研究古史的计划》，顾颉刚编著：《古史辨》第1册，第216页。
④ 童书业：《〈三皇考〉序》，吕思勉、童书业编著：《古史辨》第7册，第23页。
⑤ 黄海烈：《顾颉刚"层累说"与20世纪中国古史学》，第118页。
⑥ 顾颉刚：《孟姜女故事研究——〈古史辨自序〉中删去之一部分》，顾颉刚著，王煦华编：《孟姜女故事研究及其他》，第100页。

统上往往认为作于夏禹之时，记录夏朝疆域，而顾颉刚则主张"《禹贡》作于战国，不过是战国时人把当时的地域作一整理而托之于禹迹，原无原始意义可寻"。① 其论述逻辑，就是从疆域沿革和九州的出现入手。他计划写作的《〈禹贡〉作于战国考》，九节目录分别是："（1）禹治水之说的由来。（2）古代对于禹的神话只有治水而无分州。（3）古代只有种族观念而无一统观念。（4）古代的'中国'地域甚不大。（5）九州之说的由来及其影响。（6）九州之说的扩大（邹衍'大九州'之说）。（7）战国虽有'九州'之说，但九州之说未尝统一。（8）九州之名的取义及其初见。（9）九州疆域与七国疆域之比较。"② 后面六节就是围绕战国时期疆域与九州观念的出现和演变而展开。尽管没有细密的论证和正式成文，顾颉刚关于《禹贡》成书的意见还是广受认可。一向以严谨著称的吕思勉认为："其（顾颉刚——引者注）发明《禹贡》不但非禹时书，所述的并非禹时事，乃后人据其时的疆域附会，则不可谓非一大发明。"③ 吕氏认可顾颉刚对《禹贡》年代的看法。

除将整部古书或篇章著作时代移后之外，顾颉刚还将不少古书中的个别内容或文句，视为后世改编窜乱的结果。此认知学理，源于其对古书流传和定型的整体认识。1936年，顾颉刚接受采访时说："古书本为竹简，非常繁重，又是容易脱乱，随便加一点进去也方便……孔子时的史书和史事已多不可信，何况经过战国秦汉间人的主义的渲染，况又经过西汉和东汉人的随意编改。直到东汉以后，古书始有定型，然而离当初著作时代已有数百年或千年之久了。"④ 1959年，他

① 顾颉刚：《论禹治水故事书》，顾颉刚编著：《古史辨》第1册，第210页。

② 顾颉刚：《询〈禹贡〉伪证书》，顾颉刚编著：《古史辨》第1册，第206—207页。关于《〈禹贡〉作于战国考》的大纲，顾颉刚在1923年6月1日致信胡适的《论〈今文尚书〉著作时代书》，部分内容有更为详细的说明。关于九州说的由来，顾颉刚写道："战国七雄的疆域开辟得大了，故有一统观念；交通便了，种族杂糅得多了，故无种族观念。因此，九州之说得以成立，而秦始皇亦得成统一之功。"他在文中还写道："所以考定《禹贡》为战国时书而非秦汉时书之故。（一，禹尚是独立而非臣于舜；二，每州尚无一定的一个镇山；三，不言'南交。'）"（顾颉刚编著：《古史辨》第1册，第202—203页）这两处内容，更能清晰表现顾颉刚结合社会形势判定古书成书的思路。

③ 吕思勉：《从章太炎说到康长素梁任公》，《吕思勉全集》第12册《论学丛稿（下）》，上海：上海古籍出版社，2016年，第1036页。

④ 顾颉刚：《学人访问记——历史学家顾颉刚》，《宝树园文存》第2卷，北京：中华书局，2011年，第235—236页。

又写道："中国的古书在西汉时作过一回大整理，那时正统的学派是儒家，他们所信仰的宗教是五行，为了要求统一思想，许多古书都被他们改窜了。"① 在顾颉刚认知里，现今所见古书多定型于东汉以后，而在此之前，一是在流传上不易保持文本的稳定，二是战国秦汉间人出于各种目的进行改窜，因此不少内容并非早期记载，而属后世掺入。

　　从现今学界对古书成书的了解看，顾颉刚的说法有其道理。不过，学理层面的认识一旦落实到具体操作上，就很容易出现误判。比如《论语·泰伯下》记孔子之语"唐虞之际，于斯为盛"，② 童书业以"唐虞之际"四字连用仅见于《史记》而不见于其他先秦汉初古书为由，认为《唐虞之际》章出自汉代人之手。③ 顾颉刚采信他的看法，主张《孟子·万章上》所载孔子之语"唐虞禅，夏后、殷、周继，其义一也"，④ "恐非《孟子》本文，因为唐虞连称是很晚的事，非孟子时所有"。⑤ 针对此说，裘锡圭提出，时代不晚于《孟子》的郭店简《唐虞之道》开头就说"唐虞之道，禅而不专"，⑥ 因此"《孟子》中出现'唐、虞禅'一点也不奇怪，顾氏之疑不能成立"。⑦ 由此而言，童书业之疑未必能够成立，毕竟唐虞连称的资料既已在战国中期出现，最早材料能否与《论语》同时甚或更早，也不能断然否定。又如《墨子·尚贤下》载"昔者尧有舜，舜有禹，禹有皋陶"，⑧ 顾颉刚以"禹有皋陶"为据，认为此篇内容出现较晚，"定出秦后了"。⑨ 裘锡圭根据上博简《容成氏》记载"禹有子五人，不以其子为后，见皋陶之贤

① 顾颉刚：《〈山海经〉说明》，《顾颉刚古史论文集》第 6 卷，第 461 页。

② 程树德：《论语集释》，程俊英、蒋见元点校，北京：中华书局，1990 年，第 556 页。

③ 童书业：《"帝尧陶唐氏"名号溯源》，吕思勉、童书业编著：《古史辨》第 7 册，第 4—6 页。

④ 焦循：《孟子正义》卷 19，沈文倬点校，北京：中华书局，1987 年，第 652 页。

⑤ 顾颉刚：《禅让传说起于墨家考》，吕思勉、童书业编著：《古史辨》第 7 册，第 56 页。

⑥ 武汉大学简帛研究中心、荆门市博物馆编著：《楚地出土战国简册合集》第 1 册《郭店楚墓竹书》，北京：文物出版社，2011 年，第 60 页。本文所引用出土文献均采用宽式。

⑦ 裘锡圭：《新出土先秦文献与古史传说》，《中国出土古文献十讲》，上海：复旦大学出版社，2004 年，第 36、45 页。

⑧ 孙诒让：《墨子间诂》卷 2《尚贤下》，孙启治点校，北京：中华书局，2001 年，第 72 页。

⑨ 顾颉刚：《禅让传说起于墨家考》，吕思勉、童书业编著：《古史辨》第 7 册，第 55—56 页。

也，而欲以为后"，① 提出最晚在战国中期就出现"禹有皋陶"之类的说法，"《尚贤下》决非'定出秦后'"。② 2020 年荆州枣林铺战国楚墓出土一篇可与《墨子·尚贤》对读的文献，其中有"禹之治天下也，有子所曰启，豫舍其子而不与之治天下；而举皋陶、化益而与之治天下"的文句，③ 进一步证明顾颉刚之说不可靠。疑古派对部分古书的辨伪，有欠严谨。

疑古派之所以在古书辨伪方面出现很多不必要的错误，④ 究其实质，是因为从社会背景出发审视古书，预设战国秦汉间人好伪窜古书的先入之见。当然，在一定程度上，也是为了吻合狭义"古史层累造成说"所强调的古史人物出现时序。在这个意义上，李零批评疑古派"把先秦古书的年代普遍拉后，往往把它们说成是刘歆伪造或更晚的伪造"，而且"对古书形成的漫长过程也只取其晚而不取其早"。⑤ 除非找到确凿充分的证据，否则不应轻易判定古书晚出和伪造。

对于顾颉刚的古书辨伪，即使是作为早期疑古运动支持者的胡适，也颇不赞成。他不仅批评顾颉刚以默证法将《周易·系辞》后移至汉代的观点，而且对顾颉刚看到钱穆批驳刘歆伪造群经的《刘向刘歆父子年谱》之后，在《五德终始说下的政治和历史》一文中依然墨守康有为、崔述之说，表示"殊不可晓"。后来胡适从方法论角度撰文，批评顾颉刚和冯友兰以"丐辞"方式将《老子》著书时代后移的做法。⑥ 据胡适日记记载，1931 年 7 月 22 日，主张《离骚》乃汉武

① 俞绍宏、张青松编著：《上海博物馆藏战国楚简集释》第 2 册，北京：社会科学文献出版社，2019 年，第 174 页。

② 裘锡圭：《新出土先秦文献与古史传说》，《中国出土古文献十讲》，第 36 页。

③ 此篇文献出土于枣林铺造纸厂楚墓 M46，整理者拟题为《上贤》，相关内容尚未发表，可参看赵晓斌：《荆州枣纸简〈上贤〉与〈墨子·尚贤〉三篇》，"中国简帛学国际论坛 2023·新出土战国秦汉简牍文献研究"论文，武汉，2023 年 10 月，第 3 页。

④ 针对疑古派怀疑的伪书，如《左传》《周礼》《孙子兵法》《文子》《鹖冠子》《六韬》《孔子家语》《晏子春秋》，学界依据出土文献进行了重新讨论，参见吴少珉、赵金昭主编：《二十世纪疑古思潮》，第 521—550 页。

⑤ 李零：《出土发现与古书年代的再认识》，《待兔轩文存·读史卷》，桂林：广西师范大学出版社，2011 年，第 5 页。

⑥ 可参赵争：《从疑到信：胡适与疑古辨伪运动——以古书成书与古书体例研究为中心》，卜宪群主编：《中国区域文化研究》第 5 辑，北京：中国社会科学出版社，2022 年，第 8—16 页。

帝太初元年（前 104）以后所作的丁迪豪来访，胡适批评这位顾颉刚的"信徒"："少年人千万不要作这种无从证实，又无从否证的考据。既无从证实，则是非得失终不能得定论，至多有个'彼善于此'而已。"① 由此可见，胡适认为顾颉刚的辨伪工作非常主观，益处不大。二者在古书辨伪与今古文经方面的分歧，也是导致他们渐行渐远的主要学术因素之一。

值得指出，过去学界往往批评顾颉刚错判古书真伪，是因为没有注意到古书形成的复杂性。比如吕思勉说："古本有一家之学，而无一人之言，凡书皆荟萃众说而成，而取一著名之人以为标题耳；而辗转流传，又不免有异家之书羼入。此古书之所以多错乱。然编次之错乱是一事，书之真伪又是一事，二者固不容相混也。"② 换言之，古书是不能用"真"或"伪"简单定性的。20 世纪七八十年代以来出土文献层出不穷，古书成书的复杂性得到进一步证实，③ 因此不少学者响应吕思勉对顾颉刚的批评。不过，这类批评有些错位。顾颉刚对古书体例和成书的复杂性并不缺乏清醒认识，比如他说："真和伪往往是相对的而不是绝对的……《逸周书》和《越绝书》同出汉人编集，当然很多汉人的作品，而其中的《商誓》、《世俘》和《计倪内经》诸篇实是汉以前的旧籍，我们怎能为了多数的迟而忽略了少数的早！"④ 可见，顾颉刚对于古书形成的复杂性和所谓"真"、"伪"问题有充分估计和考量。

---

① 曹伯言整理：《胡适日记全集》第 6 册，台北：联经出版事业股份有限公司，2004 年，第 584 页。1931 年 3 月 20 日，胡适在日记里写道，关于崔述《知非集》，"我愿意停止讨论了，因为这种无从证实的假设是没有多大用处的，至多只不过聊胜于打马将而已"（《胡适日记全集》第 6 册，第 533 页）。胡适此处的说法，与 4 个月后对疑古派古书辨伪的批评，或许不无相似之处。

② 吕思勉：《先秦史》，上海：上海古籍出版社，2005 年，第 19 页。

③ 余嘉锡 20 世纪 30 年代归纳古书成书的体例，汇成《古书通例》一书作为课堂讲义，此书直到 80 年代才正式出版，可见《古书通例》，上海：上海古籍出版社，1985 年，第 1—130 页。今人利用出土文献对《古书通例》作了进一步的印证和补充，可参顾史考：《以战国竹书重读〈古书通例〉》，《上博等楚简战国逸书纵横览》，上海：中西书局，2018 年，第 408—432 页；李锐：《新出简帛与古书书名研究——〈古书通例·古书书名之研究〉补》，《文史哲》2010 年第 5 期；李锐：《〈古书通例〉补论》，香港浸会大学《人文中国学报》编辑委员会编：《人文中国学报》第 18 期，上海：上海古籍出版社，2012 年，第 1—22 页。

④ 顾颉刚：《古籍考辨丛刊第一集序》，《顾颉刚古史论文集》第 7 卷，第 28—29 页。

顾颉刚在古书辨伪问题上的症结，并不是不知道古书成书的复杂性，只是他在贯彻历史演进法时并未妥善处理此点。因为要准确辨别和指认伪书中具体哪些部分来源于早期记载，每一部分具体源自哪个时代，以当时的条件，殊难做到。正因如此，顾颉刚在判断著作时代时往往"只取其晚而不取其早"。在疑古派看来，将古书年代后移可能更为安全，毕竟比较各书的异同，从中找出矛盾之处很容易，在此基础上指认其"伪"和时代晚出，多少也还说得过去；但是比较各"伪书"之异同，认定其中一部分为"真"，以及具体来自哪个时代，就很难处理和操作。然而运用历史演进法的前提和基础就是古书具备明确的成书时代，该问题如果处理不好，历史演进法的效力将大打折扣。

进一步说，古书年代和作者问题，只是古书的外在形式，与古书内容真伪是两码事，顾颉刚和疑古派对此的认识非常清醒。比如钱玄同说，"辨古书的真伪是一件事，审史料的虚实又是一件事"。具体而言，"《周礼》，《列子》，虽然都是假书，但是《周礼》中许也埋藏着一部分周代的真制度，《列子》中也许埋藏着一部分周汉间道家的思想……一切真书尽管真是某人作的，但作者之中，有的是迷于荒渺难稽的传说，有的是成心造假，如所谓'托古改制'；有的是为了古籍无征，凭臆推测：咱们并不能因其为真书，就来一味地相信它"。[①] 又如顾颉刚在写于1955年的《周官辨非序——周公制礼的传说和周官一书的出现》中说道，"这书（《周官》——引者注）不成于一人，也不作于一时，所以其中的制度常有抵牾和不可信的成分。然而其中也必然保存了一部分的古代的真制度……值得我们重视"。[②] 由此可见，我们固然可以批评顾颉刚在伪书中有"真书"的处理上不够精细，但不能说顾颉刚和疑古派不承认伪书中有"真事"或"真史"。

明白此点，就可以发现，不少学者批评顾颉刚将古书之真伪（外在形式）等同于古史之真伪（古书内容），其实属于误读。比如梁园东批评道，在顾颉刚所承袭的清儒观念里，"所谓'伪书'，是说著作者和著作的年代都是'假

---

① 钱玄同：《论〈说文〉及壁中古文经书》，顾颉刚编著：《古史辨》第 1 册，第 231—232 页。
② 顾颉刚：《周官辨非序——周公制礼的传说和周官一书的出现》，《顾颉刚古史论文集》第 11 卷，第 460 页。

托’”，但外在形式的伪并不妨碍内容的真。他还举例说："正好比一家子弟，替他老人做了一篇传记，却假托是蔡元培、章太炎的名字，这是伪的了，但就能‘因此’断定他的内容也伪么？"因此，顾颉刚最大的错误是"迷信了‘真书’‘伪书’的分别，就把‘真史伪史’和‘真书伪书’发生了连带关系"。① 此说影响甚广。1987 年，王汎森重复此认识："（古史辨运动——引者注）最大的盲点之一是把书的真伪与书中所记载史事的真伪完全等同起来，认为伪书中便不可能有真史料。"② 这类批评误解了顾颉刚，在"古史层累造成说"的学理逻辑中，真书并不等于真史，伪书也不等于伪史。顾颉刚辨别伪书并不是全然抛弃，而是将伪书与真书放在一起进行史料排队（伪书后置于作伪的时代），③ 从而辨别古书内容真伪。

　　当然，伪书中固然有真史，真书中也未尝没有伪史。不少反对者在错误批评疑古派不承认伪书有真史的同时，走向否认真书中也有伪史的另一端。比如最早与"古史层累造成说"展开论战的胡堇人说："古史官是世传的，他们父传子，子传孙，容易把史料保存。就是突遭兵火，他们因职务上关系，不能不尽法搜辑。况列国有史官，一国失传，还有别国可以参互考订，决不能各国同时间对于某时代造出一色的假货。"④ 又如朱渊清说，"（关于大禹的——引者注）内容在其他各种书尤其是完全不同性质不同来源的文献中也有记载，内容不相背离，那么更为可能的是这项内容是当时的历史知识……中国有规范、严密、长期不间断传承的史官系统，史书的传承是非常严肃的国之正事，极其谨慎规范"。⑤ 两位学者的看法非常接近，其核心意思有两层：一是古史记述有源头和传流，二是不

① 梁园东：《〈古史辨〉的史学方法商榷》，姚奠中、梁归智选编：《梁园东史学论集》，第 26—27、42 页。
② 王汎森：《古史辨运动的兴起——一个思想史的分析》，第 296 页。
③ 顾颉刚在《〈古史辨〉第三册自序》中说："许多伪材料，置之于所伪的时代固不合，但置之于伪作的时代则仍是绝好的史料：我们得了这些史料，便可了解那个时代的思想和学术……伪史的出现，即是真史的反映。我们破坏它，并不是要把它销毁，只是把它的时代移后，使它脱离了所托的时代而与出现的时代相应而已。实在，这与其说是破坏，不如称为‘移置’的适宜。"（顾颉刚编著：《古史辨》第 3 册，第 8 页）
④ 胡堇人：《读顾颉刚先生论古史书以后》，顾颉刚编著：《古史辨》第 1 册，第 95 页。
⑤ 朱渊清：《古史的证据及其证明力——以顾颉刚先生的大禹研究为例》，杨庆中、廖娟编：《疑古、出土文献与古史重建》，桂林：漓江出版社，2012 年，第 136—137 页。

同古书中彼此印证，因此具有可信性。这类看法非常有代表性，屡屡被用来证明古书所载上古史事的真实性。

对于此类说法，顾颉刚的回应值得重视，他说："中国的文字是商代才有的，在商以前，既无文字，就不能有历史记载，因之夏代的史只有传说。不幸战国秦汉间人称说古代是不依照固有的传说的，他们只把自己的学说和想象改造传说，弄得许多古代史都染上了战国秦汉间人的主义的色彩。"① 尽管目前还无法确定夏代有无文字，但有关上古史的认识多数载于商周以后古书，此点在学界应无大的争议。因此，用商周以后（尤其是战国秦汉）的文献去研究上古历史，无论如何都有风险。更何况战国秦汉的文献，确实带有当时人的诸多主观色彩。至于胡董人、朱渊清所说多数文献相合，那也只能证明后世古书的记载彼此相合，可能共享同样的上古史认识，不足以证明相合内容就是真实的上古历史。在这个意义上，顾颉刚、童书业所说，"我们不该用了战国以下的记载来决定商周以前的史实"，② 依然是有道理的。

除此之外，还有学者从历史记忆强固和连续角度论证传统古史系统的可信，③可能无法成立。毕竟将一件通过一两千年口耳相承方式流传下来的事情视作真实历史，无论如何弥缝，恐怕都难以取信于人。值得注意，"历史记忆"在西方学界中更多强调主观塑造和建构，而不太注重其背后的客观事实。不过，该概念近来被引入后，尤其是用到上古史研究上，其主旨和含义发生变化，学者往往从字面意思进行理解，将之视为依托于客观事实的"记忆"，更多强调可信性和背后的事实依据。这种转变是否合理，恐怕有待进一步论证。

六、新出文献与狭义"古史层累造成说"

如前所述，顾颉刚提出狭义"古史层累造成说"，第一点内容是"时代愈后，传说的古史期愈长"，具体而言，"周代人心目中最古的人是禹，到孔子时有尧、

---

① 顾颉刚：《学人访问记——历史学家顾颉刚》，《宝树园文存》第 2 卷，第 234 页。
② 顾颉刚、童书业：《夏史三论》，吕思勉、童书业编著：《古史辨》第 7 册，第 195 页。
③ 谢维扬：《中国早期国家》，第 96—102 页；宁镇疆：《由历史记忆的传承再说涉禹三器所述大禹史事的可靠性》，《中原文化研究》2014 年第 3 期。

舜，到战国时有黄帝、神农，到秦有三皇，到汉以后有盘古等"。① 之所以提出逐渐递增的古史观，他后来解释说："在我的意想中觉得禹是西周时就有的，尧、舜是到春秋末年才起来的。越是起得后，越是排在前面。等到有了伏羲、神农之后，尧、舜又成了晚辈，更不必说禹了。我就建立了一个假设：古史是层累地造成的，发生的次序和排列的系统恰是一个反背。"② 所谓"发生的次序和排列的系统恰是一个反背"，可谓是对"古史层累造成说"第一点内容的精准概括，后来学界屡屡称引此说。

论战之初，顾颉刚在《答刘胡两先生书》中构拟八个问题，准备逐一讨论。具体包括：大禹是否为天神，大禹和夏朝有没有关系，大禹的来源在何处，《禹贡》是什么时候撰作的，后稷的实际情况怎样，尧舜禹的关系是如何来的，《尧典》《皋陶谟》是什么时候撰作的，现在公认的古史系统是如何组织而成的。③ 八个题目及衍生问题，他后来基本上都有相关的分析和讨论。早期和近年关于"古史层累造成说"的论战，也多围绕上述问题展开。其中，大禹的天神性、大禹和夏朝的关系两个问题，涉及上古史体系的开端，而尧舜禹关系和先后次序则涉及单线性帝系的形成和发展，与狭义"古史层累造成说"密切相关。因此，本节对这三个问题进行梳理分析，以检验狭义"古史层累造成说"能否成立。

首先来看大禹是否为天神的问题，该问题是狭义"古史层累造成说"的焦点和枢纽。④ 早年顾颉刚主要结合王国维提出的《诗经·商颂》乃西周中叶宋人所作观点，认为在这个时代最早的文献中，《商颂·长发》记载"洪水芒芒，

---

① 顾颉刚：《与钱玄同先生论古史书》，中国社会科学院科研局组织编选：《顾颉刚集》，第 2 页。

② 顾颉刚：《〈古史辨〉第一册自序》，中国社会科学院科研局组织编选：《顾颉刚集》，第 61 页。

③ 顾颉刚：《答刘胡两先生书》，中国社会科学院科研局组织编选：《顾颉刚集》，第 9—10 页。

④ 顾颉刚在《答柳翼谋先生》中说："我对于古史的最早怀疑，是由《尧典》中的古史事实与《诗经》中的古史观念相冲突而来。在这个冲突中，中枢的人物是禹，所以使我对于禹在传说中的地位特别注意。从此旁及他种传说，以及西周东周战国秦汉各时代人的历史观念，不期然而然在我的意想中理出了一个古史成立的系统。（这个系统的确实与否自是另一问题。）"（顾颉刚编著：《古史辨》第 1 册，第 223 页）

禹敷下土方",因此大禹是天神。① 在《讨论古史答刘胡二先生》一文中，他又进一步根据《尚书》中较早的篇章，如《洪范》记载"鲧堙洪水……帝乃震怒……鲧则殛死，禹乃嗣兴，天乃锡禹洪范九畴，彝伦攸叙"，以及《吕刑》所载"皇帝清问下民……乃命三后，恤功于民：伯夷降典，折民惟刑；禹平水土，主名山川；稷降播种，家殖嘉谷"，主张《洪范》中的"帝"和《吕刑》中的"皇帝"都是天帝，并非尧舜，因此被天帝所命的大禹自然是天神。② 2002年，保利艺术博物馆购藏一件西周中期的豳公盨，铭文开头说"天命禹敷土，堕山，濬川；乃畴方，设征，降民，监德；乃自作配，享民；成父母，生我王，作臣"。③ 裘锡圭认为，"铭文说'天命禹'，而不是像《尧典》那样说尧、舜命禹"，因此"证明了顾颉刚《吕刑》中命禹的'皇帝'是上帝的意见"。④ 周书灿、黄海烈也持相同立场。⑤

针对顾颉刚的说法，刘掞藜举出《商颂·玄鸟》"古帝命武汤，正域彼四方"和《大雅·文王》"文王受命，有此武功"，胡堇人列举《大雅·韩奕》"有倬其道，韩侯受命"等相关记载，提出文献中的商汤、周文王和西周后期的韩侯也都受上帝之命，并不能说他们是神，因此受上帝之命的大禹也不一定就是神。⑥ 此质疑不能说没有道理。至于新出的豳公盨，只是增加一份与《长发》《洪范》《吕刑》内容相似而时代更为明确的早期文献，对论证大禹天神性并没有特别重大的实质性影响。因此，直到晚近，依然有学者重申刘掞藜、胡堇人的说法。比如谢维扬举出《尚书·大诰》"天休于宁王（周文王），兴我小邦周，宁王（周

① 顾颉刚：《与钱玄同先生论古史书》，中国社会科学院科研局组织编选：《顾颉刚集》，第4页。
② 顾颉刚：《讨论古史答刘胡二先生》，顾颉刚编著：《古史辨》第1册，第106—114页。
③ 裘锡圭：《豳公盨铭文考释》，《中国出土文献十讲》，第46页。
④ 裘锡圭、曹峰：《"古史辨"派、"二重证据法"及其相关问题——裘锡圭先生访谈录》，《文史哲》2007年第4期。相关分析亦可见裘锡圭：《新出土先秦文献与古史传说》，《中国出土古文献十讲》，第20—23页。
⑤ 周书灿：《大禹传说的流变与整合——"层累说"的再检讨》，《文史》2011年第1辑；黄海烈：《顾颉刚"层累说"与20世纪中国古史学》，第157—161页。
⑥ 刘掞藜：《读顾颉刚君〈与钱玄同先生论古史书〉的疑问》，《刘掞藜史学论著集》，屠潇、渠颖编校，房鑫亮审校，上海：上海古籍出版社，2019年，第373—374页；胡堇人：《读顾颉刚先生论古史书以后》，顾颉刚编著：《古史辨》第1册，第93—94页。

文王）惟卜用，克绥受兹命"，李锐列举上博简《孔子诗论》"有命自天，命此文王"等记载，反驳受天命者即是神的看法。① 沈长云更进一步认为，天命禹和天命商汤、天命文王，反映的其实是"周人思想中的'天命论'意识"，不能因此而认为大禹是天神。②

对于刘掞藜、谢维扬等学者的质疑，郭永秉反驳说："他们没有正面解释为何在较早的传世和出土文献中禹的传说却没有类似文王为纣臣这类完全属于人事的记载，只有天、帝、皇帝等命禹的记载，反而到了大家都公认的战国时代形成的古书才有禹为尧、舜臣的记载。"③ 其实，早在 1923 年底，顾颉刚就在读书笔记中提出，"神的神话与人的神话当然有一个分别，不能以人有神话遂谓神话无非人也"，并反驳道："照刘先生说，真的天神应如何写法？"④ 周文王等历史人物是后来被神化的，虽然有神话的痕迹，但也有历史方面的记载，而大禹在早期文献中只有神话迹象，而没有"人话"记载，因此周文王与大禹不能相提并论。

顾颉刚和郭永秉的说法，显然很有道理。然而细绎起来，这类说法终究还是面临另一个更核心的问题：在大禹的神话历史化之前，到底有没有历史的神话化，如果不能彻底证明不存在历史的神话化，那么就无法完成终极论证。正是在这个意义上，李锐批评顾颉刚把《诗经》等文献所见大禹之事解释为"神迹"，"恐怕是在成见引导下做循环论证"。⑤ 如果搞不清楚大禹在历史早期是否实有其人，那么既可以把豳公盨等文献当作天神大禹被历史化之前的证据，又可从相反的方向进行解读，视为人王大禹被神化之后的表征。

问题的关键是，目前所见文献都是大禹作为天神和大禹被历史化以后的时代

---

① 谢维扬：《古书成书和流传情况研究的进展与古史史料学概念——为纪念〈古史辨〉第一册出版八十周年而作》，《文史哲》2007 年第 2 期；李锐：《由新出文献重评顾颉刚先生的"层累说"》，《人文杂志》2008 年第 6 期。

② 沈长云：《〈豳公盨〉铭与禹治洪水问题再讨论》，《寻找夏朝——夏代史与中国早期国家问题研究》，北京：中国社会科学出版社，2022 年，第 193—194 页。

③ 郭永秉：《这是一个根本的态度问题——〈新出土先秦文献与古史传说〉导读》，《中西学术名篇精读·裘锡圭卷》，上海：中西书局，2015 年，第 329 页。

④ 顾颉刚：《淞上读书记（五）》，"判别真伪有种种条件"条，《顾颉刚读书笔记》第 2 卷，第 104 页。

⑤ 李锐：《由新出文献重评顾颉刚先生的"层累说"》，《人文杂志》2008 年第 6 期。

产物，根本看不到大禹在成为天神之前的文献，因此难以证明不存在历史神话化。针对这样的困境，顾颉刚后来在与童书业合著的《鲧禹的传说》一文中，采用神话色彩浓厚的《山海经》《楚辞》《淮南子》《国语》《吕氏春秋》相关记载，用作大禹的早期史料，以阐发鲧禹为神的说法。[①] 无独有偶，裘锡圭也说："关于禹平治洪水，《山海经》、《楚辞》、《淮南子》等书所反映的比较原始的传说，完全是神话性的。"[②] 此说是有道理的，如此处理《山海经》《楚辞》等文献在学界并不罕见。[③] 不过，《山海经》《楚辞》《淮南子》属于成书较晚的文献，所记的鲧禹神话，到底是早期原始神话的遗留，还是后来新产生的神话，无法给予肯定回答。正如顾颉刚讨论黄帝身份的多次转换，"夫黄帝本为卜居昆仑之上帝，借传播之力，为十二姓之共祖，为中国历史之首一王，人矣；而至汉武之世，又以修仙、封禅，骑龙而去。初则由神化人，继则由人复归于神"。[④]《山海经》《楚辞》的神话记载，到底是大禹神话被历史化之前的实录，还是作为人王的大禹被神话化之后的表征，恐怕也不易断定。

可以说，大禹是否为天神的问题，在狭义"古史层累造成说"中居于关键地位。按照顾颉刚的认识，大禹如果是天神，那就与夏朝没有关系，不是夏朝首王，而作为神的大禹，在早期也不可能像后来一样是尧舜的臣子。换言之，如果大禹的天神性能够成立，不仅表明大禹与夏朝没有关系，还说明尧舜晚于大禹而起。可惜，关于此问题，目前虽然顾颉刚、裘锡圭的说法在学理上更为优胜，却

---

① 顾颉刚、童书业：《鲧禹的传说》，吕思勉、童书业编著：《古史辨》第7册，第144—152页。

② 裘锡圭、曹峰：《"古史辨"派、"二重证据法"及其相关问题——裘锡圭先生访谈录》，《文史哲》2007年第4期。

③ 杨宽在《中国上古史导论》提出的"神话演变分化说"，也是重《山海经》《楚辞》一类材料而轻传统的经史文献，参见彭明辉：《疑古思想与现代中国史学的发展》，台北：台湾商务印书馆股份有限公司，1991年，第216页。傅斯年也持类似看法："（上古文献史料——引者注）大概与儒家相隔愈远、与乎未如何理想化之史料，其真确性愈大，如《孟子》不如《楚辞》，《楚辞》不如《山海经》。"（傅斯年：《中西史学观点之变迁》，欧阳哲生编：《傅斯年文集》第3卷，北京：中华书局，2017年，第160页）在顾颉刚、傅斯年、杨宽等人看来，《左传》《国语》《孟子》等正统文献，都已经过儒家的伦理化、理性化和人格化，所记事迹已经变形走样，故真实性反不如富含神话色彩的《山海经》《楚辞》等非正统文献。这些认识有其道理，然而症结就在于没有得到充分的论证和证明。

④ 顾颉刚：《史林杂识初编》，"黄帝"条，《顾颉刚读书笔记》第16卷，第409页。

依然没有得到最终解决。

　　可能因为该点，对于第二个问题大禹与夏朝的关系，现在学界的主流看法还是将大禹作为夏朝开端。不限于现在，早在古史辨运动方兴未艾之时，郭沫若就反对顾颉刚的说法，认为《商颂·长发》"禹敷下土方"指的是大禹受上帝之命下降于华夏，而大禹"必为夏民族之传说人物"，或"夏之先祖"。① 当然，顾颉刚的看法获得部分学者支持。比如傅斯年在《夷夏东西说》中写道，"盖禹是一神道，即中国之 Osiris（埃及神话中的农业之神——引者注）……虽夏后氏祀之为宗神，然其与夏后有如何之血统关系，颇不易断"，因此"我们现在排比夏迹，对于关涉禹者应律除去，以后启以下为限"。②

　　近年公布的清华简《厚父》，出现"闻禹……乃降之民，建夏邦。启惟后，帝亦弗巩启之经德，少命皋繇下为之卿事"的记载。③ 最重要的是大禹与夏邦同时出现，而简文中的"（濬）川"，又极易让人联想到豳公盨的"敷土堕山濬川"。郭永秉最初认为，《厚父》托名夏代某王与厚父的对话，是西周整理编写的夏代文献，④ 而该篇竹书显示大禹是奉天之命降民和建立夏邦，因此顾颉刚有关大禹与夏朝没有关系的看法不能成立。⑤ 然而，他后来又修正了看法，认为《厚父》"降之民、建夏邦"的主语，与豳公盨"畴方、设征、降民、监德"一样，都是上天，因此大禹和夏朝还是没有关系。⑥ 郭永秉对两处文句主语的解释，显然是对的。不过，正如杨栋所说，被学者定为西周初年的《逸周书·世俘》记有"崇禹生开"，"开"就是"启"，因此西周初年禹和启即有父子关系。⑦ 从此点看

---

①　郭沫若：《中国古代社会研究》附录 9《夏禹的问题》，北京：商务印书馆，2011 年，第 325、327—328 页。

②　傅斯年：《夷夏东西说》，《民族与古代中国史》，第 28 页。

③　李学勤主编：《清华大学藏战国竹简（伍）》，上海：中西书局，2015 年，第 110 页。

④　郭永秉：《论清华简〈厚父〉应为〈夏书〉之一篇》，李学勤主编：《出土文献》第 7 辑，上海：中西书局，2015 年，第 118—132 页。

⑤　郭永秉：《这是一个根本的态度问题——〈新出土先秦文献与古史传说〉导读》，《中西学术名篇精读·裘锡圭卷》，第 340 页。

⑥　郭永秉：《近年出土战国文献给古史传说研究带来的若干新知与反思》，复旦大学出土文献与古文字研究中心编：《出土文献与古文字研究》第 7 辑，上海：上海古籍出版社，2018 年，第 237—241 页。

⑦　杨栋：《清华简〈厚父〉所见夏代传说》，《民俗研究》2020 年第 1 期。

清华简《厚父》，禹和启同时出现，要说禹与夏没有一点关系，恐怕难以取信于人。

第三个问题尧舜禹出现的次序，也与大禹的天神性问题密切相关。顾颉刚早前依据《诗经·鲁颂·閟宫》记载"是生后稷……缵禹之绩"，认为后稷缵的是此时已由神变为人的"禹"之绩，而非"黄帝尧舜"之绩，因此表明春秋之时还没有出现黄帝尧舜传说，黄帝尧舜传说是后期才产生的。[1] 后来他进一步排比史料，认为："《诗经》中有若干禹，但尧舜不曾一见。《尚书》中除了后出的《尧典》，《皋陶谟》，有若干禹，但尧舜也不曾一见。故尧舜禹的传说，禹先起，尧舜后起，是无疑义的。"[2] 正因为尧舜禹的出现与大禹天神性问题相关，裘锡圭在依据豳公盨肯定大禹为天神的基础上，认为"在这样的传说里，根本不可能有作为禹之君的人间帝王尧、舜的地位"，因此"顾氏认为尧、舜传说较禹的传说后起，禹跟尧、舜本来并无关系的说法，当然也是正确的"。[3]

针对顾颉刚的说法，当时批评主要集中在证据使用上，即过度使用默证的问题。刘掞藜说，《閟宫》之所以不载黄帝尧舜，是因为"用不着说到后稷缵黄帝尧舜的绩"，而且《閟宫》也没有记载成王、穆王、隐公和桓公等人，"我们遂得说那时也并没有成王、穆王、隐公、桓公吗?"[4] 胡堇人批评道，"不说黄帝尧舜而单说禹，自因禹的水功和稷的土功有连带的关系，所以单单说他，决不能就因此断为这时人的心目中最古的人王只有禹"，[5] 意思是没有必要提到黄帝尧舜。后来张荫麟拈出"默证"之说，认为顾颉刚对材料的解读违反默证适用限度，反问道："《诗》、《书》（除《尧典》、《皋陶谟》）是否当时历史观念之总记录，是否当时记载唐虞事迹之有统系的历史?"既然不是，那么"其中有无涉及尧舜事迹之需要?"[6] 此质疑显然十分有力。

① 顾颉刚：《与钱玄同先生论古史书》，中国社会科学院科研局组织编选：《顾颉刚集》，第4页。
② 顾颉刚：《讨论古史答刘胡二先生》，顾颉刚编著：《古史辨》第1册，第127—128页。
③ 裘锡圭：《新出土先秦文献与古史传说》，《中国出土古文献十讲》，第22页。
④ 刘掞藜：《读顾颉刚君〈与钱玄同先生论古史书〉的疑问》，《刘掞藜史学论著集》，第375页。
⑤ 胡堇人：《读顾颉刚先生论古史书以后》，顾颉刚编著：《古史辨》第1册，第94页。
⑥ 张荫麟：《评近人对于中国古史之讨论》，陈润成、李欣荣编：《张荫麟全集》，第803页。

如前所述，"不言＝不知＝不有"固然违反默证适用限度，但也不能完全反过来，认为"不言＝知＝有"。在此意义上，郭永秉非常自信地说，"迄今为止，却仍然还没有任何可靠资料可以证实尧、舜传说的出现先于禹的传说"。① 然而，此说的关键在于"可靠资料"，所谓"可靠"，应该包括资料文献具有明确时代。按照最为理想的状态，时代应指文献生成时代，而不是文献记述时代。恰恰在此点上，学者达不成共识，因此尧舜出现时间难以确定。"古史层累造成说"的批评者固然抛开文献生成时代，而选择文献记述时代作为推论的起点；即使是支持者，其实也没有严格依照文献生成时代进行排序。

比如抄写于战国中晚期的清华简《保训》，记载周文王临终诫饬武王，就提到"昔舜旧作小人，亲耕于历丘……帝尧嘉之，用授厥绪"，同时又载"昔微假中于河，以覆有易，有易服厥罪"。② 李锐结合《论语》所载孔子称道尧舜，以及《保训》用词不乏见于西周中晚期的情况，认为"《保训》所载的尧、舜故事，不大可能是春秋战国时人的拟古、托古之作"，并进一步推测"很可能在西周初期或先周时期，舜的故事及其世系、后裔就已经为当时人所熟知了"。③ 如果此说成立，尧舜的出现将早于大禹。一向注重按照文献生成时代进行排队的郭永秉说，即使保守地把《保训》视作战国人的拟古之作，从上甲微、河伯、有易等古老传说与尧舜同时出现看，战国人应该认为西周文武二王熟知尧舜传说，因此，尧舜传说"显然并不是什么家派的伪造、发明、托古改制或神话的人化，而是口耳相传的古说"。④ 此立场已经与李锐的说法非常接近。

不仅如此，郭永秉还据大约成书于战国中期的清华简《系年》，将黄帝出现时代大大提前。《系年》开篇记载"昔周武王监观商王之不恭上帝，禋祀不寅，乃作帝籍，以登祀上帝天神"，⑤ 后一处"上帝"是合文🔲，郭永秉主张应该改释

---

① 郭永秉：《这是一个根本的态度问题——〈新出土先秦文献与古史传说〉导读》，《中西学术名篇精读·裘锡圭卷》，第 328 页。

② 刘丽：《清华简〈保训〉集释》，上海：中西书局，2018 年，第 29 页。

③ 李锐：《近出简帛与中国古史框架探略》，瞿林东主编：《史学理论与史学史学刊》总第 7 卷，第 215—217 页。

④ 郭永秉：《这是一个根本的态度问题——〈新出土先秦文献与古史传说〉导读》，《中西学术名篇精读·裘锡圭卷》，第 336—338 页。

⑤ 李松儒：《清华简〈系年〉集释》，上海：中西书局，2015 年，第 1 页。

为"土帝"。他认为土帝就是土德的黄帝，并进一步说，《系年》此处记载的史料来源可能"不会晚于战国前期，似有可能反映春秋时代的观念"，因此，周武王祭祀土帝（黄帝）"恐怕是有较早来源的、与周人出身有关的传统说法（但很可能并非西周时代最原始的表述）"。① 由此可知黄帝的出现并非如顾颉刚原先推测的起于战国，而可能早至春秋，甚至西周。这个说法，文字改释的正确与否还在其次，② 关键是对材料解读和背后所反映的史料观念。《系年》写定时代的下限明确，不会早于竹书中出现的楚悼王（战国前期），然而其中的材料当有更早来源，但具体早至何时呢？目前无法明确回答。郭永秉结合相关思想观念的演变，将《系年》开篇的记载提前到春秋甚至西周。前述《厚父》《保训》也是如此，郭永秉、李锐肯定文献内容反映时代远远早于文献写定的时代。此观点能在多大程度上成立，值得斟酌。

因此，对上述三个问题的讨论目前差不多都呈现胶着状态，难以有效进行下去，症结在于：到底是依据文献生成时代还是依据文献记述时代。这个两难，其实是早期文献严重不足所致，如果早期文献足够多，那么就不太需要依据文献记述时代，而可以严格依据文献生成时代进行讨论。

需要指出的是，顾颉刚早年提出狭义"古史层累造成说"，背后文献依据具有鲜明的选择性。顾颉刚受胡适和钱玄同影响，多用《诗经》而少用《尚书》文献。因为在他们看来，《诗经》反映了较为原始的材料，少受后人扰动，而《尚书》迭经后世改写，早已失去原来面貌，具体篇章的时代也不明确，无法进行有效的史料排队和分析。可知狭义"古史层累造成说"是建立在有意识地排除很多文献基础之上，这个态度招致诸多批评，比如李锐说，"从《诗经》来讨论西周时期的禹，却想排除《尚书》等其它共时性的西周早期文献，难免有成见在先故而选择性地运用史料之嫌"。李锐进一步强调，根据顾颉刚所相信时代较早的《尚书·吕刑》，"在当时的古训中"已经有蚩尤、重黎、伯夷、禹、稷，而时代可能和《吕刑》接近的《逸周书·尝麦》"则记有赤（炎）帝、黄帝、蚩尤、少昊"，因此，狭义"古

① 郭永秉：《近年出土战国文献给古史传说研究带来的若干新知与反思》，复旦大学出土文献与古文字研究中心编：《出土文献与古文字研究》第7辑，第227—233页。
② 李松儒认为，将"上帝"改为"土帝"不合古人称谓惯例，且忽略了抄写习惯和文字错讹等因素，参见《清华简〈系年〉集释》，第19、23页。

史层累造成说"在"史料选择上是有问题的，其结论也是不可信的"。[1] 杨栋说，过去认为晚出的一些《尚书》和《逸周书》文献，实际时代可能没有想象中那么晚。[2] 对此，宁镇疆说"追着材料走了一圈，其实等于又回到了原点"，还是要看原来那些备受冷落和怀疑的传世文献。[3] 此批评有道理。

当然，批评者对古书年代的翻案有时未必正确。比如早年刘掞藜引日本学者对天文星象的观测，认为《尚书·尧典》"仲春日中星昴，仲夏日中星火"的天象，当在公元前 2400 年，因此《尧典》确有尧舜时代的记录。[4] 此说得到不少学者支持。[5] 然而新近研究显示，过去的推测并不准确，《尧典》所记天象更可能发生在 3000 多年前的殷末周初，并非 4000 多年前。[6] 与此同时，有学者考虑到《尧典》没有宗教神话性的记述，因而认为"文字虽不是尧时写定，事情却必发生在尧时"，大概是东周时期大学问家依据尧时留存下来的史料而写定。[7] 此说难以成立，毕竟尧时有无文字尚无法确定，即使当时有所记录，1000 多年后东周的记载也不能肯定就是尧时记录的原貌。《尧典》如此，《洪范》《吕刑》（《尚书》）和《尝麦》《世俘》《商誓》（《逸周书》）等古书的成书年代，恐怕同样不易解决。

总体上看，狭义"古史层累造成说"之所以引起大的争议，一是因为关于古书的成书年代，学界没有一致认识。顾颉刚所说"古史是层累地造成的，发生的次序和排列的系统恰是一个反背"，[8] 所谓"发生的次序"只能依赖古书确定，而很多古书的成书年代学界无法形成一致意见，有时甚至迥乎不同。二是由于古

---

① 李锐：《由新出文献重评顾颉刚先生的"层累说"》，《人文杂志》2008 年第 6 期。
② 杨栋：《夏禹神话研究》，北京：中华书局，2019 年，第 213—217 页。
③ 宁镇疆：《"层累"说之"默证"问题再讨论》，《学术月刊》2010 年第 7 期。
④ 刘掞藜：《读顾颉刚君〈与钱玄同先生论古史书〉的疑问》，《刘掞藜史学论著集》，第 378 页。
⑤ 张京华：《古史辨派与中国现代学术走向》，厦门：厦门大学出版社，2009 年，第 299—300 页；张国安：《终结"疑古"》，北京：人民出版社，2017 年，第 93—97 页；李锐：《新出土史料与古史研究中的问题》，《中原文化研究》2019 年第 2 期。
⑥ 王胜利：《〈尚书·尧典〉四仲中星观测年代考》，《晋阳学刊》2006 年第 1 期。
⑦ 金景芳、吕绍纲：《〈尚书·虞夏书〉新解》，沈阳：辽宁古籍出版社，1996 年，第 65—67 页。
⑧ 顾颉刚：《〈古史辨〉第一册自序》，中国社会科学院科研局组织编选：《顾颉刚集》，第 61 页。

书内容的来源非常复杂，而学界对古书生成过程了解有限，很难说清楚古书具体内容的继承与因袭关系。三是在展开讨论时，有些学者依据文献生成时代，而有些学者依据文献记述时代，两者相差太大，却又无法判断孰是孰非。有此三点，赖以揭示"古史层累造成说"的历史演进法就无法有效实施。

狭义"古史层累造成说"，目前已被冲击得七零八落，岌岌可危。严格按照文献生成时代排序，黄帝尧舜的出现固然晚于大禹，但不至于像顾颉刚早年说的那么晚，更何况我们对于文献生成过程了解不足，所以上述学说的立论基础遭到强烈质疑。在更多时代和性质明确的新资料出土之前，学界对待狭义"古史层累造成说"的正确态度，应该是重视而不固守，不致为其过度牵绊。毕竟历史演进法虽然有其用武之地，但此方法要求的资料条件过于理想，目前尚难满足，因此对依据历史演进法得出的狭义"古史层累造成说"不必过分执着。

实际上，顾颉刚晚年对于狭义"古史层累造成说"，有一个较为剧烈的转变。20世纪60年代末，他在读书笔记中说："一九二三年，我和钱玄同先生讨论中国古史问题，主张推翻三皇五帝及禹的历史地位，回复他们的神话地位。现在认识，三皇五帝或是原始社会里的氏族祖先，或是奴隶社会里的知识界用了理性推测出来的古帝王，而是在封建社会里排列成为凝固的系统的。我们那时不过是站在资产阶级立场上来反封建。"[1] 尽管依然坚持三皇五帝传统大一统帝系是后来建构的，但"三皇五帝或是原始社会里的氏族祖先"，显示顾颉刚已经接近于放弃三皇五帝所涉个别人物是后世虚构的看法。[2] 他当年初提此说时，专门讲过"这个系统的确实与否自是另一问题"。[3] 顾颉刚当时只是将狭义"古史层累造成说"，视作一种试验性说法和阶段性认识而已。

七、广义"古史层累造成说"的变体与异同

前述顾颉刚1933年在《〈古史辨〉第四册自序》中主张推倒作为种族偶像的

---

[1] 顾颉刚：《古史杂记（八）》，"三皇五帝"条，《顾颉刚读书笔记》第14卷，第118页。

[2] 20世纪七八十年代，顾颉刚在王煦华协助下，陆续修改发表原作于1950年的《昆仑传说与羌戎文化》，依然坚持黄帝属于神话的意见。不过，这似乎应该视为顾颉刚有意识保存旧观点的体现，而非又一次调整观点。

[3] 顾颉刚：《答柳翼谋先生》，顾颉刚编著：《古史辨》第1册，第223页。

帝系，认为三皇五帝大一统帝系是秦统一之后，为消弭各族群间畛域而有意将各族始祖归到一条线上的同化举措。两年后，顾颉刚在《战国秦汉间人的造伪与辨伪》一文中继续伸张此意，只是将大一统帝系的形成时代提前至战国。

顾颉刚认为，"战国时的帝国主义者……为要消灭许多小部族，就利用了同种的话来打破各方面的种族主义"，也就是杜撰血统上的亲缘关系。比如楚国、秦国的先祖都改为颛顼，赵国也与楚秦同祖，北方匈奴和南方越族通过大禹的串联"也同祖了颛顼"，齐国也成为颛顼的后裔。不仅如此，战国时人又将天神黄帝历史化，并由黄帝串联起颛顼和帝喾，使二者成为叔侄，"二千余年来，大家都自以为黄帝的子孙，原因就在这里"。[1] 与此同时，战国间人"把四方小种族的祖先排列起来，使横的系统变成了纵的系统"，比如伯夷（姜姓一族的祖先）、皋陶（偃姓一族的祖先）、益（嬴姓一族的祖先）等在《尧典》中与夏祖禹、商祖契、周祖稷同朝为官。也就是说，他们具有政统上的君臣关系，如此一来，"任何异种族、异文化的古人都联串到诸夏民族与中原文化的系统里，直把'地图'写成了'年表'"。[2] 顾颉刚从血统和政统两方面论述战国时期对大一统帝系的建构和塑造。

如前所述，顾颉刚的"古史层累造成说"，兼具一元单线的狭义层累和多元多线的广义层累两种类型，而后者则是认为通过虚构和移并形成层累。顾颉刚在《〈古史辨〉第四册自序》和《战国秦汉间人的造伪与辨伪》中主张的，就是广义层累。不过虚构之说，终究不免启人疑窦，毕竟黄帝尧舜口耳相传的古史传说，无法从根本上证明晚出和虚构。前述顾颉刚晚年转而认为"三皇五帝或是原始社会里的氏族祖先"，[3] 原因可能也在于此。更多学者还是从地域角度出发，认为黄帝尧舜禹等古帝王，可能出自多元的系统，早期确实隐约存在，只是现今看不到明确证据而已。因此，他们虽然赞同广义上的层累，但与顾颉刚的"虚构—移并说"不同，大致上可视为"传说—移并说"。

最早明确揭示此点的是徐中舒，1933 年前后，他在《陈侯四器考释》一文中写道："铸为黄帝后，黄帝即铸民族所构成之传说。此犹后稷之于周，契之于

---

① 顾颉刚：《战国秦汉间人的造伪与辨伪》，顾颉刚：《古史辨自序》，第 131—132 页。

② 顾颉刚：《战国秦汉间人的造伪与辨伪》，顾颉刚：《古史辨自序》，第 133 页。

③ 顾颉刚：《古史杂记（八）》，"三皇五帝"条，《顾颉刚读书笔记》第 14 卷，第 118 页。

商，禹之于夏，舜之于陈，少皞之于郯，太皞之于风姓……原皆为各民族之传说。中国历史自商、周以来始用文字写定，同时此民族乃由黄河流域渐次同化其邻近不同之民族，因此邻近民族固有之传说，乃随其同化之先后，而渗入中国文化中，使之渐次构成一荒远古史系统。其同化愈后者，其在古史系统中之年代，转愈高而愈远，故中国商、周以前之古史，实即一部古代民族史。"① 据此可知，黄帝尧舜禹出于各族始祖传说，并非虚构杜撰，而是后来随着疆域统一和民族融合，才逐渐归拢到一条线上，呈现"时代愈后，传说的古史期愈长"的层累特点。与此同时，徐中舒在该文结尾强调"商、周以前的古史，大概都可认为传说。传说中固有许多错误、重复、分化、演变种种；但传说总有若干史实为素地，绝不能凭空虚构"。因此，层累演进的古史系统"真既非是，伪亦不能"，② 即古史系统不可能全出于伪造，但出于人为塑造和建构，真假参半。

细审徐中舒的看法，实际上与顾颉刚在《答刘胡两先生书》《〈古史辨〉第四册自序》和《战国秦汉间人的造伪与辨伪》所述广义层累一脉相承。难怪主张"神话演变分化说"的杨宽把二人相提并论，他在《中国上古史导论》第一篇《古史传说探源论》专门讨论"古史层累造成说"，先后引用顾颉刚和徐中舒的意见，然后评论："中国古史之构成，在长期演进中，固不免融合他民族之神话。然亦不必如顾徐二氏所云（层累——引者注）。"③ 在时人心目中，徐中舒、顾颉刚立场之近，由此可见一斑。④ 只不过徐中舒主张三皇五帝等早期传说帝王存在真实的历史来源，而顾颉刚则认为属于虚构，两人在这方面存在莫大分歧。

徐中舒在正文中自承，是受到乃师王国维莫逆之交陈寅恪的启发。后者在《彰所知论与蒙古源流》一文中分析蒙元世系源流，提出："最初者，为与夫余鲜卑诸民族相似之感生说。稍后乃取之于高车突厥等民族之神话。迨受阿剌伯波斯诸国之文化，则附益以天方教之言。而蒙古民族之皈依佛教者，以间接受之于西藏之故……与其本来近于夫余鲜卑等民族之感生说，及其所受于高车突厥诸民族

① 徐中舒：《陈侯四器考释》，《徐中舒历史论文选辑》，北京：中华书局，1998 年，第 440 页。
② 徐中舒：《陈侯四器考释》，《徐中舒历史论文选辑》，第 445 页。
③ 杨宽：《中国上古史导论》，第 34 页。
④ 徐中舒对"古史层累造成说"的态度及旨趣异同，参见周书灿：《徐中舒与古史辨的学术互动》，《人文杂志》2013 年第 12 期。

之神话，追加而混合之。"因此，"有如九成之台，累土而起，七级之塔，历阶而登，其构造之愈高而愈上者，其时代转较后而较新者也"。可知蒙元世系是"糅合数民族之神话，以为一民族之历史。故时代以愈推而愈久，事迹亦因愈演而愈繁"。陈寅恪旁敲侧击地说："逐层向上增建之历史，其例自不限于蒙古史。其他民族相传之上古史，何独不然。"① 细绎其说，他在承认"时代愈后，传说的古史期愈长"层累的同时，认为属于糅合多民族传说层累，并非虚构层累。

　　类似认识，在学界一直存在。比如后来与疑古派分道扬镳的饶宗颐，② 引用陈寅恪的前述说法，认为他"无异说是层累造成"，并称"（顾颉刚——引者注）过去何曾不是运用这一观点处理古史材料，可惜当时出土东西不多，但方法仍是正确的"。③ 细忖起来，饶宗颐肯定广义上的层累。近年李零重申此说，认为"唐的历史由两周时期的唐人追溯族源。虞的历史由两周时期的虞人追溯族源。夏的历史由两周时期的杞人追溯族源。商的历史由两周时期的宋人追溯族源。周人更不用说，他们的故事也是他们自己在讲。帝系是这类故事的拼合版"。他强调，"故事整合反映族群融合，早不过西周，晚不出战国"。④ 前句的意思，传统的大一统帝系是由各族始祖传说拼合而成，其实近于广义层累。后句则将大一统帝系的形成定在两周时期。

　　需要指出，前述学者只是从情理上加以推测，或者比附他族世系，一直没有开展相应的实证工作。原因自然是多方面的，关键因素可能在于资料匮乏和不可靠。近年李锐迎难而上，提出"《尚书》（主要是周书）、《逸周书》（《商誓》等几篇）、《左传》、《国语》中的许多史料被认为写定年代或晚，但史料内容符合所指时代"。在他看来，以文献记述时代而非文献生成时代为依据是可行的。李锐深入分析《尚书》《逸周书》《左传》《国语》、豳公盨、秦公簋和郭店简、上

---

① 陈寅恪：《彰所知论与蒙古源流》，《金明馆丛稿二编》，北京：三联书店，2015 年，第 128—129、135—136 页。
② 《古史辨》第 8 册原本由饶宗颐编纂印行，讨论古史中的历史地理问题，后来饶宗颐因为古史观念的转变而搁置此事。参见饶宗颐：《论古史的重建》，《饶宗颐二十世纪学术文集》卷 1《史溯》，台北：新文丰出版股份有限公司，2003 年，第 9—10 页。
③ 饶宗颐：《论古史的重建》，《饶宗颐二十世纪学术文集》卷 1《史溯》，第 10—11 页。
④ 李零：《帝系、族姓的历史还原——读徐旭生〈中国古史的传说时代〉》，《文史》2017 年第 3 辑。

博简、清华简等文献中的相关记载，发现周人至少进行过三次古史系统整理，"在周人那里并没有一个前世流传下来的帝王谱，他们只是根据不同时期的需要建构出不同的帝王世系"。具体来说，西周初年，周人构建以夏商周三代为中心的古史系统；大概西周中后期，形成以虞夏商周四代为中心的古史系统；约在春秋初年，形成以炎黄二帝为中心的古史系统；战国以后，作为炎帝后裔的姜氏齐国被黄帝后裔的田氏齐国所取代，于是以《五帝德》《帝系》为代表的黄帝一元型古史系统应运而生。①

可以看出，李锐观察到周人对古史系统的构建过程，其实具有"时代愈后，传说的古史期愈长"的层累大趋势。只不过他同时强调，"古史并无层累，古史系统的建构是选择性的，不同的建构之间并无必然的关联或所谓层累，我们只是就周人的三次古史系统来看呈现出一种层累的表面现象罢了"。李锐认为，即使在西周初年构建夏商周三代古史系统之时，也存在黄帝、颛顼、尧、舜等更早的传说始祖，只是没有被纳入古史系统而已。此说实质是，不认同帝系构造的单线性层累，而认为可能出现曲折、倒退、歧出等面向。从学理上讲，该认识更接近历史事实，不过如果只是从后往前看，单就大一统帝系的延长而言，其实也属于广义层累。至于帝系构造的来源，李锐认为，"周人在古史系统的整合过程中，很可能利用了一些名族所保留的'古史系统'，进行了接续等整合工作"，② 意思是可能来自各族传说。与徐中舒等人的说法并没有特别大的差异。因此，李锐的主张属于糅合各族始祖传说的广义层累。

李锐实证层面的努力以文献记述时代作为讨论基础，因此能否称得上成功，还有待进一步检验。毕竟现在能看到的先秦资料实在太少，"有一些早期的古史系统材料当时可能尚有流传，如今却难见"，"不可能解决周人古史系统中所有的细节问题"。③ 因此，徐中舒和李锐等人主张由传说形成层累的观点，在史实层

---

① 李锐：《上古史新研——试论两周古史系统的四阶段变化》，《清华大学学报》2016 年第 4 期。

② 李锐：《上古史新研——试论两周古史系统的四阶段变化》，《清华大学学报》2016 年第 4 期。

③ 李锐：《上古史新研——试论两周古史系统的四阶段变化》，《清华大学学报》2016 年第 4 期。

面上没有得到严格验证和证明，目前只能视为假说。如果说顾颉刚"虚构—层累说"过多强调战国秦汉间人造伪的一面，而古史传说中的人物和事迹不可能都出自虚构，那么，徐中舒和李锐"传说—层累说"则过多突出始祖传说的真实性。毕竟古史传说中的早期人王到底是不是来自不同地域或不同族群的始祖传说，这些始祖传说多少属于虚构，多少蕴含真实的影子，无法给予明确和肯定的回答。

结合前述杨宽的"神话演变分化说"，广义"古史层累造成说"目前就有三种变体，即顾颉刚提出的虚构—移并—层累，杨宽主张的分化—移并—层累，以及徐中舒和李锐所说的传说—移并—层累。需要特别说明，就真实的上古史而言，三说都认为整齐的世系属于后人移置、拼凑和归并，也就是伪造；只不过顾颉刚认为，人们加以移并的人和事属于虚构杜撰，杨宽则主张出于神话的演变分化，而徐中舒和李锐则力主属于原本就存在的各族始祖传说。今天看来，三种说法都没有得到充分有效论证和证明，各有其可信之处，亦有其可疑之处，孰是孰非有待于进一步探索。

尽管如此，三皇五帝大一统帝系，可以说基本上被打倒，不再被视为信史。如同杨宽所说："经过这样一场众人瞩目的辩论，使得整个虚构的上古史系统瓦解了，把尧、舜、禹等圣贤帝王的偶像推翻了，把尧、舜、禹所代表的黄金时代从古史系统中扫除了，从此三皇五帝被看作神话传说了，确实为此后的历史研究开创了一个新纪元。"[1] 与疑古派立场相左的很多研究者都持有类似认识。比如高扬文化本位主义的钱穆，在《国史大纲》中认为可靠的古史应该从虞夏讲起，而五帝系统则可能出自战国时人的编造。又如郭沫若在《中国古代社会研究》中，虽然相信夏朝真实存在，但还是坚持"商代才是中国历史的真正的起头"。又如严厉批评狭义"古史层累造成说"的张荫麟，在其后来所撰的《中国史纲》里，跳过虞夏两朝，直接利用甲骨文和考古遗物（不用《史记·殷本纪》）从商代讲起。[2] 张荫麟在书中所说"他（黄帝——引者注）所占故事中的时代虽在

---

[1] 杨宽：《历史激流：杨宽自传》，第 90 页。

[2] 可参孙庆伟：《疑古还是信古：民国史家对于古史的基本态度》，北京大学中国考古学研究中心等编：《古代文明》第 10 卷，上海：上海古籍出版社，2016 年，第 290—292、294—295、297—299 页。

尧舜之先,他的创造却似在尧舜之后",① 已经很接近顾颉刚狭义"古史层累造成说"的立场。与疑古派取向不同的蒙文通,不仅认为"五帝固神祇,三皇亦本神祇,初谓神、不谓人也",并说"战国之初,惟说三王,及于中叶,乃言五帝,及于秦世,乃言三皇",② 与顾颉刚的说法非常接近。后来与顾颉刚分道扬镳的胡适,在去世前一年(1961年)对董作宾所编纪元起自黄帝的《中国年历简编》评论道,"属于古史传说时代的年代,其实都可以不要;就从殷盘庚十五年丁巳,西元前一三八四年起就行"。③ 可以说,如果一定要找出公约数,那么以《五帝德》《帝系》为代表的黄帝一元、三代同源的大一统帝系,基本遭到学界普遍背弃。

远古时代的三皇五帝大一统帝系,终究无法在实证层面予以证否,或者像学者所说的,找不到"古代学者编造出来的直接证据",④ 因此,此说在学界和民间依然没有彻底绝迹。⑤ 面对如此局面,不妨重温最早应战"古史层累造成说"刘掞藜的看法。对于前述顾颉刚《答刘胡两先生书》提出的"打破民族出于一元的观念",他说道:"很与我个人的意见相符。我向来以为中国民族在几万年前纵或出于一元,但有史时代的夏商周秦实在各有各的始祖。一统的世系笼罩百代帝王,实在不敢相信。"⑥ 可见,连一向被视为信古派的刘掞藜都不相信大一统帝系的真实性。

至于以《五帝德》《帝系》为代表的大一统帝系的形成时间,前述顾颉刚《战国秦汉间人的造伪与辨伪》认为起于战国。托名孔子与子羔问答的上博简《子羔》,记载禹是观于伊而生、契是吞燕卵而生、后稷是履人迹而生,"舜,人子也,而三天子事之"等宣扬禅让思想的内容。⑦ 裘锡圭据此认为,"孔子完全是从禹、契、后稷都是天帝之子的角度,来叙述他们的降生神话的",而"在此篇写作的时代,作为大一统帝王世系重要组成部分的、契和后稷皆为帝喾之子以

① 张荫麟:《中国史纲》,徐规校,周文玖补编,北京:商务印书馆,2015年,第27页。
② 蒙文通:《古史甄微》,蒙默编校,北京:商务印书馆,2020年,第22、23页。
③ 胡颂平编著:《胡适之先生年谱长编初稿》第10册,"1961年8月1日"条,台北:联经出版事业股份有限公司,2015年,第3686页。
④ 谢维扬:《中国早期国家》,第94页。
⑤ 参见郭永秉:《帝系新研——楚地出土战国文献中的传说时代古帝王系统研究》,北京:北京大学出版社,2008年,第4—8、102—106页。
⑥ 刘掞藜:《讨论古史再质顾先生》,顾颉刚编著:《古史辨》第1册,第153页。
⑦ 参见俞绍宏、张青松编著:《上海博物馆藏战国楚简集释》第2册,第40—41页。

及禹为颛顼之孙鲧之子等说法尚未兴起"。他进一步结合《子羔》写作时代，主张"至少在战国早期，契和后稷皆为帝喾之子、禹为颛顼之孙鲧之子的说法尚未兴起……大一统帝王世系的最后形成当然更晚，大概不会早于战国晚期"。① 后来郭永秉进一步加以申述。② 目前来说，此说非常有道理。

　　思想的形成与传播，不可能是直线式、永远趋前的，而可能有回环往复。就像胡适批评梁启超、钱穆、顾颉刚纷纷以思想演进和思想线索为据指认《老子》晚出时所说："思想线索是最不容易捉摸的。如王充在一千八百多年前，已有了很有力的无鬼之论；而一千八百年来，信有鬼论者何其多也！如荀卿已说'天行有常，不为尧存，不为桀亡'，而西汉的儒学大师斤斤争说灾异，举世风靡，不以为妄。"③ 思想一旦写到书本上，书本复制和流传，会受到各种因素影响，不但未必与思想演化趋向相同，反而可能相左，甚至常常落后于思想演进。因此，实在不好依据仅见的几份文献，过于明确指认大一统帝系形成的时代，更不好指实《五帝德》《帝系》与《子羔》两类文献的先后关系。李锐、谢维扬纷纷质疑裘锡圭和郭永秉过于凿实的看法，④ 以及前述李零将大一统帝系的形成宽泛定在两周时期，可能多多少少也基于这样的考虑。

　　实际上，以《五帝德》《帝系》为代表的大一统帝系，其形成肯定不是一蹴而就的，而是经过长期多层次的整合。在整合过程中，其思路和导向应该也是多样的，存在各种各样的考量。⑤ 前面说过，顾颉刚从血统和政统两个角度论述大一统帝系的形成，此思路值得重视。未来有必要在综合传世文献与出土文献的基础上，结合西周以来尤其春秋战国时期社会形势、思想观念和学术传承等多种因素，进行更加深入的分析。

---

① 裘锡圭：《新出土先秦文献与古史传说》，《中国出土古文献十讲》，第29—30页。
② 郭永秉：《帝系新研——楚地出土战国文献中的传说时代古帝王系统研究》，第118—121、162—163页。
③ 胡适：《评论近人考据〈老子〉年代的方法》，欧阳哲生编：《胡适文集》（5），第80页。
④ 李锐：《由新出文献重评顾颉刚先生的"层累说"》，《人文杂志》2008年第6期；谢维扬：《从齐公盨、〈子羔〉篇和〈容成氏〉看古史记述资料生成的真实过程》，《上海文博论丛》2009年第3期。
⑤ 学界新近对战国时期古史系统的演变作了扼要梳理，可参李锐：《战国时期古史系统简论》，《史学集刊》2024年第3期。

结　语

"古史层累造成说"提出不久，傅斯年就敏锐地意识到，这是"史学的中央题目……是一切经传子家的总锁钥，一部中国古代方术思想史的真线索，一个周汉思想的摄镜，一个古史学的新大成"。① 百年来学界几乎从未中断过对"古史层累造成说"的讨论，足以证明此学说具有深远影响力和长久生命力，无论是支持者还是批评者，都不能不承认这一点。

通过严格的学理审查可以发现，顾颉刚认为上古历史与神话相混，且没有当时的文字资料，因此后世记载无法求证，传统古史系统只能被视作"中古期的上古史说"。由此出发，顾颉刚围绕"中古期的上古史说"，依照历史演进法，通过甄别古书真伪，从而进行史料排队，并参照故事发生学路径，提出"古史层累造成说"。此学说具有明确的方法论、周详学理和严密逻辑，可谓自成体系。无论是历史演进法的运用、古书辨伪的具体实践，还是故事学的类比相通、神话与历史之分的潜在认识，都有充分合理性、必要性与正当性，但同时也存在各种各样的问题。这些问题有的是客观资料所限难以充分展开，有的是顾颉刚急于求证而造成的主观疏失。

顾颉刚的"古史层累造成说"，可以理解为狭义与广义两个类型。狭义说主张传统帝系中的早期帝王是晚出和虚构，广义说主张传统帝系是通过虚构和移并而形成层累。今天看来，将古史传说的早期帝王归于伪造和虚构很难让人信服，因此狭义"古史层累造成说"立基不稳，未必可信，而广义"古史层累造成说"还需进一步检验。在学界往复辩难中，广义"古史层累造成说"形成另外两种变体：杨宽主张通过神话分化和移并而形成层累，徐中舒、李锐等学者主张糅合各族始祖传说而形成层累。两种变体尽管在很多看法上与顾颉刚针锋相对，但依然

---

① 傅斯年：《与顾颉刚论古史书》，欧阳哲生编：《傅斯年文集》第 1 卷，第 534 页。据文末顾颉刚的按语，傅斯年此信从 1924 年 1 月写到 1926 年 10 月（第 562 页）。除了这封长信，傅斯年在 1926 年 8 月写给胡适的信中，也同样表达过对"古史层累造成说"的称许之意。他说，"这一个中央思想，实是亭林、百诗以来章句批评学之大结论，三百年中文史学之最上乘。由此可得无数具体的问题，一条一条解决后，可收汉学之局，可为后来求材料的考古学立下一个入门的御路，可以成中国 Altertumwissenschaft（古典研究或古典学——引者注）之结晶轴"［《致胡适（8 月 17、18 日）》，欧阳哲生编：《傅斯年文集》第 7 卷，第 61—62 页］。

沿用顾颉刚的研究范式和认识框架，一定程度上可以视为对后者的继承、发展与修正，而非彻底地推倒重来。三种广义"古史层累造成说"虽有差异，但对于"时代愈后，传说的古史期愈长"的层累现象还是一致认同，也就是传统大一统帝系经过不断塑造和建构而形成，并非天然如此。

既然如此，夏代以前的上古史又该如何重建呢？笔者以为，现有文字材料未必能发挥多大作用。不论是传世文献还是出土文献，它们生成时代距离内容记述的上古时代还是过于遥远，属于顾颉刚所说的"中古期的上古史说"。目前出土文献的最大功用，不在于证明传统古史系统的可信性，而在于分析"中古期的上古史说"的形成过程。正如顾颉刚、童书业所说："我们不该用了战国以下的记载来决定商周以前的史实。至于用了战国以下的记载来决定战国以下的某种传说的演变，这依然是该做的工作。我们决不该放弃这时代的责任。"[1] 也就是说，综合出土文献与传世文献，能更为深入了解战国秦汉间人如何建构和叙述上古史。

要重建夏代以前的上古史，唯有求助于考古学。当然，从考古学出发重建上古史，应尽可能摆脱后世文献羁绊，走向社会科学取向的考古学，而非历史学取向的考古学。所谓社会科学取向的考古学，是指以考古学为本位，综合人类学、社会学、自然科学等多学科的方法、技术和旨趣，进而分析史前时期的社会变迁、文明兴衰及其相应的机制机理。所谓历史学取向的考古学，是以历史文献为导向和主轴，将考古学视作论证传统古史系统的工具。依靠社会科学取向的考古学重建上古史，不仅不会丝毫损害光辉灿烂的上古文明，而且将比历史学取向的考古学更加全面和深刻，也更加严谨和可信，更能行稳致远。

〔作者郭伟涛，清华大学出土文献研究与保护中心、"古文字与中华文明传承发展工程"协同攻关创新平台副教授〕

（责任编辑：李　壮）

---

① 顾颉刚、童书业：《夏史三论》，吕思勉、童书业编著：《古史辨》第 7 册，第 195 页。

商末周初黄河下游与燕辽地区的族群流动*

赵庆淼

摘　要：西周早期燕地居民当由商、周两系构成，大致包括来源于不同地域的四类人群，即西土周系人群、商王朝故地商遗势力、东方商系部族和商西北及本地部族。综合遗存年代、埋藏特征及器物共存关系等因素推断，喀左窖藏的所有者应是当地人群而非燕国贵族，但出土铜器仍主要来源于燕。喀左窖藏与房山琉璃河等燕国境内遗存的对比分析表明，出土器铭的"重见"关系，对于明确器物来源及流动轨迹具有指向意义；而彼此呈现差异的部分，则为揭示周初燕地居民的族属构成提供补充性线索。

关键词：先秦史　民族融合　琉璃河遗址　族群迁徙

据文献记载和出土资料，在商代晚期至西周早期，太行山沿线至河济、海岱之间的黄河下游地区，与燕山及环渤海北部地带组成的燕辽地区，存在一股颇具规模、呈南北向流动的移民浪潮。族群移徙的经过，基本可置于商周易代的历史背景下，所涉史事大多围绕平定"三监"之乱、商遗北播及分封诸侯的主线展开，并以周、召二公和武庚、箕子等人物事迹为纽带。本文拟从地名、族氏名的"重见"关系及古史传说的流布等方面出发，对黄河下游与燕辽地区的种种联系作一梳理和排比，继而以核心人物的活动轨迹及相

＊　本文系国家社科基金冷门绝学研究专项的学术团队项目"卜辞地理研究与商史重建"（23VJXT001）、"古文字与中华文明传承发展工程"资助项目"商周青铜器铭文族群分类史征"（G2212）阶段性成果。

关史实作为系联依据，整体考察南、北两地在特定时段内的族群关系与政治联动。最后，梳理房山琉璃河、辽宁喀左等地的出土遗存，尤其是记载封燕史实的长篇铜器铭文和金文族徽资料，以期系统认识西周燕辽地区居民的族系、源流轨迹及移徙背景。

一、武王克商、成王东征与商遗北奔

从传世文献角度，梳理商周之际黄河下游与燕辽地区的交流与联动，大致可循两条线索：一是武王克商、成王东征与商遗贵族的流散，具体包括所谓"王子禄父北奔"、"箕子走之朝鲜"等相关史迹；二是召公建燕背景下周人及商系人群的集体北播。关于"王子禄父北奔"之事，较详细的记载见于《逸周书·作雒》：

> 武王克殷，乃立王子禄父，俾守商祀，建管叔于东，建蔡叔①于殷，俾监殷臣。武王既归，成岁十二月崩镐，肂予岐周。周公立，相天子，二叔及殷东徐、奄及熊盈以略，周公、召公内弭父兄，外抚诸侯，元年夏六月，葬武王于毕。二年，又作师旅，临卫政殷，殷大震溃。降辟二叔，王子禄父北奔，管叔经而卒，乃囚蔡叔于郭凌。凡所征熊盈族十有七国，俘维九邑，俘殷献民，迁于九里。俾康叔宇于殷，俾中旄父宇于东。②

按《尚书序》云："武王胜殷，杀受，立武庚，以箕子归。作《洪范》。"对照可知，上揭引文提到的"王子禄父"即商纣子武庚。而《书序》又曰"成王既黜殷命，杀武庚，命微子启代殷后"，《史记》即采是说，与《作雒》言"北奔"者相异。顾颉刚认为，此"杀"或是"㪔"字假借，表示放逐之义，氏说

---

① 王引之谓此"蔡叔"二字乃后人所加，其下"三叔"本作"二叔"、"囚蔡叔"本作"囚霍叔"（黄怀信等撰：《逸周书汇校集注》卷 5《作雒》，上海：上海古籍出版社，2007 年，第 511 页），然而管、蔡连言，既见于《左传》定公四年及《国语·楚语》，并为《史记》所采，似不宜轻易否定，故笔者仍取管、蔡并"二叔"之说。

② 黄怀信等撰：《逸周书汇校集注》卷 5《作雒》，第 510—520 页。

颇有胜意。① 当然还有另一种可能性，即《作雒》言"王子禄父北奔"，不过是将后代之事迹，尽归于某位著名祖先人物的一种特定书写。换言之，武庚确为周人东征平叛所诛，而"北奔"对象实系其家族成员或后裔，只因冠以"武庚"之名而显。若如是，上述矛盾之处自可得以冰释。与相关史事年代接近的文字记录，首推成王之世的太保簋，其铭提到成王东征的对象为"录子耹"：

> 王伐录子耹。贰厥反，王降征令于大保，大保克敬亡譴。王侃大保，赐休余土，用兹彝对令。　　　　　　　　　　　　　　　　　（《集成》4140）②

学者对该铭的理解颇有出入，症结主要在于"贰厥反"一句。唐兰谓"贰"系发语词，即《尚书·费誓》"徂兹淮夷、徐戎并兴"之"徂"，而"贰厥反"是指成王伐"录子耹"的返程途中，对召公发布征召命令。③ 马承源等则将"贰"视同于叹词"嗟"，认为"贰厥反"意即"录子耹"叛周，在此补充说明"王伐"的原因。④

　　笔者以为后说近是。⑤ 首先，设若"厥反"是指成王伐"录子耹"而返国，那么表示承顺用法的句首连词，似不如用"诞"合适，其例可见沬司土送簋（《集成》4059）的"王来伐商邑，诞令康侯鄙于卫"。其次，录卣铭（《集成》5420）载周王命戏曰："贰淮夷敢伐内国，汝其以成周师氏戍于古师。"此"贰"作为句首语词，殆有引出某一既成事实而揭示原因的意思。而"贰厥反"的文例背景与前者相似，不妨亦理解为遣命太保出征的缘由，同时兼作"王伐录子耹"的补充成分，相对更为顺畅。故铭文大意是，召公曾参与成王征伐"录子耹"的战事，卓有功勋而受到"余土"赏赐。白川静结合传世的商末周初铜器王子耹觚（《集成》7296），认为"王子耹"与"录子耹"系同一人，即商纣之

---

① 顾颉刚：《顾颉刚古史论文集》卷 10，北京：中华书局，2011 年，第 739—740 页。
② 中国社会科学院考古研究所编：《殷周金文集成》，北京：中华书局，2007 年，简称《集成》。
③ 唐兰：《西周青铜器铭文分代史征》，上海：上海古籍出版社，2024 年，第 73—74 页。
④ 马承源主编：《商周青铜器铭文选》第 3 卷，北京：文物出版社，1988 年，第 24 页。
⑤ 有学者将"贰"理解为国族名，然小臣謎簋（《集成》4238）云"贰东尸大反"，对比来看仍应视作句首语词为宜。

子武庚禄父。① 其说很有启发性，但学界对此仍存争议。无独有偶，清华简《系年》第三章也提到相关史事，内容作：

> 周武王既克殷，乃设三监于殷。武王陟，商邑兴反，杀三监而立录子耿。成王屎伐商邑，杀录子耿，飞历（廉）东逃于商盖（奄）氏。

整理者已指出"耿"、"聑"俱为耕部字，"录子耿"即太保簋的"录子聑"。② 由简文记述可知，"录子耿"既是商遗叛周后拥立的对象，又是成王再伐商邑重点打击的目标，故从人物身份及地位看，"录子耿"确与武庚最为相当。

  饶有意思的是，"录子"与"王子禄父"有一字重合，问题的关键即在于如何解释二者关系。李学勤认为，"录子聑"可能是名、字联称，即名禄字子聑。③ 但严格以称名习惯而论，"禄父"与贵族称"某父"之例相同，有别于私名，似当视作表字，而"录子"之"录"则是氏名为宜。那么，若循当时通行的命氏规则，"禄父"与"录子"之间最合理的联系是贵族以字为谥、"因以为族"，亦即"王子禄父"后裔采用其字为氏，乃有"录氏"、"录子"之谓。"录"作为氏名而被使用，理应始于"王子禄父"后裔自原先的商遗家族分立。考虑到周人在平定"三监"之乱、诛杀武庚后，完全可能将归顺的武庚后裔另行安置，别立宗氏，以续前祀；而太保簋虽为成王世器，但作器时间晚于周公东征，铭文内容亦带有追叙色彩。那么，周人贵族在记史作铭之际，便从商遗录氏的角度溯源，追称自出之始祖武庚为"录子"，而不复沿用"王子"之类旧称，同样合乎情理。准此，不仅可以满足太保簋的年代断限和贵族称名通例，而且表明《系年》"录子耿"之称确系渊源有自。

  既已澄清若干久有争讼的问题，便可紧扣成王东征和商遗北奔的史事主线，

---

① 白川静：『金文通釈』1（上）、『白川静著作集·别卷』、东京：平凡社、2004 年、第 59—60 页。
② 清华大学出土文献研究与保护中心编：《清华大学藏战国竹简》（二），上海：中西书局，2011 年，第 142 页。
③ 李学勤：《纣子武庚禄父与大保簋》，宋镇豪主编：《甲骨文与殷商史》新 2 辑，上海：上海古籍出版社，2011 年，第 1—4 页。

重新审视商人故地所在的黄河下游与燕辽地区的联系。《史记·殷本纪》对子姓商人后裔有如下记载：

> 契为子姓。其后分封，以国为姓，有殷氏、来氏、宋氏、空桐氏、稚氏、北殷氏、目夷氏。

其中既有殷氏，也提到北殷氏。"北殷氏"下索隐曰："《系本》作'髦氏'，又有时氏、萧氏、黎氏。然北殷氏盖秦宁公所伐亳王，汤之后也。"[1] 此处牵涉两个关键问题，即髦氏与北殷氏以及北殷氏与"亳王"的关系。寻绎索隐之意，盖以髦氏为北殷氏，但其对应关系从文本方面不易落实。按《左传》隐公元年疏引《世本》云：

> 子姓：殷、时、来、宋、空同、黎、比、髦、目夷、萧。[2]

若循司马贞说，《世本》较《殷本纪》多出时、萧、黎三氏，那么对比看，上揭引文中可对应北殷氏者，则有"比、髦"。"比"、"北"二字的隶楷化形体较为接近，在写本和刻本中均易相混，存在"北"转写讹作"比"的可能性，所以"北殷氏"名号恐非虚造，也许具有特定的史实基础。

就字面看，北殷氏与殷氏的区别之处，仅在于前者冠有方位词"北"。在氏名基础上加缀地名成分的现象，往往反映部族分衍及其血缘联系。如嬴姓之奄与运奄氏、金文所见"奠井"与"丰井"。至于秦宁公所伐之"亳王"，旧说以为成汤之胤者，实系"亳"名衍生的附会，今既澄清其为西戎小国之君而非商裔，自然无由领有"北殷氏"之称。顾名思义，殷氏是指留居殷墟故地的商王族后裔，毋庸赘言。那么通过比对名号异同，不难推断北殷氏至少要具备两方面特征：一是分布于殷都以北地区，二是族属当为商裔。按照上述标准，很容易联系到"三监"之乱平定后商遗的北播。对此，顾颉刚有一段论述，业已揭示其间原委：

① 《史记》卷3《殷本纪》，北京：中华书局，1959年，第110页。茆泮林辑《世本》按语作："《史·殷本纪》索隐云：'《世本》有髦氏，又有时氏、萧氏、黎氏。'"参见宋衷注，秦嘉谟等辑：《世本八种》，北京：中华书局，2008年，第61页。
② 宋衷注，秦嘉谟等辑：《世本八种》，第50页。

周武王虽胜殷杀纣，但"百足之虫死而不僵"，殷的势力不可能一下子就告消灭，它必然在周人力所不及的地方重新立国，企图实现它的恢复的志愿。秦宁公所伐的亳王，是殷裔在西方所建之国。这"北殷"该是武庚失败后逃到东北所建的新国，司马贞不得其解，以为即是《秦本纪》的亳王，其实那边只该称"西"而不该称"北"。①

尽管顾氏仍将"亳王"视作汤后，但他基于名号和方位关系，明确"北殷"和武庚一支北奔的内在联系，并从亡国之余远播而另立宗祀的角度，对有关推论作出合乎历史惯例的解释。

客观地说，武庚家族成员北奔和"北殷氏"的形成，不过是商周之际黄河下游与燕辽地区人群流动的一个缩影。随着成王东征及此后周人势力在东方的持续扩张，商遗贵族或迫于军事压力，或因缺乏政治和文化认同，自商国故地播迁北土者恐怕不在少数。另一重要线索，即为传统士人所称"箕子走之朝鲜"，不同典籍对其来龙去脉的记载分别如下：

> 武王胜殷，继公子禄父，释箕子之囚，箕子不忍为周之释，走之朝鲜。武王闻之，因以朝鲜封之。箕子既受周之封，不得无臣礼，故于十三祀来朝。
>
> （《尚书大传》）②
>
> 武王既克殷，访问箕子。武王曰："於乎！维天阴定下民，相和其居，我不知其常伦所序。"箕子对曰："在昔鲧堙鸿水，汩陈其五行，帝乃震怒，不从鸿范九等，常伦所斁。鲧则殛死，禹乃嗣兴。天乃锡禹鸿范九等，常伦所序。"……于是武王乃封箕子于朝鲜而不臣也。（《史记·宋微子世家》）③

尽管上述文字带有古史传说特征，且在细节方面略有出入，如《尚书大传》谓箕子因"不忍为周之释"，自行前往朝鲜；而《史记》说周武王访问箕子，箕子告之以"洪范九畴"，遂受封于朝鲜，但二者的史实主干仍是趋同的。《汉书·地理

---

① 顾颉刚：《顾颉刚古史论文集》卷 10，第 746 页。
② 皮锡瑞：《尚书大传疏证》卷 4，吴仰湘点校，北京：中华书局，2022 年，第 157 页。
③ 《史记》卷 38《宋微子世家》，第 1611—1620 页。

志》云"殷道衰，箕子去之朝鲜"，则在表述上更为笼统。

　　围绕上述文献记载，学界总体无外乎信、疑两种立场，传统观点多持肯定态度，并以为朝鲜之地古今无别。顾颉刚对此提出疑问，主张箕子未曾到过朝鲜，并以《左传》的两则记载为线索，推测商末周初的箕子封邑当在晋西的古箕城。顾氏认为，"箕子走之朝鲜"传说的发轫，最初或是北奔商遗假托其名作为号召而已，后来其中细节又经历若干演化。[①] 今之学者据出土资料另辟"新证"之径，如李学勤、陈平从名号相通的角度，将甲骨、金文所见的"䀠侯"与箕子相联系，而北京房山、昌平及辽宁喀左等地有"䀠侯"铭文的铜器出土，与箕子事迹的地理背景指向一致，似乎有助于印证文献记载的可靠性。[②] 不过，李氏认为商金文人名"小臣缶"（《集成》2653），就是黄组卜辞的"䀠侯缶"（《合集》36525），[③] 也即箕子，恐怕是有问题的。[④] 按金文"䀠侯"名号一般署在"亚"字形框内，且绝大多数可与"夨"构成复合氏名，作"夨亚䀠侯"。[⑤] 由复合关系可知，"夨"即"䀠侯"所属宗族名，而"䀠"或"䀠侯"则是夨氏贵族受封后别立的分族名。此"䀠侯"是否属于子姓商人，暂时无从判断；[⑥] 但据小臣缶鼎所缀族徽可知，"小臣缶"属于冀氏贵族，与"䀠侯"的家族背景并不一致。另外，"䀠侯"铜器集中出自燕国境内，反映䀠氏成员与燕侯家族的密切关系，通常被认为是商遗民依附于周人贵族的真实写照，在身份特征上更接近诸侯的附庸，与箕子受封的事迹大相径庭，不足以引为佐证。另外，史载箕子乃商王文丁之子、帝辛之叔，主要活动时段为乙、辛之世至西周初年，大致相当于考古学上的殷墟四期。然据铜器断代可知，"䀠侯"及䀠氏所自出的母族"夨"，早在殷墟

---

① 顾颉刚：《顾颉刚古史论文集》卷 10，第 753—757 页。

② 晏琬：《北京、辽宁出土铜器与周初的燕》，《考古》1975 年第 5 期；陈平：《燕史纪事编年会按》，北京：北京大学出版社，1995 年，第 46 页。

③ 郭沫若主编，胡厚宣总编辑：《甲骨文合集》，北京：中华书局，1978—1982 年，简称《合集》。

④ 李学勤：《小臣缶方鼎与箕子》，《殷都学刊》1985 年第 2 期。

⑤ 以往或读作"亚夨䀠侯"或"䀠侯亚夨"，似有未安。参见朱凤瀚：《殷墟卜辞中"侯"的身分补证——兼论"侯"、"伯"之异同》，李宗焜主编：《古文字与古代史》第 4 辑，台北：台湾"中研院"历史语言研究所，2015 年，第 17—18 页。

⑥ 此"䀠侯"与周代铜器铭文中的姜姓䀠氏无关，后者在晚商阶段已有专名作"己"。

二期已出现，也许始自祖庚、祖甲时的贞人"矣"。① 不难看出，晚商"冀侯"在家族溯源方面较箕子更为久远，恐怕无法牵合为一。

谓箕子一行远至朝鲜半岛立国，确有诸多不易解释之处；但将箕子传说的史实价值一概抹杀，尽以虚妄视之，未免武断。有学者通过爬梳文献记载，主张战国以前的朝鲜一地当在辽东以内，与今者有别。如常征推测，箕子之封或在燕国以东的滦河流域。② 任伟认为，随着燕国分封及其后势力的扩张，箕氏家族及朝鲜之名向辽西、辽东等地渐次移徙，大概至燕昭王阶段流入今朝鲜半岛。③ 笔者以为，上述观点可能更符合实际。另外诚如顾氏所论，箕子事迹总体仍停留在传说层面，很可能只是后人基于若干史实素材所作的拼缀和演绎，而托名古之贤者而已，不必落实到具体人物。进一步说，若在历史书写的认知前提下重加审视，不难看出箕子故事所蕴含的时空要素，与西周初年部分商遗北播燕辽的历史场景甚为吻合，那么有关传说的形成，也许就来源于这样的事实基础。

当然，无论"王子禄父北奔"抑或"箕子走之朝鲜"，商遗贵族在商周之际的移徙方向总体比较一致，即由黄河下游的原商王朝核心区域向燕辽地区流动，理应有其特定的政治社会背景。首先，周人作为兴于西土的"蕞尔小邦"，在完成政权更迭及对商王朝政治版图的征服之际，势力扩张基本呈现自西徂东之势，其兵锋所及，渐次席卷"东国"和"南国"。商众顽民既遭兵燹而故土沦陷，又不能改弦更张服属于周，遂只得移居处于战场后方的北土，以求暂避戎祸而得以生息。其次，商遗贵族之所以选择北徙燕辽而非其他，恐怕也跟当地商文化传统较为深厚有关，在此不妨以孤竹为例。孤竹的史迹，散见于《国语·齐语》《逸周书·王会》《管子·小问》及《史记》诸篇，如《伯夷列传》载伯夷、叔齐故事，称二贤并为孤竹君之子，试图劝谏周武王伐纣未果，遂不食周粟而饿死于首阳山。《周本纪》正义引《括地志》云："孤竹故城在平州卢龙县南十二里，殷时诸侯孤竹国也，姓墨胎氏。"④ 交代了孤竹的时空背景，并确指其君为墨胎氏，颇有意义。墨胎氏，又作目夷氏，《世本》和《殷本纪》均以为子姓。或曰春秋

---

① 王献唐：《山东古国考》，济南：齐鲁书社，1983 年，第 101 页。
② 常征：《释〈大保鼎〉》，《北京社会科学》1993 年第 3 期。
③ 任伟：《西周封国考疑》，北京：社会科学文献出版社，2004 年，第 210—216 页。
④ 《史记》卷 4《周本纪》，第 116 页。

宋公子目夷，子孙别为目夷氏。然《殷本纪》以目夷与殷、宋、空桐、北殷同列，谓诸氏皆系商契之后所封，表明目夷氏和殷氏属于平行发展的关系。目夷（墨胎）氏作为子姓别支，商时另立孤竹国，不仅证实孤竹族姓，[①] 同时显示出商人同姓势力在北境的分布，为后来商遗北奔提供社会土壤。联系伯夷、叔齐传说，"义不食周粟"的人物形象背后，也许蕴含深层次问题，即鼎革之际商系族群的政治认同。可以想见，以孤竹为代表的北土国族，其所受商文化浸淫之久、影响之深，与商王朝核心地带的联系之紧密，均远胜西土周人。因此，无论是周初商遗民的集体北播，抑或人群交流所见黄河下游与燕辽地区的联动，无疑都是建立在前述事实基础之上，概莫能外。

至此，关于西周立国之前北土居民的商系背景，仍有一个传统问题需要略作赘述。《左传》昭公九年载东周贵族追忆武王克商后的疆土四至，有"肃慎、燕亳，吾北土也"之说。所谓"燕亳"，近世学者或从旧注断作"燕、亳"，或理解为燕境之亳，其例同于景亳、西亳，但多将"亳"名与早期商人的活动轨迹相联系。如丁山以"燕亳"为"幽燕之亳"，并谓《世本》"契居蕃"之"蕃"是"亳"字转写。[②] 对商人起源于北方说而言，上述观点的支持作用不言而喻。不过，近人仅从双声角度推断"蕃"、"亳"相通，[③] 实在不够可靠；更何况商人起源问题迄今悬而未决，亦难与此形成有效互证。笔者以为，此"燕、亳"可从林沄说，读作"燕、貊"，若"燕貊"连言，则指兼并貊地以后的燕国境土。[④] 但无论如何，《左传》"燕亳"并不宜视作追溯商人发祥地的关键线索，也不足以说明商王朝在北方拥有深厚的统治基础。

二、召公建燕背景下燕国的族群构成及来源

周初分封是建立在军事基础上，通过对新占领地区土地、人口的重新分配实现，故与地理空间和人群族属密切相关。就居民族系和力量对比而论，凡西周贵

---

① 李学勤：《试论孤竹》，《社会科学战线》1983 年第 2 期。
② 丁山遗著：《商周史料考证》，北京：中华书局，1988 年，第 16—17 页。
③ "蕃"、"亳"二字上古声纽虽同，韵则一在歌部，一在鱼部。
④ 林沄：《"燕亳"和"燕亳邦"小议》，《林沄学术文集》，北京：中国大百科全书出版社，1998 年，第 184—189 页。

族受命就封新地，一面以本家族成员为股肱羽翼，一面承袭当地原有居民而据以立国。当然，除了占据一定比重的本地群体外，无论始封抑或徙封，其间都有可能存在异地徙民作为"授民"的现象。而且越是在燕国这样受到商文化影响较深、却又地处北方边域的封国，立国前后人群流动及其族属面貌的复杂程度，往往越具有代表性，值得细加梳理和考察。因此，通过召公建燕的史事背景加以考索，商周之际商系族群徙居北土的若干细节，当可得到更为直观地呈现。

在涉及燕国始封的出土资料中，首先可举小臣𧊒鼎及琉璃河 M1193 出土的克罍、克盉，其铭文作：

（1）召公𫟷（建）匽，休于小臣𧊒贝五朋，用作宝尊彝。

（小臣𧊒鼎，《集成》2556）

（2）王曰（谓）大保："唯乃明乃心，享于乃辟。余大对乃享，命克侯于匽，𰯲（使）羌、狸、𮟉雩（与）駿、髟。"克宦匽，入（纳）土眔又（有）嗣（司），① 用作宝尊彝。

（克盉，《新收》1367；克罍，《新收》1368）②

例（1）"建"字，从裘锡圭释读。③ 既言"召公建匽"，无疑证明燕国封建确与召公有关。然据例（2）克器铭可知，始封君实际并非召公而是其子克，那么所谓"建匽"，大概是指召公率众亲赴当地，以确保燕侯克顺利就封，与东方诸侯初立之际复杂的周边形势密切相关。而《鲁颂·閟宫》言王命周公"建尔元子，俾侯于鲁"，反映的情形与燕国基本一致，之所以强调周、召二公在其间的重要作用，应是受到周人"元子代封"观念的深刻影响。

早在商周易代之际，燕山以南地区主要分布有围坊三期文化，以及商末兴起于永定河以西，并逐渐向冀东扩张的张家园上层文化，基本代表彼时燕地居民的

---

① "又嗣"二字，罍铭作"厥嗣"，"厥"系"又"字形近致讹，故从盉铭写作"又嗣"为是。

② 钟柏生等编：《新收殷周青铜器铭文暨器影汇编》，台北：艺文印书馆，2005 年，简称《新收》。

③ 裘锡圭：《释"建"》，《裘锡圭学术文集》第 3 卷，上海：复旦大学出版社，2012 年，第 39—42 页。

主流。① 值得注意的是，克器铭文讲到燕侯抵达封地伊始，便有"入（纳）土罙又（有）嗣（司）"之举，按照西周分封"授民授疆土"的惯例，即是说燕侯作为新的最高封建主，开始着手接收土地、民人和当地原有的管理组织。以此看来，早在周人贵族到来之前，围坊三期文化及稍晚的张家园上层文化所对应的当地人群，大概已在燕地形成一定规模的复杂社会。②

从周初北土的政治局势看，最高统治者分封燕侯的初衷，不仅是为了镇抚盘踞当地的本地人群，同时也考虑到燕山南北和太行两翼商系势力的潜在威胁。上述群体存在的直接线索，见于克罍、克盉的"旃（使）羌、狸、虘雩（与）駮、髟"之辞，③ 但其中所涉国族的数目及具体对象，目前仍有争议。就名号而论，"羌"对应殷墟甲骨文的"羌方"抑或"北羌"，均有可能，而"虘"也有卜辞"虘方"及金文复合氏名"冀虘"等不同选择。然而考虑到羌方、虘方作为"四邦方"，同版共见于《合集》36528，那么克器铭文并举的"羌"和"虘"，指羌方和虘方大抵较为合宜。④ "狸"，从张亚初释，⑤ 所指对象待考。"雩"，学者多视作族名，林沄读为"于"，此训为往，并认为"使羌、狸、虘于駮（御）髟"一语，意即燕侯率领羌、狸、虘诸部族前往抵御髟人。⑥ 不过，西周金文所见作动词或介词的"于"，一般就写成"于"而非繁化的"雩"，本铭"命克侯于匽"

---

① 蒋刚、王志刚：《关于围坊三期文化和张家园上层文化的再认识》，《考古》2010 年第 5 期。

② 在围坊三期文化的滦州后迁义墓地中，通过墓地的整体规划和丰富的丧葬礼俗，亦可窥见商末周初当地聚落社会的复杂程度。其中 99M5、99M4 和 01M2 三座墓葬，年代约相当于殷墟四期前后，更将中原式铜器的鼎、簋组合纳入葬仪，很可能反映出墓主对周文化的接受和认同。参见洪猛、王菁：《滦州后迁义商周时期墓葬遗存研究》，《华夏考古》2022 年第 6 期。上述周文化与当地文化的交融互洽关系，也折射出周人贵族入主燕地，可能有着较好的社会基础。

③ 其中的"使"字省去"又"形，可从李学勤读为"使"，表任使、役使之义。参见《北京琉璃河出土西周有铭铜器座谈纪要》，《考古》1989 年第 10 期。"髟"字从林沄释，参见《释史墙盘铭中的"逖虘髟"》，《林沄学术文集》，第 174—183 页。

④ 殷墟甲骨刻辞不同类组中的"羌"或"羌方"，所指对象并非一致。如在历组、无名组卜辞中，虘方和辔方已连言并举（《合集》27990），而羌方则独立出现（《屯南》2907、《合集》27972），与前两者并无同版关系，表明此羌方恐非黄组卜辞"四邦方"之"羌方"。

⑤ 张亚初：《太保罍、盉铭文的再探讨》，《考古》1993 年第 1 期。

⑥ 林沄：《释史墙盘铭中的"逖虘髟"》，《林沄学术文集》，第 180 页。

的"于"和"雩"自有分别，即可为证。"雩"通常为句首语词或连词，作连词时，用于连接若干并列的同类事物，如乖伯簋（《集成》4331）"好朋友雩（与）百诸婚媾"，又如毛公鼎（《集成》2841）"命汝摄嗣公族，雩（与）参有嗣、小子、师氏、虎臣，雩（与）朕亵事"，不烦枚举。准此，若将本铭的"雩"同样视作连词，读"与"更妥帖，那么其后的"骏"和"髟"，均是部族名号。

"骏"，或认为即卜辞、金文之"御方"，乃方国地名，非是。① 笔者以为当对应菁簋铭文（《新收》1891）的"骏戎"：

唯十月初吉壬申，骏戎大出于楷（黎），菁搏戎，执讯获馘……

"骏"，或从杨树达读为"朔"，② 并谓"骏戎"即北方之戎。不过，金文所见"戎"字之前缀以限定词者，通常用于标识部族的类属而非方位，如威鼎（《集成》2824）"淮戎"、班簋（《集成》4341）"痹戎"，故"骏戎"之"骏"亦当近同。按西周楷侯乃毕公高后裔所封，即文献所见之黎侯，③ 在今山西长子县东南；④ 而本铭言"骏戎大出于黎"，文例与同时期臣谏簋铭（《集成》4237）的"唯戎大出于軧"完全一致，后者出自河北元氏县西张村墓葬，国别属邢。由此可见，西周早期北方戎人为患，当以太行山脉周边地带较为炽烈。联系前揭克器铭文考虑，"骏戎"既得侵扰淽口陉附近的黎，应是一度脱离北面燕侯的控制，而循太行山走向长驱南下，以致复成北土之乱。如是，无论就名号抑或地理背景而言，"骏"即"骏戎"均可相合无间。

用作族名、地名的"髟"，见于殷墟甲骨刻辞和商末周初的铜器铭文，如宾组卜辞围绕"取髟伯"展开对贞（《合集》6987 正），即是向髟族首领征取某种

---

① 夏含夷指出"御方"为动宾结构，宜理解为"追御边方地区的人"，似较合适。参见《释"御方"》，《古史异观》，上海：上海古籍出版社，2005 年，第 82—92 页。
② 杨树达：《积微居金文说》，北京：中华书局，1997 年，第 39 页。
③ 李学勤：《从清华简谈到周代黎国》，清华大学出土文献研究与保护中心编：《出土文献》第 1 辑，上海：中西书局，2010 年，第 1—5 页。
④ 山西省考古研究所：《山西长子县西南呈西周墓地发掘简报》，《考古》2016 年第 3 期。长子县西南呈墓地的年代早于黎城西关墓地，与《左传》杜注所言长治西南的"黎亭"方位相合，很可能是西周中晚期的黎国遗存。

贡纳之义。又，黄组卜辞《合集》36346 载：

己亥卜，在髟贞：王 ［令］亚其比𠤳伯伐 ［�］方，不𠂤𢦔。在十月又□。

林沄推测 "伐" 下之字为 "�"，从残存笔势来看当可信从。[1] 据该辞所言，商王曾命 "亚其"[2] 与 "𠤳伯" 密切配合，协同征伐�方。按�方为 "四邦方" 之一，大致位于商都西北方向，而髟地既为商王指挥战事的驻跸之所，理应就在联合进攻�方的前沿。

若从金文族徽分布的角度，"髟" 与北土的客观联系同样可以得到揭示，只是仍有关键之处需作澄清。1973 年，辽宁喀左县北洞村 1 号窖藏同批出土 5 罍 1 瓿，其中 1 罍的颈内壁铸有铭文，作 "孤竹亚髟，父丁" 6 字。根据复合关系判断，该族徽或为孤竹氏定居髟地后所形成的分族标识，暗示 "髟" 和 "孤竹" 可能存在密切的空间关系。按《孟子》仅言孤竹国君 "居北海之滨"，而《国语·齐语》韦昭注及《汉书·地理志》则记载辽西令支县有所谓 "孤竹城"，可比定在今河北迁安、卢龙县一带，恰与喀左北洞窖藏相去不远，故学者难免从上述孤竹地望出发，将晚商髟人的势力范围置于大凌河流域至滦河流域之间。不

---

① 林沄：《释史墙盘铭中的 "逖虘髟"》，《林沄学术文集》，第 178 页。
② "亚其" 尚见于商金文族徽，一种作两字分铸形式，但绝大多数 "其" 字两侧带有手形（《集成》6950），主要见于殷墟妇好墓的随葬铜器；另一种形式是将 "其" 字置于 "亚" 形框内（《集成》6955），或繁化作 "𢁾"，或作 "其（𢁾）侯" 二字，核心特点即常与 "矣" 构成 "复合氏名"。至于上述两类 "亚其" 的具体关系，研究者的认识仍存分歧。或谓二者属于同族，带手形之 "亚其" 也许就是指贞人 "矣"，后来别为其（𢁾）氏。参见曹定云：《"亚其" 考——殷墟 "妇好" 墓器物铭文探讨》，文物编辑委员会编：《文物集刊》（2），北京：文物出版社，1980 年，第 143—150 页；何景成：《"亚矣" 族铜器研究》，中国古文字研究会、浙江省文物考古研究所编：《古文字研究》第 25 辑，北京：中华书局，2004 年，第 148—155 页。也有研究者主张两种 "亚其" 所指可能有别，参见严志斌：《商代青铜器铭文研究》，上海：上海古籍出版社，2017 年，第 266—267 页。据黄组卜辞中 "亚其"、"𢁾侯" 并见的情形来看，此 "亚其" 和 "其（𢁾）侯" 在源流方面恐怕有别，后者出自矣族无疑，前者则可能是殷墟二期器铭所见之 "亚其" 后裔。有学者提出 "亚其" 所封就在晋西的古箕城，尽管此说与�方的位置可以互洽，但结论尚难坐实，而且也无助于推定髟地安在。事实上，"亚其" 既为王师的组成部分，自可扈从商王远征�方，未必是临战就近调遣。

过，通过对太行山东麓和燕山以南地区考古学文化的分析与甄别，可知晚商阶段商文化的北界，总体维持于唐河以南一带，仅在殷墟四期一度向北略有扩展。[①]大致同时，环渤海北部地带则基本为当地考古学文化所占据，包括分布于唐河、拒马河以北至滦河一线的围坊三期文化，和辽西大小凌河流域的魏营子文化，而伴随这一现象的正是"北方系"青铜器在该区域内的广泛传播。[②] 若按前述孤竹及彔族之方位，则是孤悬于商文化势力范围之外，未免不合情理。再则，即便北洞1号窖藏铜器多为商器，然据部分年代较晚的器物推断，其埋藏时间恐怕也不会太早，应当不过西周早期。[③] 综上，孤竹亚彔罍最终以窖藏铜器的形式出现在辽西，实际并不足以直接反映同时期有关国族的分布地域，所以不必囿于晚出文献对孤竹史迹的追记，乃将彔地方位推定得过于悬远。

基于以上辨析，我们或可将晚商彔族的原居地初步圈定在殷都以北的太行山脉北段周边，或与"駮戎"比邻。佐证这一推论的，是史墙盘铭（《集成》10175）中涉及武王事迹的追述：

　　韶圉武王，遹征四方，达（挞）殷畯民，永不（丕）巩，狄（逖）虘、彔，伐尸（夷）童。[④]

上述文字凝练地总结了武王的功业，首先是征讨四方，克商正民，奠定周邦的基业，继而驱逐虘、彔等族势力，讨伐有罪之夷人。根据成组并见的关系判断，此"虘、彔"显然就是克器铭文的"𧆑"和"彔"，分别对应殷墟卜辞中的𧆑方和彔，而𧆑方既在殷都西北，那么彔的方位亦当大致接近。

---

① 殷墟二至三期阶段，典型商文化遗存在冀中地区的最北端者，即唐河南岸的定州北庄子墓地。参见张翠莲：《商文化的北界》，《考古》2016 年第 4 期。

② 林沄：《商文化青铜器与北方地区青铜器关系之再研究》，《林沄学术文集》，第 262—288 页。

③ 原简报将 1 号窖藏所出铜器全部定为商器，参见辽宁省博物馆、朝阳地区博物馆：《辽宁喀左县北洞村发现殷代青铜器》，《考古》1973 年第 4 期。但事实上，其中的 5、6 号罍可能属于周初铜器，详见下文。

④ "伐尸童"或读为"伐夷、东"，认为此"东"是国名或区域名，即"小东"、"东国"之"东"。参见裘锡圭：《史墙盘铭解释》，《文物》1978 年第 3 期。

史载武王享国日短，克商"后二年而崩"，故墙盘仅称其有"逖虘、髟"之举；而克器铭文载燕侯受命役使"虘"、"髟"，适可与墙盘内容相互发明。具体言之，武王在位时期，始将盘踞在殷都西北的部分敌对势力驱逐至北方边裔，及召公建燕，自可就近对这些部族进行任使，迫使其归附燕侯统治，前后逻辑关系很清楚。若从族群迁移角度说，至少虘（虘方）、髟及西土羌方的分布地域，恐怕在商末周初一度发生局部变化，其活动轨迹大体表现为自太行山脉的东西两翼向燕地播散，而动因主要缘于周人的武装征服。至于"狸"和"駿戎"是否也经历过类似移徙，考虑到目前只知其"流"而无法溯"源"，暂时无从遽断。

以上所论，主要是从铜器铭文的直接记述切入，考察周初封燕之际当地的人群构成，并尝试对有关部族的来源作一推定。实际上，倘若立足于族徽"重见"视角，不难注意到黄河下游地区与燕国境内在人群族属上的更多联系，而其中透露的族群流动史迹及共性因素，同样可以置于召公建燕的历史背景下进行考察。下面拟以出土地明确的金文族徽为对象，[①] 就其重见于不同地域的脉络逐一进行梳理，在此基础上重点辨析相关人群的源与流。以出土地点为线索，西周燕国及邻近地带集中发现的商周青铜器主要包括四组。

（一）房山琉璃河墓地

自晚清以来，西周燕国铜器在北京西南郊一带便有所发现，如署有"矣亚貴侯"族徽的亚盉，据传即出自卢沟桥附近。20世纪70—90年代，考古工作者在琉璃河镇以北的黄土坡村发掘、清理了数百座墓葬，出土铜器铭文证实西周召公家族始封的燕国就在今北京地区，而黄土坡墓地西北方向的董家林古城，相继被确认为最早的燕都遗址。

在1973—1977年琉璃河燕国墓地的发掘中，黄土坡墓地被划分为Ⅰ区和Ⅱ区。[②] 两区出土青铜礼器的墓葬各5座，具体情形如表1所示。

---

① 这里所说的"族徽"是统称，主要指金文族名，实际也包含部分人名在内。
② 北京市文物研究所：《琉璃河西周燕国墓地1973—1977》，北京：文物出版社，1995年。

表 1 1973—1977 年琉璃河燕国墓地出土青铜礼器情况

墓号	铜器组合	铭文信息	分区
M50	鼎、鬲、爵、尊、觯各 1	丙父己爵（《集成》8574）、从祖丙尊（《集成》5599）、父乙觯（《集成》6100）	I 区
M52	鼎、鬲、尊、觯各 1，爵 2	复鼎（《集成》2507）、复尊（《集成》5978）、父乙爵（《集成》7898）、匽侯戈（《集成》10953）、匽侯铜钖（《集成》11854）	I 区
M53	簋、爵、尊、觯各 1	攸簋（《集成》3906）	I 区
M54	鼎、簋、盘各 1	敔史鼎（《集成》2166）、亚吴妃盘（《集成》10045）	I 区
M65	爵 1	母己爵（《新收》1353）	I 区
M251	鼎 6（含圆腹柱足鼎 4）、簋 4、鬲 2、甗 1、爵 2、觯 3、尊 1、卣 2、盘 1、盉 1 及兵器	叔鼎（《新收》1356）、伯矩鬲（《集成》689）和盘（《集成》10073）、伯觔簋 2（《集成》3538、3539）、敲簋 2（《集成》3626、3627）、单子父戊尊（《集成》5800）和卣（《集成》5195）、庶觯 2（《集成》6509、6510）、亚囧父乙鼎（《集成》2248）和盉（《集成》9371）、父癸鼎（《集成》1279）、戈父甲甗（《集成》807）、麦鬲（《集成》490）、囊爵（《集成》7728）、父辛爵（《集成》7866）、父辛戈（《新收》1357）	II 区
M253	鼎 6（内含圆腹柱足鼎 4）、簋 2、鬲 4、甗 1、爵 2、觯 1、尊 1、卣 2、壶 2、盘 1、盉 1 及兵器	围鼎（《集成》2505）、簋①（《集成》3825）、甗（《集成》935）、卣（《集成》5374）、堇鼎（《集成》2703）、吴亚囧鼎（《集成》2035）、宁羊父丙鼎（《集成》1836）、作宝彝尊（《集成》5711）和卣（《集成》5035）、未爵（《集成》7737、7738）、其史作祖己觯（《集成》6489）、父辛盉（《新收》1350）、諆钖（《新收》1360）	II 区
M209	鼎 2、簋 1、鬲 1	由鼎（《集成》1978）、斑鼎（《集成》2255）、伯作乙公簋（《集成》3540）	II 区
M205	鼎 1、簋 2		II 区
M401	觯 1		II 区

发掘者指出，I 区流行腰坑、殉狗，体现出浓厚的商文化风格，墓主当为商人；而 II 区则在埋葬习俗、器物组合等方面均与 I 区有别，墓主很可能是分封于燕地的周人。[②] 就文化属性说，黄土坡墓地内部呈现出明显的分异特征，无疑值得重视，但差异究竟仅限于单个墓葬或者墓组之间，还是确已扩展到墓区的划分，还要谨慎对待。考虑到早年考古工作条件所限，整片墓地无法进行全面揭

---

① 该簋器、盖异铭，盖铭显示器主为"围"，而器铭言"伯鱼作宝尊彝"。2021 年，北京市文物考古部门对 M253（新编号 M1901）重启发掘工作，出土铜簋 1 件，盖铭作"伯鱼"，器铭则作"围"，足以说明先前出土的围簋当系器、盖误置。

② 北京市文物研究所：《琉璃河西周燕国墓地 1973—1977》，第 128—129 页。

露，只是在人为分区下作了局部发掘，所以本文暂不以墓区和墓主族属的严格对应作为前提。

其中，M52 的复鼎、复尊乃是冀氏贵族所作，M53 攸簋的祭祀对象则作"父戊"，两铭均记器主接受燕侯赏赐而作器的经过，其身份当为效命于燕的商系贵族，很可能分别就是两墓的主人。M251 和 M253 为两座中型墓，出土器铭复杂，除墓主所在家族的随葬之外，还应存在赠赙甚至分器等不同来源。M253 出土圉器数量最多，由铭文可知"圉"既为燕侯臣属，又曾受周王赏赐，身份等级也许较高，与墓葬规格大致相符。M251 的伯矩鬲铭记载器主受到燕侯赐贝，盘铭则标识族徽作"𢀖"，[①] 可见"伯矩"具有商遗身份，他最终被埋葬在燕侯及其他公室成员之侧，蒙宠优渥可见一斑。其中的𢀖簋是饰以卷角兽面纹的垂珥方座簋，属于西周初年常见的典型周式铜器，前者或与叔鼎构成组合，不排除为周人贵族的馈赠之物。

另据报道，在 M253 和 M251 之间新发现的 M1902 中，又发掘出土 1 件铜卣，卣铭提到太保曾亲赴燕地筑城，后至燕侯宫室举行祭祀活动，并赏赐作册奂，[②] 从使用日名"父辛"和族徽"庚"的情形看，器主身份同样属于商遗贵族。

考古工作者在 1981—1983 年及 1986 年又对琉璃河西周燕国墓地进行两次发掘，据发掘简报，出土铜器的墓葬主要有 M1026、M1029、M1043 和 M1193（表2）。[③]

表 2 1981—1983 年、1986 年琉璃河西周燕国墓地出土有铭铜器情况

墓号	铜器组合	铭文信息
M1026	鼎、簋各 1	员鼎（《新收》1361）
M1029	兵器	匽侯戈（《集成》10887）、匽侯舞戟（《集成》11011）和匽侯舞锡（《集成》11861）
M1043	罍、爵各 1	史父己罍（《新收》1362）、父癸爵（《集成》8971）
M1193	罍、盉各 1 及兵器	克罍（《新收》1368）、克盉（《新收》1367）、兽戈（《新收》1366）、成周戈（《新收》1364、1365）、匽侯舞戟（《新收》1363）、匽侯舞锡（《新收》1369、1370）

① 相同族徽尚见于《集成》11768 著录的一斧。

② 《琉璃河遗址——两段铭文共证北京三千年建城史》，《人民日报·海外版》2022 年 1 月 10 日，第 11 版。

③ 中国社会科学院考古研究所、北京市文物工作队琉璃河考古队：《1981—1983 年琉璃河西周燕国墓地发掘简报》，《考古》1984 年第 5 期；中国社会科学院考古研究所、北京市文物研究所琉璃河考古队：《北京琉璃河 1193 号大墓发掘简报》，《考古》1990 年第 1 期。

该发掘区位于黄土坡村西北、京广铁路东侧，紧邻先前的 Ⅱ 区。墓主身份大概多是亲近燕侯的周人贵族，而 M202、M1193 则可能均是燕侯之墓。M1026 的员鼎，敛口垂腹，口沿下饰弦纹两周，已带有西周早中期之际特征，是该墓地所出较晚的铜器。

此外，琉璃河 M509、M1149、M1190 及立教东 M1、M2 出土铜器的部分资料也已发表（表3）。①

表3　《北京文物精粹大系·青铜器卷》公布的琉璃河燕国墓地出土铜器情况

墓号	铜器组合及铭文信息	发掘年份
M509	冀父丁盉(《精粹大系》125)	1974
M1149	戈鬲(《精粹大系》69)、子罍(《精粹大系》96)	1983
M1190	肇作祖尊、卣(《精粹大系》104、98)	1986
立教东 M1	舂鼎(《精粹大系》49)	1981
立教东 M2	遘鼎(《精粹大系》60)、遘簋(《精粹大系》86)	1981

综合形制特征与铭文风格判断，上揭诸器多为商系贵族所作，时代均在西周早期，它们最终为何随葬于燕国墓地，仍需结合器物组合关系、共存关系及葬制、葬俗等因素具体分析。

（二）顺义牛栏山金牛村墓葬

1982 年 6 月，北京顺义县牛栏山公社金牛大队（今顺义区牛栏山镇金牛村）一处山坡上发现 8 件青铜器，计鼎、尊、卣、觯各 1 件，觚、爵各 2 件，从伴出陶器和铅器的情形看，该遗存为墓葬的可能性较大。② 这批铜器都有铭文，包括罕鼎（《集成》2374）和亚异父乙尊（《集成》5742）、卣（《集成》5078）、觯（《集成》6402）以及 2 件亚父已觚（《集成》6805、7125）、2 件亚父已爵（《新收》1945、《精粹大系》111），时代相当于西周早期。根据器物组合与铭文风格判断，墓主身份很可能属于归附燕侯的商遗贵族，按罕鼎铭文署有复合族徽"矢亚异"，此与尊、卣、觯三器均出现的"亚异"所指无别，应即墓主所属族氏的标识。

① 《北京文物精粹大系》编委会、北京市文物局编：《北京文物精粹大系·青铜器卷》，北京：北京出版社，2002 年，简称《精粹大系》。
② 程长新：《北京市顺义县牛栏山出土一组周初带铭青铜器》，《文物》1983 年第 11 期。

（三）昌平白浮墓地

1975 年，北京昌平县（今昌平区）白浮村附近发现 3 座西周墓，形制均为竖穴土坑木椁墓。M1 墓主为老年男性，随葬品仅玉系璧 1 件。M2 墓主为中年女性，墓底设有腰坑，内埋殉犬。随葬铜器有簋、壶及兵器、车马器、工具若干，尤以兵器种类丰富、数量较多，包括戈、戟、矛、短剑、刀、匕、弓形器、盔、甲泡等，其中 2 件带有铭文，即𡧑戈（《集成》10786）和𠔻（丌）戟（《集成》10806），年代相当于西周中期早段。[1] M3 墓主为中年男性，同样采用腰坑葬俗，随葬品种类亦与 M2 相近。尤为重要的是，M2、M3 两墓均出土一定数量的带字甲骨残片，来源包括龟腹甲、背甲和牛、羊等肩胛骨，卜甲和卜骨都经过整治，可见钻、凿及灼痕，唯所施方凿异于商代圆凿。[2] 综合葬制、葬式及遗物特征，白浮墓群的文化面貌与琉璃河遗址乃至中原地区基本接近，而且带有鲜明的商系色彩；同时出土饰以马首或鹰首的短剑、铜刀及带铃匕首等"北方系"铜器，则反映白浮墓主与北方族群有着密切接触。

（四）蓟县张家园墓地

1987 年，考古工作者在天津蓟县（今蓟州区）西北 20 公里的张家园遗址西部发掘清理 4 座墓葬，规格均为小型墓，未见陶容器。[3] M1 为男性墓，随葬金耳环 1 对。M2 和 M3 均为女性墓，前者出土 1 件圆腹柱足鼎，口沿下饰以云雷纹衬底的对称龙纹一周，内壁有族氏铭文"𠚼"，时代相当于殷墟三期；后者出土鼎、簋各 1 件，并有金耳环 1 对，鼎的造型与 M2 相近，主体纹饰为蕉叶纹，簋则为高圈足、周身饰以方格雷纹和乳钉的盆形簋，时代当在西周初年。M4 出土兽面纹鬲鼎、圈足双耳簋各 1 件及金耳环 1 对，铜器造型为周初常见，簋内底铸有族徽"天"，可见仍是商遗之物。

① 朱凤瀚：《中国青铜器综论》，上海：上海古籍出版社，2009 年，第 1411 页。林沄据昌平白浮 M2、M3 出土陶鬲的特征，推断该墓的下葬年代已进入西周中期甚至更晚。参见《早期北方系青铜器的几个年代问题》，《林沄学术文集》，第 289—295 页。
② 北京市文物管理处：《北京地区的又一重要考古收获——昌平白浮西周木椁墓的新启示》，《考古》1976 年第 4 期。
③ 天津市历史博物馆考古部：《天津蓟县张家园遗址第三次发掘》，《考古》1993 年第 4 期。

根据笔者初步统计，上述四地出土铜器上所见的族氏名号共有 22 个，分别为：

　　匽、矣、㠱、冀、⿰（丙）、戒①、敫、戈、囧、丩盾、单、义、橐、鲁、宁、未、史、舟、庚、兄/丌（丌）、② 川、天

客观地说，上揭族徽出现在各处遗存的意义实际并不相同，当以断代和铭文分析作为前提，并将器物置于具体的出土背景进行综合考察。

首先，"匽"是召公家族成员受封燕地后获得的氏名，代表燕国的主导人群和统治阶层，不妨单列为一类。

其次，基于铭文内容的梳理与分析，可以确定部分族氏彼时就分布在燕国境内，其成员对燕侯保持着隶属和服事关系。如 M52 复鼎、复尊之"冀"、M253 堇鼎之"丩盾"、M251 伯矩盘之"义"和 M1902 作册奂卣之"庚"，尤其是"矣亚㠱"、"矣亚㠱侯"或"亚矣"之属，在琉璃河遗址及其周边的出现频率最高。就时空因素而论，族徽对应的器物和人群显然紧密结合，彼此均以西周早期燕国作为背景。

再次，面对文字资料相对有限的遗存对象，通过对器物年代、族别与组合关系及墓主族属等因素的考察，亦可对某些随葬铜器的由来试作推论，继而揭示其背后究竟隐含着人群流动抑或单纯的器物流动。如立教村 M2 所出遭鼎、遭簋，是同人所作的成组之器，时代均在西周早期，共存关系亦相对简单，表明作器者与墓主很可能一致。据遭簋铭所示，器主所在家族的族徽为"舟"，族属上更接近东夷集团，此即有助于体现周初燕国居民成分的复杂性。

从考古学文化角度看，早在召公建燕前夕，燕地一带基本为围坊三期文化和张家园上层文化所控制，其间的商文化因素非常有限；周初以降，随着商遗民播迁和周人势力北扩立足，以商周文化为代表的中原文化集中涌入，继而出现叠压、打破或与张

---

① "戒"字从又持三足爵形器状，"又"形为累增的构件。参见何景成：《商周青铜器族氏铭文研究》，济南：齐鲁书社，2009 年，第 449 页。

② 昌平白浮墓地出土兵器上的族徽"丌"与"兄"当为繁简关系，暂且隶释作"丌"。

家园上层文化共存于同一遗址的景象，以致原有的文化格局逐渐发生改变。① 由是观之，即便上述遗存均有典型的商式铜器出土，且在随葬品中所占比重较高，它们也不会是当地原有商文化各自独立发展的产物，而只能是外部因素随族群移徙而流入的结果，不排除存在贸易交换所导致的单纯器物流动，此即需要明确的基本事实。

若具体到每个遗存，商文化因素所占据的地位难以一概而论。比如，顺义金牛村墓地的文化面貌相对单纯，而随葬器铭显示作器者族徽为"亚𠷂"，彼此在族属指向上较为一致，故可准确揭示墓主的归属。至于房山琉璃河、昌平白浮和蓟县张家园等，尽管都呈现出多元文化因素共存的景象，但具体情形犹有差异。琉璃河遗址总体包含商、周两系文化，就居民构成而言，核心自然是以燕侯家族为代表的周人贵族，同时也有相当数量的商系人群作为社会基础，其间的商文化因素很大程度就来源于此。② 而昌平白浮和蓟县张家园，在随葬品方面均可见到浓厚的地方文化特色，但前者主体上仍属商文化系统，尤其是葬制、葬俗和占卜文化等核心要素，都与中原地区大致趋同。该遗存仅见的族徽"丌"，应是墓主所在家族的标识。张家园墓地则不以陶器随葬，同时屡见两端扁平的圆形金质耳环，属于冀东北、辽西地区出土商代金饰的特有造型，③ 应系墓主自身使用之物，可见其族属当为围坊三期文化的本地居民。因此，当地出土缀以"𢀛"、"天"徽识的数件商末周初铜器，理应视作具有异属特征的外来品。

不难看出，以上讨论旨在结合金文族徽和出土背景，重点对西周早期燕地居民的族群构成进行考察，同时有助于辨识具体遗存中的异属铜器。倘若以此为前提，进一步借助族徽"重见"视角，不同族氏人群的来源甚至迁徙路径，便可得

---

① 李伯谦：《张家园上层类型若干问题研究》，北京大学考古系编：《考古学研究》（二），北京：科学出版社，1994年，第131—143页；蒋刚、王志刚：《关于围坊三期文化和张家园上层文化的再认识》，《考古》2010年第5期。

② 当然，就多数族徽来说，铜器出土地是否能够直接反映相关人群的活动轨迹，研究者往往不易作出确切判断，但仍可循例试作一些蠡测。比如说，Ⅰ区的商系墓葬凡集中出现2种以上不同族徽，那么至少有1种当系异属铜器，并且来自赠赙的可能性较大；但在Ⅱ区的周系贵族墓中，族徽的多样化通常与墓主族属并无直接关联，而是意味着铜器来源的多元性。在这样的前提下，若欲进一步辨识孰为赠赙孰为分器，那么器物与墓葬的相对年代关系，恐怕是需要格外关注的因素。从常理来说，那些明显偏早的异属铜器，作为外来战利品随葬的可能性也许更大。

③ 朱凤瀚：《中国青铜器综论》，第1426页。

以浮现。在前揭 22 种族徽中，除少数相对鲜见之外，多半是商系强族，通过铜器出土地信息的梳理，可对这些族氏原先的分布地域形成初步认识。比如，署以族徽"戈"、"矢"和"丩盾"的铜器，在殷墟一带集中出现，年代上亦有偏早特征；[1]"单"或即甲骨文"四单"之"单"；"宁"本为主管贮藏之官，"庚"则担任作册之职，二者并属内服职事；"末"盖取自地名"沬邑"之"沬"。根据具有指向意义的线索，上述商遗旧族的原居地，很可能集中分布在今安阳附近。

具有东方背景的商系族氏，至少应包括"舟"、"史"、"冀"、"冀"四者。其中，舟族原居今山东境内，已有颇多线索可证。《集成》8782 著录的晚商"亚矗舟"爵，曾毅公称"乾隆末年出土于寿张县梁山"。[2] 又《金石索》记载，"长山县人耕地得两爵、一卣、一鬲，售于历城市肆"。[3] 长山县旧治即今山东邹平市长山镇，在今淄博市区西北。出土器物当中有 2 件同铭舟爵，铭文作"父戊作彝，舟"（《集成》9012、9013），时代在西周早期，可能反映出舟族入周后的活动轨迹。另据西周中期史密簋铭（《新收》636），南夷集团的卢、虎二族一度北上，会合杞夷、舟夷侵扰东土。李学勤认为，舟夷即《春秋》州国，此时已都淳于。[4] 考虑到簋铭既以舟、杞并举，而杞又在新泰附近，故氏说近是。此外，《左传》哀公二十一年记载齐、鲁盟于顾，鲁哀公先行至阳谷等待齐侯，齐人欲在"舟道"为之准备行馆。可见"舟道"定然密迩阳谷，当在今东平县西北一带，而上述区域恰与晚商"亚矗舟"器的出土地（寿张镇梁山）十分接

---

① 如北单戈簋（《集成》3239）、戈尊（《集成》5469）、戈乙舺（《集成》6826）、戈觯（《新收》173）、戈壶（《铭图》11953）、戈鼎（《铭图》46）、亚矢铃（《集成》413—414）、亚矢鼎（《集成》1432）、亚矢卣（《集成》4813）、丩盾父戊角（《集成》8531、8923）等。吴镇烽编著：《商周青铜器铭文暨图像集成》，上海：上海古籍出版社，2012 年，简称《铭图》。

② 山东省博物馆编：《山东金文集成》，济南：齐鲁书社，2007 年，第 560 页。同坑所出另有一爵，《集成》7814 著录作"亚矗"，其中的"舟"字未能拓出。有学者已据"亚矗舟"爵的出土情况，将晚商舟族居地定在今范县至阳谷县一带。参见雒有仓：《商周青铜器铭文"舟"与舟人族系研究》，中国古文字研究会、中华书局编辑部编：《古文字研究》第 28 辑，北京：中华书局，2010 年，第 198—205 页。

③ 冯云鹏、冯云鹓：《金石索》卷 1，刘庆柱等主编：《金文文献集成》第 3 册，北京：线装书局，2005 年，第 19 页。

④ 李学勤：《史密簋铭所记西周重要史实考》，《中国社会科学院研究生院学报》1991 年第 2 期。

近，当非偶然。《齐风·南山》有所谓"鲁道"，一般认为即"适鲁之道"。[1]
《左传》"舟道"自当理解为舟地之道，很可能是晚商舟族活动于梁山周边的地
名孑遗。

史族根据地位于周代薛国境内，已为滕州前掌大墓地的发掘所证实。需要说
明的是，以往学者或据"亚異"铜器集中出自北京附近，乃将異侯家族视作世居
北土的本地人群，恐不确切。事实上，燕地铜器上出现的"異侯"乃族氏名号，
时代已在西周以后，换句话说，此中反映出異侯家族在燕国境内的分布，应相当
于"流"而非"源"。若要回溯商代異氏的活动轨迹，殷墟卜辞中犹有线索可循。
据《合集》36525 记载，商王出行途中曾驻在"異侯缶自"，意即"異侯缶"及
其族众的居邑，而下辞则出现了地名"冒次"。"冒"是卜辞所见商王田猎地之
一，方位当在殷都以东，[2] 那么通过系联可知，"異侯缶"的势力范围大抵亦不
甚远，王献唐认为即《汉志》琅琊郡所辖箕侯国地，可备一说。[3] 相对于"矣"
而言，商末異侯家族正是前者受封东土后形成的别支。

目前集中出土晚商異族铜器的地点主要包括安阳殷墟、山东长清及费县。
1957 年，长清兴复河北岸发现青铜礼器 16 件及兵器、车马器若干，很可能系墓
葬出土，1964 年又在当地征集到 6 件铜器。[4] 两批器物的年代相当于殷墟三期，[5]
其中均出现铭文"異𦥑"，并有单铸族徽"異"的情况，可见该处遗存当为異族
所有。1981 年，据传山东费县出土一批晚商青铜器，共计 28 件，其中 16 件铸有
铭文"異戲"。[6] 在商金文中，"戲"基本仅同"異"构成复合氏名，组合关系非
常稳定，说明"異戲"所标识的是異族成员徙居戲地之后分立的支系。另外，同时

---

①　朱熹集注：《诗集传》卷 5，上海：上海古籍出版社，1980 年，第 60 页；屈万里：《诗经诠
释》，台北：联经出版事业公司，1983 年，第 107 页。另，散氏盘铭（《集成》10176）可
见"周道"、"郿道"、"单道"、"凡道"之属，即分别是指通往相关诸地的道路。

②　"冒"与"柳"、"觞"等田猎地相邻（《合集》37458、《英藏》2566），而"觞"又见于
黄组卜旬辞《合集》36537，为商王出征途中所驻蹕，同版提及的"向"、"毅"、"上䎡"
俱为东土地名。陈絜认为，此"觞"可对应《春秋》经传所见鲁国之阳关，在今泰安、
新泰间，参见《商周东土夏遗与夏史探索》，《历史研究》2020 年第 1 期。

③　王献唐：《山东古国考》，第 154 页。

④　山东省博物馆：《山东长清出土的青铜器》，《文物》1964 年第 4 期。

⑤　朱凤瀚：《中国青铜器综论》，第 1049 页。

⑥　程长新等：《北京拣选一组二十八件商代带铭铜器》，《文物》1982 年第 9 期。

期嬴族成员联姻或发生战事的对象亦多位于东土，如齐妇鬲（《集成》486）的"齐"及小子𫖮簋（《集成》4138）、小子𫗧卣（《集成》5417）之"人方"，故不少学者认为，长清、费县等地出土成组"嬴"器的遗存，即代表商末嬴族定居东土建立的若干据点。考虑到时代先后相次、地理空间相近等因素，并结合召公家族的东征史实看，如将燕境嬴族成员的由来追溯到其东土故地，恐怕是最为合理的。

晚商"丙"族的聚居地位于晋南，已为灵石旌介商墓的发现所证实。[1] 琉璃河M50墓主应是商遗贵族，随葬铜器的时代相近，来源并不单一，若从器用和日名称谓出发，㠱祖丙尊（《集成》5599）与父乙觯（《集成》6100）恰好可以构成组合，因而丙父己爵（《集成》8574）原非墓主所有的可能性较大，殆系丙氏贵族对琉璃河居民的赗赙或媵赠之物。另需注意的是，"丙"器在燕辽地区的出现并非孤例，喀左和尚沟M1还出土过一件晚商丙卣，墓葬属于魏营子文化。[2] 考虑到和尚沟M1与喀左窖藏的人群族属一致，所以丙卣这一典型商器的出现，也许仍是缘于商系贵族与北方当地人群的物质交换。由此看来，数量和发现地点均不单一的器物流动背后，并非都隐含人群播迁的因素，而出土背景的分析，在事实判断方面往往起到更重要的作用。[3]

"天"和"𧊒"两种族徽，在空间分布上呈现分散特征，故其族源一时难以窥知。如商代"天"器，迄今在绥德墕头村、长武刘主河村、安阳殷墟西区和梅园庄村南、灵石旌介、益都苏埠屯、罗山天湖等地都有发现，[4] 也许天族人群的活动地域颇为广阔。[5] 具体到蓟县张家园墓地，天簋和仅见的㠱鼎均与墓主族属

---

① 山西省考古研究所等编著：《灵石旌介商墓》，北京：科学出版社，2006年。

② 辽宁省文物考古研究所、喀左县博物馆：《喀左和尚沟墓地》，《辽海文物学刊》1989年第2期。

③ 结合西周早期燕国与部分晋地国族的交往史实来看，类似的物质交流与区域联系是比较常见的。如翼城大河口西周墓M1出土的燕侯旨卣（《铭续》874），即是燕侯旨为其"姑妹"所作之媵器，往适夫家应非霸伯莫属。无独有偶，该墓同时也出有1件丙父丁爵（《霸金集萃》030）。参见吴镇烽编著：《商周青铜器铭文暨图像集成续编》，上海：上海古籍出版社，2016年，简称《铭续》；山西省考古研究院等编著：《霸金集萃：山西翼城大河口西周墓地出土青铜器》，上海：上海古籍出版社，2021年，简称《霸金集萃》。

④ 何景成：《商周青铜器族氏铭文研究》，第367—369页。

⑤ 相较之下，西周"天"器则集中出土于关中地区，如宝鸡斗鸡台、扶风齐家村、眉县杨家村和长安张家坡等地，是商遗西迁或周人贵族分商宗器的反映。

无法相协，故可推定为中原流入。上述铜器易主现象及其背后的文化交流，时间断限当参照器物年代下限，即西周早期。考虑到同族器物不见于琉璃河遗址，所以天簋和ꝏ鼎孤立地出现在围坊三期文化遗存中，无法确定是否为商遗"天"、"ꝏ"二族成员自行流散燕地的活动轨迹，不排除仅是中原商器通过赠予或交换途径流入。族徽"嚣"屡见于西周早期兵器铭刻，如崇信于家湾 M3 出土铜戈（《集成》10775）及宝鸡竹园沟所出铜泡（《集成》11842），[1] 考虑到兵器有别于礼器，通常情况下不作赙赗、媵嫁之用，那么琉璃河 M1193 随葬的嚣戈，也许只是召公家族征伐所获战利品，而不见得与嚣人的移徙有关。

就"丌"这一族徽而论，尽管物质载体亦为兵器，但与嚣戈不同的是，前者仅集中出现在昌平白浮 M2，墓葬的文化属性也以商系为主，表明此处应是丌族入周以后的遗存。不过，考虑到族徽"丌"仅此两见，白浮墓地又多随葬"北方系"青铜器，体现一定程度的"边缘"特征，所以其族属未必就是从中原地区北迁的商人旧族。而 M2、M3 均出土占卜甲骨的现象，则暗示墓主的身份等级较高，在政治社会层面似有更强的独立性，[2] 此即区别于房山琉璃河、顺义牛栏山等地商遗民的细节特征。综合以上因素看，丌族可能并非随燕侯就封的商遗人群，其原先的活动地域也许在商王朝北土周边，随着周人势力介入并根植于燕地，丌族于是归顺燕侯统治，并移驻昌平白浮建立据点，凭借自身力量对琉璃河燕都起到藩屏作用。至于族徽"凨"、"乂"、"櫜"及"散史"之"散"则相对罕见，基本属孤立现象，溯源颇有难度，不拟过多蠡测。

前文已从铜器铭文的直接记述和出土背景明确的金文族徽两方面出发，针对西周早期燕地居民的族属构成问题，尤其是商系人群由来，作出一些分析尝试。除了部分族徽出现频率过低，无法据以梳理轨迹，多数对象都可基于出土背景的分析来揭示其存在的客观意义，并运用"重见"思路考索有关族氏的源流与分合。通过寻找区域之间成组族名（地名）的内在关联，可知西周燕地的居民成分颇为复杂，其中至少存在"两系"和"四类"人群集团。"两系"即

---

[1] 此外仍见于湖北汉阳纱帽山出土的晚商铜尊（《集成》5687），或是随着商遗南迁流转至此。

[2] 目前看来，出土卜甲卜骨的西周早期遗存地点，如周原凤雏和齐家、周公庙、长安张家坡、房山琉璃河、邢台南小汪、高青陈庄等，其聚落性质一般属于王朝都邑、封国或高等级贵族封邑。

燕侯家族代表的周系贵族与数量上占据优势的商系人群；"四类"则是基于人群族属及来源，按地域标准划分，包括：西土周系人群、商王朝故地的商遗势力、东方商系部族、商西北及本地部族。① 至于先前讨论所涉及的每个族徽及族氏，同上述"四类"人群集团的对应关系，大致即可归纳如次（表4）。

表 4　西周燕地人群集团及其所含对象一览表

人群集团类别	包含对象的族氏名号或族徽
西土周系人群	匽
商王朝故地商遗势力	戈、矣、刂盾、单、宁、庚、未（沬）
东方商系部族	冀、翼、史、舟
商西北及本地部族	羌、叔（虘）、駭、髟、丌

如表 4 所示，西周燕地居民的族系、所属族氏及源流情况，业已初步得以捋清。鉴于金文族徽的发现地点多属西周遗存，而绝大部分随葬铜器的时代晚于商周之交，那么这些遗存及其反映的人群活动，恐怕多少都与召公建燕的历史背景有关。比如说，尽管"亚矣"和"亚冀"铜器集中出自房山琉璃河、顺义金牛村等地，但具体遗存年代十分明确，当在西周早期，与燕侯之始封在时、空层面上均可重叠。足以表明商人强宗"矣"及其别支冀侯家族最终分布于燕境，理应与西周统治者在北土推行分封、建立藩屏有关，而非"矣"、"冀"二氏晚商以来既有势力范围的延续。当然，如果细致考察上述族群的流动轨迹，可发现移徙的动因和路径也不尽相同。

首先，若以召公建燕作为时代断限，部分族氏北播燕地的过程，其实早在此先便已完成。比如商周鼎革之际，周人在商王朝核心区及周边地带发动一系列战事，以肃清克商进程中的残余敌对势力。② 经过史墙盘铭所谓的"逖叔、髟，伐夷童"之举，原分布在殷都西北及太行山脉两翼的叔、髟、羌、駭等部族，很可能迫于周人的军事压力向北流动，因此在克器铭文中，前者尽皆作为燕侯役使的

---

① "本地部族"，主要是指利用金文族徽进行辨识和确认的北土商系人群，而不包括通过考古学文化进行考察的燕地居民。

② 先前的相关研究，可参见杨宽：《西周史》，上海：上海人民出版社，2003 年，第 88—100 页；李学勤：《〈世俘〉篇研究》，《李学勤集——追溯·考据·古文明》，哈尔滨：黑龙江教育出版社，1989 年，第 142—155 页。

对象出现。至于单、宁、庚、未、戈、矣和丩盾诸氏，也许是曾任内服职事的商人世族，其来源则可追溯到以殷墟为中心的"大邑商"。联系武王克商和成王东征等重大史事看，商遗在周初集中北播，大概属于局势动荡下被迫迁离故土。

其次，若循召公一行在东征、建燕等事件中的活动轨迹，并结合其家族势力的空间分布情况思考，可将目光投向发现"梁山七器"的东土地区，继而通过捕捉人群、史事和地理空间三者的内在联系，揭示上述东方商系部族流入燕国境内的客观背景。《史记·燕召公世家》载："召公奭与周同姓，姓姬氏。周武王之灭纣，封召公于北燕。"[1] 按照现今学界的共识，西周分封的全面推行，须建立在周人对广大新占领地区实现统治的基础上，故召公建燕实际当以东征的胜利作为前提。另据太保簋铭（《集成》4140）云，召公曾奉成王之命讨伐"录子耶"，功成后受到"赐休余土"的殊遇。此"余土"，可对应晚商田猎卜辞及四祀邲其卣（《集成》5413）所见之"桒"地，商王巡游东土屡经此地。该地既在东征后赐予召公为采邑，足以表明召公此行不但镇压了殷都故地的"录子耶"之叛，而且继续挥师东进，征讨盘踞在海岱地区的亲商势力，其经过大致如前揭《系年》第三章所载。《系年》将整个东征战事归于成王主导，与历来史家所称的"周公东征"、"周公践奄"有所不同，应是历史书写各有侧重。今幸得太保簋与《系年》相互发明，可知召公在平定"三监"之乱后，又随成王继续东征，其间或以武力涤荡东夷，因战功卓著而获"余土"之封。

值得注意的是，出土太保簋等"梁山七器"的今山东寿张镇梁山一带，恰好是连接中原与海岱地区东西交通干道的重要节点，而成王一行自故殷都东征商奄，定然也要途经并控制这一区域。[2] 有鉴于此，最高统治者在其间规划出一块土地，作为增益召公的采邑，通过控扼交通枢纽地带，以确保西周势力持续东扩。[3] 由旅鼎（《集成》2728）诸铭可知，成、康之世王朝对东夷集团的战争中，

① 《史记》卷34《燕召公世家》，第1549页。
② 贝塚茂树：《关于殷末周初的东方经略》，刘俊文主编：《日本学者研究中国史论著选译》第3卷，黄金山等译，北京：中华书局，1993年，第58—121页。
③ 召公受赐"余土"之性质，殆与郑之祊田及康叔在"相土之东都"领有的飞地一般，均可供助祭泰山，配合周王巡狩东土之用。参见陈絜：《"梁山七器"与周代巡狩之制》，《汉学研究》第34卷第1期，2016年。

召公往往扮演重要角色，恐怕与其宗族势力根植于海岱地区不无关系。

既然召公家族参与成王东征，并在沿途设置据点，可能与当地人群发生交流，那么燕境所见东土商系部族的由来及若干隐含史迹，自可通过这一联系的建立而得以浮现。其中，"舟"即州也，系姜姓古族，"史"则为薛侯所自出的任姓旧族，二者作为海岱地区本地人群的代表，原本就与商王朝保持着亲附关系。至于"舁"、"冀"二氏自不待言，均系商人经营东土所依赖的股肱力量，尤其是出自"矣"族的舁侯一支，在族系上不排除属于子姓王族。因此，周人入主东方以后，亟须通过军事威慑、物质笼络和文化渗透等手段，促使当地的商系集团尽快转变政治立场。尽管由于史料所限，目前还未能找到召公家族与有关人群发生直接接触的证据，但由琉璃河等地出土的器铭可知，"舁"、"冀"二氏的部分贵族既在入周后委身效命燕侯，"史"、"舟"等族也接受周人"褒封"殊遇，在东方故地得以延续，甚至裂土封疆，便足以说明问题。

综观西周早期的东土经略，召公等人领导的东征，使得原本亲商的势力相继改弦易辙服属于周。不久适逢召公建燕，西周统治者就像处置其他商遗强宗一样，也对归附的海岱部族采取"分而治之"策略，将某些较大的宗族组织分割为若干部分，迫使其迁至新土重新安置。① 仅就表面上看，他们似与所谓的"殷民六族"、"殷民七族"大致相若，但具体人群规模和组织结构也许要相对精简，而且更确切地说，他们俨然已转变为召公家族的羽翼，远赴新开拓的领地拥立政权，其身份大致近乎周人的同盟。另外，从琉璃河墓地的情况看，燕侯对待治下的不同族属居民，恐怕也采取殊异的管理方式，如允许商遗民延续原有的文化习俗，同时保留其家族组织形态及上层群体的贵族地位。部分贵族亦在保持从属关系的前提下，陆续承担燕侯委任的各种职事，发挥自身所长效命于君，从而跻身西周地方政权的统治阶层。倘若联系燕召宗族的东方渊源考虑，双方形成紧密而稳定的政治纽带，自然不难理解。

综上，西周初年部分海岱部族移居燕地的背景与路径得以清晰。概言之，上述史实首先建立在周人对东方实现有效统治的基础上，继而在召公家族北上封燕的政治实践中遂告功成，由此，东土与北土的联系得到实质性加强。综合前述其

---

① 朱凤瀚：《商周家族形态研究》，天津：天津古籍出版社，2004 年，第 263—266 页。

余部族的溯源结论，西周早期燕境移民的来历及其流动轨迹即可初步呈现，丰富了区域联动的空间图景。

三、喀左铜器窖藏性质与意义

通过上节分析，可对燕国分封初期的势力范围及空间结构形成初步认识：房山琉璃河遗址（包括董家林城址和黄土坡墓地）即区域性中心聚落所在，规模宏大，功能布局比较清楚，呈现出"两系一体"的文化面貌。以顺义金牛村墓地、昌平白浮墓地为代表的同期遗存分布于周边，二者族属特征明显，社会等级较高，且与北方民族存在文化交流，很可能属于都城聚落的外围据点，用以安置归附的商系贵族势力，兼有拱卫燕都的功能。蓟县张家园墓地则为当地人群的遗存，其中随葬商系铜器的现象，可能来自赠予或交换等途径，而不足以视作彼时燕国的势力范围所及。

就地理空间和出土遗物而言，均与上述遗存颇具关联者，尚有 20 世纪中叶以来在今喀左境内发现的多处铜器窖藏。[①] 窖藏分布较为集中，器物年代也相差不大，总体以商末周初为主。从出土器铭看，窖藏内部周人与商系贵族的遗物共存，尽管后者在数量上占据优势，但有多件铜器与燕国关系密切。聚焦这一现象展开讨论，容易关注文化因素的地域扩展背后可能隐含的政权扩张，反而忽视窖藏本身的族属判别等关键问题。笔者希望通过对遗存的重新梳理，重点关注窖藏的形成年代、不同器物的共存关系及文化属性，廓清前者与燕国腹地遗存的内在联系，同时将族徽"重见"的视角扩展至海岱等其他区域，以期寻找喀左铜器群及其所属族氏更为广泛的来源。

（一）喀左马厂沟

1955 年 5 月，热河凌源县（今辽宁喀左县）海岛营子村马厂沟小转山子发

---

① 有学者根据年代、分布地域及器物组合的差异，将辽西地区发现的商周铜器窖藏分为三类。其中，A 群窖藏属于喜鹊沟类遗存，年代不晚于殷墟早期，代表性遗存有克什克腾旗天宝同、翁牛特旗头牌子和赤峰西牛波罗；C 群大多分布于辽西走廊一线，器类以北方系青铜工具和兵器为主，代表性遗存包括绥中冯家和东王岗台、兴城杨河等窖藏。而本文所讨论的喀左铜器窖藏属于 B 群，此外还有义县花尔楼窖藏。参见付琳、王立新：《夏家店下层文化消亡后的辽西》，《考古》2015 年第 8 期。

现 16 件青铜器，除 2 件出土时被掘碎外，计鼎 1、甗 2、簋 3、盂 1、卣 2、壶 1、罍 2、尊 1、盘 1，其中带铭者包括匽侯盂（《集成》10305）、鱼父癸簋（《集成》3216）、蔡簋（《集成》2915）、史成卣（《集成》5288）、义①作父庚卣（《集成》5213）及鱼罍（《集成》9791）6 件。据现场调查，出土地点周边分布有一定范围的生活遗址，而无墓葬迹象，② 说明埋藏铜器的遗存性质当为窖藏。铜器的年代大多属于西周早期，但也有少数风格特征偏晚。如一鼎设有附耳，侈口浅腹，近乎盘形，口沿下饰长尾鸟纹一周，形制与沣西马王村出土卫鼎（《陕金》11.1301）及张家坡 M152 出土井叔温鼎（《陕金》11.1227）的上部较为接近，③ 时代当在西周中期。同鸭形尊相似的素材和造型，尚见于丹徒大港母子墩出土的另一鸟形尊，④ 而后者与多件西周中期的代表性器物伴出，然则鸭形尊的年代也许相近。另外，如史成卣、贯耳壶亦可见稍晚的造型，约相当于早期晚段的昭王之世。⑤ 准此，上述器群的埋藏时间恐怕不能早至西周中期之前。

（二）喀左北洞 1、2 号

1973 年 3 月和 5 月，辽宁喀左县北洞村先后发现两座铜器窖藏，两处地点相距仅 3.5 米。1 号窖藏出土 5 罍 1 瓿，出土时，2 罍 1 瓿与另 3 件罍分别呈三角形排列。其中，2 号罍即孤竹亚髟罍（《集成》9810），与 3 号罍外观接近而无圈足，4—6 号罍的造型亦基本相同。⑥ 原简报将诸器一律定为商器，但部分器物的

---

① 该字在器铭中作人名，而非族氏名，旧释为"戈"，不确。从构形看，其上部系"羊"首，下部似从"我"形，殆可隶释作"義"字。而"義"字左右分置一耳形，此即用作族氏铭文的"聇"。

② 热河省博物馆筹备组：《热河凌源县海岛营子村发现的古代青铜器》，《文物参考资料》1955 年第 8 期。据介绍，有一件兽首罍内部也有铭文，但惜出土时损坏无法辨认。后经修复，残字可释读作"……庚宝彝，鱼"。

③ 陕西省古籍整理办公室、陕西省考古研究院编：《陕西金文集成》，西安：三秦出版社，2016 年，简称《陕金》。

④ 杨正宏、肖梦龙主编：《镇江出土吴国青铜器》，北京：文物出版社，2008 年，第 44—45 页。

⑤ 朱凤瀚：《中国青铜器综论》，第 1428 页。

⑥ 辽宁省博物馆、朝阳地区博物馆：《辽宁喀左县北洞村发现殷代青铜器》，《考古》1973 年第 4 期。

绝对年代，存在进入西周的可能性。如无衔环的 5、6 号罍，其束颈较长，肩部位置相对较低，而圈足略高，与西周早期克罍更为相似。①

2 号窖藏出土方鼎 1、圆鼎 2、方座簋 1、罍 1 和钵形器 1，原简报根据部分器物的特征，认为窖藏形成于周初。② 结合器形、纹饰及铭文风格看，舟父甲鼎（《集成》1651）的年代略早，或在商周之际，不排除可能早至商末。方座簋（《集成》3409）内底铸"作宝尊彝"四字，同蟠龙盖罍均有典型的西周时期特征，后者在形态风格上则与彭州市竹瓦街窖藏出土一罍甚为接近。③ 娶方鼎（《集成》2702）这种方鼎造型及整排乳钉纹饰，早在晚商阶段便已出现，然其外壁所缀扉棱对称的兽面纹，则主要流行于西周早期。④ 鼎铭言"飙"赏赐给器主"娶贝"二百朋，内底另署"矣亚冀侯"徽识，根据"冀侯"作族氏名的情形推测，娶方鼎系周初铸造的可能性恐怕更大。值得注意的是一件带流钵形器，该器通体素面，深腹圜底，短窄管状流前出微翘，在文化面貌上颇具地方特色，与伴出的中原风格铜器迥异，大概属于魏营子文化的本地器物。⑤

（三）喀左山湾子

1974 年 12 月，辽宁喀左县山湾子村发现一处窖藏，出土青铜器 22 件，计鼎 1、鬲 1、甗 3、盂 1、尊 1、卣 1、罍 3、簋 10 及盘状器 1。⑥ 其中带铭文者 15 件，包括叔尹方鼎（《集成》1925）、何嬺庑甗（《集成》885）、伯矩甗（《集成》893）、尹簋（《集成》3029）、户父甲簋（《集成》3144）、□父丁簋（《集

① 刘雅婷主编：《喀左县文物精品图录》，北京：北京联合出版公司，2018 年，第 134 页。
② 喀左县文化馆等：《辽宁喀左县北洞村出土的殷周青铜器》，《考古》1974 年第 6 期。
③ 即报道所谓"兽面纹饰羊头加环耳罍"。参见王家祐：《记四川彭县竹瓦街出土的铜器》，《文物》1961 年第 11 期。
④ 如上海博物馆藏员方鼎，其造型和纹饰布局即与娶方鼎基本相同，唯前者口沿下所饰为对称蛇纹。参见陈佩芬：《夏商周青铜器研究·西周篇》，上海：上海古籍出版社，2004 年，第 15 页。
⑤ 杨锡璋、高炜主编，中国社会科学院考古研究所编著：《中国考古学·夏商卷》，北京：中国社会科学出版社，2003 年，第 616 页。阜新平顶山遗址出土的钵形器，即为魏营子文化的代表性陶器。
⑥ 喀左县文化馆等：《辽宁省喀左县山湾子出土殷周青铜器》，《文物》1977 年第 12 期。

成》3176）、𢉩父戊簋（《集成》3190）、亚□□簋（《集成》3245）、亚𠂤父乙簋（《集成》3299）、作宝尊彝簋（《集成》3406）、𡨦伯簋（《集成》3526）、倗万簋（《集成》3667）、鱼丨①尊（《集成》5589）、史方罍（《集成》9740）及配以串𢍰父丁卣盖（《集成》5069）的舟父甲卣（《集成》4907）。

总体看，这批铜器的年代亦集中在西周早期，原器主多为商系贵族。如何𡢁𠂆甗与伯矩甗外观极为相似，而伯矩器又出土于琉璃河燕国墓地M251，即可引为佐证。当然，其中仍有时代及文化特征殊异之处，需特别予以关注。如鱼丨尊形态似觚而硕大，或为商末之器，舟父甲卣所配卣盖之钮及云雷纹饰，从造型风格推测时代亦有可能偏早。至于叔尹方鼎，通体素面，腹部呈明显倾垂状，设四柱足，铭文为“叔尹作旅”四字，其年代或可进入西周中期。另有一件饕餮纹甗，无铭文，口沿下饰弦纹两周，造型甚近于龙口归城所出遹甗，后者为穆王之世的标准器之一，同样可证窖藏的形成不能早于西周中期早段。此外，所谓盘状器相对更为特殊，其直径达32.5厘米，口沿部位有对称的圆形穿孔，并可见明显磨痕，殆作悬吊之用。该器出土时平覆于兽面纹盂之上，但彼此无法构成器用组合，不妨归入本地文化范畴为宜。

（四）喀左小波汰沟

1978年9月，辽宁喀左县坤都营子乡小波汰沟发现一处铜器窖藏，由于原始资料迄今未刊，窖穴的埋藏状态、共存关系及外部环境均不甚清楚。据学者介绍，该窖藏共出土青铜器14件，既有典型的中原风格铜器，也有铃首匕、覆钵状器盖等地方特色遗物，但具体信息并不完整。② 据现有著录，暂梳理出窖藏铜器9件，包括兽面纹圆鼎、附耳鼎、弦纹甗、圉簋、作彝方座簋、登𡚬罍、朋父

① 该字像骨笄之形，或为“笄”字初文，此用作族氏铭文。相同族徽尚见于周原云塘制骨作坊M20出土的一件铜尊（《集成》5602）。参见蔡宁等：《陕西周原云塘制骨作坊“居葬合一”论》，《四川文物》2022年第2期。

② 郭大顺：《试论魏营子类型》，苏秉琦主编：《考古学文化论集》（一），北京：文物出版社，1987年，第79—98页。

庚罍、铃首匕及覆钵状器盖。① 其中，兽面纹圆鼎具有明显的偏早特征，时代大致相当于二里冈（或作"岗"）上层期。附耳鼎腹部以龙纹、直棱纹和蕉叶纹组合为饰，并缀六道齿状扉棱，相同造型尚见于宝鸡戴家湾出土𦉜鼎及石鼓山西周早期墓出土的两件铜鼎，② 一般认为带有鲜明的"西土"风格，时代当在西周初年。圉簋和作彝方座簋，均系西周早期代表性器物，毋庸赘言。朋父庚罍同马厂沟、北洞1号窖藏出土的涡纹罍都比较接近；与登芦罍形制、纹饰相似者，则有山湾子村采集的一件方罍。③ 而弦纹瓿的同型器物，犹见于马厂沟所出一瓿，尺寸亦相差无几。以上诸器年代皆宜定为西周早期。铃首匕出土时置于登芦罍内，匕身呈舌状，柄上有一圆穿，末端为球形多孔铃首，属于"北方系"青铜器的作风。覆钵状器盖顶中无钮，盖面有一小型环钮，口沿上饰小方格纹、乳钉纹及水波纹的组合一周，纹饰主题为中原同期器物所无，而习见于北方地区出土的铜刀等兵器上，时代大致亦在商代晚期前后，下限不晚于周初。④

除上述四处铜器窖藏之外，另据早期报道，1941年喀左县小城村一带发现西周早期大型铜鼎1件，形制接近大盂鼎而有偏早特征，出土位置与发现马厂沟器群之地相邻。⑤ 总的来说，窖藏基本分布于今喀左县西南方向的大凌河沿线，埋藏对象以中原文化系统的青铜器为主，根据使用族徽和日名现象判断，作器者大部分为商系贵族，时代跨度总体在商代晚期至西周中期，尤以商末周初者居多。鉴于各处窖藏的分布地域相对集中，埋藏器物的时代特征也比较接近，基本可以确定它们应是一个内在关联密切的整体。通过前文梳理可知，与西周燕国直接相关的遗存不仅有匽侯自作铜盂，北洞1号窖藏的孤竹亚髟罍、2号窖藏的䜌方鼎

---

① 李伯谦主编：《中国出土青铜器全集》（20），北京：科学出版社、龙门书局，2018年，第157、172、185、186、196、197页；刘雅婷主编：《喀左县文物精品图录》，第136、143页。

② 宝鸡戴家湾材料参见陈佩芬：《夏商周青铜器研究·西周篇》，第38—39页；石鼓山出土者分别为M3:2和M4:309，参见石鼓山考古队：《陕西宝鸡石鼓山西周墓葬发掘简报》，《文物》2013年第2期；陕西省考古研究院等：《陕西宝鸡石鼓山商周墓地M4发掘简报》，《文物》2016年第1期。

③ 刘雅婷主编：《喀左县文物精品图录》，第130页。

④ 郭大顺：《试论魏营子类型》，苏秉琦主编：《考古学文化论集》（一），第79—98页。

⑤ 陈梦家：《西周铜器断代》，北京：中华书局，2004年，第49页。另说发现铜鼎数量为一对，未知孰是。

以及山湾子窖藏的史方罍、舟父甲卣诸器，其上所署"髟"、"矣亚矣侯"、"史"和"舟"四种族氏名号，也在燕地出土遗存中重复出现，而伯矩甗、圉簋的器主之名，更分别见于琉璃河 M251 和 M253 的随葬铜器。基于两地出土器铭的重叠关系，同时考虑喀左所在的大凌河上游地区，恰好处于连接燕山内外的交通要冲，与燕国腹地具有地理空间上的天然联系，那么只要站在西周的角度，自然容易将有关遗存视作早期燕人势力渗透至辽西的标志。

不过，倘若重新审视喀左窖藏铜器的时代与族属，不难发现上述认识其实颇有可疑之处。首先，这批铜器年代多在商末周初，也有部分可以晚到或接近于西周中期，如马厂沟的史成卣、贯耳壶、鸭形尊以及山湾子的叔尹方鼎、饕餮纹甗等。尽管埋藏铜器的年代与窖藏的形成时间无法轻易等同，但一般来说，窖藏的年代上限大致相当于遗物的年代下限，喀左窖藏的实际年代当较原先估计为晚。其次，通过纷繁复杂的族徽铭文，虽可窥知铜器的具体来源，却无法直接透露埋藏者的有效信息。假如这些窖藏确系燕侯所有，但相较族别多元的商文化遗物，其中所见燕国公室之器的数量明显过少；至于其他燕国贵族，恐怕又无力远在当地集中埋藏众多的异属铜器。另外，鉴于辽西地区目前并未发现典型的西周燕文化遗存分布，那么，若将喀左窖藏视作燕人经营辽西而形成的遗存，则未免显得过于孤立。事实上，只有不局限于铭文本身，同时充分关注"非主流"器物的文化属性及其存在的意义，方可摆脱原先思维定式的束缚。

1979 年，考古人员在喀左县和尚沟 A 点发掘 4 座墓葬，M1 出土铜卣 2 件和金臂钏 1 对，2 卣均系典型的商文化铜器，时代相当于殷墟三至四期，其中 1 卣底部还铸有族徽"伖"，内置大量穿孔海贝。发掘者根据随葬陶器的基本特征，确认和尚沟 A 点墓葬属于魏营子文化，明确指出它"很可能是与窖藏铜器有关的一种文化遗存"。[①] 此后，学者基于中原风格铜器和魏营子文化陶器在特定遗存共存的证据，[②] 并结合遗存与喀左窖藏在时空分布上的一致性，从而推断窖藏主

---

① 辽宁省文物考古研究所、喀左县博物馆：《喀左和尚沟墓地》，《辽海文物学刊》1989 年第 2 期。

② 如喀左和尚沟 A 点 M1 与喀左高家洞 M1。参见辽宁省文物考古研究所：《辽宁喀左县高家洞商周墓》，《考古》1998 年第 4 期。

人应即魏营子文化的本地居民。① 若重新审视喀左窖藏的出土背景，还可对上述观点的合理性略作补充。

首先在组合形式方面。喀左窖藏铜器往往表现为无特定规则的集聚，彼此类别互不一致，也没有形成相对稳定的器用组合，总体明显有别于同时期中原文化区，可见铜器在埋藏之际或已脱离原生的文化背景。其次是埋藏形态。按喀左窖藏的实际埋藏情况，可以通过北洞1、2号窖穴的清理窥知大概，据介绍主要有以下特征：一是选址多在山坡，以浅埋为主；二是铜器摆放整齐，但空间布局不足以体现器用组合关系；三是利用石板或石片将铜器与坑口、坑壁隔开，这些特点与扶风庄白、眉县杨家村等地的西周贵族窖藏有所不同。更为关键的是，部分器物存在易主迹象。据调查报告介绍，马厂沟出土的多件铜器有修补和焊接痕迹，器表带有黑炭灰屑，地点周边还分布着厚度不等的灰层堆积和一些陶、石器残片，说明铜器在埋藏之前一度被作为生活实用器，② 而使用者正是当地居民，与其宗庙礼器的原始属性相去甚远。此外，其中的蔡簋铭文还曾遭到人为刻划，目的无非是掩盖原作器者的信息，同样表明窖藏铜器经历过易主的事实。综上，喀左窖藏主人或器物埋藏者应是本地人群，而非远道拓土至此的燕国贵族。进一步说，在判定喀左窖藏的归属方面，出土铜器的主流文化因素（包括国名、族徽、人名等信息）并未起到决定性作用，反倒是以带流钵形器（北洞2号）、盘状器（山湾子）、覆钵状器盖（小波汰沟）代表的"另类"，提供了关键的指向性线索，对认识某些特定时空背景下的遗存具有借鉴意义。

关于喀左窖藏所见中原系铜器的流通和埋藏背景，以往学者曾设想并提出过

① 郭大顺：《试论魏营子类型》，苏秉琦主编：《考古学文化论集》（一），第79—98页；董新林：《魏营子文化初步研究》，《考古学报》2000年第1期；熊增珑：《试论大小凌河流域商周之际窖藏青铜器的归属》，《文物春秋》2008年第6期；赵宾福：《中国东北地区夏至战国时期的考古学文化研究》，北京：科学出版社，2009年，第77—78页。迩来有学者进一步指出，辽西地区原归入魏营子文化的诸遗存面貌其实并不一致，从陶器群的总体特征来看，至少可以划分为五类遗存，其中的后坟类遗存即与喀左铜器窖藏联系密切。后坟类遗存的主体年代约在商末周初，下限可至西周中期，主要分布于辽西大、小凌河上游地区。参见付琳、王立新：《夏家店下层文化消亡后的辽西》，《考古》2015年第8期。
② 曾有学者怀疑，铜器窖藏或与当地的祭祀遗存有关，现从出土地点及器物本身所呈现的生活使用痕迹看，上述推测恐怕并不准确。

燕国势力东进、交换或赏赐及战争掠夺等若干历史场景。[1] 现在既已澄清窖藏的人群归属，明确了作器者与埋藏者实际分属不同族群，那么因燕国贵族东迁建立据点以致器物发生空间流动的情况，也就基本可以排除。至于掠夺及贸易、赠予诸说，都可以解释窖藏铜器时代不一、族别纷杂的景象。如林永昌从祭祀用器的原始属性出发，强调"交换说"难以付诸实践，他通过对比宁城等地墓葬出土中原铜器的现象，并联系琉璃河墓地的年代和被盗情形，推测铜器多为当地人群从燕国掠夺的战利品。[2] 曹大志则从区位交通和物质交换的角度进行考察，认为中原系铜器集中出现在大凌河流域，是商周贵族与北方边地进行贸易交流的结果。[3] 最近张振腾、井中伟提出，燕国贵族赐予当地人群青铜器，很可能是为了获取辽西地区的锡矿资源，或是维持锡料转运路线的畅通。[4] 以上诸说都有其合理因素，但也存在一些尚待明晰的细节。如燕侯及其他高等级贵族的宗庙祭器（非日常实用器），为何会在较短时期内改变原有属性，转而作为燕国统治阶层主动笼络他族或进行交易的工具。另外，就琉璃河遗址西周中期遗存看，似乎未见外部势力大规模入侵和集中盗扰的现象。然而无论如何，喀左窖藏与琉璃河遗址有一个共同因素值得注意，即窖藏的形成与燕都的衰落大致同时，均相当于西周中期早段。[5] 这种现象可能是由于彼时燕国居民他徙，致使先前维持的赠予模式或贸易路径中断，抑或还存在其他原因，但至少暗示燕地和辽西之间存在着特定的政治与社会联动，同时为喀左窖藏铜器的燕国来源提供了佐证。

---

[1]　晏琬：《北京、辽宁出土铜器与周初的燕》，《考古》1975 年第 5 期；葛英会：《燕国的部族及部族联合》，《北京文物与考古》第 1 辑，北京：北京燕山出版社，1983 年，第 1—18 页；张亚初：《燕国青铜器铭文研究》，中国社会科学院考古研究所编：《中国考古学论丛》，北京：科学出版社，1993 年，第 320—330 页；宫本一夫：《中国古代北疆史的考古学研究》，南京：江苏人民出版社，2023 年，第 153—168 页；杨建华：《燕山南北商周之际青铜器遗存的分群研究》，《考古学报》2002 年第 2 期。

[2]　林永昌：《辽西地区铜器窖藏性质再分析》，《古代文明研究通讯》第 34 期，2007 年。

[3]　曹大志：《贸易网络中的黄土丘陵（BC1300—1050）》，北京：北京大学出版社，2021 年，第 237—242 页。

[4]　张振腾、井中伟：《辽西—冀东北地区商末周初青铜器窖藏再探讨》，中国社会科学院考古研究所主办、考古杂志社编辑：《考古学集刊》第 29 集，北京：社会科学文献出版社，2023 年，第 105—123 页。

[5]　刘绪、赵福生：《琉璃河遗址西周燕文化的新认识》，《文物》1997 年第 4 期。

基于喀左窖藏的形成背景，尤其是明确了出土铜器与燕国的客观联系，我们不妨先对各窖藏所见金文族名资料作一梳理（表5），接着分别从"重见"和"差异"两个角度，与燕境及其他区域的铜器遗存进行对比，探讨它们出现在辽西的意义。

表5　喀左窖藏出土族徽铜器一览表

出土地	件数	铜器名
马厂沟	5	匽侯盂（《集成》10305）、蔡簋（《集成》2915）、鱼父癸簋（《集成》3216）、義作父庚卣（《集成》5213）、鱼罍（《集成》9791）
北洞1号	1	孤竹亚彭罍（《集成》9810）
北洞2号	2	婴方鼎（《集成》2702）、㕝父辛鼎（《集成》1651）
山湾子	10	何嬃庋甗（《集成》885）、尹簋（《集成》3029）、冂父甲簋（《集成》3144）、斿父戊簋（《集成》3190）、亚羌父乙簋（《集成》3299）、窭伯簋（《集成》3526）、佣万簋（《集成》3667）、鱼丨尊（《集成》5589）、史方罍（《集成》9740）及配以串篱父丁卣盖（《集成》5069）的舟父甲卣（《集成》4907）
小波汰沟	2	登芦罍（《集成》9771）、朋五夆父庚罍（《集成》9808）

若将表5所涉及的相同族徽予以归并，同时保留复合氏名的形式不再拆分，经过累计之后，可以初步筛选出金文族名资料19种：

　　匽、鱼、耶、蔡、㕝、㕝亚真侯、孤竹亚彭、何、尹、冂、斿（庚）、羌①、窭、佣、史、舟、串篱、登芦、朋五夆

按照这一基本范围，首先从"重见"角度进行归纳，可知其中同样出现在房山琉璃河等燕国境内遗存的族氏名共有6个，分别为"匽"、"㕝亚真侯"、"史"、"舟"、"庚"和"彭"；而"围"和"伯矩"虽然属于作器者私名，但同样符合"重见"标准，故一并纳入。上述名号的成组重合关系，不仅体现出燕、辽两地遗存的紧密联系，同时增加了同种族徽的样本数量，说明有关铜器在北方的出土不是孤立或偶然现象，更可能反映族氏的活动轨迹而非单纯的器物流动，它有助于佐证前节对燕地居民族属的分析。

---

① 该金文族名或释为"麋"，暂存疑。

其次，基于前文对喀左窖藏铜器主要来自燕国的认识，但凡铭文中出现的族氏名和贵族人名，大部分都应代表西周早期燕国境内的居民，或者是在更早阶段便已定居燕地的人群。[①] 那么，在将喀左窖藏与燕地遗存所见族名进行对比后，呈现"差异"的部分无疑具有重要的补充作用。换言之，上揭金文族名资料不仅为揭示周初燕国的族群构成增添丰富的考古学依据，而且为探讨当地居民的来源提供更多线索。

经过比对剔重可知，相异的这部分金文族名共有 13 个，依笔者之见，可按基本特征初步划为三类。甲类包括"鱼"、"𡕥"、"𠆎"三种常见族徽。它们不但出现频率较高，分布地域也颇为广阔，同时还有一个鲜明的共同特征，即署有三种族徽的铜器都在安阳地区多次出土，且年代区间为殷墟二期至四期，较其他地点明显偏早。[②] 不仅如此，"鱼"和"𡕥"分别有 1 鼎（《集成》1126）和 1 鼎（《集成》1176）、1 爵（《集成》7675）出自西北冈侯家庄大墓，[③] 足见二者所代表的对象当为商系强宗，与商王室的关系甚为密切。综上来看，殷墟恐怕就是有关族氏的早期聚居地之一。另外，相较"𡕥"、"𠆎"在喀左地区的孤立出现，马厂沟和山湾子窖藏出土的"鱼"器则达 3 件之多。因此，尽管甲类族徽迄今暂未重见于琉璃河遗址，却仍可间接反映相关人群在周初燕地有所分布。就人群族属和原居地域而论，前者与"戈"、"矣"、"刂盾"、"庚"诸氏最为接近，属于前节所归纳的"商王朝故地商遗势力"，可能是在克商或东征之际自安阳一带播散至燕地的。

乙类族徽包括"尹"、"耵"、"何"和"登𠦪"。就共性说，它们对应的族氏都曾效命于商王，并承担过某种特定的职事。"尹"本有治事之义，引申作主管官长之通名，如集合名词"多尹"、"百僚庶尹"即是。"尹"单独作族徽的情形较少，却常与"舟"构成稳定的复合氏名，[④] 而"舟"又是晚商阶段盘踞在殷都以东、济水沿线的部族，若循复合关系的线索，或可推知"尹"的活动轨迹似乎

---

① 除少数铜器可能属于"分器"或赗赙之物，它们最终出现在燕地，是与原作器者的活动轨迹相割裂的。

② 何景成：《商周青铜器族氏铭文研究》，第 334—335、344、364—365 页。

③ 出土单位分别为 M1001 和 M1550 殉葬坑。

④ 何景成：《商周青铜器族氏铭文研究》，第 498 页。

介于内、外服范围之间。"何"和"屰"作为族氏名，^① 并见于无名组卜辞（《合补》8982），^② 其中出现的"戍何"与"戍屰"，即分别是由"何"、"屰"二族成员所组成的戍卒武装。目前集中发现"何"族铜器的地点，主要是安阳郭家湾北地，而晚商"屰"器已知有明确出土地者，亦在安阳。^③ 不过，考虑到二者均有族众被编入特定的军事组织，奉命前往商王朝边域驻屯戍守，可见相关人群的分布范围也许较广，具体情形或与"尹"族相若。正因为此，若追溯他们播迁北土之前的来源地，恐怕会存在一些不确定因素。

"聑"为地名兼作族氏名，情况要复杂一些。黄组卜辞《合集》36943 有"在聑"二字残辞，乃是商王出巡途中的驻跸地。族徽"聑"常见于铜器铭文，且主要与"赞"、"竹"和"倗"构成复合氏名。"聑赞妇娕"器群集中出土于河南辉县褚邱村，含鼎、簋、尊、卣、牛首盖爵各 1 和爵 2，时代为殷墟三期至四期。^④ 从上述铜器构成组合的情形推断，"聑赞"作为"妇娕"所适夫家的族氏，其居邑恐怕就在今辉县境内，之所以邻近殷墟，很可能与"聑赞"氏贵族一度服事于商有关。^⑤ "竹"，或认为即孤竹，尚待进一步确认。宾组卜辞《合集》6057 反记载，土方一度入侵奴氏领地，"奴妻笁"旋即将此事禀告商王。"奴妻笁"即奴族首领之妻，"笁"系"竹"字加缀"女"旁，表示该女子的父家正是竹氏。根据该辞"允有来艰自北"的记录，说明此役的发生地当在殷都以北，那么与奴族联姻的竹氏，其根据地范围恐怕亦不甚远。^⑥ 林沄举"聑"与"赞"、"竹"结成的复合氏名为例，提出单一族徽之间不稳定的复合现象，当与

---

① 按"登屰"二字迄今未见同铭者，疑非"复合氏名"，此"登"不排除为登献之义，作祭祀动词。
② 彭邦炯等：《甲骨文合集补编》，北京：语文出版社，1999 年，简称《合补》。
③ 何景成：《商周青铜器族氏铭文研究》，第 386 页。
④ 新乡市博物馆：《介绍七件商代晚期青铜器》，《文物》1978 年第 5 期；傅山泉：《新乡市博物馆藏"妇娕翼"组器》，《中原文物》2008 年第 3 期。
⑤ 如商末享京簋铭（《集成》3975）云"王饮多亚聑，享京逦"，而铭末所缀族徽正是"聑赞"，表明该族成员曾在王室宴享时担任职事，佐助成礼。
⑥ 学者多将"竹"直接归入北方方国或北方族氏。参见孙亚冰、林欢：《商代地理与方国》，北京：中国社会科学出版社，2011 年，第 373 页；严志斌：《商代青铜器铭文研究》，第 273 页。

不同族氏都曾居住在某个地点有关。① 基于此，可知"珥赟"、"珥竹"等分族的形成，理应是以有关对象存在相对密切的空间关系作为前提，那么结合辉县和商王朝北土两则方位线索，并联系珥竹觚（《集成》6932）、珥酉戈（《集成》10869）俱出自安阳的背景，不难推想"珥"的地望范围可能就在今冀南、豫北一带。②

　　丙类族徽包括"佣"、"朋五夅"、"蛮"、"串簫"、"🐐"和"蔡"6 种。其中，"朋五夅"是由"朋"与其他族徽要素复合而成，③"朋"、"佣"所指应当无别，亦即周代晋南媿姓佣氏的前身。"蛮"又见于无名组卜辞，如《合集》26898 以"王其春众成受人，叀蛮土人有㞢"，与"弜巳春众成受人，亡㞢"构成正反对贞关系。这组卜辞的意思比较令人费解，④ 但可以确定的是，此"蛮土"犹言蛮氏或蛮人之地。《左传》成公十一年追忆武王克商之后，言"苏忿生以温为司寇，与檀伯达封于河"。檀伯达所封在今河南济源附近的黄河北岸，与苏氏之邑相邻，⑤ 卜辞"蛮土"大概就指此地。

　　"串簫"作为复合氏名似乎仅见，族徽"串"缺乏出土地信息，但由金文族名复合关系，可知"簫"当为"舟"的分族。⑥ 据《春秋》经传记载，东周齐境有两处鄬地。其中，《左传》僖公二十六年"公追齐师，至鄬"的"鄬"，在今平阴县西南的东阿镇一带，南距"舟道"甚近，这种空间关系与舟、簫的族属联

---

① 林沄：《对早期铜器铭文的几点看法》，《林沄学术文集》，第 66—67 页。
② 《集成》8840 著录的一件西周早期铜爵，其内壁铭文为"珥佣祖丁"四字，柱上另有铸铭作"🐂"，即三足爵形的族徽。饶有意思的是，其中出现的"珥"、"佣"和"🐂"三种族徽，均见于琉璃河遗址和喀左窖藏出土铜器，不仅暗示上述族氏之间可能存在关联，对于思考复合氏名的内涵同样颇有助益。
③ 此"五"可能就是常见作横书的族徽"⋈"，该族氏在商末周初主要活动于晋陕地区。"夅"字或释为"步"，不确。
④ 《屯南》880 与之或为同文关系，具体解释参见裘锡圭：《卜辞"异"字和诗、书里的"式"字》，《裘锡圭学术文集》第 1 卷，第 226 页；朱凤瀚：《再读殷墟卜辞中的"众"》，李宗焜主编：《古文字与古代史》第 2 辑，台北：台湾"中研院"历史语言研究所，2011 年，第 20—21 页。
⑤ 杨伯峻编著：《春秋左传注》，北京：中华书局，1990 年，第 854 页。
⑥ 西周中期簫𣪘𣪘铭（《集成》3940）整体铸于"亚"字形框内，其上端同样出现"舟"字族徽，表明器主以"簫"为氏，属于舟族成员。

系相一致，表明鬶族的活动轨迹与齐、鲁边境之鬶地及"纪鄣"有关。① 至于族徽"🐎"、"蔡"所对应的人群，目前暂无明确线索可考。但今山东滕州市东郭乡辛绪村出土过一件西周早期铜鼎（《集成》1111），具体背景不详，内壁铭文作"🐎"，其侧立形态与"🐎"颇为相似，尤其是凸显的目部、张口、立耳诸细节均趋一致，出土该鼎的滕州地区，或可作为考虑"🐎"器来源的一种可能性。

当然，就这批铜器的源流而论，"串鬶"和"朋（倗）"、"窀"并非仅有地域上的东、西之别，它们各自出土于燕地的意义恐怕也不尽相同。具体说来，绛县横水墓地的发现表明，倗氏在鼎革之后对周人保持着归附状态，很可能就是从属于晋国的"怀姓九宗"之一；除了檀伯达受封的史实之外，窀季遽父作丰姬尊（《集成》5947）、卣（《集成》5357、5358）在周原刘家墓葬的出土，② 足以反映窀氏已经融入周人政治体系。因此，诸如倗万簋、窀伯簋等西周早期铜器，不大可能是因为遗民远播而出现在燕国境内，只有考虑赠赗、媵嫁等赠予性流通途径，才相对合乎逻辑。另外，据报道串鬶父丁卣盖在出土时，正好与舟父甲卣保持上下扣合的状态，无疑印证"舟"和"鬶"之间的紧密联系。考虑卣盖具有商末特征，相较时代为周初的器身偏早，那么二者相配成套，也许只能归于"舟"器主人的行为。房山琉璃河遗址范围内的立教村东M2，同样也出土有西周早期的舟族铜器——遘鼎和遘簋，③ 而族徽"鬶"则在当地未尝并见。据此看来，串鬶父丁卣盖及所配舟父甲卣最终流落北土，背后即便隐含着相应人群的流动，也不排除仅代表部分舟族成员的轨迹。

<h2 style="text-align:center">结　语</h2>

商代晚期至西周早期，黄河下游与燕辽地区之间出现一股颇具规模的移民浪潮。族群迁徙和区域联动，基本围绕武王克商与成王东征后商遗贵族流散，以及

① 程少轩：《试说"鬶"字及相关问题》，复旦大学出土文献与古文字研究中心编：《出土文献与古文字研究》第2辑，上海：复旦大学出版社，2008年，第131—145页。
② 陕西省考古研究所等：《陕西出土商周青铜器》（三），北京：文物出版社，1980年，"图版"第48—61页、"图版说明"第6—8页。
③ 《北京文物精粹大系》编委会、北京市文物局编：《北京文物精粹大系·青铜器卷》第80、86号；李伯谦主编：《中国出土青铜器全集》（1），第31页。

召公建燕之际周人与商系人群的集体北播两条线索展开。通过考察，可知西周燕地居民成分比较复杂，主要由周系贵族、商系人群及本地部族构成。上述族群北迁燕地的原因，包括迫于军事压力、局势动荡选择迁离故土或在西周封建背景下徙居新土等。

通过遗存的对比分析，揭示出土器铭的"重见"和"差异"关系，对考察以往考古背景并不明确的铜器窖藏或文化层中出土铜器的性质，以及判定遗存族属均有相应价值。对出土金文族名"重见"关系的梳理，不仅有助于判断不同地区遗存及人群的联系，同时增加了同种族徽的样本数量，对考察器物流动及相关族氏的活动轨迹有重要意义。而出土金文族名呈现的"差异"，可为推断周初燕地居民的族属构成提供补充性线索。

针对商末周初黄河下游与燕辽地区族群流动的个案剖析，为考察早期国家阶段人群、地理与政治诸要素的交互作用乃至国家形态的塑造，提供一定借鉴。众所周知，兴起于西土的周人，历经克商、东征和推行封建等系列举措，其势力范围持续向东扩展，直抵海隅，建立了广袤的西周国家政治版图。这一东进战略，导致西土的周系人群大规模涌入新占领地区，流动路径整体呈现自西徂东的"横向"态势。而原居东方的商系族群及东夷集团，在周人持续的军事征服和政治经略下，大致形成北播燕辽和南徙江淮的两股移民，整体呈现南北分流的"纵向"景观。上揭特定历史背景下族群移徙的"横"与"纵"，不仅突破传统的夷夏东西格局，有力推动民族融合的历史进程，以致各地西周遗存文化面貌上的"两系一体"特征异常鲜明，加速族群与地缘格局的重组；同时使黄河下游与燕辽、江淮等地的联系得到实质性加强，密切的政治联动和频繁的文化交流，将不同地理空间紧密连缀在一起，共同构成西周国家的重要单元，从而为中原王朝重建"天下"秩序和扩大一统奠定基础。

〔作者赵庆淼，南开大学历史学院副教授〕

（责任编辑：周　政）

"永王之乱"与唐代玄肃之际的权力嬗变*

黄鸿秋

摘　要：唐代玄肃之际的权力嬗变，可还原为各个政治主体之间的系列反应、实践和深层动机问题。《玄宗幸普安郡制》形成于玄宗对入蜀途中已有多种任命的追认整合，显示出合授型与政令性的特殊文书性质。谋主群体的政治困境及"防闲禁锢"政策的瓦解，构成永王"因有异志"的缘起，"平叛"话语及具体用兵路线，塑造出永王东巡行动的正当性与合理性。通过重审玄宗"以璘制亨"说，彰显《明皇令肃宗即位诏》中的"肃主玄辅"结构，揭明玄宗对于永王东巡态度更可能是应机防范而非暗中支持。肃宗强势入场使永王集团很快在内外交困中覆亡，与此同时，肃宗权威亦全面深入长江中下游，最终在两京克复之前基本终结玄宗建立的"共权"格局。

关键词：唐代　永王之乱　安史之乱　唐玄宗　唐肃宗

永王东巡自新旧《唐书》和《资治通鉴》以来就一直以"叛乱"形象定格在历史记载中，玄肃二帝在两京克复前的权力嬗替，则以"和平过渡"为标签。郭沫若最早将永王东巡与玄肃关系进行勾连，认为永王李璘东巡缘于玄宗入蜀

---

* 本文系国家社科基金一般项目"安史之乱时期的政治文化重构与文学新变研究"（23BZW052）、国家社科基金重大项目"东亚唐诗学文献整理与研究"（18ZDA248）阶段性成果。

途中对永王"面授过机宜"，[①] 于是肃宗镇压永王，就成了玄肃权力冲突的表现。贾二强进一步发掘玄宗暗中支持永王东巡的"证据"；[②] 日本学者冈野诚认为肃宗为证明自己镇压永王的合法性，有意削除玄宗在汉中郡任命过永王的事实。[③] 李碧妍集中探讨永王东巡过程及其间玄肃二帝的权力争衡关系。[④] 既然永王无非玄宗用以制衡肃宗的棋子，那么永王东巡出于自发"谋逆"的旧说同样值得怀疑。故而邓小军进一步论证永王东下是为执行玄宗渡海攻取幽州之战略，"所谓永王璘'叛逆'案纯属肃宗制造的冤案"。[⑤] 至此，一段久被旧日史家利用书写权力刻意掩埋的实相似乎终于被发覆出来，历史脚步到此才算是找到"回家的路"。

然而，只要审慎回顾学术史，不难发现"永王非逆"说与"以璘制亨（肃宗名亨）"说早在郭沫若那里就隐约形成某种互为因果、彼此生发的奇妙联系。即当郭沫若强调永王东巡背后有玄宗授意，永王"叛逆"的定性就无形中消失了；而永王叛逆性质的消失，又反向强化学者对于玄宗"以璘制亨"的认知。两种观点最终结构性地出现在学术史上，共同形成对于传统旧说的大翻转。此外，"永王非逆"说建立在认为"有关永王璘案的官方与个人原始文献，虽已多被篡改、被删削"的基石上，[⑥] "以璘制亨"说在材料真伪、归属及具体解读方面或亦存在重要疏失，难免使读者在审视学术史时充满困惑和不安。是故，近来武秀成已否定邓小军所谓"二次命璘"之说，重申永王叛逆的传统意见，[⑦] 林伟洲认

① 郭沫若：《李白与杜甫》，北京：人民文学出版社，1971 年，第 88 页。
② 贾二强：《唐永王李璘起兵事发微》，《陕西师大学报》1991 年第 1 期。
③ 冈野诚：《论唐玄宗奔蜀之途径》，《第二届国际唐代学术会议论文集》，台北：文津出版社，1993 年，第 1099—1121 页。
④ 李碧妍：《危机与重构：唐帝国及其地方诸侯》，北京：北京师范大学出版社，2015 年，第 373—433 页。
⑤ 邓小军：《永王璘案真相——并释李白〈永王东巡歌十一首〉》，《文学遗产》2010 年第 5 期。
⑥ 邓小军：《永王璘案真相——并释李白〈永王东巡歌十一首〉》，《文学遗产》2010 年第 5 期。
⑦ 武秀成：《唐玄宗〈停颍王等节度诰〉真伪祛疑及其史料价值》，程章灿主编：《古典文献研究》第 18 辑下卷，南京：凤凰出版社，2016 年，第 248—256 页。

为贾二强所举证据"实不堪史实之检证",① 秦中亮试图说明永王东进是迫于阿史那承庆攻陷颍川郡后的军事压力,不得不另寻栖身之所,与玄肃之争无关,乃至进一步认为玄肃之争"起于肃宗继位灵武,也终于灵武",其"完全是当代学者在后见之明视阈驱动之下的学理建构"。②

若说历史的主体和出发点始终是人,我们的研究需要警惕变成"一场没有人踢球的足球赛",③ 而政治过程的展开又呈现一种不同于政治集团等静态式研究范式的运动性、冲突性和复杂性,④ 那么也许可以说,交互在各个政治主体之间动态的结构性关系和张力,才是真正推动"永王之乱"和"玄肃嬗替"生成及演变的关键力量。这使我们有可能通过将相应事件还原为身在其中的各个政治主体之间一系列彼此联动的反应、实践和深层动机问题,来凸显政治过程展开的内在动力及其丰富图景。事实上,这是一种最为"正统"的研究,基本接榫传统以人为中心的历史叙事模式。因此,本文尝试重回各个政治主体的立场,在继续重审和回应"永王非逆"说及"以璘制亨"说基础上,深入探讨玄肃之际权力递嬗的复杂构造和实相,并对是否存在某种程度上的"玄肃之争"作出说明。由于《元(玄)宗幸普安郡制》(以下简称《普安制》)和《明皇令肃宗即位诏》是把握这段历史最为重要的两个文本,所以本文的研究将以此为线索。

一、《普安制》的"时间层次"与文书性质

长安陷落前,玄宗平叛部署大抵随着叛军的攻略进程在北方展开。从《旧唐书·玄宗纪》看,禄山起兵之初,玄宗的军事部署最南推进到河南道,天宝十四载(755)十一月戊寅,"以羽林大将军王承业为太原尹,以卫尉卿张介然为陈留太守、

① 林伟洲:《灵武自立前肃宗史料辨伪》,《中唐政治史研究论集》,台北:翰芦图书出版有限公司,2017 年,第 58—59 页。
② 秦中亮:《"永王李璘事件"发微——关于"玄肃之争"学说的再检视》,《学术月刊》2017 年第 11 期。
③ 王汎森:《人的消失?!——兼论 20 世纪史学中"非个人性历史力量"》,《思想是生活的一种方式:中国近代思想史的再思考》,台北:联经出版公司,2017 年,第 370 页。
④ 仇鹿鸣:《事件、过程与政治文化——近年来中古政治史研究的评述与思考》,《学术月刊》2019 年第 10 期。

河南节度采访使，以金吾将军程千里为潞州长史，并令讨贼"。① 十二月叛军连陷河南陈留、荥阳和东都洛阳之后，玄宗的军事部署始后撤至山南道和剑南道，当月十五日庚子，"以永王璘为山南节度使，江陵长史源洧为之副；颍王璬为剑南节度使，蜀郡长史崔圆为之副"。但此时"二王皆不出阁"。② 揣测玄宗本意，下则希图将西进的叛军截断于潼关，故同年十二月丙午，"以哥舒翰为太子先锋兵马元帅，领河、陇兵募守潼关以拒之"，③ 上则寄望于郭子仪、李光弼、颜真卿在河东、河北地区尽快打开平叛的新局面，故而对于永王璘、颍王璬的安排，只是预作准备。

天宝十五载六月初，被安禄山用间、杨国忠眩惑的玄宗强令哥舒翰出关决战，结果于六月八日庚寅大败于灵宝西原，"死者十六七"，哥舒翰被俘，"关门不守，京师大骇，河东、华阴、上洛等郡皆委城而走"。④ 玄宗被迫于当月十三日乙未凌晨，携部分亲信及宗室自禁苑延秋门出奔剑南，是夕至金城县（今陕西兴平市），十四日丙申至马嵬驿（今兴平市马嵬镇），因禁军将士哗变，诛杨国忠，缢杨贵妃，太子李亨则借机分兵北上朔方。十六日戊戌至扶风县（今陕西宝鸡市扶风县），十七日己亥至扶风郡（治今宝鸡市凤翔区）。在扶风郡次日，玄宗开始改变亲王不出阁的原则，将此前对于颍王璬和崔圆的安排落实：

> 庚子（十八日），以司勋郎中、剑南节度留后崔圆为蜀郡长史、剑南节度副大使；以颍王璬为剑南节度大使，以监察御史宋若思为御史中丞充置顿使，韦谔充巡阁道使，并令先发。⑤

《资治通鉴》称玄宗"使颍王璬先行诣剑南"在"壬寅（六月二十日），上至散关"之日，谓是"从《玄宗实录》"，并否定《肃宗实录》玄宗至普安郡后始命

---

① 《旧唐书》卷 9《玄宗纪下》，北京：中华书局，1975 年，第 230 页。本文所引新旧《唐书》和《资治通鉴》等史料，个别标点、断句有微调，不一一说明。

② 《资治通鉴》卷 217，唐玄宗天宝十四载十二月庚子，北京：中华书局，1956 年，第 6940 页。《旧唐书》卷 9《玄宗纪》将此事连书于"（十二月）辛丑，诏皇太子统兵东讨"之后（第 230 页），"辛丑"为十七日（据司马光《通鉴考异》），此从《资治通鉴》。

③ 《旧唐书》卷 9《玄宗纪下》，第 230 页。

④ 《旧唐书》卷 9《玄宗纪下》，第 231—232 页。

⑤ 《旧唐书》卷 9《玄宗纪下》，第 233 页。

颖王璬入蜀之说,^① 但未辨析与《旧唐书·玄宗纪》所载之差异。二者相差二日,疑是颖王璬十八日庚子受命之后,仍与玄宗顺路同行至散关,始加速先行入蜀,故致记日之歧异。《旧唐书·玄宗纪》《资治通鉴》天宝十四载十二月下皆载以蜀郡长史崔圆为剑南节度使颖王璬之副。^② 新旧《唐书·颖王璬传》则谓安禄山反,"除（颖王）蜀郡大都督、剑南节度大使,杨国忠为之副",马嵬之变杨国忠被杀后,始"以蜀郡长史崔圆为副",^③ 与此处合。又杨国忠"首唱幸蜀之策",^④ 玄宗曾安排其亲信御史大夫魏方进充置顿使,"先移牒至蜀,托以颖王之藩,令设储供"。^⑤ 马嵬兵变当日,魏、杨并被族诛,次日丁酉（十五日）将发马嵬,由于朝臣只剩韦见素一人,"乃命见素子京兆府司录（韦）谔为御史中丞充置顿使"。^⑥ 然而仅过三日,玄宗又代以监察御史宋若思,而改派韦谔为任务较轻的巡阁道使,究其根由,或是因其父韦见素天宝末被杨国忠引为同党,马嵬诛杨中即曾连带"为乱兵所伤",^⑦ 故为免军士再生猜疑,才替换为与杨国忠并无关系的宋若思。选派最为合适之人先期经营沿途和后方事宜,以最大限度地保障自身安全,无疑是决意入蜀的玄宗的首要任务。

与此同时,从仓皇出逃、马嵬喋血之惊魂中回过神来的玄宗,开始主动调整唐廷的战略部署。《旧唐书·丰王珙传》:

> 天宝十五年六月,玄宗幸蜀,至扶风郡,授珙武威郡都督,仍领河西、陇右、安西、北庭等路节度支度采访使;以陇右太守邓景山为之副,兼武威长史、御史中丞,充都副大使。珙竟不行。^⑧

---

① 《资治通鉴》卷 218,唐肃宗至德元载六月壬寅,第 6978 页。
② 《旧唐书》卷 9《玄宗纪下》,第 230 页;《资治通鉴》卷 217,唐肃宗至德元载十二月庚子,第 6940 页。
③ 《旧唐书》卷 107《玄宗诸子·颖王璬传》,第 3263 页。《新唐书》卷 82《十一宗诸子·颖王璬传》同（北京:中华书局,1975 年,第 3610 页）。
④ 《资治通鉴》卷 218,唐肃宗至德元载六月壬辰,第 6970 页。
⑤ 《旧唐书》卷 107《玄宗诸子·颖王璬传》,第 3263 页。
⑥ 《旧唐书》卷 9《玄宗纪下》,第 232 页。
⑦ 《旧唐书》卷 108《韦见素传》,第 3276 页。
⑧ 《旧唐书》卷 107《玄宗诸子·丰王珙传》,第 3270 页。

此前学界例以为玄宗对第二十六子丰王珙的任命，始于将近一个月之后的《普安制》，《新唐书·丰王珙传》相关记载亦是据《普安制》成文。① 日本学者冈野诚始据《旧唐书·丰王珙传》指出玄宗的相关任命应提前至在扶风郡时。② 今检《册府元龟》卷 281《宗室部·领镇第四》"丰王珙"条所载与《旧唐书·丰王珙传》同，③ 史源皆早于《新唐书·丰王珙传》，可从。任命时间，则当与令颍王璬出阁赴蜀约略同时。

又《旧唐书·盛王琦传》载：

> 天宝十五年六月，玄宗幸蜀，在路除琦为广陵大都督，仍领江南东路及淮南、河南等路节度支度采访等使，以前江陵大都督府长史刘汇为之副，以广陵长史李成式为副大使、兼御史中丞。琦竟不行。④

《册府元龟》卷 281《宗室部·领镇第四》"盛王琦"条载为"及玄宗幸蜀，在路除"云云，《新唐书》本传记为"帝之西，诏为"云云，具体时间、地点俱不详。冈野诚径据《旧唐书·盛王琦传》系于六月，有论者进一步推测在六月十八日止扶风郡之时。⑤ 《旧唐书·盛王琦传》所谓"天宝十五年六月，玄宗幸蜀，在路除琦"云云乃二事连书，⑥ 盛王琦受命的准确时间未必在玄宗离京出奔的"六月"。不过依任命颍、丰、永王及太子例（永王、太子例详后），确实在玄宗进入普安郡之前的可能性更大，不当独盛王琦迟至《普安制》始被首次任命。

但琦、珙受命后"竟不行"，真正出阁赴任的是接下来在汉中郡（治今汉中市南郑区）同样被玄宗委以重任的第十六子永王璘。《旧唐书·永王璘传》载：

---

① 《新唐书》卷 82《十一宗诸子·丰王珙传》，第 3614 页。
② 冈野诚：《论唐玄宗奔蜀之途径》，《第二届国际唐代学术会议论文集》，第 1109—1110 页。
③ 《册府元龟》卷 281《宗室部·领镇第四》，南京：凤凰出版社，2006 年，第 3179 页。
④ 《旧唐书》卷 107《玄宗诸子·盛王琦传》，第 3268 页。
⑤ 张驰：《唐玄宗、肃宗二帝间的权力转移——以 756 年政局为中心》，硕士学位论文，南开大学历史学院，2019 年，第 43 页。
⑥ 史书二事连书之义例，参见武秀成：《唐玄宗〈停颍王等节度诰〉真伪祛疑及其史料价值》，程章灿主编：《古典文献研究》第 18 辑下卷，第 248—256 页。

> （天宝）十五载六月，玄宗幸蜀，至汉中郡，下诏以璘为山南东路及岭南、黔中、江南西路四道节度采访等使、江陵郡大都督，余如故。璘七月至襄阳，九月至江陵，召募士将数万人，恣情补署，江淮租赋，山积于江陵，破用巨亿。①

同书卷 107《凉王璇传》亦载："天宝十五载六月，玄宗幸蜀，仪王已下十三王从。至汉中郡，遣永王璘出镇荆州。"② 冈野诚最早引据这两条材料，指出玄宗在六月二十四日抵达河池郡（治今宝鸡市凤县）后，并未直接去益昌郡，而是取道斜谷、经褒城去了与河池郡接壤的汉中郡，并在那里发出对永王璘的任命，时间约在六月底。③ 相比于天宝十四载十二月"以永王璘为山南节度使"的预作准备，此时出阁赴镇增加了岭南、黔中、江南西三道节度使及四道采访使等权力。值得注意的是，《新唐书·永王璘传》对永王出镇之时地的记载有所不同："安禄山反，帝至扶风，诏璘即日赴镇。俄又领山南、江西、岭南、黔中四道节度使，以少府监窦昭（绍）为副。"④ 疑玄宗是在扶风郡时令永王璘以此前预做安排的山南道节度使出镇，至汉中郡后又追加江南西、岭南、黔中三道节度采访等使，前后不出半月，正合《新唐书·永王璘传》所谓"俄又领"之意。唯永王从扶风郡南下江陵亦需入褒斜道，故仍与玄宗同行至汉中郡，被再次追加任命后，始与玄宗东西分道。这样看来，颍、丰、永三王最初受命的地点都在扶风郡。同样在扶风郡，潜怀去就的禁军发动马嵬兵变之后的第二次哗变，"会成都贡春彩十余万匹至扶风"，玄宗悉散于禁军，风波始平。⑤ 张驰最早发现这一点，认为正是此次不成功的兵变促使玄宗意识到禁军不可靠，于是"在扶风郡这个稍微安全点的地方开始分派皇子们赴镇平叛"。⑥

---

① 《旧唐书》卷 107《玄宗诸子·永王璘传》，第 3264 页。
② 《旧唐书》卷 107《玄宗诸子·凉王璇传》，第 3272 页。
③ 冈野诚：《论唐玄宗奔蜀之途径》，《第二届国际唐代学术会议论文集》，第 1099—1109 页。玄宗入蜀路线，参见严耕望：《唐代交通图考》第 3 卷《秦岭仇池区》"汉唐褒斜驿道"，台北：台湾"中研院"历史语言研究所，1985 年，第 730 页。
④ 《新唐书》卷 82《十一宗诸子·永王璘传》，第 3611 页。
⑤ 《资治通鉴》卷 218，唐肃宗至德元载六月己亥，第 6976—6977 页。
⑥ 张驰：《唐玄宗、肃宗二帝间的权力转移——以 756 年政局为中心》，第 42 页。

　　玄宗为何要在行至扶风、汉中一带时终于打破皇子不出阁的原则，派遣永王出镇？除了避免自己连同皇子被安禄山一网打尽的风险之外，主要与永王所都统区域江汉一带的巨大战略意义有关。洛阳、长安的沦陷使江淮物资取道中原运抵关中的汴河运路完全瘫痪，经由江汉水运至荆襄、汉中以抵西北的江汉通道，就成为战时打通西北与东南，保障唐廷物资正常输送的生命线，而襄阳正处于运路的枢纽位置。潼关失守前，萧颖士就曾明言："官兵守潼关，财用急，必待江、淮转饷乃足，饷道由汉、沔，则襄阳乃今天下喉襟，一日不守，则大事去矣。"[1] 皇甫侁在后来劝阻永王东下的《为皇甫中丞上永王谏移镇笺》（以下简称《上永王谏移镇笺》）中亦云："自河淮右转，关陇东驰，诏命所传，贡赋所集，必由之径，实在荆襄。朝廷以大王镇之，重矣。"[2] 此外，永王都统区域还可为唐廷提供大量兵源，[3] 史载"（鲁炅）充南阳节度使，以岭南、黔中、山南东道子弟五万人屯叶县北"，[4] 永王至江陵后亦在短时间内募得"士将数万人"。因此，通过命永王出镇荆襄，玄宗可以取得对于长江中游的控制权，进而沟通东南至西北的运路以盘活全国，为最终的平叛战争奠定基础。

　　考虑到东南物资运抵襄阳后，需溯汉水取上津路西经隶属于山南西道的洋川郡、汉中郡，始能北输扶风郡，[5] 已不在永王都统范围，故于汉中郡命永王出镇同时，玄宗又分命其长兄宁王李宪第六子李瑀留镇汉中，以与奔赴荆襄的永王东西配合统筹运路。因新旧《唐书·玄宗纪》和《资治通鉴》均脱落玄宗幸蜀途中经汉中之行，故新旧《唐书·玄宗纪》不载此事，《资治通鉴》则置于"丙午，上至河池郡"之后叙述，事在玄宗至汉中郡之前。[6] 唯《旧唐书·李瑀传》明确载为，"（瑀）从玄宗幸蜀，至汉中，因封汉中王，仍加银青光禄大夫、汉中郡太守"。[7] 今《唐大诏令集》卷 38 尚存玄宗《册汉中王瑀文》可与之相参：

① 《新唐书》卷 202《萧颖士传》，第 5769 页。

② 崔祐甫：《为皇甫中丞上永王谏移镇笺》，《全唐文》卷 409，北京：中华书局，1983 年，第 4190 页。

③ 贾二强：《唐永王李璘起兵事发微》，《陕西师大学报》1991 年第 1 期。

④ 《旧唐书》卷 114《鲁炅传》，第 3361 页。

⑤ 严耕望：《唐代交通图考》第 3 卷《秦岭仇池区》"上津道"，第 802 页。

⑥ 《资治通鉴》卷 218，唐肃宗至德元载六月丙午，第 6978 页。

⑦ 《旧唐书》卷 95《睿宗诸子·让皇帝宪传附子李瑀传》，第 3015 页。

维天宝十五载岁次景申，七月戊子朔日，皇帝若曰："咨尔汉中王瑀暨御史中丞魏仲犀，王室多难，凶逆未诛，是用建尔子侄，以为藩屏；命尔忠良，以摄傅相。安危系是举，可不慎欤？夫王侯之体，则以任能从谏为本；亲贤仗信，则以好问乐善为心，安仁容众为节，然后能建其功业，夹辅王室。是以汉之宗王，多委政守相，故能享祚长久，令问不已。朕闻汝瑀，能宽大俭约，乐善好贤，敦说诗书，动必由正，而久于高简，未习政途。又闻仲犀才干振举，忧勤庶绩。必能固尔磐石，匡补阙漏。军旅之事，必委其专；狱讼之烦，必与其决；简贤任能，必使其举；惩恶劝善，必任其断。惟协惟睦，其政乃成；同德合义，何往不济？於戏！瑀其镇抚黎人，庄肃守位；仲犀其悉心勠（勤）力，赞我维城。则瑀有任贤之名，犀有忠勤之绩。匡复社稷，戡定寇难，在此行也。勖哉！其无替朕命。①

后来第五琦于彭原见肃宗，曾明确道出汉中王李瑀在江汉运路中的重要作用，"请以江、淮租庸市轻货，溯江、汉而上至洋川，令汉中王瑀陆运至扶风以助军；上从之"。②《资治通鉴》卷218又载玄宗"以陇西公瑀为汉中王、梁州都督、山南西道采访·防御使"。③ 山南西道治所、督梁洋集壁四州之汉中郡（梁州）为出入蜀地之门户，构成退守剑南的外部屏障，可见玄宗任命李瑀，兼有沟通荆襄、屏卫蜀郡的双重考虑。而册文中提及的"御史中丞魏仲犀"，在二十四日丙午行至河池郡时就已被玄宗任命为梁州长史，④ 至此遂更为"傅相"，与李瑀共同组成一套留守汉中的班子。

接下来玄宗由汉中郡来到益昌郡（治今四川广元市利州区）。据《旧唐书·裴冕传》：

---

① 唐玄宗：《册汉中王瑀文》，《唐大诏令集》卷38，北京：中华书局，2008年，第172—173页。冈野诚认为册文时间可能有误（《论唐玄宗奔蜀之途径》，《第二届国际唐代学术会议论文集》，第1107页）。本文所引诏令，或有《唐大诏令集》《文苑英华》《全唐文》等两种或多种文献同时收录者，如无特别说明，例先本《唐大诏令集》，次《文苑英华》，次《全唐文》；或有仅见于一处文献记载者，亦直引为某本某诏，不另加说明。
② 《资治通鉴》卷219，唐肃宗至德元载十月癸未，第7001—7002页。
③ 《资治通鉴》卷218，唐肃宗至德元载六月丙午，第6978页。
④ 《旧唐书》卷9《玄宗纪下》，第233页。"魏犀"即"魏仲犀"。

　　玄宗幸蜀，至益昌郡，遥诏太子充天下兵马元帅，以冕为御史中丞兼左
庶子，为之副。[①]

严耕望、冈野诚论玄宗幸蜀路线，皆未注意此条材料。《旧唐书·玄宗纪》："（七
月）壬戌（十日），次益昌县，渡吉柏江，有双鱼夹舟而跃，议者以为龙。"[②] 玄
宗南下至益昌县，必先经位于益昌县（属益昌郡）与汉中郡之间的益昌郡治绵谷
县，二者同在今四川省广元市内，相去不远，则玄宗抵达益昌郡（治）的时间亦
当在七月十日或九日。然《旧唐书·肃宗纪》称"河西行军司马裴冕新授御史中
丞赴阙，遇上（太子）于平凉"，而太子至平凉为六月十九日辛丑，[③] 时间远在
此处所载被玄宗于益昌郡任命为"御史中丞兼左庶子"之前；元载撰《冀国公赠
太尉裴冕碑》则谓裴冕赴阙受御史中丞之命途中与太子"会于灵武"，在太子即
位后"自左庶子拜中书侍郎平章事"，[④] 而太子七月九日辛酉至灵武，七月十二
日甲子于灵武自立，则裴冕被玄宗任命为御史中丞之日也必在此处的七月十日或
九日之前。

　　欲释此间矛盾，需先解决玄宗任命太子为"天下兵马元帅"的时间问题。
《旧唐书·杨贵妃传》载，潼关失守之前，"玄宗以皇太子为天下兵马元帅，监抚
军国事"。[⑤] 所谓"监抚军国事"，指天宝十四载十二月十六日辛丑，玄宗制令太
子监国。今《唐大诏令集》尚存玄宗所下之监国诏，可以看到监国的具体内容是
指"总文武而行己"，"命尔抚军"。[⑥] 故疑《旧唐书·杨贵妃传》中所谓"玄宗

① 《旧唐书》卷 113《裴冕传》，第 3353 页。
② 《旧唐书》卷 9《玄宗纪下》，第 233 页。
③ 《旧唐书》卷 10《肃宗纪》，第 241 页；《资治通鉴》卷 218，唐肃宗至德元载六月辛丑，
　 第 6978 页。
④ 元载：《冀国公赠太尉裴冕碑》，《文苑英华》卷 885，北京：中华书局，1966 年，第
　 4665 页。
⑤ 《旧唐书》卷 51《后妃上·玄宗杨贵妃传》，第 2180 页。
⑥ 唐玄宗：《明皇命皇太子监国亲总师徒东讨诏》，《唐大诏令集》卷 30，第 112 页。因太
　 子抚军监国，全国东讨平叛之军队就具有隶属于太子的性质，故哥舒翰代高仙芝守潼关，
　 史书中又称为"以哥舒翰为太子先锋兵马元帅"（《旧唐书》卷 9《玄宗纪下》，第 230
　 页）。关于这一时期哥舒翰受命统兵身份的复杂性和矛盾处，参见任士英：《唐代玄宗肃
　 宗之际的中枢政局》，重庆：重庆出版社，2024 年，第 224—232 页。

以皇太子为天下兵马元帅"当即此时，为太子"抚军"工作在职官上的具体落实。而玄宗任命裴冕为"御史中丞兼左庶子"，自然也应同在此时。时距裴冕奉诏赴阙遇太子于平凉或灵武，尚有半年之久，时间上就变得合理了。唯此时太子所谓"天下兵马元帅"实为虚衔，并不实际统兵出讨，①真正的兵权仍然掌握在玄宗手里。迄天宝十五载七月九日或十日玄宗抵达益昌郡之后，由于太子已摆脱控制，分兵北上。加上此前已命颍王璬、永王璘出阁，必然需要对地位更高的储君作出事实上的安排。而《旧唐书·裴冕传》中所载，应当正是对此前太子"天下兵马元帅"虚衔的一次落实（相应也重申对裴冕的任命），与玄宗行至扶风郡时对颍王璬、永王璘的落实同例。由于落实是通过"申命"形式达致，故易致材料表面的"矛盾"罢了。②

对丰、盛、永三王及太子系列任命，意味着全国性平叛部署已基本完备。七月十二日甲子进入隶属于剑南道的普安郡（治今四川广元市剑阁县），参考追赴而至的宪部尚书房琯意见后，在十五日丁卯当天，玄宗颁布由知制诰贾至起草的《普安制》：

> 夫定祸乱者必仗于群才，理国家者先固其根本。太子亨，忠肃恭懿，说礼敦诗，好勇多谋，加之果断。永王璘、盛王琦、丰王珙，皆孝友谨恪，乐善好贤，顷在禁中，而习政事（应据《唐大诏令集》《册府元龟》作"虽顷在禁中，而未习政事"——引者注），察其图虑，可试艰难。夫宫相之才，师傅之任，必资雅善，允属忠贞，况四海多虞，二京未复，今当慎择，实惟其人。太子亨宜充天下兵马元帅，仍都统朔方、河东、河北、平卢等节度采访都大使，与诸路及诸副大使等计会，南收长安、洛阳；以御史中丞裴冕兼左庶子，陇西郡司马刘秩试守右庶子。永王璘宜充山南东路及黔中、岭南（据《唐大诏令集》补——引者注）、江南西路等节度支度采访都大使，江

---

① 参见任士英：《唐代玄宗肃宗之际的中枢政局》，第216—224页。

② 由于这一任命也见于肃宗自即帝位三日后的《普安制》，故林伟洲认为《旧唐书·裴冕传》中的这一史料可能出自《肃宗实录》，且为后人伪撰，"伪撰的目的在于将玄宗命李亨为天下兵马元帅的时间，提至肃宗即位前"（《灵武自立前肃宗史料辨伪》，《中唐政治史研究论集》，第63页）。这是没有注意《旧唐书·杨贵妃传》中相关材料的猜测。

陵大都督如故；以少府监窦绍为之傅，以长沙郡太守李岘为副都大使，仍授江陵郡大都督府长史兼御史中丞。盛王琦宜充广陵郡大都督，仍领江南东路及淮南、河南等路节度采访都大使；依前江陵郡都督府长史刘汇为之傅，以广陵郡长史李成式为副都大使兼御史中丞。丰王珙宜充武威郡大都督，仍领河西、陇右、安西、北庭等路节度支度采访都大使；以陇西郡太守邓景山为之傅，兼武威郡都督府长史、御史中丞充副都大使。应须兵马、甲仗、器械、粮赐等，并于当路自供。其诸路本节度采访支度防御等使虢王巨等，并依前充使。其署官属及本路郡县官，并各任便自简择，五品以下（《唐大诏令集》作"五品已上"，永王镇江陵时授董某之江夏郡太守为五品以上官，故当从《唐大诏令集》——引者注）任署置讫闻奏，六品以下任便授已后一时闻奏。其授京官九品以上并先授名闻，奏听进止。其武官折冲以下，并赏借绯紫，任量功便处分讫闻奏。其有文武奇才，隐在林薮，宜加辟命，量事奖擢。於戏！咨尔元子等，敬听朕命：谨恭祗敬，以见师傅；端庄简肃，以莅众官；慈恤惠爱，以养百姓；忠恕哀敬，以折庶狱；色不可犯，以临军政；犯而必恕，以纳忠规。往钦哉，无替朕命！各颁所管，咸令知悉。①

比勘制书对盛、丰、永三王的任命与前述《旧唐书》三王传之记载，信息略有参差。如《旧唐书·盛王琦传》多出"支度"一使，据制书中永王璘、丰王珙皆有"支度"及后文"粮赐等并于当路自供"语，当为制书省漏，而《旧唐书·永王璘传》较制书反少"支度"一使，亦为省漏；《旧唐书》三王传皆作令王为某"使"，制书作"都大使"，据《旧唐书·丰王珙传》后文以邓景山"充都副大使"，知为《旧唐书》三王传脱漏；《旧唐书》盛、丰王二传以刘汇、邓景山"为之副"，制书作"傅"，当从制书。实际上，古代史料在抄撮转写的流传过程中常会进行省写或发生客观上的错讹脱衍，属于历史书写中技术性问题，不宜简单认为实际内容在此前后有所增损。

《旧唐书·永王璘传》未载制书中所见对其副手窦绍、李岘的任命，但考虑此前对盛王、丰王、太子及宗室李瑀任命皆为"宗子＋大臣"的主辅型模式，玄宗在

---

① 唐玄宗：《元（玄）宗幸普安郡制》，《全唐文》卷 366，第 3719—3720 页。

扶风郡或汉中郡时，对于永王的任命应该也配备了助手，只是因后来窦绍、李岘皆转到了肃宗阵营（详后），而《旧唐书·永王璘传》相关部分旨在托出永王谋反之过程，故已不便插入对于绍、岘的叙述而已。制书对于太子李亨"仍都统朔方、河东、河北、平卢等节度采访都大使"及其另一个副手"陇西郡司马刘秩试守右庶子"的任命，亦可能是在七月九日或十日到达益昌郡"遥诏太子充天下兵马元帅"的同时作出的，一如丰、盛、永王之例；当然也可能是在普安郡时始为玄宗所新增。因刘秩是彼时被玄宗重用为宰相的房琯之"私党"，故胡三省认为"刘秩必房琯所荐"；① 而贺兰进明在后来对肃宗的进奏中也称是房琯使"皇储反居边鄙"，② 或许并非无的放矢。③ 这么看来，《普安制》的任命内容实际是在对玄宗入蜀途中已陆续形成的诸种任命事实追认整合基础上，加以部分新增而成。

甚至此制的任命体系，要追溯到玄宗开元年间的诸王遥领节度之制。诸王遥领节度始于开元四年（716）正月。④ 开元十五年五月，玄宗有过一次集中"分封"诸子之举，被记录于《庆王潭凉州都督制》之中：

> 以庆王潭为凉州都督兼河西节度大使，忠王浚为单于大都护、朔方节度大使，棣王洽为太原以北军州节度大使，鄂王涓为幽州大都督兼河北诸州节度大使，荣王滉为京兆牧兼陇右节度大使，光王滟为广州都督兼岭南经略大使，仪王潍为河南牧，颍王沄为安东都护、平卢军节度大使，永王泽为荆州大都督，寿王清为益州大都督兼剑南节度大使，延王洄为安西大都护兼四镇节度大使，盛王沐为扬州大都督。⑤

---

① 《资治通鉴》卷 218，唐肃宗至德元载七月丁卯条下胡三省注，第 6983 页。
② 《旧唐书》卷 111《房琯传》，第 3322 页。
③ 但贺兰进明同时宣称对永王、颍王、盛王之安排亦为房琯手笔，又未免夸大房琯对《普安制》形成的作用。因诸子的相关任命在房琯追赴而至普安郡之前，已被玄宗逐一分命。又制书"以御史中丞裴冕兼左庶子"的叙述亦与前引《旧唐书·裴冕传》中玄宗"以（河西行军司马裴）冕为御史中丞兼左庶子"的文字略异。疑是《普安制》改写整合前命时粗疏所致，或是玄宗在益昌郡时实际上只任命了裴冕为御史中丞，在五六日之后《普安制》中始加"兼左庶子"，而《旧唐书·裴冕传》中记述，反而是"整齐"了两次任命之后的结果。
④ 《资治通鉴》卷 211，唐玄宗开元四年正月丙午，第 6716 页。
⑤ 唐玄宗：《庆王潭凉州都督制》，《唐大诏令集》卷 36，第 154 页。

可以看到，盛王琦（沭）、永王璘（泽）、太子亨（即忠王浚）所领职任及军镇核心区域都可在此年集中分封中找到对应源头；而丰王珙所领职任及区域，则来自对庆王潭（琮）、荣王滉（琬）和延王泂（玢）等所领职任及区域的统合。①《普安制》不仅是一个具有横向空间结构的文本，也是一个具有纵向时间层次的文本，包含"开元遥领"、"途中分命"及"普安郡整合新增"三个时间层，显示历时流变和时空叠加的内在特征。

关于此制形成史，还有一个相关问题需稍加辨正。冈野诚最早注意到《旧唐书·玄宗纪》《资治通鉴》均只记载七月十五日玄宗在普安郡的任命，没有记载《旧唐书·永王璘传》中所述玄宗六月底到达过汉中郡并在汉中郡命永王璘出镇的事实，并认为这是因为肃宗后来为了证明镇压"永王之乱"具有合法性，就需要证明玄宗令永王出镇之命不能早于七月十二日（肃宗即位之日），于是"便将玄宗到达汉中郡的事实从记录中削除"了。② 实际上，晚于肃宗自立三天、在不知肃宗灵武即位情况下颁布的《普安制》对诸子的任命仍然具有法律效力，③ 既可从至德元载（756）十月萧颖士在《与崔中书圆书》中，仍期待"盛王当牧淮海，累遣迎候，尚承在蜀"叙述中可以看出，④ 也是后来玄宗需要再次颁发《停颖王等节度诰》的原因（详后）。即使肃宗削除了玄宗汉中郡任命过永王的记录，《普安制》对永王任命也仍然有效，这是被《旧唐书·玄宗纪》和《资治通鉴》明确记载着的。因此"削除"说并不可信。《旧唐书·玄宗纪》记载玄宗入蜀途中到过扶风、益昌二郡，但同样没有记录一并发生于此二地的，对于丰王珙和太子亨的任命，因此更合理的解释应该是：面对"途中分命"和《普安制》两类时间地点不同，任命内容却几乎全同的史料类型，《旧唐书·玄宗纪》作了一个"整齐化"的集中处理，以简化叙述，避免相同任命的重复出

---

① 天宝元年六月，玄宗以第四子棣王琰（洽）"遥领兼武威郡都督、河西陇右经略节度大使"，当是取代开元十五年庆王潭、荣王滉相应遥领之职。棣王琰于天宝十一载因"厌魅圣躬"事忧惧死（《旧唐书》卷 107《玄宗诸子·棣王琰传》，第 3260 页）。此后或已改由丰王珙遥领。关于《普安制》与开天间亲王遥领节度的关系，参见张驰：《唐玄宗、肃宗二帝间的权力转移——以 756 年政局为中心》，第 30—39 页。

② 冈野诚：《论唐玄宗奔蜀之途径》，《第二届国际唐代学术会议论文集》，第 1113 页。

③ 任士英：《唐代玄宗肃宗之际的中枢政局》，第 279—280 页。

④ 萧颖士著，黄大宏、张晓芝校笺：《萧颖士集校笺》卷 3，北京：中华书局，2017 年，第 105 页。

现，结果就是保留《普安制》而汰除"途中分命"。《资治通鉴》记载是据《普安制》或《旧唐书·玄宗纪》而来，使得玄宗入蜀途中平叛部署形成的"过程性"被进一步遮蔽。

为何玄宗在已有"途中分命"的情况下，仍要多此一举颁授一个存在大量重复任命的《普安制》？除前文已提及的可能新增了部分任命内容，以及下文将要谈到对"都使"的权限作了更清晰的界定外，主要与此时《普安制》文书性质发生重大变化有关。

首先，从单授型文书向合授型文书转变。唐代授官文书据同时所授人数多寡，可分为仅授予一人"单授"型与并授多人"合授"型。《吐鲁番出土文书》载录一通《唐天宝十载制授张无价游击将军官告》：

1 行官、昭武校尉、行左领军卫燉煌郡龙勒府右果毅都尉员外置同

2 正员、上柱国、赐紫金鱼袋张无价

3 　　　　右可游击将军、守左威卫同谷郡夏集府折

4 　 冲都尉员外置同 正员，余如故。

5 门下：四镇平石国，及破九国胡、并背叛突骑施等贼，

6 跳荡。行官昭武校尉、守右卫绛长祚左果毅都尉员

7 外置同正员、上柱国、赐紫金鱼袋许光景等，并以骁

8 材，远平丑虏，宜膺分职，俾叶赏劳，可依前件，仍并

9 本道驱使。主者施行。

10 　　　　天宝十载二月十二日

11—37（略）①

---

① 唐长孺主编：《吐鲁番出土文书》第 10 册，北京：文物出版社，1991 年，第 2—5 页。文书整理者注云："跳荡：下当脱一'功'字。""绛长祚：'绛'下省'郡'字，'长祚'下省'府'字。"吕博《践更之卒，俱授官名——"唐天宝十载制授张无价游击将军告身"出现的历史背景》一文对此告身有详细研究（《中国史研究》2019 年第 3 期）。又近年已知传世和出土唐代告身之目录，详见徐畅《存世唐代告身及其相关研究述略》一文附表（《中国史研究动态》2012 年第 3 期）。

这份告身可划分为词头（第 1—4 行）、除授制词（第 5—9 行）和签署裁决（第 10—37 行）三个部分。[1] 据制词中所谓"许光景等"可知，这是一份合授多人的制书（张无价被包含在"等"字中），但词头却表明该告身为张无价受官的个人凭证。说明凡合授型文书，其合授制词具有多人共用性质，是被完整保留在分颁给受官者各人的告身当中，故合授型制式告身的格式严格来说应是"单人词头 + 合授制词 + 签署裁决"。敦煌所见伯 2819 纸背唐开元《公式令》残卷中记录一件"制授告身式"的格式，中有小注："若制授人数多者，并于制书之前名，历名件授。"[2] 当指根据同时所授多人，复制相同数量的除授制词，分别与"单人词头"及"签署裁决"合成一通完整告身，一人一件颁授，即所谓"历名件授"。事实上，唐代告身有制授、奏授、判补、敕授四种文书形式，[3] 是就所授予人群任官品级、身份差别而言的，但只要属于合授型，其告身的文书格式都应具备上述三个部分。

反观玄宗在《普安制》之前对诸子任命，由于时间地点不尽相同（盛、丰王未出阁，但永王、太子在不同时间地点出阁），应该主要是以单授或至少含有单授的形式来"制授"的。意味着诸子通过告身仅能知悉玄宗对自己的安排，而不能互相知悉对方的职责，不利于统筹合作、勠力平叛。因此在进入人身安全更有保障的剑阁并听取追赴而至的房琯建议之后，玄宗需要在对此前分散、仓促乃至临时起意的任命进行追认整合基础上，形成一个"合授"型文书再次颁授诸子。由于合授制词是被分别完整复制到各人的告身当中，意味着诸子在接到《普安制》之告身时，[4] 不仅可重新确认自己的职责，同时知悉告身制词中

---

[1] 日本学者小岛浩之《唐代公文书体系试论——中国古文书学研究札记（下）》一文以大历三年（768）《朱巨川敕授告身》为例，分析唐代告身的文本层次和制作流程。此据其分析略作整合而成（闻惟译，《中国古代法律文献研究》第 15 辑，上海：中西书局，2021 年，第 109—113 页）。

[2] 唐耕耦、陆宏基编：《敦煌社会经济文献真迹释录》第 2 辑，北京：全国图书馆文献缩微复制中心，1990 年，第 558 页。

[3] 小岛浩之：《唐代公文书体系试论——中国古文书学研究札记（下）》，《中国古代法律文献研究》第 15 辑，第 109 页注 4。

[4] 诸子告身的第三部分即"签署裁决"部分，流程最为烦琐，牵涉部门和人员众多（刘后滨：《唐代中书门下体制研究：公文形态、政务运行与制度变迁》，北京：中国人民大学出版社，2022 年，第 308—313 页），故在当时逃亡途中三省机构不存的情况下，很可能大为简省。

一并被任命的其他皇子讯息，从而完整理解玄宗"协同平叛"的总规划，真正有利于"与诸路及诸副大使等计会，南收长安、洛阳"之目标实现，显然不是此前分别针对诸子的"单授"型文书所能达到的。

其次，《普安制》具有政令制书性质。唐代王言之制有七，"二曰制书，行大赏罚，授大官爵，厘革旧政，赦宥降虑则用之"。① 概言之，可分为除授制书（"授大官爵"）与政令制书（"行大赏罚、厘革旧政、赦宥降虑"）二类。二者在格式上有一重要界别，即政令制书往往于制词之末带一含"咸"字的程式化短语，如"宣示中外，咸知朕意"、"布告迩遐，咸令知悉"、"布告天下，咸使闻知"之类，除授制书无此短语。相反，"往钦哉，无替朕命"之类则往往为除授制书之套语，可以从通检《唐大诏令集》得到印证。② 盖除授制书只需相关部门和人员收悉即可形成效力，③ 无须广为传播，而政令制书本是面向全国（或某一群体、某一区域）执行，故除下达至相关部门之外，还需广宣于众。开元十六年六月玄宗曾在一道诏书中批评："凡制令宣布，皆所以为人。如闻州县承敕，多不告示百姓，使闾巷间不知旨意，是何道理？"④《唐六典·尚书礼部》有嘉礼之仪五十种，其中"四十九曰遣使诸州宣制"，⑤ 即透露官方传布政令程序中的一个头部环节。此后还需地方官以敕榜形式在衙门、城门、坊市门乃至要路、村坊等地贴榜发布。⑥ 以此观《普安制》结尾"咸令知悉"之语，知此制为一份政令制书，具有宣示于天下、"使百姓咸知"属性。⑦ 但此语前所谓"各颁所管"又

---

① 《唐六典》卷9《中书省集贤院史馆瓯使》，北京：中华书局，1992年，第273—274页。

② 《唐大诏令集》中有《黜陟杨慎矜等诏》《复陈敬瑄官爵制》二通诏书（第533、652—653页），亦含"咸"字套语，但其应属政令制书中的"行大赏罚"者，非除授制书。立皇太子、皇太弟、皇太叔，命太子监国、太子即位等诏（制）因事关全国，属于政令类，但同时也具有某种"除授"性质，故《肃宗命皇太子即位诏》中亦有"无替厥命"之语（第117—118页），然此为仅见。

③ 关于告身给付程序，参见刘后滨：《唐代选官政务研究》，北京：社会科学文献出版社，第112—116页。

④ 唐玄宗：《令州县以制敕告示百姓敕》，《唐大诏令集》卷110，第572页。

⑤ 《唐六典》卷4《尚书礼部》，第112页。

⑥ 雷闻：《榜文与唐代政令的传布》，荣新江主编：《唐研究》第19卷，北京：北京大学出版社，2013年，第41—78页。

⑦ 唐玄宗：《令州县以制敕告示百姓敕》，《唐大诏令集》卷110，第572页。

确为任命下达之词，不同于"布告迩遐"之类，可见《普安制》既非简单除授制书，又非纯粹政令制书，而是二者的混合体。

《普安制》的"政令性"从其开篇一段长三四百言的"宣讲"中，也可明显看出：

> 门下：我唐受命百有十载，德泽浸于荒裔，声教被于殊邻，绍三代之统绪，综百王之礼乐。我高祖神尧皇帝奄有大宝，应天顺人；我太宗文武圣皇帝戡难造邦，光宅天下；我高宗天皇大帝修文偃武，惠绥四方；我中宗孝和皇帝聿遵孝德，惟新景命；我睿宗大圣真皇帝清明在躬，元化溥畅。朕承累圣之洪训，荷祖宗之丕绪，兢兢业业，不敢自宁。往岁韦氏作逆，宗社将坠，是用翼戴先后，扫荡凶徒。宸极既贞，寰区载晏，尔来在位，垂五十年，中原幸无师旅，戎狄岁来朝贡。夙兴旰食，勤念苍生，庶宏至理，永跻仁寿。愧无帝尧之圣德，而有寄体之不明，致令贼臣，内外为患，蔽朕耳目，远朕忠良，或窃弄威权，或厚敛重赋。泉壤一漏，成此滔天。构逆召戎，驰突中夏，倾覆我河洛，扰乱我崤函，使衣冠奔走于草莽，黎庶狼狈于锋镝。伊朕薄德，不能守厥位，贻祸海内，负兹苍生。是用罪己责躬，寤寐战灼，上愧乎天地，下愧乎庶人，外愧乎四海，内愧乎九族，乾乾惕厉，思雪大耻。①

除授制书通常止于简单陈述被除授者个人之德行、能力和具体所授官，篇幅较短，此亦可从通检《唐大诏令集》得到直观印证，无烦赘引。玄宗入蜀途中分命诸子之制书虽已不可得见，当亦如是。但上述玄宗述祖德基业、自己在位功绩及终于昧政致乱之语，却俨然一篇昭告于天下的"罪己诏"，迥别于一般除授制书体制。实际上，玄宗对诸子的任命本就不只用于除授个人官职，更是一个全国性平叛部署，自然需要同时向全国军民宣示传达。说明《普安制》一开始就并非仅是作为诸王告身的一个组成部分来写，也是作为一个独立的政令制

---

① 唐玄宗：《元（玄）宗幸普安郡制》，《全唐文》卷 366，第 3719 页。

书制作的。盖在当时"四方闻潼关失守，莫知上（玄宗）所之"的危急情势下，① 玄宗急需一个全国性"公告"来稳定人心，而此后百姓"及闻是诏，远近相庆，咸思效忠于兴复"的反应也印证了这一点。② 一个微妙的细节是此制刻意汰落了入蜀途中对于同为皇子的颍王璬的任命，不仅因为玄宗为颍王璬安排的后方任务与诸子合作平叛的职责不同，也由于"逃亡蜀郡"的消极作为，与《普安制》中正面宣传的抗敌复国积极宗旨不相称，容易影响四海军民的激昂情绪。

再次，作为政令制书，《普安制》颁布可能还起到替代册礼的作用。册书为唐代七种王言之制中等级最高的，自唐高宗显庆改革后，基本定型为皇室专属礼仪，对其他大臣属于殊礼。③ 皇室册礼主要用于"册皇后、太子、太子妃、诸王、诸王妃、公主"等场合，④ 不过唐前期诸王出任都督、刺史等重要地方官，亦往往用册文，中间一度停废，但代宗时期仍有《大历五年册亲王出将文》《大历六年册亲王出将文》二通。⑤ 玄宗任命太子李亨为天下兵马元帅，永王等子为诸道都统使，所授官既重大，受命者又为皇子，似也当行用册礼。⑥ 唯传世文献中未见另有册文。今通检《唐大诏令集》，《普安制》中所谓"往钦哉"之套语，不仅常见于除授制书，尤多见于册文；《普安制》最后"於戏！咨尔元子等，敬听朕命"的文辞也更接近册文。由于册礼本是通过公开场合宣告对于诸王等的任命，具有强烈的仪式性和展演性，而《普安制》作为政令制书具有布告天下的性质，故疑玄宗为省便计，将册书的性质杂糅进《普安制》，同时通过政令制书

① 《资治通鉴》卷218，唐肃宗至德元载七月丁卯，第6984页。
② 《旧唐书》卷9《玄宗纪下》，第234页。
③ 孟宪实：《唐代册礼及其改革》，《历史研究》2021年第3期。
④ 《旧唐书》卷43《职官志二》，第1830页。
⑤ 唐代宗：《大历五年册亲王出将文》《大历六年册亲王出将文》，《唐大诏令集》卷37，第166页。
⑥ 唐开元《公式令》及其他文献中并无与册授对应的专门的"册授告身"文书形式，大庭脩推测册授告身形式与制授无异，又发现《唐大诏令集》中存在《长孙无忌司空制》《册齐国公无忌为司空文》等针对同一个受命者的两个不同文书性质的"共时性"文本（「唐告身の古文書学的研究」、『唐告身と日本古代の位階制』、伊勢：皇學館出版部、2003年、第49—50页）。这似乎意味着凡被册授者，通常会有册文与制书。册文仅用于"册授"的礼仪运作，制书则按照三省文书运作形成告身。

"布告天下"达到册礼所需要的公开性与展演性。

《普安制》平叛战略的关键集中体现在"都（大）使"二字之中。内地于安史乱起后广置军事性使职，所辖有一郡或数郡之别，要以一道为限。但《普安制》将天下分为北方（中部和东部）、西北、长江下游、长江中游、长江上游五大块，分别由太子、丰王、盛王、永王及玄宗本人统领，[1] 这就超出"一道"范围。此外，由于入蜀之前玄宗已任命有"诸路本节度采访支度防御等使虢王巨等"，为适配全新的权力空间同时维系原有任命体系不变（"并依前充使"），可统辖诸道并含摄原有任命体系的更高一级"都使"就被玄宗首创出来。[2] 胡三省注："诸道各有节度使，以诸王为都使以统之；其不赴镇者，都副大使摄统。"[3] 唐代官员选授以五品为界，五品以上由皇帝亲自任命或经宰相提名皇帝任命，六品以下由吏部、兵部任命。[4] 而在《普安制》中，"都使"不仅可"应须兵马、甲仗、器械、粮赐等，并于当路自供"，并可便自简择五品以上府署及本路郡县中的各类大小官吏，集军、政、财大权于一身。盖玄宗本意，在以都使之制彻底赋予诸子军、政、财方面的最大自主权，便于整合国家资源，集中力量平叛，此即制文中所谓"定祸乱"、"理国家"，也即后来《銮驾到蜀大赦制》中再次强调的"命元子北略朔方，诸王分守重镇，合其兵势，以定中原"。[5] 这一政策标志

---

[1] 冈野诚：《论唐玄宗奔蜀之途径》，《第二届国际唐代学术会议论文集》，第 1110 页。

[2] 《新唐书·百官志》云，"天宝末，置天下兵马元帅，都统朔方、河东、河北、平卢节度使。招讨、都统之名，始于此"（第 1308 页），盖谓此制。《旧唐书·职官志》则认为都统之职"乾元中置"（第 1923 页）。马端临《文献通考》承《新唐书·百官志》都统之名始于天宝末之说，然又云，"乾元元年，户部尚书李峘除都统淮南、江东西节度使、宣慰观察处置等使，都统之官始于此"（卷 59《职官考十三》，北京：中华书局，2011 年，第 1779 页），盖欲弥缝二者之作也。《资治通鉴》卷 218 至德元载五月下有"丁巳，（鲁）炅众溃，走保南阳，贼就围之。太常卿张垍荐夷陵太守虢王巨有勇略，上征吴王祇为太仆卿，以巨为陈留·谯郡太守、河南节度使，兼统岭南节度使何履光、黔中节度使赵国珍、南阳节度使鲁炅"（第 6962—6963 页），则"兼统"已有"都统"之实。

[3] 《资治通鉴》卷 218，唐肃宗至德元载六月丁卯条下胡三省注，第 6984 页。

[4] 张国刚：《唐代官制》，西安：三秦出版社，1987 年，第 144 页。

[5] 唐玄宗：《銮驾到蜀大赦制》，《唐大诏令集》卷 79，第 455 页。

着玄宗以皇子代替边镇将领典兵的重大转变,① 但同时瓦解了开天时期以防范皇子干政专权为宗旨的"十王宅制",隐伏着分裂唐王朝的危险性,故一开始就遭到高适反对。②

潼关陷落并不意味北方局势完全失控。河、陇军团在灵宝之战中并未全军覆没,溃逃入关者尚有 8000 余人,王思礼也被玄宗任命为河西、陇右节度,"即令赴镇收合散卒,以俟东讨",③ 河北、河南有起义之师,河东军后为李光弼接手整肃,此外编制完整者尚有安西四镇军及北庭军,尤其还保留着一支实力雄厚、颇具战斗力的朔方军。④ 马嵬兵变后太子北上朔方而非随玄宗入蜀,主要原因在于北方尚有可为。至于玄宗,《通鉴考异》引《幸蜀记》中的一段记载保留了他当时的考量:

上意将幸西蜀,有中使常清奏曰:"国忠久在剑南,又诸将吏或有连谋,虑远防微,须深详议。"中官陈全节奏曰:"太原城池固莫之比,可以久处,请幸北京。"中官郭希奏曰:"朔方地近,被带山河,镇过之雄,莫之与比。以臣愚见,不及朔方。"中使骆承休奏曰:"姑臧一郡尝霸中原,秦、陇、河、兰皆足征取,且巡陇右,驻跸凉州,翦彼鲸鲵,事将取易。"左右各陈其意见者十余辈。高力士在侧而无言。上顾之曰:"以卿之意,何道堪行?"力士曰:"太原虽固,地与贼邻,本属禄山,人心难测。朔方近塞,半是蕃戎,不达朝章,卒难教驭。西凉悬远,沙漠萧条,大驾顺动,人马非少,先无备拟,必有阙供,贼骑起来,恐见狼狈。剑南虽窄,土富人繁,表里江山,内外险固;以臣所料,蜀道可行。"上然之。⑤

① 贾二强:《唐永王李璘起兵事发微》,《陕西师大学报》1991 年第 1 期,第 85 页。关于《普安制》中宗王出镇政策形成的历史缘由及背景,参见麦大维:《皇帝、皇子与州郡:关于 756 年〈玄宗幸普安郡制〉及"封建"问题的政治分析》,薛冰清译,《中外论坛》2022 年第 1 期。
② 《旧唐书》卷 111《高适传》,第 3329 页。
③ 《资治通鉴》卷 218,唐肃宗至德元载六月乙未,第 6973 页。
④ 黄永年:《六至九世纪中国政治史》,上海:上海书店出版社,2004 年,第 333—334 页。
⑤ 《资治通鉴》卷 218,唐肃宗至德元载六月丁酉条下《通鉴考异》引《幸蜀记》,第 6975 页。

太原、朔方、凉州虽有最可倚重的军事力量，但或靠近前线，或杂于蕃戎，或地僻悬远，且一旦北方恢复事业失败，朝廷将不再有任何余地可退，只能亡国灭族。相反，剑南虽窄，"土富人繁，表里江山，内外险固"，不啻万全之地，于是《普安制》中"守南望北"战略被构建出来。在玄宗看来，坐镇剑南并不影响他以天下之主身份遥控指挥北部的平叛事业；即使平叛无成，南北分裂成为定局，犹有半壁江山足供偏安。为了保住最后半壁江山，就需要在时机尚有利于唐廷之时，尽早控制对界分南北而言最为重要的长江沿线。摊开一幅历史地图，可以轻易发现玄宗在《普安制》中针对唐王朝南部的部署具有强烈的地缘结构联动性，即自己退居的剑南与永王（含辅助永王的汉中王李瑀）、盛王都统区域可将长江上中下游连成一线，形成呼应之效，正如李白后来在《为宋中丞请都金陵表》中所云："飞章问安，往复巴峡，朝发白帝，暮宿江陵，首尾相应，率然之举。"[1]况且当时长江沿线一带未经皇子经略，地方实力派存在观望、游离乃至割据的倾向，整个唐王朝都缺乏稳定大后方，一旦叛军先于唐军控制长江沿线，玄宗想效仿东晋元帝为偏安半壁之主也不可得。这么看来，"南收长安、洛阳"只是《普安制》中向公众宣示出来的显性目标，同时存在于此制中的隐性考量并未被透露出来。显隐双重意图的设置，反映出玄宗谋虑深远的政治智慧。

玄宗的战略部署还未来得及全盘展开，就遭遇两个致命挑战：一是太子李亨在《普安制》颁下前三天、玄宗不知情的情况下已于灵武擅自即位称帝；二是出镇江陵、被放出权力牢笼的永王萌生东下江淮、"如东晋故事"的野心，使得唐室内部权力结构和王朝南部政治格局瞬间复杂起来。

二、永王"东巡"的缘起和名义

《旧唐书·永王璘传》载永王受玄宗出镇之命后：

> 璘七月至襄阳，九月至江陵，召募士将数万人，恣情补署，江淮租赋，山积于江陵，破用巨亿。以薛镠、李台卿、蔡坰为谋主，因有异志。肃宗闻

---

[1] 李白：《为宋中丞请都金陵表》，《李太白全集》卷 26，北京：中华书局，1977 年，第 1216 页。

之，诏令归觐于蜀，璘不从命。十二月，擅领舟师东下，甲仗五千人趋广
陵，以季广琛、浑惟明、高仙琦为将。璘生于宫中，不更人事，其子襄城王
偒又勇而有力，驭兵权，为左右眩惑，遂谋狂悖。①

关于永王"遂谋狂悖"的缘起，主要史料不仅提到永王之子襄城郡王李偒（或作
偒）"亦乐乱，劝璘取金陵"，② 尤其强调谋主群体的怂恿作用，甚至视之为导致
永王叛乱的关键一环，因此值得对这一群体作仔细分析。在《旧唐书·永王璘
传》所载薛镠、李台卿、蔡坰（或作珦、驷）基础上，《新唐书·永王璘传》增
加韦子春、刘巨鳞，《资治通鉴》则提到代表性人物薛镠。③ 这些谋士在新旧
《唐书》中均无传，刘巨鳞、蔡坰更由于史料的完全失载，湮没在历史长河中。④
所幸其他三位尚可在正史外的文献中检得一鳞半爪记录，可以增进我们对这一群
体性质及叛逆根源的理解。

新旧《唐书·永王璘传》和《资治通鉴》均提到，并置于首位的薛镠无疑
为谋主群体中关键角色。1995 年山西省万荣县出土一方由前考功员外郎王光庭撰
写于开元九年的《薛儆墓志铭并序》，中有云：

> 嗣子锈、镠、镕等，孺号龙钟，未救丧事。⑤

据此知薛镠为河东世族薛儆次子。河东薛氏自唐初薛瓘尚城阳公主以来，整个家
族不断与李唐皇室及宗亲联姻。薛珹一支中，珹子薛儆尚睿宗之女鄎国长公主，
儆子薛锈尚玄宗之女唐昌公主，两代帝婿，备极荣宠。但薛锈旋于开元二十五年
卷入著名的宫廷权争"三庶之祸"，太子瑛、鄂王瑶、光王琚皆在此案中遭废死，
薛锈被玄宗指斥为"离间骨肉，惑乱君亲，潜通宫禁，引进朋党，陷元良于不

---

① 《旧唐书》卷 107《玄宗诸子·永王璘传》，第 3264—3265 页。
② 《新唐书》卷 82《十一宗诸子·永王璘传》，第 3611 页。
③ 《新唐书》卷 82《十一宗诸子·永王璘传》，第 3611 页；《资治通鉴》卷 219，唐肃宗至
德元载十二月辛酉，第 7007 页。
④ 天宝间另有一南海太守刘巨鳞，因坐赃决死，与此非一人。
⑤ 山西省考古研究所编著：《唐代薛儆墓发掘报告》，北京：科学出版社，2000 年，第
67 页。

友，误二子于不义，险薄之行，遂成门风"，① 最终"长流瀼州，至蓝田驿赐死"。② 薛镠曾否被其兄薛锈引为"朋党"不得而知，但"险薄之行，遂成门风"之恶评，无疑暗示薛氏家族并不能完全在此次政治风波中置身事外。实际上薛锈与瑛、瑶、琚三人的"常构异谋"，乃出自杨洄、武惠妃、李林甫一党构陷，故代宗即位之初即为之昭雪，恢复了瑛、瑶、琚的封号；杨国忠上台后，玄宗曾下诏清算李林甫"筹谋不轨，觊觎非望，昵比庸细，谮害忠良"之罪行，③ 但未见对薛锈一族平反。

《全唐文补遗》尚存薛镠天宝七载为卢竦所作《唐故太原府交城县令卢府君墓志铭并序》一文，题下自署云：

> 前中散大夫、行尚辇奉御薛镠述。④

"中散大夫"为正五品上的文散官。尚辇局为专门负责皇帝生活的殿中省六尚之一，有长官"奉御"二人，从五品上，"掌舆辇、伞扇之事，分其次叙，而辨其名数"，⑤ 即负责统筹安排皇帝出行时的车辆马匹及朝会常仪所需之伞扇物件。六尚长官在唐代尤其唐前期是一种清选官，品高职闲且亲近皇帝，故常被授予皇族姻亲或功臣名臣子弟，可见薛镠尚不算被玄宗亏待。但在"不以宗亲任权"的国朝旧制下，⑥ "六尚清严"的优待，同时也意味着被摒除于台省等权力核心部门之外，⑦ 无法有效参政主政。薛镠之父薛儆一生悠游闲养、与睿宗及玄宗父子关系亲近，却始终被排除在权力中心之外。在这个意义上，皇族姻亲身份反而成

---

① 唐玄宗：《废皇太子瑛为庶人制》，《唐大诏令集》卷 31，第 122 页。
② 《旧唐书》卷 9《玄宗纪下》，第 208 页。
③ 唐玄宗：《李林甫除削官秩诏》，《唐大诏令集》卷 126，第 679 页。
④ 薛镠：《唐故太原府交城县令卢府君墓志铭并序》，吴钢主编：《全唐文补遗》第 8 辑，西安：三秦出版社，2005 年，第 53 页。
⑤ 《唐六典》卷 11《殿中省》，第 332 页。
⑥ 周鼎：《从"国朝旧制"到"开元新制"——唐代宗室群体政治面貌的重塑》，《中华文史论丛》2013 年第 4 期。
⑦ 阙名：《大唐故殿中少监上柱国唐府君墓志铭》，陈尚君辑校：《全唐文补编》卷 7，北京：中华书局，2005 年，第 2183 页。

了一种"先天"劣势，深刻限制薛氏子弟政治前途。加上薛镠有着"险薄门风"的家族政治污点，容易触动玄宗的敏感神经，无怪乎在其兄锈被流死十余年后，仍无法超出"六尚清严"仕宦圈层。也许正是家族恩怨和政治受困，薛镠对于玄宗长期以来的执政积累了种种怨言和不满，最终构成他在安史乱起后背离玄宗、鼓动永王走向反叛的深层心理根源。

同样与玄宗存在紧张关系的还有韦子春。《新唐书·李林甫传》载天宝八载："咸宁太守赵奉璋得林甫隐恶二十条，将言之。林甫讽御史捕系奉璋，劾妖言，抵死，著作郎韦子春坐厚善贬（端溪尉）。"① 又《宋高僧传》卷17《唐越州焦山大历寺神邕传》（以下简称《神邕传》）载：

> （神邕）后乃游问长安，居安国寺，公卿借其风宇，追慕者结辙而至。方欲大阐禅律，倏遇禄山兵乱，东归江湖，经历襄阳，御史中丞庾光先出镇荆南，邀留数月。时给事中窦绍、中书舍人苑咸，钻仰弥高，俱受心要。著作郎韦子春，有唐之外臣也，刚气而赡学，与之酬抗。子春折角，满座惊服。②

"有唐之外臣"的叙述显示，被遥贬至晋康郡端溪县（今广东德庆县）的韦子春，直到安史之乱爆发仍未能复职回朝。疑天宝十二载李林甫殁后遭清算时韦遇恩得赦，乃由贬所北返，流转于荆楚一带，遂有上述与神邕"酬抗"之场景，并因此被出镇荆襄的永王纳入麾下。韦子春出身"去天尺五"的显赫高门京兆韦氏，又曾出任从五品上的清望官"著作郎"，本来前途一片光明，却因玄宗和李林甫的错误打压长期流转在外，无从翻身，正符合李白诗中所谓"秘书何寂寂，无乃羁豪英"。③ 故而他产生与薛镠相似的离弃玄宗、谋乱于永王的心理，也就不难理解了。

---

① 《新唐书》卷223上《奸臣上·李林甫传》，第6346页。
② 赞宁：《宋高僧传》卷17《护法篇第五》，北京：中华书局，1987年，第422页。
③ 李白：《赠韦秘书子春》，《李太白全集》卷9，第478页。下引李白诗，皆据此本，不再出注。

《新唐书·永王璘传》谓永王兵败后，"薛镠等皆伏诛"。① 然自清代王琦及近人詹锳、郭沫若以来，皆疑李白《赠别舍人弟台卿之江南》中之"台卿"即永王谋主李台卿。"设是一人，则台卿必亦如季广琛辈在永王尚未败亡之前即已归附王室矣"，② 应是其没有伏诛而是仅被流放至江南的原因。从李白诗所谓"令弟经济士，谪居我何伤？潜虬隐尺水，著论谈兴亡"的叙述看，李台卿大约亦是如李白一类善发高论、勇于自任、急于用世者。韦子春在这方面也有着鲜明体现。前揭《神邕传》称韦"刚气而赡学"，又以韦之"折角"反衬神邕之才辩学识，实际反映韦子春博学雄辩的气质已为当时士林共誉。后来奉永王之命请李白出山，李白也曾赠诗赞其"谈天信浩荡，说剑纷纵横。谢公不徒然，起来为苍生"。《太平广记》卷 457 引《宣室志》"韦子春"条云：

> 临淮郡有馆亭，滨泗水上。亭有大木，周数十栱，突然劲拔，阴合百步。往往有甚风迅雷，夕发其中。人望见亭有二光，对而上下，赫然若电。风既息，其光亦闭。开元中，有韦子春，以勇力闻。会子春客于临淮，有人语其事者。子春曰："吾能伺之。"于是挈衣橐止于亭中以伺焉。后一夕，遂有大风雷震于地，亭屋摇撼，果见二光照耀亭宇。子春乃敛衣而下，忽觉有物蟠绕其身，冷如水冻，束不可解。回视见二老在其身后。子春即奋身挥臂，骁然有声，其缚亦解。遂归亭中。未几而风雨霁，闻亭中腥若鲍肆，明日视之，见一巨蛇中断而毙，血遍其地。里人相与来观，谓子春且死矣，乃见之，大惊。自是其亭无风雷患。③

剥离妄诞怪奇的小说家言，很难说其中韦子春"以勇力闻"、学养驳杂的非纯儒形象，没有透露出几分真实的历史讯息。如此看来，永王璘所纠合的这批谋士，大抵是一些与皇室有着密切关系、曾被玄宗错误打压、政治失意但又急于用世，乃至颇受名士和纵横家思想影响的驳杂型士人。当他们于天下分崩之际亲见永王璘"握四道兵，封疆数千里"，难免不对其抱有幻想，以实现个人政治翻身或权

① 《新唐书》卷 82《十一宗诸子·永王璘传》，第 3612 页。
② 詹锳：《李白诗文系年》，北京：作家出版社，1958 年，第 140 页。
③ 《太平广记》卷 457，北京：中华书局，1961 年，第 3739—3740 页。

力野心。

虽然《旧唐书·永王璘传》将叛乱主要责任抛给襄城王李偒及诸谋主，俨然将永王璘塑造成一个"为左右眩惑"的受害者形象，但这一带有"回护"倾向的历史叙事到了《新唐书·永王璘传》中就变得相当不同：

> 璘至江陵，募士得数万，补署郎官、御史。时江淮租赋巨亿万，在所山委。璘生宫中，于事不通晓，见富且强，遂有窥江左意，以薛镠、李台卿、韦子春、刘巨鳞、蔡驷（坰）为谋主。肃宗闻之，诏璘还觐上皇于蜀，璘不从。其子襄城王偒，刚鸷乏谋，亦乐乱，劝璘取金陵。①

叙述次第和语句的转换，表明在宋人看来，永王叛逆并非"被动"，相反他是这场谋乱毋庸置疑的发起者和主导者，而薛镠、李台卿之辈，不过是推波助澜、助成其谋而已。

永王谋叛与唐廷宗室政策转变密切相关。神龙至开元初政治秩序重建及对"公"理念的推崇，使玄宗对宗室形成"防闲禁锢"之策，② 一方面严格依照官僚制下的价值尺度甄选拔擢远支宗室，另一方面将兄弟、皇子等对皇权构成直接威胁的近支宗室完全隔离于日常政治之外，③ "先天之后，皇子幼则居内，东封年，以渐成长，乃于安国寺东附苑城同为大宅，分院居，为十王宅。令中官押之，于夹城中起居，每日家令进膳。又引词学工书之人入教，谓之侍读"。④ 所谓"璘生宫中，于事不通晓"，正是防闲之政的折射。安史之乱爆发后，玄宗首先重用吴王李祗（太宗第三子吴王李恪之孙）、虢王李巨（高祖第十四子李凤之曾孙）等远支宗室，第六子荣王琬、永王璘、颍王璬一度被任命为元帅、节度使，都是遥领不出阁。直到潼关陷落被迫奔蜀，玄宗才终于不得不乞灵于历史上

---

① 《新唐书》卷 82《十一宗诸子·永王璘传》，第 3611 页。
② 毕康健：《"维城作固"与"防闲禁锢"：宗王出镇与唐代政局》，《中华文史论丛》2024 年第 2 期。
③ 周鼎：《从"国朝旧制"到"开元新制"——唐代宗室群体政治面貌的重塑》，《中华文史论丛》2013 年第 4 期。
④ 《旧唐书》卷 107《玄宗诸子·凉王璇传》，第 3271 页。

更具威慑力和象征性的皇子出镇传统，来达到号令天下、拱卫皇室的目标，"防闲禁锢"政策由此瓦解。

然而考虑到可能产生尾大不掉的风险，玄宗在分镇诸子的同时，仍然试图加以限制防范。措置主要有三。一是例施以"皇子＋傅相"的任命模式，企图借"雅善忠贞"之良臣对出阁后的皇子形成监督机制。二是精心挑选出镇之人。有学者认为玄宗没有属意寿王瑁，即因对一度得到李林甫及其母武惠妃支持、深度卷入开元末宫廷政争的寿王瑁抱有猜疑和抵触心理，[1] 而在扈从幸蜀的十三子中择定永、盛、丰三王，正如玄宗在《普安制》中所陈，三子"皆孝友谨恪，乐善好贤，虽顷在禁中，而未习政事，察其图虑，可试艰难"。三是派遣永王出镇或带有"试水"性质。旧史皆未述《普安制》中丰、盛二王不出阁之由，学者或以为与丰、盛二王的畏难心理有关，然北宋程俱称："珙、琦皆不赴镇，故云领。"[2] 诚如其说，则珙、琦不出阁一开始就是在玄宗的设计之内。玄宗对广派诸子出镇仍有顾虑，故仅以永王出镇先行试水（太子之马嵬分兵，完全不在玄宗预计之内），与永王在三子中独得玄宗宠爱有关。[3]

宗室脱序始终令玄宗充满警惕。如入蜀途中第二十子延王玢因拖家带口 36 人，"数日不及行在所，玄宗怒之，赖汉中王瑀抗疏救之，听归于灵武"，[4] 反映玄宗对延王玢留滞于后、有可能如太子李亨般脱离控制的忧惧和不满。[5] 玄宗的担心并非没有道理。唐前期一直有皇族宗亲试图突破禁忌染指权力；在《普安制》中未曾出阁、后来进入代宗朝初年的丰王珙，一度产生过觊觎皇权的念头：

广德元年十月，吐蕃凌逼上都，上（代宗）将幸陕州，自苑中而出，骑

---

① 任士英：《唐代玄宗肃宗之际的中枢政局》，第 95 页。

② 程俱：《房太尉传论》，《北山集》卷 15，景印文渊阁《四库全书》第 1130 册，台北：台湾商务印书馆，1986 年，第 147 页下栏。

③ 开元中玄宗治谷、洛水患成而刻石著功，曾诏善草隶的永王璘书之（《新唐书》卷 131《宗室宰相·李适之传》，第 4503 页）；天宝末诸王起居皆被严格限制于安国寺东附苑城十王宅内时，"惟永王一人出入大门（宫禁）"（《册府元龟》卷 39《帝王部·睦亲》，第 417 页）。

④ 《旧唐书》卷 107《玄宗诸子·延王玢传》，第 3268 页。

⑤ 张振：《唐永王璘事件考辨》，《青岛大学师范学院学报》2005 年第 4 期。

从半渡泸水。将军王怀忠遂闭苑门，横截五百余骑，拥十宅诸王西投吐蕃。至城西，适遇元帅郭子仪，怀忠谓子仪曰："主上东迁，社稷无主，万国颙颙，何所瞻仰！今仆奉诸王等西奔，以副天下之望。令公身为元帅，废置在手，何不行册立之事乎？"子仪未及对，珙遂越次而言曰："令公作何语，何不言也？"行军司马王延昌责之曰："主上虽蒙尘于外，圣德钦明，王身为藩翰，何乃发狂悖之词也？延昌当奏闻于上。"子仪又数让之，命军士领之尽赴行在。潼关谒见，上不之责。珙归幕次，词又不顺，群臣恐遂为乱，请除之，遂赐死。①

故永王的"遂有窥江左意"并非毫无根据。动地而来的渔阳鼙鼓打破唐王朝原有统治秩序，多少刺激久处宫中、被严密看管的皇子们窥探最高权力的野心，尤其对于已经凭借一纸诏书在江陵聚拢起庞大军政集团的永王而言，更是如此。

从更长历史尺度看，永王与其谋主的联合，实为魏晋以来宗王出镇—叛乱传统的"复活"。田余庆、福原启郎的研究表明，西晋"八王之乱"背后有着诸王僚佐、私党的显著影响。② 唐前期诸王与王府僚佐存在较密切关系，却少见僚佐鼓动叛乱的事例，归根到底是王府重要僚佐属于朝廷任命的品官，政治前途与诸王关系不大。薛镠、韦子春等人为永王所辟，政治前途则与永王密切绑定。《普安制》中被玄宗分别指定为永王傅与副都大使的窦绍、李岘，反而不见载于永王谋主之列，正因窦、李为玄宗所命，政治前途主要系于玄宗而非永王的缘故。永王也看到了这一点，才有意在玄宗所安排两个最重要副手之外，自辟属官另起一套决策班子，而这与玄宗在《普安制》中赋予永王便自简择五品以上、六品以下官属的巨大权力有关。《普安制》中"出镇—召辟"的新结构解放了永王和失意士人的权力意志，使他们得以结成紧密的利益共同体，最终影响玄肃之际的历史进程。

永王及其谋主为何不就近割据江陵，却要千里迢迢跑到长江下游的江淮一

① 《旧唐书》卷107《玄宗诸子·丰王珙传》，第3270页。
② 田余庆：《东晋门阀政治》，北京：北京大学出版社，2012年，第1—6页；福原启郎：《魏晋政治社会史研究》，陆帅等译，南京：江苏人民出版社，2021年，第185—190页。

带？因直接与肃宗决裂，通过垄断江汉漕运的战略补给，瓦解肃宗的西北政府，进而逼宫篡位，不独缺少道义和实力上的支持，更会给外部虎视眈眈的叛军坐收渔利之机。永王直接目的在于割据一方，趁乱坐大。金陵和广陵所在的江淮地区既远离朝廷（"富且强"），又有长江天堑阻断叛军，更有"东晋故事"成功历史经验在前，无疑最宜于割据坐大。永王理想图景也许是：进据江淮之后，凭借着从南线出击收复失地、再造唐廷的大功，成为压倒肃宗的皇位有力争夺者；一旦北方恢复无成，仍可退而求其次，"据金陵，保有江表，如东晋故事"，① 与玄宗在《普安制》中隐而未发、预留余地的考量实有异曲同工之妙。正是在侥幸心理下，心有异志的永王与各怀鬼胎的谋主们达成东下江淮的共同目标，于是在至德元载十二月二十五日甲辰，一场轰轰烈烈的起兵行动正式拉开序幕。

问题在于，玄宗《普安制》并没有赋予出镇江陵的永王脱离辖区、"擅越淮海"的权力，是以如何让引兵东下的行动合理化和正当化，成为摆在永王及其谋主面前的一道难题，其中最关键的，应是利用玄宗相关意旨来制造平叛的宣传话语。在《普安制》中，玄宗已表明通过分镇诸子"定祸乱"、"理国家"的意图，在抵达成都三日后所下《銮驾到蜀大赦制》中进一步申明分镇诸子是为"合其兵势，以定中原"。② 虽然对于如何"合其兵势"并无具体说明，一方面也许此时玄宗还未形成明确的用兵计划，另一方面作为军事机密自然不可能暴露于广布天下的赦书之中，但"合其兵势，以定中原"至少意味着可以跨辖区统兵作战，含有可以超出都统范围的潜在逻辑，永王正是利用这一点，来制造自己因平叛东下的宣传话语。此即来自时在永王幕中担任从事的李白《永王东巡歌》第八首中的记录：

> 长风挂席势难回，海动山倾古月摧。君看帝子浮江日，何似龙骧出峡来。

① 《资治通鉴》卷 219，唐肃宗至德元载十二月辛酉，第 7007 页。
② 唐玄宗：《降永王璘庶人诏》，《唐大诏令集》卷 39，第 180 页；《銮驾至蜀大赦制》，《唐大诏令集》卷 79，第 455 页。

诗的前两句显示，永王"挂席"东下正是以摧破胡虏（"古月"为"胡"之隐语）、平定叛乱为号召。在《永王东巡歌》第一首中，诗人同样开宗明义地表明永王"正月东出师"的宗旨是"楼船一举风波静，江汉翻为雁鹜池"。特别在第五首中，诗人将永王平叛的目标更具体地界定为北救河南，收复洛阳："二帝巡游俱未回，五陵松柏使人哀。诸侯不救河南地，更喜贤王远道来。"这正是后来季广琛所谓"总江淮锐兵，长驱雍、洛，大功可成"。① 上述平叛话语当然不是李白自己所制造，而是对于永王政治宣传的回应和认可，也构成李白自己入幕从璘的基本动机。

李白的诗歌还显示，永王在"平叛"口号下，提出经运河北上河南，与肃宗南北夹击叛军的用兵策略。《永王东巡歌》第六首："丹阳北固是吴关，画出楼台云水间。千岩烽火连沧海，两岸旌旗绕碧山。"由于丹阳为衔接南北运河的枢纽，故此诗显示出永王"利用运河北上，至少可以运输粮食伕马"的意图。此外，永王似乎又宣传过从海路北上直捣叛军幽燕老巢的路线。如《永王东巡歌》第九首："祖龙浮海不成桥，汉武寻阳空射蛟。我王楼舰轻秦汉，却似文皇欲渡辽。"此诗元代萧士赟疑为伪作，郭沫若亦认为是"永王幕中人所增益"，"然而诗尽管不是李白做的，却有史料价值。诗中说到'浮海'，说到'渡辽'，可证永王幕府中人的确是想由海路北上直捣安史的根据地"。② 安禄山起兵南下之前，其谋士何千年曾劝禄山"使蔡希德、贾循以兵二万绝海收淄、青，以摇江淮"，③ 海程固较永王自扬州北上幽燕短得多，但说明渡海作战在时人观念中并非不可能出现，因此永王幕府中人是否果欲渡海可置毋论，至少对于宣传而言是有效的。④ 更重要的是这样的宣传路线，便于永王将笼统的平叛目标与东下割据的具体目的地扬州联系起来，使"据广陵"的意图被包裹在平叛宣传话语之下，达到取信于人的目的，此即李白在《永王东巡歌》第七首中所说：

① 《新唐书》卷82《十一宗诸子·永王璘传》，第3611页。
② 郭沫若：《李白与杜甫》，第94、95—96页。
③ 《新唐书》卷225上《逆臣上·安禄山传》，第6417页。
④ 关于永王军队是否真有浮海作战的能力，学界也有不同意见。参见邓小军：《永王璘案真相——并释李白〈永王东巡歌十一首〉》，《文学遗产》2010年第5期；秦中亮：《"永王李璘事件"发微——关于"玄肃之争"学说的再检视》，《学术月刊》2017年第11期。

> 王出三江按五湖，楼船跨海次扬都。战舰森森罗虎士，征帆一一引
> 龙驹。

扬都成了跨海作战、直捣幽燕的前沿基地。如此，永王越过都统范围，进入广陵，就具有了合理性。从李白幕中所作"愿与四座公，静谈金匮篇"的诗句看，[①] 如何用兵当时在永王集团内部应是有过热烈讨论的。所谓运河北上、浮海作战的策略，很可能即是在引兵东下的过程中形成，并在永王集团内部引起相当共鸣。

对东下割据另一重要目的地金陵，也是通过与"平叛"话语联结来获得正当性。时任江西采访使的皇甫侁在《上永王谏移镇笺》中云："伏见判官李翥称，有教，幕府移镇江宁。"可知永王曾以"移镇"之名要求通过江南西道，进驻邻境江南东道丹阳郡中的金陵（江宁县）。但从笺文"假使别奉丝纶，犹当执奏"的假设语气看，[②] 这一举动显然没有获得朝廷正式授命，因此"移镇"的正当性仍然只能通过"平叛"的话语来获得，这正是李白在《永王东巡歌》第十首中所表达的：

> 帝宠贤王入楚关，扫清江汉始应还。初从云梦开朱邸，更取金陵作
> 小山。

"从云梦开朱邸"（指坐镇江陵）是为了"扫清江汉"，那么移镇江宁，"取金陵作小山"自然也是为了平叛，正是组诗中反复提到的所谓"救河南地"、"楼船一举风波静"、"南风一扫胡尘静"的总目标。郭沫若认为此诗"显示了永王有以江宁为（平叛）根据地的用意"，[③] 至少在话语宣传上是符合永王之意的。在《永王东巡歌》第四首中，李白进一步写出永王"移镇"给六朝故都带来的蓬勃生机："龙蟠虎踞帝王州，帝子金陵访古丘。春风试暖昭阳殿，明月还过鸧鹊楼。"似乎整个唐王朝的平叛事业，都因金陵的"复活"而有了

---

① 李白：《在水军宴赠幕府诸侍御》，《李太白全集》卷 11，第 555 页。
② 崔祐甫：《为皇甫中丞上永王谏移镇笺》，《全唐文》卷 409，第 4190 页上栏。
③ 郭沫若：《李白与杜甫》，第 96 页。

崭新希望。

永王的宣传话语收到了成效，《普安制》颁下后"远近相庆，咸思效忠于兴复"的集体激情和想望，[1] 使玄宗在制书中同时为诸子所划定的权力边界，很容易为江南士民所忽略，从而自动将永王的平叛旗号看作对玄宗兴复意旨的具体执行，于是永王东下江淮成了奉玄宗之命的合法之举。如李白《永王东巡歌》第一首中说永王东巡是"天子遥分龙虎旗"，《在水军宴赠幕府诸侍御》也称永王东巡为"英王受庙略，秉钺清南边"。对于大部分中下层士民而言，顶层权力斗争从来不是他们所能轻易知晓或洞悉的，他们面对的只是永王直接的政治宣传，因此很容易将永王与玄宗、肃宗视为一体，从而自觉将永王东下行动"合法化"。这绝非仅是李白个人感受，如李白《在水军宴赠幕府诸侍御》诗中云："浮云在一决，誓欲清幽燕。愿与四座公，静谈金匮篇。齐心戴朝恩，不惜微躯捐。所冀旄头灭，功成追鲁连。"将永王的征辟视为"朝恩"，将助力"清幽燕"看成是报恩朝廷，显然是"四座公"共同感受。又如李白《永王东巡歌》第三首云："雷鼓嘈嘈喧武昌，云旗猎猎过寻阳。秋毫不犯三吴悦，春日遥看五色光。"虽不免于夸大，但"三吴悦"的叙述，至少透露出民间对于永王东巡的某种欢迎态度。

更关键的是，永王东下"救河南"的号召，深刻触动当时人的敏感神经。叛军攻下东都后，主要战略目标在于控制江汉流域与大运河，以切断唐廷漕运生命线并进逼江淮，故一面派出武令珣、田承嗣围攻南阳，一面又先后派出令狐潮、尹子奇夺取雍丘、睢阳。山南一线终赖鲁炅先保南阳，再奔襄阳，"扼其冲要，南夏得全"；[2] 河南一线的雍丘、睢阳则在张巡、许远死守下经历多次攻防保卫战，永王东下江淮之际，正值唐、叛双方在此鏖战日久，运河通道及江淮腹地面临危急存亡之时。欲救张、许，唯有沿江东下，经淮南道从河南的南部或东南部出兵。因此虽然玄宗没有明确"合其兵势"的具体所指，但身处危难情势之下的人们，恐怕会自动将"合其兵势"理解为永王沿江东下，与在西北的肃宗连成南北双线夹击态势。正如当时艰难抗敌于陈留雍丘县的张巡在《答令狐潮书》中所

---

① 《旧唐书》卷9《玄宗纪下》，第234页。
② 《资治通鉴》卷219，唐肃宗至德二载五月庚申，第7025页。

表现出来的：

> 孝义皇帝收河、陇之马，取太原之甲，蕃、汉云集，不减四十万众，前月二十七日已到土门。蜀、汉之兵，吴、楚骁勇，循江而下。永王、申王部统已到申、息之南门。窃料胡虏游魂，终不腊矣。①

在心理期待下，以李白为代表的江南士民更不会觉得永王东下江淮、北救河南的号召有什么不妥了。

此外，永王还利用过所谓"巡抚"名号。元结《为董江夏自陈表》（以下简称《自陈表》）中载："近日王以寇盗侵逼，总兵东下，傍牒郡县，皆言巡抚。"② 李白诗"永王东巡歌"之名即由此得来。江夏郡为永王领兵沿江东下进入江南西道之后的第二站（第一站为巴陵郡），离目的地金陵还很远，故此时永王尚未如后来向皇甫侁般挑明所谓"移镇江宁"之意图，而是"傍牒郡县，皆言巡抚"。按唐制，州刺史有"每岁一巡属县，观风俗，问百年，录囚徒，恤鳏寡，阅丁口，务知百姓之疾苦"的职权；③ 玄宗开元二十一年置十五道采访使，"检察如汉刺史之职"，专职巡检督按州县之官吏。④ 永王作为江南西等四道方面的最高长官"节度支度采访都大使"，位在刺史、采访使之上，"巡抚郡县"当为其职中应有之义。后来皇甫侁指责永王移镇金陵之失，而不曾言及巡按辖区之不妥，也可侧证"巡抚"的正当性。

事实上，经营江陵数月的永王已在荆楚一带造成实际影响力，形成所谓"妇人童子，忻奉王教"的局面，董某的江夏郡太守亦为永王据《普安制》亲自简择授予。在此情况下，永王并未表露出任何越界意图的"巡抚"，是很难引起辖区内官员的警觉怀疑。如董某《自陈表》即以永王牒文"皆言巡抚"来为自己没有起兵抵制永王过郡辩护，直到肃宗"敕使某官某乙至，赐臣制书示臣云云"，⑤

---

① 《资治通鉴》卷 218，唐肃宗至德元载七月《通鉴考异》引李翰《张中丞传》，第 6989 页。
② 元结：《为董江夏自陈表》，《全唐文》卷 380，第 3864 页。
③ 《旧唐书》卷 44《职官志三》，第 1919 页。
④ 《新唐书》卷 37《地理志一》，第 960 页。
⑤ 元结：《为董江夏自陈表》，《全唐文》卷 380，第 3864 页。

他才确认永王有谋逆之志,感受到肃宗与永王之间的紧张关系。

延揽名流入幕是永王为"东巡"增重的另一重要举措。早在襄阳、江陵时期永王已按照《普安制》"恣情补署",积极组建自己的政治集团,苑咸、鲍防、李白等名流先后加入。不过对于永王而言,延请名流与其说是为了优化军政结构、增强本集团实力,毋宁说是壮大声势,作为号召江淮士人、顺利展开东巡的资本。名流在幕府中的创作,也有意无意间成为永王凝聚人心乃至进行政治宣传的工具。如李白面向"四座公"、作于宴席上的《在水军宴赠幕府诸侍御》一诗,会起到强化集团内部群体认同的作用;完整记录永王所打出"东巡"旗号及用兵路线的《永王东巡歌十一首》,甚至有可能被永王有意识地传播于东巡过程当中。王夫之指出:

> 呜呼!苟有文焉,人思借之矣,遑恤其道之所宜与志之所守乎?班固之《典引》,幸也;扬雄之《美新》,不幸也;汉明之欲借固,与王莽之欲借扬雄,一也。李白《永王东巡》之歌,永王借之也,陆游《平原园林》之记,韩侂胄借之也,不幸也;蔡邕之于郭有道,苏轼之于司马温公,幸也;然苟借焉,幸不幸存乎人,而焉能自必哉![1]

当这样的作品以李白的名义流传出去,即使永王并未有心利用,其在客观上所起到的政治宣传作用也是不言而喻。

三、玄宗的立场与应对措施

不过永王东下的"平叛"旗号未必就是一个纯粹的幌子。倘有可能,已有割据坐大之心的永王自然愿意取肃宗而代之,而取代肃宗,还涉及权力合法性来源问题。作为玄宗第十六子的永王自然知道,即使肃宗抗敌失败,皇位继承权也轮不到他头上。但太宗、玄宗皆以定天下之功取代皇帝承大统的"本朝故事",却向他昭示克复北方、再造唐廷是其问鼎最高权力的最佳乃至唯一"合法"途径。易言之,举兵平叛与东下割据在永王"战略"意图中是统一的,当他以"平叛"

---

① 王夫之:《读通鉴论》卷12,北京:中华书局,1975年,第318页。

之名占据金陵和广陵，就初步形成割据之实；一旦凭借江淮先于肃宗收复两京，他就具有进一步问鼎皇权的"合法性"资格。因此，永王东下实际是一个以平叛为割据、具有显隐二重意图的政治行动，"平叛"不仅是其掩饰割据野心的旗号，也是实际战略目标。对于这样的政治行动，已退位为太上皇的玄宗是如何看待的呢？

在《普安制》颁布前三天，借马嵬兵变北上朔方的太子李亨已于灵武即位自立，遥尊远在成都的玄宗为太上皇。将近一个月之后的八月十二日，消息传至成都。同月十六日、十八日，玄宗陆续颁布由贾至撰写的《明皇令肃宗即位诏》《肃宗即位册文》，对肃宗的即位予以追认。① 紧接着二十一日，又颁发一道系名于贾至、仅见于《唐大诏令集》卷 36 "诸王" 门下，旨在废除《普安制》中诸子分镇计划，以配合肃宗新皇权巩固的《停颍王等节度诰》（以下简称《停诰》）：

> 阃门命将，授铖专征。杖以方面之威，执夫赏罚之柄。邦家重任，固实在兹。颍王、永王、丰王等，朕之诸子，早承训诲。琢磨诗书之教，佩服仁义之方。乐善无厌，好学不倦。顷之委任，咸缉方隅。今者皇帝即位，亲统师旅，兵权大略，宜有统承，庶若网在纲，惟精惟一。颍王以下节度使并停。其诸道先有节度等副使，便令知事，仍并取皇帝处分。李岘未到江陵，永王且莫离使，待交付兵马了，永王、丰王并赴皇帝行在。（至德元年八月二十一日）②

自 20 世纪 90 年代贾二强发表《唐永王李璘起兵事发微》一文以来，此诰的真实性一直颇受学者质疑。③ 近来武秀成撰成《唐玄宗〈停颍王等节度诰〉真伪祛疑及其史料价值》一文，对贾文质疑诸点逐一批驳回应，所论有力。④ 本文认同此

---

① 贾至：《明皇令肃宗即位诏》，《唐大诏令集》卷 30，第 117 页；《肃宗即位册文》，《唐大诏令集》卷 1，第 2 页。
② 唐玄宗：《停颍王等节度诰》，《唐大诏令集》卷 36，第 155 页。
③ 贾二强：《唐永王李璘起兵事发微》，《陕西师大学报》1991 年第 1 期，第 86 页。
④ 武秀成：《唐玄宗〈停颍王等节度诰〉真伪祛疑及其史料价值》，程章灿主编：《古典文献研究》第 18 辑下卷，第 248—256 页。

诰并非伪作的看法，并尝试在武文基础上稍作补充，对一些相关史料与《停诰》的关系作出说明。

其一，"李岘未到江陵"可通过传世材料获得印证。天宝十四载十二月被玄宗任命为江陵长史、本道采访防御使的源洧在到镇后不久去世。据前引《神邕传》，神邕于天宝十五载六月长安陷落后东归江湖，彼时"御史中丞庾光先出镇荆南（江陵），邀留数月"，以时间推之，应当正是接替"至镇卒"的源洧。而玄宗在《普安制》中以宗室李岘为永王的副都大使、江陵长史兼御史中丞，则应是接替庾光先。[1] 但庾氏"邀留（神邕）数月"，可见至少到八九月间尚留任江陵长史，未与李岘完成交接，时间正与《停诰》所系"八月二十一日"相合。源洧、庾光先、李岘皆为玄宗所命，故而庾、李尚未完成交接的情况玄宗应该是最为清楚的，而肃宗在其即位的消息大行于南方之前，恐怕无从获悉具体情况。

其二，此诰与存世史乘相应时段的记事可相融通。《旧唐书·颍王璬传》载："玄宗至（成都），璬视事两月，人甚安之。为（崔）圆所奏，罢居内宅。后令宣慰肃宗于彭原，遂从归京师。"[2]《新唐书·颍王璬传》亦载颍王璬入成都后，"视事再逾月，人便其宽，圆奏罢居内宅。乃诏宣慰肃宗于彭原，从还京师"。[3] 奉玄宗"并令先发"之命至成都先期经营的颍王，应在七月先于玄宗抵达，"视事两月"，"再逾月"，则为八月，合于《停诰》所附签署日期。《资治通鉴》亦于"至德元载十月"下载：

> 颍王璬之至成都也，崔圆迎谒，拜于马首，璬不之止；圆恨之。璬视事两月，吏民安之。圆奏罢璬，使归内宅；以武部侍郎李峘为剑南节度

---

[1] 天宝十四载到至德二载之间，郁贤皓共辑考出江陵长史（不包括永王璘）六人：庾光先（天宝十四载）、源洧（天宝十四载）、刘汇（天宝十五载）、李岘（天宝十五载）、窦绍（约至德元载）、韦元甫（约至德二载），参见郁贤皓：《唐刺史考全编》，合肥：安徽大学出版社，2000年，第2672—2674页。庾光先、源洧的次第应当对调。刘汇为江陵长史本于玄宗《普安制》"依前江陵郡都督府长史刘汇为之傅"，"前"字意味着彼时刘汇非在任，不宜径系于"天宝十五载"。疑其为江陵长史在源洧、庾光先之前的天宝中，具体时间不详。

[2] 《旧唐书》卷107《玄宗诸子·颍王璬传》，第3264页。

[3] 《新唐书》卷82《十一宗诸子·颍王璬传》，第3610页。

使，代之。峘，岘之兄也。上皇寻命璥与陈王珪诣上宣慰，至是，见上于彭原。①

颖王璥与陈王珪于十月（"至是"）见肃宗于彭原，那么逆推"圆奏罢璥"，宜在此前一二月内，同样在时间上相合，这些"巧合"似乎暗示《停诰》的真实性。至于上述史籍皆云颖王璥被奏罢，是因与崔圆在"迎谒"事件中的摩擦，而诰文中所谓"今者皇帝即位，亲统师旅，兵权大略，宜有统承"，也许正是崔圆借以打击颖王璥、掩盖其私心的口实。

值得注意的是，此诰没有言及"盛王"，颇为令人费解。② 若非文字脱漏，似乎可侧证此诰并非肃宗伪造。《停诰》本质在于否定《普安制》中的诸子分镇，将天下兵权重新收归于新帝之手。若《停诰》为肃宗伪造，岂有他王节度均停而独不停盛王之理？肃宗与盛王的同胞兄寿王瑁原是政治上的对手，开元末，瑁母武惠妃与李林甫合谋废太子瑛、立寿王瑁，后来太子瑛被废死，但寿王瑁还是在与肃宗的储君之争中败下阵来。史传中没有言及盛王琦是否曾与寿王瑁和李林甫结党，但作为寿王瑁的同母弟，其与肃宗关系恐怕是非常微妙的。若肃宗伪造《停诰》而不停盛王节度，于公于私都有违常理。当然，系为玄宗所颁亦不能消人此疑，因其同样不符合《停诰》的基本宗旨。意者盛王并未出阁掌权，故无须停其节度；至于"丰王"亦被停节度，或正如武秀成所猜测，丰王后来可能出阁，只是史书中失载而已。③

最难理解的是，此诰无法与目前有关"永王之乱"的史料系统和历史情境建立起实质性联系，正如李碧妍所言，"那些卷入'永王之乱'中的荆楚士人，无

① 《资治通鉴》卷 219，唐肃宗至德元载十月癸未，第 7003 页。
② "等"字在古代文献中有表列举未尽及语气停顿两种用法。前者如前揭合授型《唐天宝十载制授张无价游击将军官告》中"许光景等"，后者如玄宗《处分制举人敕》，"其马尚曾、常广心、贺兰迪等三人，宜待后处分"（《唐大诏令集》卷 106，第 542 页）。那么《停诰》作为一份同时任免多人的诏书，其中所谓"颖王、永王、丰王等"，有无可能是表列举未尽，实际上包含了盛王琦？这应无可能，因仅省掉盛王一人基本起不到表列举未尽所追求的节省篇幅的效果，且盛王与其他诸王身份同等重要，不应独不言之。
③ 武秀成：《唐玄宗〈停颖王等节度诰〉真伪祛疑及其史料价值》，程章灿主编：《古典文献研究》第 18 辑下卷，第 248—256 页。

论是乱中还是乱后不久，无论是反对还是支持永王者，几乎没有人提到过《停颍王等节度诰》"。① 若说对永王有不忍之心者，如玄宗后来《降永王璘庶人诏》只字不提《停诰》还可理解，那么对于在当时就已明确表示反对永王东巡者，如崔祐甫代皇甫侁所作《上永王谏移镇笺》，亦只提到《普安制》而没有提及《停诰》，颇令人费解，因此诰对于阻止永王东巡作用不言而喻。同样奇怪的是，此后代表肃宗立场的新旧《唐书》和《资治通鉴》也完全没有提及此诰，然而此诰对于证明永王叛乱、肃宗镇压永王合理性的重要性同样显而易见，因此成为学者反对此诰为真的重要理由。

不过，新旧《唐书》和《资治通鉴》都提到肃宗令永王璘归觐于蜀，也许在史臣看来，永王不从肃宗归觐之命足以证明他有不臣之心，无劳再赘述玄宗的《停诰》；又或者此诰确实流传有限，以至新旧《唐书》、司马光等史臣都未注意。至于永王之乱中的当事人未提及此诰，由于此诰是一个任免制书，只需下发到有关部门和具体个人，无须如政令制书般广宣于天下，故有可能被永王及其谋主刻意隐瞒遮盖，使之限定在一个极小传播范围之内，从而不为当时人所周知。事实上，当时真正在唐王朝南部产生巨大影响力的还是玄宗的《普安制》，《上永王谏移镇笺》《永王东巡歌十一首》等实时性文本中的记录证明了这一点。甚至可以设想由于某种不可知原因，此诰颁下后并未被真正执行。

按照贾二强、李碧妍等学者看法，玄宗不仅没有颁发《停诰》解除永王的兵权，并取消《普安制》中的诸子分镇计划，反而随着永王东巡，很快采取有针对性的措施以"配合"永王，此即保留在《旧唐书·肃宗纪》中的一段记载：

> （至德）二载春正月庚戌朔，上在彭原受朝贺。是日通表入蜀贺上皇。上皇在蜀，每得上表疏，讯其使者，知上涕恋晨省，乃下诰曰："至和育物，大孝安亲，古之哲王，必由斯道……其天下有至孝友悌行著乡闾堪旌表者，郡县长官采听闻奏，庶孝子顺孙沐于玄化也。"甲寅，以襄阳太守李峘为蜀郡长史、剑南节度使，将作少监魏仲犀为襄阳、山南道节度使，永（盛）王

---

① 李碧妍：《危机与重构：唐帝国及其地方诸侯》，第 391 页。

傅刘汇为丹阳太守兼防御使。以宪部尚书李麟同中书门下平章事。上皇遣平章事崔圆奉诰赴彭原。乙卯，逆胡安禄山为其子庆绪所杀。辛酉，于江宁县置金陵郡，仍置军，分人以镇之。甲子，幸保定郡。丙寅，武威郡九姓商胡安门物等叛，杀节度使周佖，判官崔称率众讨平之。①

贾二强《唐永王李璘起兵事发微》一文最早将"甲寅，以襄阳太守李峘为蜀郡长史……以宪部尚书李麟同中书门下平章事"一节文字全部视为玄宗所为。这一举措距离永王正式东巡才过去十天，而所布局地域正是永王离去之后的山南东道和东巡的目的地江宁所在的丹阳郡，在时间和空间上都与李璘的活动吻合，故被贾二强、李碧妍等学者认为是玄宗暗中支持和配合永王东巡的关键证据，并反映出玄宗"公开地"与肃宗对抗的意图。②

然而在上述学者论述中，"甲寅"一节文字是被单独摘引出来的。现通过复原前后文，可以看到其逻辑是由于将上文"上皇在蜀"一贯读下，将"甲寅"以后一节文字的主语也视为"玄宗"所致，但恐怕并不符合史书的写作义例。一般说来，正史本纪因以帝王为主体和视角展开，故主语多从省，若要插入他人他事，往往另起主语以界别之。如本段中"乙卯"下出"逆胡安禄山"，"丙寅"下出"武威郡九姓商胡安门物等"。而"甲寅"下并无主语，故知当为省略了"上"，亦即肃宗，与后面"辛酉"、"甲子"之下皆省主语的原理相同。反过来看，若"甲寅"一节文字是通"上皇在蜀"一贯读下，则下句"遣平章事崔圆奉诰赴彭原"，没有再累赘地添进"上皇"这一主语的必要。是故，从史书书写的角度看，"甲寅"以下系列任命反而应当是肃宗所为。

但问题远比这复杂得多。已有材料证明对李峘蜀郡长史、剑南节度使和李麟同中书门下平章事的任命，确实出于玄宗。前引《资治通鉴》至德元载十月"颍王璬之至成都也……以武部侍郎李峘为剑南节度使，代之"下，司马光《通鉴考

---

① 《旧唐书》卷 10《肃宗纪》，第 245 页。
② 贾二强：《唐永王李璘起兵事发微》，《陕西师大学报》1991 年第 1 期；李碧妍：《危机与重构：唐帝国及其地方诸侯》，第 410—413 页；邓小军：《永王璘案真相——并释李白〈永王东巡歌十一首〉》，《文学遗产》2010 年第 5 期。

异》云：

《肃宗实录》：明年正月甲寅，以（李）峘为剑南节度使。盖峘已受上皇命，而肃宗申命之也。①

司马光所以不取《肃宗实录》而采用应当是来自《玄宗实录》的记载，并非没有理由：玄宗当时的人事任命均已按照《明皇令肃宗即位诏》中"诰制所行，须相知悉"的原则报备肃宗（详后），肃宗加以"申命"，所以被当作肃宗的措置编入《肃宗实录》中，时间被挪到"申命"所在的"明年（至德二载）正月甲寅"。而据《肃宗实录》或唐国史编成的《旧唐书·肃宗纪》，没有注意到"申命"而非初始任命，遂致今天所见的"错误"面貌。

李峘除武部侍郎也是经过玄宗初授肃宗申命两道程序。《旧唐书·李峘传》："玄宗幸蜀，峘奔赴行在，除武部侍郎，兼御史大夫。俄拜蜀郡太守、剑南节度采访使。"② 李峘两京克复后始"从上皇还京"，此前未曾离蜀。蜀郡太守、剑南节度使既为玄宗所除，在此稍前的武部侍郎兼御史大夫按理亦当为玄宗所授。然而《文苑英华》卷388存有贾至的《授李恒（峘）武部侍郎制》：

门下：全蜀奥区，梁岷设险，时清作镇，恒难其人。况中夏未宁，皇上南幸，益州之政，允资忠谅。非亲非贤，何以兼腹心爪牙之任？前襄阳太守李恒（峘），贞固简肃，宗枝标秀，历践中外，咸克有声。今巴蜀之地，停銮驻跸，举尔以文武之才，倚尔以维城之固。且小司马之职，连率之重，兼而处之，不曰厚寄？懋哉厥德，无替朕命。可行武部侍郎。③

此制约作于贾至在至德元载九月二十五日抵达顺化郡肃宗行在之后，十月李峘被

① 《资治通鉴》卷219，唐肃宗至德元载十月癸未，第7003页。
② 《旧唐书》卷112《李峘传》，第3342页。
③ 贾至：《授李峘武部侍郎制》，《文苑英华》卷388，第1977页上栏。《全唐文》卷366亦收入（第3724页上栏）。《文苑英华》题名及正文中李峘皆误作李恒，据《全唐文》改。

玄宗任命为剑南节度使之前。① 据此诏称制不称诰（详后文引玄宗《明皇令肃宗即位诏》）及文中"皇上南幸"云云之语，其乃肃宗所颁。"今巴蜀之地，停銮驻跸"之语，说明此命实行于玄宗的成都行在而非肃宗的西北朝廷。李峘此职既为玄宗所授，故肃宗此制应当理解为是对玄宗授命的"申命"，始能圆融无碍。

　　同样例子还见于对权皋的任命。权皋在《旧唐书》中的传记附载于其子、后来宪宗朝宰相权德舆传记之中。传云："淮南采访使高适表（权）皋试大理评事，充判官。属永王璘乱，多劫士大夫以自从，皋惧见迫，又变名易服以免。玄宗在蜀，闻而嘉之，除监察御史。"② 据此知除其监察御史者为玄宗。但《文苑英华》卷 395 又有系名于贾至的《授卢虚舟殿中侍御史等制》一道：

　　　　敕：大理司直卢虚舟，闲邪存诚，遁世颐养，持操有清廉之誉，在公推干盅之才。大理评事权皋，临难思义，守死善道，见危必履其臣节，在困能变于人谋。宪简绳违，纪纲斯属，宜择髦士，俾肃周行。虚舟可殿中侍御史，皋可监察御史。③

所述仕历迁转及迁转之背景，皆与《旧唐书·权皋传》相合。此诏同样称制不称诰，且担任肃宗册礼使判官的贾至在至德元载八月十八日时，已随宰臣房琯等人离开玄宗行在前往灵武，直到次年十二月与玄宗重见于长安，不可能"在蜀"替玄宗撰写此诏。④ 其间扞格，恰可印证司马光所谓"申命"之说，即事实上先由玄宗除授，按诰制相悉原则奏报肃宗之后，肃宗再通过贾至草制申命颁授。之所以产生今日史料所见的"矛盾"，是由于肃宗对权皋的申命未被记录在正史中，只有原始的颁授制书留了下来，而玄宗的情况刚好相反，原始的颁授诰书未留下来，任命过程反被记录在《旧唐书·权皋传》中。

---

① 沈文君：《贾至研究》，西安：陕西人民教育出版社，1998 年，第 54 页。
② 《旧唐书》卷 148《权德舆传附权皋传》，第 4001 页。
③ 贾至：《授卢虚舟殿中侍御史等制》，《文苑英华》卷 395，第 2007 页上栏。
④ 沈文君：《贾至研究》，第 81 页。

　　至于李麟，《旧唐书·李麟传》载："六月，玄宗幸蜀，麟奔赴行在。既至成都，拜户部侍郎，兼左丞。迁宪部尚书。至德二年正月，拜同中书门下平章事。时扈从宰相韦见素、房琯、崔涣已赴凤翔，俄而崔圆继去，玄宗以麟宗室子，独留之，行在百司，麟总摄其事。其年十一月，从上皇还京，策勋行赏，加金紫光禄大夫、刑部尚书、同中书门下三品，进封褒国公。"①《资治通鉴》谓：

　　　　（至德）二载春正月，上皇下诰，以宪部尚书李麟同平章事，总行百司，命崔圆奉诰赴彭原。②

欧阳修则直接在《新唐书·玄宗纪》中记为："（至德元载）十一月甲寅，宪部尚书李麟同中书门下平章事。"③ 欧阳修、司马光编撰《新唐书》和《资治通鉴》时，《玄宗实录》《肃宗实录》《国史》《唐历》等唐人的早期史料尚存世，《通鉴考异》中可见到近 30 条引《玄宗实录》以与其他史料相勘按断的说明，故此处《资治通鉴》与《新唐书》所载必当有据，实是对《旧唐书·肃宗纪》相关记载的修正。可知在两京克复之前，李麟和李峘一样一直随侍玄宗于成都，其宪部尚书、同中书门下平章事等任命皆出于玄宗，且所谓"总行百司"，亦是指统领玄宗成都行在之下的政治机构，而非肃宗的西北朝廷。至于《旧唐书·李麟传》《资治通鉴》与《新唐书·玄宗纪》所载任命时间不同，可能是二者所依之史料本就记载不同的缘故。④

　　在已知李峘和李麟实际上皆为玄宗所命，而《旧唐书·肃宗纪》中恰好被置于两次任命之间叙述，并且同在"正月甲寅"这一日对于魏仲犀和刘汇的任命，是否仍是玄宗所为？遗憾的是，目前没有直接材料可以证明。不过，通过

① 《旧唐书》卷 112《李麟传下》，第 3339 页。
② 《资治通鉴》卷 219，唐肃宗至德二载正月，第 7011 页。
③ 《新唐书》卷 5《玄宗纪下》，第 153 页。
④ 如果《新唐书·玄宗纪》记载为真，那么肃宗之"申命"就是用了申命之时的时间；如果《旧唐书·李麟传》《资治通鉴》记载为真，那么肃宗"申命"就是沿用了玄宗初始任命的时间。

对玄肃之际与魏仲犀、刘汇相关的襄阳、丹阳两地太守的任命情况，作出略显迂回烦琐却并非没有必要的分析，或可最大限度逼近答案。

据郁贤皓《唐刺史考全编》，在玄肃之际短短一二年间，襄阳一地竟一共出现源洧、徐浩、崔伯阳、韩洪、李峘、魏仲犀、鲁炅七位太守。① 从新旧《唐书》和《资治通鉴》记载看，除天宝十四载十二月徐浩奉玄宗之命接替源洧为襄阳太守，至德二载五月鲁炅为襄阳太守兼本郡节度使，以及《旧唐书·肃宗纪》所载至德二载正月甲寅以魏仲犀为襄阳、山南道节度使比较明确外，中间三人的履职时间和更替情况颇有难明之处。

先看李峘。前引贾至作于至德元载九、十月间的《授李峘武部侍郎制》中有"前襄阳太守李峘"一语，则李峘不当至德二载正月甲寅仍在任。疑《旧唐书·肃宗纪》所谓"襄阳太守李峘"，非指现任。

次看韩洪。《文苑英华》有系名贾至的《授韩洪山南东道防御使等制》一道，文云："敕，襄阳太守韩洪、左补阙韩纮等，令德之后，象贤而立，克光代叶，不坠家声。或谋府冲深，才膺镇御；或文律典丽，词叶丝纶。今寇雪未清，邦家多事，用武之地，宜征奇杰，掌翰之职，故择英髦。洪可山南东道防御使，纮可考功员外郎、知制诰。"② 据文中"今寇雪未清，邦家多事"语及"防御使"的始置时间，知时为安史乱起之后。制文以韩洪、韩纮（法）为兄弟，与《旧唐书·韩休传》所附诸子传合，又所谓"令德之后"、"家声"盖指宰相韩休，故可知此韩洪即为韩休之子韩洪。③ 然检《册府元龟·总录部九·忠第二》"韩洪"条云：

> 韩洪，为驾部员外郎，天宝中以不附权门为杨国忠所嫉，贬循州司马。安禄山反，哥舒翰守潼关，闻奏授华州长史、防御副史，传召至关门，指陈安危。哥舒翰战败，还京，刑部尚书张均陷贼，为中书令，仍伪署洪工部郎中、侍御史。洪与兄弟等谋，携家出奔，为贼觉，乃令胡骑出入防援，诡报骑将赴东京，出城辞墓，便欲窜匿，为逆党追执。与兄前万年县尉浩及男平

---

① 郁贤皓：《唐刺史考全编》，第 2582—2583 页。
② 贾至：《授韩洪山南东道防御使等制》，《文苑英华》卷 409，第 2072 页下栏。
③ 《旧唐书》卷 98《韩休传》，第 3079 页。

等一家七人皆见害。肃宗灵武即位，素闻洪名，拜洪江陵长史、山南东道采访使兼御史中丞，方倚以经济，及闻抗节，深加悼愍。①

在《普安制》中被任命为江陵长史、副都大使的李岘抵达江陵后，因永王不从肃宗诏令归蜀之命，"辞疾赴行在"，时在至德元载十月或稍后（详后），此后即无江陵长史继任者之确切记载。揆之时间，肃宗"拜洪江陵长史、山南东道采访使兼御史中丞"，或许正是为了接替李岘离去后留下的职位空缺，只是因韩洪陷贼被杀而作罢，然而《册府元龟》不言安史之乱前后韩洪曾有襄阳太守、山南东道防御使之任，两种叙述，恐有一误。②

再看崔伯阳。《文苑英华》卷 409 存贾至《授窦绍山南东道防御使等制》一道：

> 门下：永王传（傅）窦绍、侍御史崔伯阳等，强学立名，检身从政，实有忠贞之操，仍兼镇御之才。荆州上游，襄阳冲要，北据汉沔，利尽南海，连缀吴蜀，非才勿居。永思诸葛之谋，伫振祖生之任。绍可江陵防御使，伯阳可襄阳防御使，余并如故。③

唐代防御使例由本州刺史（都督府则为长史）兼任。④ 崔伯阳"可襄阳防御使"亦当由襄阳太守兼任。制文仍称"永王传（傅）"，则在永王兵败身亡之前。揆

---

① 《册府元龟》卷 759《总录部九·忠第二》，第 8783 页。

② 《授韩洪山南东道防御使等制》有无可能是玄宗所为？沈文君注意到韩洪至德初已死的记载，认为此制当颁于玄宗朝天宝十四载十一月安禄山起兵之后，但又因《旧唐书·源洧传》《旧唐书·徐浩传》所载襄阳太守之更替均无韩洪，认为韩洪"襄阳太守及防御使等之任命或在徐浩之后"（《贾至研究》，第 41 页）。不过若要同时满足"在徐浩之后"以及"玄宗朝"两个条件，则不当系于贾至名下，因按时间推算，彼时贾至已不在玄宗行在。且此制写作之时，韩洪的身份应已是襄阳太守，制授他的只是"山南东道防御使"。

③ 贾至：《授窦绍山南东道防御使等制》，《文苑英华》卷 409，第 2072 页下栏。

④ 《旧唐书·职官志三》载："至德后，中原置节度使。又大郡要害之地，置防御使，以治军事，刺史兼之，不赐旌节。"（第 1923 页）《旧唐书·地理志一》亦云："至德之后，中原用兵，刺史皆治军戎，遂有防御、团练、制置之名。"（第 1389 页）

以时间和上文所述，疑"抗节"而死、未能真正履职江陵长史的韩洪的继任者即为窦绍。从永王谋主名单中并无窦绍看，他应是和李岘一样并不支持永王东巡，故未随之东下，并经由提前返回行在的李岘的汇报为肃宗得知。故在任命韩洪不成之后，实际上已经脱离永王、站到肃宗一边的"永王传（傅）"，成了接替韩洪的不二人选。又制中所谓"江陵防御使"、"襄阳防御使"之命，似是为预防至德元载十二月叛军陷颍川郡、进逼南阳给江汉带来的军事压力而设。若此，则此制更具体写作时间就该在永王正式东巡前后。崔伯阳在此制中与窦绍同时受命，故知其被任命为襄阳太守并襄阳防御使，亦当在永王东巡前后，以时间揆之，似乎正是接替应诏北上灵武为中书舍人的徐浩。

关于丹阳太守，《唐刺史考全编》列出于玄肃之际任此职者亦有四人：阎敬之（至德元载）、刘汇（至德二载）、韦陟（至德二载）、季广琛（至德二载）。[1] 丹阳太守阎敬之约在至德二载二月被自当涂进兵的李璘斩杀。季广琛则在旧主永王与官军对抗之际"惧罪出奔，未有所适"，被韦陟"有表请拜广琛为丹阳太守兼御史中丞、缘江防御使，以安反侧"。[2] 《文苑英华》卷 409 尚存贾至《授李（季）广璨（琛）江南防御使制》一道可证其为实授："凶逆未翦，江介多虞，式遏寇戎，是仗才杰。建康巨镇，长洲右苑，使臣之选，咸曰其难。勖乃谋猷，佐斯旌钺。可守丹阳太守。"[3] 制文表面上说是"式遏寇戎，是仗才杰"，实是为稳定脱离永王后"反侧"未安、随时可能再生变乱的强悍军事力量，时间应在阎敬之之后。至于韦陟，《旧唐书》本传称，"会江东永王擅起兵，令陟招谕，除御史大夫，兼江东节度使"。[4] 又据许登《润州上元县福兴寺碑》一文云，"肃宗皇帝龙飞朔方，大赦天下，改元为至德，每寺度人，以蕃王室。时润州刺史（即丹阳太守）兼御史大夫江南东道节度处置使京兆韦公陟，俾属城大德，咸举所知"，[5] 知韦陟当是以丹阳太守兼江东节度使的身份东下招谕永王，同时取代当时正在任，但能力和态度可能都已遭到肃宗怀疑的阎敬之，时间则在永王东巡

---

①　郁贤皓：《唐刺史考全编》，第 1855 页。

②　《旧唐书》卷 92《韦陟传》，第 2960 页。

③　贾至：《授李（季）广璨（琛）江南防御使制》，《文苑英华》卷 409，第 2072 页下栏。

④　《旧唐书》卷 92《韦陟传》，第 2960 页。

⑤　许登：《润州上元县福兴寺碑》，《全唐文》卷 441，第 4496 页下栏。

前后。

以上梳理了玄肃之际襄阳、丹阳两地太守的任命情况，其中襄阳太守魏仲犀与崔伯阳、丹阳太守刘汇与韦陟在史料中的任命时间相当接近，乃至有可能重叠，历来学者对此都未有解释。也许是因为文献记载中某个环节出了问题，或是因征讨永王的非常时期导致肃宗任命在极短时间之内反复多变，但同时也有可能正如贾二强、李碧妍等学者所言，《旧唐书·肃宗纪》中关于至德二载正月甲寅魏仲犀、刘汇的任命，实际上是由玄宗所作出。如果我们愿意相信玄、肃二帝严格地执行"诰制所行，须相知悉"的原则，那么大略同时的任命，当是玄肃二帝在互不知情的情况下分别作出。至于它们为何同样奇怪地出现在《旧唐书·肃宗纪》中，则当与对李峘、李麟的任命同例，由于肃宗的"申命"而被收录肃宗名下，导致现存史料记载中的"矛盾"。

即便任命确乎出于玄宗，是否就一定意味着玄宗通过暗中支持永王来与肃宗争权呢？要理解这个问题，还是要回到玄宗在《明皇令肃宗即位诏》中的立场。《唐大诏令集》卷30载此诏：

> 今宗社未安，国家多难，某英勇雄毅，总戎专征，代朕忧勤，斯为克荷。宜即皇帝位，仍令所司择日，宰相持节，往宣朕命。其诸礼仪，皆准故事。有如神祇、简册、申令须及者，朕称诰焉；衣冠、表疏、礼数须及者，朕称太上皇焉。且天下兵权，制在中夏，朕处巴蜀，应卒则难。其四海军郡，先奏取皇帝进止，仍奏朕知；皇帝处分讫，仍量事奏报。寇难未定，朕实同忧，诰制所行，须相知悉。皇帝未至长安已来，其有与此便近，去皇帝路远，奏报难通之处，朕且以诰旨随事处置，仍令所司奏报皇帝。待克复上京已后，朕将凝神静虑，偃息大庭，踪姑射之人，绍鼎湖之事。[1]

此诏可注意者有三点。其一，玄宗接受肃宗自立、自己被黜为太上皇的安排，除难以明言的木已成舟客观事实，主要基于"宗社未安，国家多难"的考量。尽管玄宗内心可能是不满的，但在共同的、压倒一切的国家根本利益面前，他不得不

---

① 唐玄宗：《明皇令肃宗即位诏》，《唐大诏令集》卷30，第117页。

采取妥协、默认的姿态以维系内部团结。其二，玄宗在传位同时以诰旨形式保留自己对于"与此便近，去皇帝路远"之地区的处置权，并将完全交权的期限推迟至克复长安之后。这正是后来贺兰进明的进奏以"南、北朝"称呼玄、肃二宗之行在，学界则往往以"二元格局"称之的原因。① 但要注意这部分被保留的最高权力并非完全独立，而是被限以"四海军郡，先奏取皇帝进止"和"奏报难通"的条件。易言之，这种权力结构并非简单的平等制衡、二元对立，而是一种层次分明、主次有序，可称为"肃主玄辅"的复合型结构，其根本宗旨不在于争权对抗，而在于合作平叛。在此结构中，肃宗对四海军郡事务的处置是具有主导权和优先权的，而玄宗对自己权力的保留，则以平定"寇难"、尽量不与肃宗的主导性威权发生冲突为前提，其与玄宗本人紧接着于数日之后颁下的《停诰》相一致。② "诰制所行，须相知悉"的原则，正是为了保障二帝在这一复合型结构中协调照应，避免发生政令上的摩擦冲突。其三，"与此便近，去皇帝路远"体现出界分权力的空间依据，不免略显含糊，但仍可大抵判断出是指长江上中下游沿线区域。不仅因为这些区域确乎距成都近而去灵武远，也因为它们与玄宗在《普安制》中"守南望北"的战略部署一脉相承，而玄宗此后停永王和颍王节度、降永王璘为庶人、任命魏仲犀及刘汇等措施，也正是针对该地区。

传位诏中的基本立场和宗旨，可以完足解释玄宗至德二载正月"甲寅"日的两个部署。至德元载十二月上中旬，"贼将阿史那承庆攻陷颍川郡，执太守薛愿、长史庞坚"，③ 使南阳抗贼形势再度趋于严峻，在原襄阳太守徐浩北上、山南等四道节度都使永王东下之后，"作为南阳的后方，如果襄阳这样一个军事重镇缺少了太守级的人物坐镇，看来终究是说不过去的"。④ 因此玄宗任命魏仲犀为襄阳、山南道节度使，应是出于保卫荆襄、填补永王东行后留下空缺之需要。事实

---

① 任士英：《唐代玄宗肃宗之际的中枢政局》，第 276—308 页。

② 玄宗肯定明白，他的《普安制》除非能被肃宗以公开的形式再度承认，否则无论他是否亲自颁下《停诰》，肃宗都有基于"肃主玄辅"的关系全盘取消的权力，因此，从政治心理的角度看，玄宗在禅位诏之后继以《停诰》，不过是预知事态之必然性后提前做出的一次变被动为主动的顺水人情而已。

③ 《旧唐书》卷 10《肃宗纪》，第 244 页。

④ 李碧妍：《危机与重构：唐帝国及其地方诸侯》，第 412 页。

上，魏仲犀后来也在支援鲁炅的军事行动中露面了。[①] 一旦荆襄失陷，玄宗入蜀途中苦心经营的界分南北、长江上中下游连成一线的巨大屏障也就走向崩解，偏安半壁的最后"余地"也将成为泡影。肃宗差不多同时任命崔伯阳为襄阳太守并防御使，主要是为保障唐王朝生命线江汉漕运通道的顺畅。玄、肃二帝分别作出的两个任命，都是以服务平叛大局为首要目标的。

丹阳郡为江南东道治所所在郡，郡治丹徒县处于江北的广陵郡与本郡的江宁县（金陵）之间，是将金陵与广陵连成一线的枢纽，所以任命刘汇为丹阳太守兼防御使，也被学者认为是玄宗支持永王与肃宗争权的重要表现。但从刘汇"盛王傅"身份可以看出，玄宗延续的是《普安制》中控制长江下游的思路，故在盛王不出阁情况下，仍然选择与永王关系并不密切，但可能是最为合适这一地区的大员。从"防御使"名称看，玄宗此举反而可能是为了防范永王"擅越淮海"造成混乱。毕竟《普安制》给永王的任务是保证唐王朝生命线江汉漕运的通畅，现在永王擅离职守，越境起兵，不可能不引起玄宗警觉。事实上，虽然玄宗一度倚信永王，但在永王不从《停诰》和肃宗归觐之命而擅自引兵东下之后，玄宗对他的态度已更多地转为不满和防备。秦中亮对玄宗后期与永王关系的"撕裂"有过简要分析，[②] 兹不赘述。

在历史研究中，探讨政治主体的心态或动机是充满危险之事，因为文献记载本身往往并不直接显示证据。透过文献去猜测可以发掘出历史的多重可能，拓宽历史认知的边界，但未免言人人殊；一切以文献是否明确说出为依据的研究，又难逃"文献主义"窠臼，抹平了文本之下尚未被言说出来的更为广阔的世界。因此，《明皇令肃宗即位诏》在"合作平叛"明确表达之下，是否可能隐藏着学界所普遍认为的玄宗不甘放权、争衡于肃宗的隐秘意图呢？这是不能断然否认的，否则玄宗大可一开始就彻底放权，无须等到"克复上京已后"，显然更有利于"天下兵权，制在中夏"。武后与高宗并称"二圣"参与朝政，中宗、睿宗皆曾废而复位的本朝故事，无疑都在向玄宗暗示与肃宗共享最高权力，乃至条件成熟时重登大宝的可能，所以他的放权又是不彻底的，为自己预留了

---

① 《旧唐书》卷 114《鲁炅传》，第 3362 页。
② 秦中亮：《"永王李璘事件"发微——关于"玄肃之争"学说的再检视》，《学术月刊》2017 年第 11 期。

相当余地。

承认传位诏中存在玄肃之争，并不意味着"永王之乱"必然体现这一性质。自郭沫若《李白与杜甫》之后，此前在史乘记载中一直被视为"叛乱"的永王璘事件，就被发掘出玄肃之争的"深意"和"实质"。但郭氏论述主要基于东巡是永王出镇江陵时"被（玄宗）面授过机宜"的猜测，完全忽略《停诰》的存在。贾二强、李碧妍则在认定《停诰》为伪的基础上，径将《旧唐书·肃宗纪》中"至德二载春正月甲寅"两条部署视为玄宗所为，并作出有针对性的解读。《停诰》为伪—甲寅部署出于玄宗—玄宗部署是为了支持永王，经此层层推演，永王为玄宗制衡肃宗之筹码，"永王之乱"本质上是玄肃之争的学界主流认知始被完整构建出来。这一逻辑推演在每一关键环节处都缺少凿实证据，无法指向真正必然性。虽然如此，它仍然代表历史深处某种潜在可能，并且符合现代人对帝制时代王室内部权力斗争波谲云诡、暗潮汹涌的惯性认知和猎奇想象，因此其在世人观念中的主流位置也许仍将持续下去。

四、肃宗入场与永王覆亡

根据现存史料，肃宗对永王事件最早反应见于《旧唐书·永王璘传》所载永王"因有异志"之后，"肃宗闻之，诏令归觐于蜀，璘不从命"。[①] 显然，肃宗是觉察到永王在江陵大肆扩充军备的"异志"之后，才企图假手于玄宗剥夺其兵权。若《停诰》不伪，依时间推测，也许正是由于永王不从玄宗《停诰》之命，肃宗才诏令其归觐于蜀，向玄宗作出解释，但此事实际上还隐藏着肃宗另一深层心理。

自被立为太子起，李亨一直处于玄宗严密防范之下，但入蜀途中马嵬分兵已隐然形成最高权势的转移。就在太子分兵北上朔方第三天（十七日己亥），玄宗任命丰王珙为"武威郡大都督，仍领河西、陇右、安西、北庭等路节度支度采访都大使"，而不是首先部署他更为看重的唐王朝南部，不得不让人怀疑此举是为防范太子势力在北方过度扩张。虽然后来在《普安制》中仍然划出王朝北部另一半归太子都统，却多属叛军所占、朝叛对抗前线或边鄙僻远之地，以至当年十月

---

① 《旧唐书》卷 107《玄宗诸子·永王璘传》，第 3264 页。

北海太守贺兰进明向肃宗进奏：

> 进明曰："琯昨于南朝为圣皇制置天下，乃以永王为江南节度，颍王为剑南节度，盛王为淮南节度，制云'命元子北略朔方，命诸王分守重镇'。且太子出为抚军，入曰监国，琯乃以枝庶悉领大藩，皇储反居边鄙，此虽于圣皇似忠，于陛下非忠也。琯立此意，以为圣皇诸子，但一人得天下，即不失恩宠。又各树其私党刘秩、李揖、刘汇、邓景山、窦绍之徒，以副戎权。推此而言，琯岂肯尽诚于陛下乎？臣欲正衔弹劾，不敢不先闻奏。"上由是恶琯，诏以进明为河南节度、兼御史大夫。①

分镇诸子巧妙地将太子北上灵武的消极影响转化为玄宗主动的战略部署，对全国军政大权的重新分配，也划定了太子的权力边界。因此，即使玄宗制置之初并无节制太子的主观意图，但客观上形成的制约是无法抹除的。尤其灵武即位之后，《普安制》所划定的权力边界，更成为横亘在肃宗建立独尊皇权之路上的巨大障碍。是故，即使玄宗并未颁下《停诰》，肃宗也必然诏令永王归觐于蜀或做出类似试探，因为出镇江陵、兵强马壮的永王，逐渐成长为一支令肃宗君臣再也无法忽视的、随时可能脱离控制的危险力量。

永王"不从命"果然验证了肃宗的担忧，促使肃宗应对之策由试探转为布防招讨，李岘、高适可能在这一转变过程中起了关键作用。长沙太守李岘在七月《普安制》中被玄宗任命为江陵长史和永王副都大使，《旧唐书》本传完全阙载此事，致学者或以为李岘与永王并无过从，而是以有病为由直接从长沙奔赴行在。② 但《新唐书》本传载此事，③《册府元龟·总录部·忠第二》"李岘"条并将李岘离开永王幕府奔赴肃宗行在，系于永王不从肃宗归觐之命之后：

> 李岘为江陵长史。至德元年，江陵大都督永王璘擅领舟师下赴江（金）陵，以薛璆、李台卿、蔡珦（埛）、刘巨鳞为谋主，因有割据之志。肃宗闻

---

① 《旧唐书》卷111《房琯传》，第3322页。
② 任士英：《唐代玄宗肃宗之际的中枢政局》，第296页。
③ 《新唐书》卷131《宗室宰相·李岘传》，第4504页。

之，诏令归于蜀，璘不从。唯岘辞疾赴行在。①

史乘叙述显示，已阴有割据之心的永王迟迟不回复肃宗的归觐之命，明白地向本应是永王最重要副手，却始终被排斥在谋主之列的李岘昭示了某种"叛逆"征兆，于是"不欲预其祸"的李岘借称疾之机脱离永王，投向肃宗。若将史乘皆漏载的《停诰》置入其中，也许李岘脱离永王，还与其与永王交割兵马未成有关。无论何种情况，李岘到来都意味着控制永王失败，肃宗由此完全确认永王的"不合作"态度，于是召高适与岘谋：

> 江陵长史李岘辞疾赴行在，上召高适与之谋。适陈江东利害，且言璘必败之状。十二月，置淮南节度使，领广陵等十二郡，以适为之；置淮南西道节度使，领汝南等五郡，以来瑱为之；使与江东节度使韦陟共图璘。②

高适正是在玄宗分镇之初就明确表示反对意见，并因此深获肃宗赏识，"初，上皇以诸王分镇，适切谏不可。及是永王叛，肃宗闻其论谏有素，召而谋之"。③李、高二人合谋的结果，是促使肃宗迅速形成由淮南节度使高适、淮西节度使来瑱与江东节度使韦陟共同组成的布防、夹击计划。据《新唐书·方镇表二》，为招讨永王新置的淮南西道"领义阳（申州）、弋阳（光州）、颍川（许州）、荥阳（郑州）、汝南（蔡州）五郡，治颍川郡"，④其中义阳、弋阳从原淮南道中析出，⑤颍川、荥阳、汝南从原河南道中析出，治所也在原河南境内颍川郡（今河南许

① 《册府元龟》卷 759《总录部·忠第二》，第 8783 页。
② 《资治通鉴》卷 219，唐肃宗至德元载十二月辛酉，第 7007—7008 页。
③ 《旧唐书》卷 111《高适传》，第 3329 页。顾农、李碧妍曾据《旧唐书·高适传》中"南出江汉"一语猜测高适有任职于永王幕府的经历，后投向肃宗（顾农：《关于高适"南出江汉"的一点推测》，《宁夏师范学院学报》2010 年第 2 期；李碧妍：《危机与重构:唐帝国及其地方诸侯》，第 394—395 页），本文不取。
④ 《新唐书》卷 65《方镇表二》，第 1800—1801 页。
⑤ 不过此二道也重出于《新唐书·方镇表五》所列至德元载所设的淮南节度使名下，胡三省最早发现这一问题，注云"当考"（《资治通鉴》卷 219，唐肃宗至德元载十二月辛酉，第 7008 页）。

昌）。五郡恰好在淮河以西连成一道纵向防御线，使之同时兼具围剿永王与抵御叛军南下的双重功能，故在颖川一带抗贼的来瑱成了淮西节度使的不二人选。韦陟始被肃宗"起为吴郡太守，兼江南东道采访使"，未到任而永王起兵，此时亦顺势被升级为江东节度使，与高适、来瑱共图璘。[1]

大约同时，肃宗还派出一支以中官啖廷瑶、段乔福为首的队伍：

> 先是，肃宗以璘不受命，先使中官啖廷瑶、段乔福招讨之。中官至广陵，（李）成式括得马数百匹。时河北招讨判官、司虞郎中李铣在广陵，瑶等结铣为兄弟，求之将兵。铣麾下有骑一百八十人，遂率所领屯于杨子，成式使判官评事裴茂以广陵步卒三千同拒于瓜步洲伊娄埭。[2]

文中出现的广陵长史李成式，在十二月的图璘任命中被肃宗改授为大理卿，原广陵长史之位则由同时任命的淮南节度使高适兼任。[3] 这样安排一方面体现肃宗争取地方实力派的努力，另一方面体现对李成式能力或态度的某种不信任。所幸在高、李正式完成交接之前，中官啖廷瑶、段乔福已设法取得李成式，以及在河北抗贼失败后南下屯兵于广陵李铣的支持。于是，当永王还未真正抵达江淮之时，一个由地方实力派和肃宗亲信组成的联盟，已初步做好对付永王的准备了。

元结为江夏太守董某所作《自陈表》，显示出肃宗曾派出"某官某乙"奉制书来到永王刚刚过境的江夏郡，以确保董某站在自己一边：

> 臣某言：月日敕使某官某乙至，赐臣制书示臣云云者。臣伏见诏旨，感深惊惧……近日王以寇盗侵逼，总兵东下，傍牒郡县，皆言巡抚。今诸道节度以为王不奉诏，兵临郡县，疑王之议，闻于朝廷。臣则王所授官，有兵防御，邻郡并邑，疑臣顺王，旬日之间，置身无地。[4]

---

[1] 《旧唐书》卷 92《韦陟传》，第 2960 页。
[2] 《旧唐书》卷 107《玄宗诸子·永王璘传》，第 3265 页。
[3] 沈文君：《贾至研究》，第 64—65 页。
[4] 元结：《为董江夏自陈表》，《全唐文》卷 380，第 3864 页下栏。

"伏见诏旨，感深惊惧"的叙述，暗示肃宗可能对董某擅自放永王过郡有所质疑和责备，而"邻郡并邑，疑臣顺王，旬日之间，置身无地"的自陈，又显示董某处境的尴尬与孤立。实际上，随着肃宗与永王紧张关系的公开化，"疑王之议"迅速蔓延，江南士大夫群体中出现一股"辞避"永王的风潮：

> 寻江西连帅皇甫侁表（崔祐甫）为庐陵郡司马，兼倅戎幕。时永王总统荆楚，搜访俊杰，厚礼邀公。公以王心匪臧，坚卧不起。人闻其事，为之惴栗，公临大节，处之怡然。①
>
> 永王璘起兵江淮，闻其贤，以从事辟之。（孔）巢父知其必败，侧身潜遁，由是知名。②
>
> 御史中丞卢弈司察甸服，辟（李长）为从事。天宝十五载，大盗覆东周，弈死节，公遁脱而南，会永王璘都督江左诸军，雅知公才，将署于幕以画，公告不能。无何，璘果败，君子以公为知几。③

若说以李白为代表一批士人更愿意从平叛角度看待永王"东巡"，并报以热烈响应，那么对于已经敏锐感受到永王与肃宗紧张关系的士人而言，他们报以永王东巡的，就是疏离和拒斥。在后人看来带有预见性质的辞避，常在历史上为他们引来一种所谓"知几"的清评，如梁肃为李长所作墓志铭即称"君子以公为知几"，北宋蔡宽夫亦曾比较李白与萧颖士、孔巢父云："大抵才高意广如孔北海之徒，固未必有成功，而知人料事，尤其所难。议者或责以璘之猖獗，而（李白）欲仰以立事，不能如孔巢父、萧颖士察于未萌，斯可矣，若其志亦可哀已。"④

　　对于身居要职、难以脱身的地方大员而言，辞拒永王往往意味着可能有生命

---

① 邵说：《有唐中书侍郎同中书门下平章事常山县开国子赠太傅博陵崔公（佑甫）墓志铭并序》，吴钢主编：《全唐文补遗》第 4 辑，西安：三秦出版社，1997 年，第 63 页。
② 《旧唐书》卷 154《孔巢父传》，第 4095 页。
③ 梁肃：《明州刺史李公墓志铭》，《全唐文》卷 520，第 5291—5292 页。
④ 蔡居厚：《蔡宽夫诗话》，郭绍虞辑：《宋诗话辑佚》卷下，北京：中华书局，1980 年，第 381 页。

危险，如李白乾元二年（759）所作《天长节使鄂州刺史韦公德政碑并序》中提到的韦良宰：

> 曩者永王以天人授钺，东巡无名，利剑承喉以胁从，壮心坚守而不动。房陵之俗，安于太山；休奕列郡，去若始至。①

诗人同年秋作《经乱离后天恩流夜郎忆旧游书怀赠江夏韦太守良宰》，诗中亦称韦"惟君固房陵，诚节冠终古"。房陵位于江陵西北，中间隔着夷陵，说明永王东巡之前，很可能在其统辖的山南东道境内进行过较大范围动员。只是动员似乎一开始就面临挑战，以至原为其统属，甚至"房陵太守"之职，很可能亦是永王依玄宗《普安制》亲自简择的韦良宰，在永王的利剑承喉面前"壮心坚守而不动"，使永王东巡一开始就带上某种"不祥"气息。

等待永王的不仅是不合作，更有质疑与抵制。这就是同样来自其所都统区域内的江西采访使皇甫侁《上永王谏移镇笺》：

> 某惶恐叩头，昔臧孙辰之词曰："贤者急病而让夷。"然则当御侮之权，必居冲要；受分忧之任，不务怀安。伏见判官李蓍称，有教，幕府移镇江宁，闻命瞿然，不识其故。何者？逆贼安禄山称兵犯顺，窃据二京，王师四临，久未扑灭。自河淮右转，关陇东驰，诏命所传，贡赋所集，必由之径，实在荆襄。朝廷以大王镇之，重矣。自麾旌至止，政令所覃，岭峤华夷，吴楚城邑，公私远迩，罔有不宁。贼庭震慑，莫敢南望。傥左右有司，谋虑未熟，轻举旌钺，僻处下流，既失居要害之津，且出封疆之外，专命之责，大王何以任之？或启寇仇之心，来争形胜之地，则行李坐隔，侵轶滋多，安危大端，不可不慎，既往之失，将且无追。上皇天帝巡狩成都，皇帝驻跸灵武，臣子之恋，大王兼之。咏《棠棣》之诗，讲晨昏之礼，其地逾远，胡宁以安？假使别奉丝纶，犹当执奏，一则逆胡间谍，矫诈须防；二则国步艰难，折冲宜近。就闲乐土，恐非良图。伏惟大王天纵仁明，苞含光大，某所

---

① 李白：《天长节使鄂州刺史韦公德政碑并序》，《李太白全集》卷29，第1360页。

以敢申说议，轻犯威严，伏望广延正人，俯垂考核，刍荛之论，万一可收。不胜忧愤悃迫之至。谨奉笺，惶恐惶恐叩头。①

"教"为唐代官方的六种下行文书之一，"亲王、公主曰教"，"笺"则为六种上行文书之一，② 可见永王与皇甫侁是以符合各自身份的上下级关系进行交接的。但在这篇由幕僚崔祐甫代笔、上呈于永王的笺文中，皇甫侁却从荆襄专命之重、移镇江宁之逾制及"或启寇仇之心，来争形胜之地"三个方面，明确表达对永王东巡反对。

值得注意的是，笺文中出现的皇甫侁判官李鬶与高适为旧识，天宝三载、十一载高适分别有《观李九少府鬶树宓子贱神祠碑》《秦中送李九赴越》诗纪二人情事，《贺安禄山死表》又称"谨遣摄判官李鬶奉表陈贺以闻"，③ 当是后来皇甫侁因擅杀永王而遭废用后，被高适纳入幕下。推测此时李鬶已与被肃宗任命为淮南节度使的至友高适取得联系，故其府主皇甫侁得以及时获悉肃宗立场并作出选择。但皇甫侁的抵制之所以没有发展为与永王的公开军事对抗，正如李碧妍所言，关键在于《崔祐甫墓志》中所载皇甫侁之子被永王"质于军中"，而笺文中的恭谦语气，正是皇甫侁忧虑爱子生命安全的反映。④ 至于笺文没有出现玄宗《停诰》内容，或正如前文所猜测，是永王刻意的隐瞒遮掩，外人不易得知；又或是出于维护至亲生命的考虑，因即使指斥永王"移镇江宁"之失，笺文只是委婉归罪于其左右僚属的误导（"傥左右有司，谋虑未熟"），何况引入这件意味着直接戳穿永王谋逆大罪的诏令，势必将加剧他与永王之间的矛盾冲突。

但当永王沿江穿过浔阳郡进入宣城郡，进抵宣城郡最北界当涂县，即将逼近东巡目的地——隶属于江南东道丹阳郡的江宁县时，其与地方实力派的矛盾最终还是不可避免地演变为军事冲突。《旧唐书·永王璘传》载：

---

① 崔祐甫：《为皇甫中丞上永王谏移镇笺》，《全唐文》卷 409，第 4189—4190 页。
② 《唐六典》卷 1《三师三公尚书都省》，第 10、11 页。
③ 刘开扬笺注：《高适诗集编年笺注》，北京：中华书局，1981 年，第 126、244、394 页。
④ 李碧妍：《危机与重构：唐帝国及其地方诸侯》，第 406 页。

璘虽有窥江左之心，而未露其事。吴郡采访使李希言乃平牒璘，大署其名，璘遂激怒，牒报曰："寡人上皇天属，皇帝友于，地尊侯王，礼绝僚品，简书来往，应有常仪，今乃平牒抗威，落笔署字，汉仪隳紊，一至于斯！"乃使浑惟明取希言，季广琛趣广陵攻采访李成式。璘进至当涂，希言在丹阳，令元景曜、阎敬之等以兵拒之，身走吴郡，李成式使将李承庆拒之。①

江西采访使皇甫侁笺谏永王移镇之际，吴郡太守兼江东采访使李希言已获悉永王行程，故此时本应在治所吴郡（苏州）的李希言乃"在丹阳"，正是为抵御永王"移镇江宁"而来。永王应是同样向李希言传达一份"移镇江宁"的文书，不料换来对方"平牒抗威"。近来包晓悦研究指出，所谓平牒，即收件单位前只称"牒"而不称"牒上"，末尾称"谨牒"而不称"故牒"，并认为李希言平牒永王璘符合当时的使牒制度。② 身为江南东道采访使的李希言与山南东、江南西等四道节度都使李璘，没有辖区和职务上的隶属关系，平牒交接固无不妥，但"大署其名"显然有违当时的文书礼仪，"诘其擅引兵东下之意"更透露李希言完全不同于皇甫侁的强硬态度。③ 当是李希言通过各种途径已获知肃宗反对永王东巡的态度及三节度正在集结围剿的消息，才故意激怒永王，而元景曜将兵至丹阳，与丹阳太守阎敬之汇合，给了李希言武力对抗李璘的底气。

反观李璘被"平牒抗威"激怒后的军事行动，绝非如学者所言仅是"忘公谊而急私忿"。④ "使浑惟明取希言，季广琛趣广陵攻采访李成式"，显示出李璘分兵攻取广陵和丹阳郡的清晰战略意图，一旦攻下李希言，本隶属于丹阳郡的江宁也就唾手可得；而攻下广陵采访使李成式，则可将长江下游南、北两岸连成一线，真正实现割据江淮核心区域的目的。所谓"汉仪隳紊，一至于斯"，不过永

① 《旧唐书》卷107《玄宗诸子·永王璘传》，第3265页。
② 包晓悦：《唐代使牒考》，郝春文主编：《敦煌吐鲁番研究》第20卷，上海：上海古籍出版社，2021年，第161—182页。
③ 《资治通鉴》卷219，唐肃宗至德元载十二月甲辰，第7009页。
④ 郭沫若：《李白与杜甫》，第101页。

王借以称兵起事的口实而已。双方交战结果，是"希言将元景曜及成式将李神（承）庆并以其众迎降于璘，璘又杀丹徒（阳）太守阎敬之以徇"，一时间"江左大骇"，① 东巡事业至此迎来最高潮。

关于此次军事行动中永王是否进据过金陵，司马光《通鉴考异》曾有疑问，② 今人林伟洲亦认为李白《永王东巡歌》所述永王东巡诸地"绝非实录之作"。③ 不过从《旧唐书·永王璘传》后面所载情况看，永王诸将贰璘出奔时，"浑惟明走于江宁，冯季康、康谦投于广陵之白沙，广琛以步卒六千趋广陵"，永王退奔晋陵后"使襄城王（李偒）、高仙琦逆击"官军，则永王军队似乎是由浑、季（包括冯季康、康谦）、璘（包括李偒、高仙琦）三军构成。此次军事行动当是按三军部署，即"浑惟明取希言，季广琛趣广陵攻采访李成式"，"璘进至当涂"特指由李璘亲自率领、作为后军的部队。如此一来，与后来永王军队分化瓦解的层次相吻合。

《旧唐书·永王璘传》关于此次行动的表述，始终没有提及永王的另一重要将领高仙琦及襄城王李偒，应当是同在"进至当涂"的李璘军中。与此同时，以长江为连线，江宁恰好处于当涂县与丹阳郡治丹徒县之间，永王后来既已进据丹徒登丹阳郡城，则除非走的是陆路，否则断无错过水路中途的江宁县之理。因此事实很可能是：浑惟明、季广琛分别率前军攻取李希言、李成式之际，永王则紧跟着率后军沿长江直下，占取当时防守空虚的江宁；随着浑惟明攻下元景曜及丹阳太守阎敬之，永王始率军离开江宁进入丹徒，因此有《旧唐书·永王璘传》所谓"登丹阳郡城以望瓜步、扬子者"。时随亲族逃难至京口的戴叔伦有《抚州对事后送外生宋垓归饶州觐侍呈上姊夫》一诗，述及永王进据金陵事："淮汴初丧乱，蒋山烽火起。"④ 乾元元年王维《同崔傅答贤弟》诗同样提及当时兵乱："扬州时有下江兵，兰陵镇前吹笛声。夜火人归富春郭，秋风鹤唳石头城。"⑤ 末句

① 《旧唐书》卷 107《玄宗诸子·永王璘传》，第 3265 页。
② 《资治通鉴》卷 219，唐肃宗至德二载二月戊戌，第 7019 页。
③ 林伟洲：《安史之乱与肃代二朝新政权结构的开展》，新北：花木兰文化出版社，2019年，第 49 页。
④ 蒋寅校注：《戴叔伦诗集校注》卷 1《抚州对事后送外生宋垓归饶州觐侍呈上姊夫》，上海：上海古籍出版社，2010 年，第 148 页。
⑤ 陈铁民校注：《王维集校注》卷 6，北京：中华书局，1997 年，第 495 页。

不仅是用典而已，以此反观李白《永王东巡歌》第四首、十首所写"金陵"之事，亦是此次军事行动中随永王进据江宁的如实反映。

在胜利曙光的表象之下，永王集团内部始终隐伏着巨大危机，最终成为左右战局、导致永王覆灭关键因素。内部危机早在永王东巡之前就已出现，当肃宗诏令归觐于蜀而永王不从命之后，富于先见之明的副都大使李岘以"辞疾"为名迅速脱离永王集团，而当时见机而去者实非个例。穆员为严损之之子严士元所作墓志铭中，记载了严士元智脱永王幕府之事："天宝中，（士元）以门子经行擢宏文生，调参江陵府军事。时所奉之主永王璘，阴有吴濞东南之乱，致公宾友之礼。公迨其将兆而未发也，以智勇免之。"① 同样是穆员为鲍防所作碑文说："（防）举进士高第，调太子正字。中州兵兴，全德违难，辞永王，去来瑱，为李光弼所致。"② 作为襄阳人的鲍防，其乱中避难当是归乡，时来瑱据守汝南（属河南道）、南阳（属山南东道），皆在襄阳北面或东北方向，李光弼则在河东、河北一带抗贼。从碑文"辞永王，去来瑱，为李光弼所致"的由南往北的轨迹看，鲍防应是未随永王东下即脱身离去。

内部危机在永王东巡后进一步加剧，显著标志是集团中重要人物纷纷出走。《苑咸墓志》载：

> 天宝末，权臣怙恩，公道直，不容于朝，出守永阳郡，又移蕲春，旋拜安陆郡太守。属羯胡构患，两京陷覆，玄宗避狄，分命永王都统江汉，安陆地亦隶焉。永王全师下江，强制于吏，公因至扬州，将赴阙廷。会有疾，竟不果行。呜呼哀哉！③

李碧妍指出，深具书记之才、时为安陆郡太守的苑咸，很可能受到永王邀请才南下江陵，从而出现《神邕传》中所载与窦绍、韦子春等人相过从的场景。所谓"强制于吏"，不过是在这篇由其孙苑论所作的墓志中的辩护讳饰之词。④ 从"因

---

① 穆员：《国子司业严公墓志铭》，《全唐文》卷784，第8205页上栏。
② 穆员：《鲍防碑》，《全唐文》卷783，第8190页下栏。
③ 杨作龙等编著：《洛阳新出土墓志释录》，北京：北京图书馆出版社，2004年，第156页。
④ 李碧妍：《危机与重构：唐帝国及其地方诸侯》，第382—385页。

至扬州"线路看，苑咸很可能是在诸将贰璘之盟后随着季广琛出奔广陵。

　　相较于苑咸一类不能决定战局走向的文职僚佐，季广琛等核心武将出奔，才真正从内部瓦解了永王军队的有生力量：

> 　　时河北招讨判官李铣在广陵，有兵千余，（啖）廷瑶邀铣屯扬子，（李）成式又遣裴茂以广陵卒三千戍伊娄埭，张旗帜，大阅士。璘与㑇（偒）登陴望之，有惧色。（季）广琛知事不集，谓诸将曰："与公等从王，岂欲反邪？上皇播迁，道路不通，而诸子无贤于王者。如总江淮锐兵，长驱雍、洛，大功可成。今乃不然，使吾等名缀叛逆，如后世何？"众许诺，遂割臂盟。于是（浑）惟明奔江宁，冯季康奔白沙，广琛以兵六千奔广陵。璘使骑追蹑之，广琛曰："我德王，故不忍决战，逃命归国耳。若逼我，且决死。"追者止，乃免。①

据李碧妍考证，季广琛出身河西军将，与哥舒翰相熟，安史之乱前后为蜀郡长史，后加入永王集团。② 浑惟明出铁勒九姓部落之浑部，《资治通鉴》载其曾为河西节度使哥舒翰部将，天宝十三载三月以皋兰府都督加云麾将军。③ 冯季康史籍无考，仅可据常衮《宣慰岭南制》，知其为"南方右族，累代纯臣"。④ 史称永王在江陵"召募士将数万人"，但东巡开始时仅云"甲仗五千人趋广陵"，而此时诸将贰璘出奔，仅季广琛一人就"以兵六千奔广陵"。疑所谓"甲仗五千人"，即永王、其子㑇及高仙琦直接统领的部队，亦即后来与李铣军隔江举火相望之"璘军"（此时应已离散不少，不足五千之数），而被永王任用为主将的季广琛，很可能从蜀郡开往江陵时就携带一支队伍，或在江陵时以自己人脉自行组织募集，浑惟明、冯季康同理，故统共合得"数万"之众。季、浑为出身河西之旧僚，又与冯季康同为武人，相近的出身和身份认同，使得他们很容易在永王及其文人谋主群体之外形成一个相对独立的小团体，所以贰璘之议时完全看不到永王

① 《新唐书》卷 82《十一宗诸子·永王璘传》，第 3611—3612 页。
② 李碧妍：《危机与重构：唐帝国及其地方诸侯》，第 420—423 页。
③ 《资治通鉴》卷 217，唐玄宗天宝十三载三月，第 6926 页。
④ 常衮：《宣慰岭南制》，《文苑英华》卷 434，第 2196 页上栏。

及其谋主的身影。由于这些军队与季广琛等人有着直接隶属关系，故在此记载中，作为首脑的永王对这些军队的控制力是完全缺席的。李白《经乱离后天恩流夜郎忆旧游书怀赠江夏韦太守良宰》一诗谈到永王东巡途中"节制非桓文，军师拥熊虎"，将东巡失败归因于永王节制军队不力，也许正是因为这些军队本非嫡出，未必肯完全听命于永王。

史载高适受命出镇淮南，未过淮河先作《与将校书》积极招谕永王将校，"使绝永王，各求自白"，[1] 中官啖廷瑶、段乔福亦在广陵展开招讨工作，季广琛、浑惟明等人所谓"名挂叛逆"，应当是来自高适等人对东巡事件定性的传告，李白《南奔书怀》中"主将动谗疑，王师忽离叛"一语，显示诸将的贰璘出奔与肃宗系势力的策反离间有关。不过，出身河西军将、有着长期政治历练并作为永王集团核心武将的季广琛等人，不大可能直到此时才洞悉永王及其谋主割据叛乱之谋，无非是随着军政形势变化，才转到肃宗一边。因为我们看到，永王军对官军的首次胜利并不彻底，季广琛并未攻下广陵，被打败的只是李希言部将元景曜、李成式部将李承庆及丹阳太守阎敬之，江南李希言"假（刘）晏守余杭，会战不利，走依晏。晏为陈可守计，因发义兵坚壁"，[2] 实力仍有保留；江北官军在第一波失利之后亦迅速再度集结，在瓜步洲伊娄埭和扬子津分别有裴茂（或作茂）的广陵卒三千及李铣的兵千余，以掎角之势严阵以待。三人的投奔地点也颇值得注意：季广琛所投广陵为李成式大本营，冯季康所奔白沙位于瓜步洲与扬子津之间，恰与裴茂、李铣军队在江北连成一条与永王隔江相望的通贯性防线，浑惟明所奔江宁则为永王东下割据的重要目的地之一。足见诸将的出奔并非毫无规划，在贰璘去逆的同时，还反过来通过协助官军防范、堵塞永王，向肃宗新朝展示"投诚"心意。

季广琛诸将的出奔使永王集团迅速分崩离析，"宾御如浮云，从风各消散"，[3] 势单力薄的永王一方很快在与官军的战斗中溃败：

> 是夜，（李）铣阵江北，夜然束苇，人执二炬，景乱水中，觇者以倍告，

① 《旧唐书》卷 111《高适传》，第 3331 页。
② 《新唐书》卷 149《刘晏传》，第 4793—4794 页。
③ 李白：《南奔书怀》，《李太白全集》卷 24，第 1141 页。

璘军亦举火应之。璘疑王师已济，携儿女及麾下遁去。迟明觉其绐，复入城，具舟楫，使偒（傷）驱众趋晋陵。谍者告曰："王走矣！"（李）成式以兵进，先锋至新丰，璘使偒（傷）、仙琦逆击之，铣合势，张左右翼，射偒（傷）中肩，军遂败。仙琦与璘奔鄱阳，司马闭城拒，璘怒，焚城门入之，收库兵，掠余干，将南走岭外。皇甫侁兵追及之，战大庾岭，璘中矢被执，侁杀之。偒（傷）为乱兵所害，仙琦逃去。①

关于永王之死，《资治通鉴》载为"江西采访使皇甫侁遣兵追讨，擒之，潜杀之于传舍"，② 与《新唐书·永王璘传》略同；《旧唐书·永王璘传》则称"为江西采访使皇甫侁下防御兵所擒，因中矢而薨"。③ 从至德元载十二月甲辰起兵东下，到二载二月戊戌败亡，历经 55 日的"永王之乱"至此结束，而彼时肃宗派出的高适、来瑱大军甚至还未及过江参战。永王兵溃南奔岭表之际，念及旧情的肃宗"表请哀矜"，玄宗随之下《降永王璘庶人诏》，"可悉除爵土，降为庶人，仍于房陵郡安置，所由郡县，勿许东西"，④ 意在阻止事态进一步恶化，及时挽救亨、璘关系及爱子生命。但永王最终还是被有质子之恨的皇甫侁"不送之蜀而擅杀之"，皇甫侁亦因擅杀之举，"由是不复用"。⑤

总之，由于肃宗试探、布防、招讨等系列举动的强势介入，永王在东行前后的征辟和笼络政策并不成功，大批富于政治敏感性的士大夫避而不见，东巡目的地的三位地方长官——江西采访使皇甫侁、江东采访使李希言、广陵郡长史李成式均站到肃宗一边，成为永王集团覆亡的主要外因。与此同时，作为一个由永王及其谋主、军将士卒和相对外围的文职僚佐组成的松散集团，除去中枢决策层，大部分文职僚佐乃至重要武将，不过是基于"平叛"的政治宣传、自身功名欲望

---

① 《新唐书》卷 82《十一宗诸子·永王璘传》，第 3612 页。
② 《资治通鉴》卷 219，唐肃宗至德二载二月戊戌，第 7020 页。
③ 《旧唐书》卷 107《玄宗诸子·永王璘传》，第 3266 页。
④ 唐玄宗：《降永王璘庶人诏》，《唐大诏令集》卷 39，第 180 页。依《明皇令肃宗即位诏》"有如神祇、简册、申令须及者，朕称诰焉"语，"诏"当为"诰"之讹（《唐大诏令集》卷 30，第 117 页）。《全唐文》卷 38 收录此诏即题为《降永王璘为庶人诰》（第 409 页）。
⑤ 《新唐书》卷 82《十一宗诸子·永王璘传》，第 3612 页。

及永王一时知遇之恩聚合到一起，原就缺乏对于事件复杂性和危险性的深刻了解，自然很快随着肃宗的定性和策反而土崩瓦解。

最后附带辨明与本节相关的另一问题。代宗即位赦中有：

> 益昌郡王邈进封郑王，延庆郡王迴进封韩王。故庶人皇后王氏、故庶人太子瑛、鄂王瑶、光王琚，宜并复封。棣王琰、永王璘及应安禄山诖误反状等，并宜昭雪。益昌王追封齐王，崇恩王追封卫王，灵昌王追封郓王。①

其中为永王昭雪之语与正史系统关于永王"叛乱"记载形成鲜明对比，成为"永王非逆"说一个重要论据。②《旧唐书》本传实是将永王叛乱之缘起，界定为带有回护性质的"为左右眩惑"，本文第二节的考察表明这种叙述并非毫无根据，说明官方对永王叛逆有心和迹两重观察视角。此赦中同受昭雪的"应安禄山诖误反状"，指安史之乱中因陷而伪、非出本心的胁从官，即所谓"一朝苍黄，遇胁狂寇，想皆被诖误，应非本心"，③"或强逼驱驰，或伪置官爵，事不获已，皆是胁从"，④ 因此"并宜昭雪"。反观永王被昭雪，应当是就其受人眩惑非出本心而言。可见代宗"昭雪"，与源于唐《国史》等当时文献的《旧唐书·永王璘传》记载并不矛盾。至于永王璘叛逆究竟是确受眩惑，还是如后来《新唐书·永王璘传》所指出的自出己心，就是另一问题了。⑤

此外，正如引文所显示，代宗在即位赦中不仅及时进封二子，追封宗室，且复封昭雪多位因前朝皇帝防范猜忌而牺牲的旧皇子，这些内容在《唐大诏令集》所收 13 道唐代帝王《即位赦》中绝无仅有。唐前期宫廷斗争频繁，代宗本人在张良娣与越王李係的宫廷政变中惊险即位，故赦文中相关内容的出现，当是代宗

---

① 唐代宗：《代宗即位赦》，《唐大诏令集》卷2，第9页。
② 邓小军：《永王璘案真相——并释李白〈永王东巡歌十一首〉》，《文学遗产》2010 年第5 期。
③ 唐肃宗：《谕西京逆官敕》，《唐大诏令集》卷118，第617 页。
④ 唐肃宗：《宣慰西京官吏敕》，《唐大诏令集》卷115，第602 页。
⑤ 司马光《资治通鉴》的叙述相对中和暧昧，其对永王定性似介于新旧《唐书》之间（卷219，唐肃宗至德元载十二月，第7007 页）。

释放将要优容宗室、改善皇帝与皇子关系的信号。"昭雪永王"正是这一意图的产物。

五、长江中下游权力格局的重塑

学者研究指出，安史之乱初期河南地区军事长官的人事变动，透露出玄肃之间、中央与地方之间以及各军阀之间激烈的权力、利益冲突，由于相互牵制无法形成合力，最终酿成睢阳城破，张巡、许远殉国的历史悲剧。[①] 但就王室内部斗争而言，最重要地区在南不在北，尤其是长江中下游地区。虽然新帝即位的消息很快传递至长江以南，但此时肃宗在唐王朝南部的影响力还相当有限。因玄宗在不知肃宗即位情况下颁布的《普安制》已在南方造成巨大影响力，而永王不从玄宗《停诰》和肃宗归觐之命，使《普安制》中的权力布局"变相"遗留下来，直到诸子分镇计划中除太子外唯一出镇的永王败死，才算真正宣告玄宗《普安制》破产。但并不意味着肃宗就此成了唐王朝南部权力世界的新主人，因为还有一重考验横亘在肃宗面前，即玄宗在《明皇令肃宗即位诏》中建立的"共权"格局。

天宝十五载七月十二日甲子，肃宗于灵武南楼即位当日颁下《肃宗即位敕》，开篇即指出：

> 朕闻圣人畏天命，帝者奉天时。知皇灵眷命，不敢违而去之；知历数有归，不获已而当之。在昔帝王，靡不由斯而有天下也。乃者羯胡乱常，京阙失守，天未悔祸，群凶尚扇，圣皇久厌大位，思传眇身，军兴之初，已有成命。予恐不德，罔敢祗承。今群公卿士，金曰孝莫大于继德，功莫大于中兴。朕所以治兵朔陲，将殄逆寇，务以大者，本其孝乎！须安兆庶之心，敬顺群臣之请，乃以七月癸丑朔十二日甲子即皇帝位于灵州，敬崇徽号，上尊圣皇曰上皇天帝，所司择日昭告于上帝。[②]

---

① 李碧妍：《危机与重构：唐帝国及其地方诸侯》，第 14—35 页。
② 唐肃宗：《肃宗即位敕》，《唐大诏令集》卷 2，第 8 页。

关于赦文中肃宗为自即帝位寻找合法性根据的问题，因非本文讨论范围，可置勿论。需要指出的是，正如本朝历史中太宗之于高祖、中宗之于武后、玄宗之于睿宗的政变上位，肃宗自立无疑亦以完全取代玄宗独尊皇权为宗旨，也正是赦文中"上尊圣皇曰上皇天帝"的主要内涵。令肃宗如释重负的是，玄宗后来果如其所期待的那样"主动"让位，并派出韦见素等宰臣奉传国宝玉册来到灵武册立；但令肃宗意想不到的是，远在成都、不受掌控的玄宗借机留了一手，在传位同时巧妙地为自己保留了以诰旨处置唐王朝南部军政事务的权力，制造了禅位历史上一个从未有过的"共权"格局。

虽然这一权力的行使并非无条件，且以"合作平叛"为宗旨，但仍与皇权独尊的本质相抵牾，分割和转移了肃宗的最高权势。且正如赦文中"功莫大于中兴"一语所提示，中兴唐室具有重建肃宗政权合法性根基的重要意义，因此即使玄宗并无主动与肃宗争权之私心，分割平叛大权必然不为肃宗所乐见。肃宗急于用回纥收长安、放弃李泌直捣叛军河北老巢的北线平叛方略，与此心理有关。

正是在此背景下，可以看到共权时期肃宗对于唐王朝南部的动作，并不止于平定永王，还有一系列与之相先后的政治部署和人事任命。各种措置或与永王之乱存在某种关联，或与永王之乱并无关系，但本质上都是为了建立肃宗在王朝南部的独尊皇权，从而具有了对抗"共权"格局，尤其是与玄宗争控长江中下游沿线区域的性质。现代地理学中以今湖北宜昌市、江西九江市湖口县为长江上游与中游、中游与下游的分界点，其地分别对应唐代山南东道的夷陵郡、江南西道的浔阳郡彭泽县。为便于叙述，现以长江下、中、上游为顺序，依次考索除前文已提及者外，肃宗在共权时期对于长江沿线诸道的其他政治部署和人事安排，最后讨论相关措置对于重审玄肃之际权力更替的重要意义。

先看长江下游沿线的江南东道和淮南道（旁及中游诸道）。《资治通鉴》载至德元载八月，北海太守贺兰进明遣录事参军第五琦入蜀奏事，言江淮财赋可为军用，玄宗"即以琦为监察御史、江淮租庸使"。① 两个月之后的至德元载十月，《资治通鉴》又载：

① 《资治通鉴》卷218，唐肃宗至德元载八月癸未，第6992页。

第五琦见上（肃宗）于彭原，请以江、淮租庸市轻货，溯江、汉而上至洋川，令汉中王瑀陆运至扶风以助军；上从之。寻加琦山南等五道度支使。①

第五琦应是在赴玄宗江淮租庸使之职途中辗转改谒肃宗于彭原，② 十月得肃宗申命，始真正行使监察御史、江淮租庸使之职。值得注意的是所谓"寻加琦山南等五道度支使"。盖肃宗本意，是以第五琦构建一道从唐王朝东南部直贯西北抗敌前线的后勤运输生命线，故"山南等五道"中，当包含"江淮租庸"所在江南东西二道、淮南道和作为江汉漕运中转站的山南东道。度支使是中央财政最高长官，支度使则是隶属于度支司的地方财政长官。阴谋割据的永王璘及玄宗在《停诰》中所称诸道先有"节度等副使"，实际知诸道支度使事，故李锦绣认为肃宗此举乃是另辟蹊径，任琦为更高一级、专主数道的中央官度支使，"主要含有向江淮道支度使争夺财利的目的。道度支使在确定部分供军之时，也要将大部分庸调从支度使手中夺回来，将之运往灵武皇帝所在"。③

同样举措还有对刘晏任命：

禄山乱，避地襄阳。永王璘署晏右职，固辞。移书房琯，论封建与古异，"今诸王出深宫，一旦望桓、文功，不可致"。诏拜度支郎中，兼侍御史，领江淮租庸事。晏至吴郡而璘反，乃与采访使李希言谋拒之。④

精于吏治、反对玄宗和房琯的诸子分镇计划，应是刘晏被肃宗"诏拜度支郎中"的重要原因。揆之时间，似在第五琦被任命为山南等五道度支使之后。"度支郎中"为从五品上的中央财政官，"掌判天下租赋多少之数，物产丰约之宜，水陆道途之利。每岁计其所出而度其所用，转运征敛送纳，皆准程而节其迟速"，⑤

---

① 《资治通鉴》卷 219，唐肃宗至德元载十月癸未，第 7001—7002 页。
② 李碧妍：《危机与重构：唐帝国及其地方诸侯》，第 396 页。
③ 李锦绣：《唐代财政史稿》第 4 册，北京：社会科学文献出版社，2007 年，第 47 页。
④ 《新唐书》卷 149《刘晏传》，第 4793 页。
⑤ 《旧唐书》卷 43《职官志二》，第 1827 页。

正与掌山南等五道度支使的第五琦形成配合。至于刘晏"领江淮租庸事"，当是由第五琦"江淮租庸使"改任而来。至此，玄宗对于第五琦的原始任命完全消解，长江中下游的财政大权基本转入肃宗君臣之手。

军政大权同样如此。淮南道方面，高适参与平定永王不久，因"李辅国恶适敢言，短于上前，乃左授太子少詹事"，[1] 但随后的节度使邓景山仍由肃宗派出，且一直履职到上元二年（761）；新置淮南西道节度使，亦由彼时受命合讨永王的来瑱继续坐镇至乾元元年。江南东道方面，三节度之一的江东节度使韦陟在永王乱平后被召回，乱中始终站在肃宗一边的吴郡太守、江东采访使李希言继续留任至乾元元年。

特别值得一提的是肃宗对于丹阳郡江宁县的处置。江宁不仅为永王东巡所宣称的"移镇"之地，且后来确实一度为永王所进据。故《旧唐书·肃宗纪》"至德二载"载：

> （正月）辛酉（十二日），于江宁县置金陵（江宁）郡，仍置军，分人以镇之。[2]

这一措置意图很明显，就是要切断永王据金陵负隅顽抗的后路，彻底瓦解其"如东晋故事"的阴谋。诸将贰璘反正时，浑惟明所奔之地正是江宁，故安抚浑惟明与置郡分军当是同步进行，甚至所置之军中很可能包含可就地利用的浑惟明军队。乾元元年改江宁郡为昇州，肃宗又"割润州之句容江宁、宣州之当涂溧水四县，置浙西节度使"，[3] 盖"以金陵自古雄据之地，时遭艰难，不可以县统之，因置昇州，仍加节制，实资镇抚"。[4] 数年后刘展之乱爆发，"昇州军士万五千人谋应展，攻金陵城，不克而遁"，[5] 设想与永王璘的"东晋故事"如出一辙。之所以"不克而遁"，大概是由于肃宗提前布置大军镇守

---

① 《旧唐书》卷111《高适传》，第3329页。
② 《旧唐书》卷10《肃宗纪》，第245页。
③ 《旧唐书》卷40《地理志三》，第1584页。
④ 《太平寰宇记》卷90《江南东道二》，北京：中华书局，2007年，第1782页。
⑤ 《资治通鉴》卷221，唐肃宗上元元年十一月甲午，第7099页。

的缘故。

接着看主要位于长江中游的江南西道和山南东道东半段。皇甫侁因擅杀永王被弃用后，豫章太守、江西采访使一职由江东采访使李希言的副手元载接任，沈文君认为，今存贾至《授元载豫章防御使制》一道纪其事，制文中新加的"豫章防御使"，当是为稳定永王之乱后的江西局势而设。① 《会稽掇英总集·唐太守题名记》载："崔寓，至德二年自江夏郡太守授（会稽郡太守），其年六月改给事中。"② 则崔寓至德二载初已为江夏郡太守，疑即是取代立场一度遭肃宗怀疑的江夏太守董某。

前曾论及，玄肃二帝很可能在互不知情的情况下，分别任命魏仲犀与崔伯阳为襄阳太守。至德二载初，鲁炅被贼将田承嗣围困于南阳，"颍川太守来瑱、襄阳太守魏仲犀合势救之"，③ 则似是玄宗任命最终胜出，但很快肃宗作出回应。《旧唐书·鲁炅传》载：

> 至德二年五月十五日，（鲁炅）率众持满傅矢突围而出南阳，投襄阳……朝廷因除御史大夫、襄阳节度使……十二月，策勋行赏，诏曰："特进、太仆卿、南阳郡守、兼御史大夫、权知襄阳节度事、上柱国、金乡县公鲁炅，蕴是韬略，副兹节制，竭节保邦，悉心陷敌。表之旗帜，分以土田。可开府仪同三司、兼御史大夫，封岐国公，食实封二百户，兼京兆尹。④

《文苑英华》卷 409 存贾至为肃宗所作《授鲁炅襄阳郡防御使制》一道，沈文君已从鲁炅守南阳之经历论其与此处记载相合。⑤ 唐人以御史大夫为"亚相"，制中所谓"宜加亚相之任"，即"除御史大夫"。至于制题中"襄阳防

---

① 郁贤皓：《唐刺史考全编》，第 2251—2252 页；沈文君：《贾至研究》，第 87 页。
② 孔延之编：《会稽掇英总集》卷 18，景印文渊阁《四库全书》第 1345 册，第 151 页下栏。
③ 《旧唐书》卷 114《鲁炅传》，第 3362 页。
④ 《旧唐书》卷 114《鲁炅传》，第 3362—3363 页。
⑤ 贾至：《授鲁炅襄阳郡防御使制》，《文苑英华》卷 409，第 2072 页下栏—2073 页上栏；沈文君：《贾至研究》，第 86 页。

御使"与《旧唐书·鲁炅传》"襄阳节度使"的差异，略不可解。可能是先授予襄阳防御使（例由襄阳太守兼任），后升级为襄阳节度使，《旧唐书·鲁炅传》是取更重要的后职而叙之。至此襄阳方面的负责人再度变更为肃宗系人物，且一直持续到本年十二月策勋行赏，即玄、肃二帝返宫，共权格局完全瓦解之后。

再看位于长江上游的山南东道西半段和山南西道。与玄宗任命魏仲犀、刘汇同一天，肃宗发出一道由贾至制作的《嗣道王炼云安等五郡节度等使制》：

> 敕：卫尉少卿嗣道王炼，简约忠谅，既直而温。镇守南服，黎人用义。且三峡艰阻，四方多虞，按抚缉熙，宜分权总，俾尔揽辔，固兹磐石。可充云安、夷陵、南浦、南平、巴东等五郡节度采访处置防御等使。（至德二年正月五日）[1]

刘禹锡《夔州刺史厅壁记》载，"至德二年，命嗣道王炼为太守，赐之旌节，统峡中五郡军事"，[2] 与此制合。所命云安（夔州）、夷陵（峡州）、南浦（万州）、巴东（归州）四郡皆属山南东道，位于江陵西面，本道西南部；南平（渝州）属于山南西道。五郡均分布于长江上游沿线，并且基本相续连成一线，只在南平和南浦之间隔了南宾（忠州）、涪陵（涪州）二郡。《旧唐书·地理志》："至德元年，于云安置七州防御使。"[3] 此七州盖谓贞观十四年（640）以夔州为都督府时所督归、夔、忠、万、涪、渝、南七州，恰在长江上游连成一道通贯的沿江防线，要旨在于防范叛军南下。而《嗣道王炼云安等五郡节度等使制》的措置，应是在七州防御使的基础上，对所辖区域加以调整（增夷陵，减南宾、涪陵、南州），并增加节度、采访、处置等使而成。这一改措恰值永王引兵东下之后的第十天，无疑还含有预防永王起兵可能诱发长江上游地区动荡的考量。由南平往西，就进入到玄宗大本营所在的剑南道，故肃宗的部署客观上还起到压缩玄宗势力范围的作用。

---

[1] 贾至：《嗣道王炼云安等五郡节度等使制》，《唐大诏令集》卷38，第176页。
[2] 刘禹锡：《夔州刺史厅壁记》，《刘禹锡集》卷9，北京：中华书局，1990年，第107页。
[3] 《旧唐书》卷39《地理志二》，第1555页。

　　肃宗还有一系列面向唐王朝南部政区的易名和人事调整。如至德二载二月，改山南西道安康郡为汉南郡，安康县为汉阴县，淮南道同安郡为盛唐郡；同年八月，改剑南道交川郡尚安县为万全县；九月，于江南西道浔阳郡置至德县，改宣城郡绥安县为广德县，又改岭南道安南都护府为镇南都护府，安城郡为岭方郡，郡下渌安县为渌水县，并改南海郡宝安县为东莞县，开阳郡安南县为镇南县，恩平郡齐安县为恩平县，感义郡安昌县为义昌县。在岭南道，至德元载冬留下肃宗诏命南海长史楚璆"可守南海长史兼卫尉少卿，余如故"的痕迹。① 此外又有数道包含南部在内的全国性的制敕颁行，如至德二载正月三日《诫示诸道制》、二月八日《遣使安抚制》、四月八日《搜访天下贤俊制》。②

　　考察唐王朝南部权力格局的变化，仅措意于肃宗的行动是不够的，还需要对比同一时期玄宗的动作。任士英认为，《明皇令肃宗即位诏》中二元格局由衰竭而解体的过程始于玄宗重归京师之后，并初步梳理共权时期玄宗行使权力的文献记载情况。③ 但"二元格局"的概括是就共权时期玄宗仍然实际行使权力的一般情况而言，并未充分注意到传位诏权力分配中的"空间结构"，即玄宗的处置权事实上主要针对王朝南部地区。今在任书基础上略作增补（第 3、5、9 条为笔者所补），如表 1 所示。

① 贾至：《授第五琦殿中侍御史等制》，《文苑英华》卷395，第 2006 页下栏。系年据沈文君《贾至研究》（第 63—64 页）。
② 唐肃宗：《诫示诸道制》《遣使安抚制》《搜访天下贤俊制》，《唐大诏令集》卷 110、115、103，第 572、603、522—523 页。
③ 任士英：《唐代玄宗肃宗之际的中枢政局》，第 303、290—293 页。任氏将《资治通鉴》所载至德元载八月玄宗以琦为监察御史、江淮租庸使亦列入，但《资治通鉴》卷218 实将此事置于玄宗知肃宗灵武自立并颁下传位诏之前（第 6992 页）。《旧唐书》卷 99《张九龄传》又载玄宗在蜀期间思九龄之先觉，下诏褒赠为司徒，遣使就韶州致祭（第 3100 页）。《全唐文》卷 38 据之收于玄宗下，题《赠张九龄司徒诰》（第 410 页上栏）。任氏亦据之列入。然其中追赠司徒一项实为德宗时事，陈尚君于《全唐文补编》卷 50 中改系于唐德宗李适名下，并易题中诰为诏字（第 602 页）。故今另据徐浩《唐尚书右丞相中书令张公神道碑》列表。

表 1　玄宗肃宗共权时期玄宗行使权力情况表

序号	时间	内容	出处	诰文存佚
1	至德元载八月二十一日	停颍王、永王、丰王节度使,令交付兵马	《停诰》(《唐大诏令集》卷36)	存
2	至德元载九月	赐张良娣七宝鞍	《资治通鉴》卷218	佚
3	约至德元载九月	以前襄阳太守李峘为武部侍郎	《旧唐书·李峘传》	佚
4	至德元载十月	以武部侍郎李峘为剑南节度使,命颍王璬、陈王珪及延王玢诣肃宗宣慰	《资治通鉴》卷219	佚
5	至德二载正月甲寅	以将作少监魏仲犀为襄阳、山南道节度使,永王傅刘汇为丹阳太守兼防御使(存疑)	——	——
6	至德二载正月	以宪部尚书李麟同平章事,命崔圆奉诰赴彭原	《资治通鉴》卷219	佚
7	至德二载正月	下诰旌表天下孝友悌行著乡闾者	《旧唐书·肃宗纪》	存
8	永王之乱期间	降永王璘为庶人,房陵安置	《新唐书·玄宗纪》	存
9	永王之乱期间	除权皋监察御史	《旧唐书·权德舆传》	佚
10	至德二载五月庚申	诰追赠故妃杨氏为元献皇太后	《旧唐书·肃宗纪》	存
11	在蜀期间	遣使就韶州致祭已故宰相张九龄	《唐尚书右丞相中书令张公神道碑》(《全唐文》卷440)	佚
12	在蜀期间	恩加崔氏朝散大夫、著作佐郎,其夫人李金授陇西县君	《唐朝散大夫行著作佐郎袭安平县男□□崔公夫人陇西县君李氏(金)墓志铭》(《全唐文补遗》第4辑)	佚
13	太上皇时期	敕书锡赉右龙武大将军章令信,恩命稠叠	《故武都侯右龙武军大将军章(令信)府君墓志铭》(《唐代墓志汇编》乾元○○六)	佚

以上措施大体可分为四类。第一类是以旧臣、亲王赴肃宗行在（第 4、6 条），其逻辑与下传位诏之后令宰臣韦见素、房琯等使灵武册立肃宗是一样的，旨在扶持肃宗小朝廷的成长，为旧臣及亲王自身的政治前途谋出路，同时含有学界所普遍认为的，向肃宗新朝渗透自身影响力的意图。第二类是对后宫、大臣、孝友悌行著乡闾者的追赠褒奖（第 2、7、10、11、12、13 条）。第三类是对蜀郡亲信和士人的任命，即对李麟同平章事、李峘武部侍郎及剑南节度使、权皋监察御史的除授（第 3、4、6、9 条）。可以看到，第一、二类涉及的政治空间为中央朝廷（肃宗行在），且第一类并非人事任命，第二类追赠褒奖均非朝中军政要务，基本无关紧要；第三类为军政要务，但所涉及地区是玄宗行在所在及中央朝廷，

与长江中下游无关。第四类是围绕永王之乱作出的措置（第 1、5、8 条），直接关乎长江中下游，但如前文已述，它们实际上于肃宗有利而无害，不宜径视为争权。

如此看来，除去与永王之乱相关的几个措置，共权时期玄宗在长江中下游地区基本处于"失语"状态，与肃宗对该地区的强力渗透和控制形成鲜明对比，甚至连对玄宗而言最为敏感的长江上游地区亦遭到肃宗权力触角的侵入。迄两京平定，肃宗以"自请归东宫以遂子道"为由奉迎玄宗回銮时，玄宗下诰答云：

> 当与我剑南一道自奉，不复东矣。①

背后不仅反映出玄宗对自己返宫后命运的忧虑，更折射出在玄宗设定的真正交付出全部最高权力的时限之前，肃宗基本完成对于唐王朝南部权力格局的重塑。玄宗在传位诏中意欲保留的对于"与此便近，去皇帝路远"之地区的处置权，实际上只剩下所在的剑南一道了。而仅存的一道，也在玄宗离蜀返京之后不久被肃宗以裂分为东、西两川和派遣亲信出镇的形式迅速接管。至此，玄宗在王朝南部的影响力被荡涤殆尽，共权格局彻底走向终结。

本节实际上还埋下一个颇为棘手的问题，即上述所谓肃宗的措置，有无可能本出于玄宗，而被肃宗通过"申命"或其他形式占为己有？首先应看到，直接关乎长江中下游命脉，对于永王之乱的诸种布置与后续安排，皆出于肃宗，与玄宗无关。至于其他措置，尤其是对长江上游诸道的一些安排，确有可能出于玄宗，但经过肃宗"申命"的改造。

《旧唐书·玄宗纪》自记玄宗命房琯等人使灵武册立肃宗之后，即直接跳到次年两京克复、銮舆返京事，其间关于玄宗在蜀中一年左右的政治活动全部失载。学界对此有两种解释：一是认为玄宗的政治举措根据制诰相悉的原则，被备案于有关肃宗的档案中，此后被不明玄肃之争隐幽的史官编入《肃宗实录》;② 二是认为肃宗方面事后刻意将玄宗诰令点窜改易为肃宗诏命，同时删除《玄宗实

---

① 《新唐书》卷 139《李泌传》，第 4634 页。
② 李碧妍：《危机与重构：唐帝国及其地方诸侯》，第 413 页。

录》的相关记载，① 于是出现以玄、肃两《实录》或唐《国史》为史源编成的《旧唐书·玄宗纪》阙载，而《肃宗纪》反而出现玄宗之措置的情况。实际上，玄宗之措置被编入《旧唐书·肃宗纪》的形式有三种，一是前述司马光所谓"申命"，《授李峘武部侍郎制》《授卢虚舟殿中侍御史等制》的发覆印证了申命之说的真实性。二是直接将作为主语的"玄宗"隐没。目前只看到一条，即至德二载五月所谓"庚申，诰追赠故妃杨氏为元献皇太后"，诰文尚存于《旧唐书·玄宗元献皇后杨氏传》中。② 此或是因为由玄宗本人追赠更能凸显肃宗生母杨氏的荣耀及玄宗对肃宗的看重，故没有被"申命"改造，但同时留下"诰"、"故妃杨氏"等无法完全融入《肃宗纪》书写体例的字眼。三是直接以"上皇"为主语叙述玄宗在蜀中的政治活动，计有四处。说明两点：一是《旧唐书·玄宗纪》的阙载，确为囿于正统意识的官方有意造成，目的在于避免历史书写层面出现"国有二主"、"政出二君"的反常情况；二是肃宗对当时玄宗的诰令采取两种不同处理措施，即凡四海军郡的人事任命均通过"申命"形式统归于新朝，而不影响皇权独尊的追赠褒奖之类则保留诰令的最终处置权。

"申命"之制对于肃宗具有特殊意义。玄宗传位诏建立了"肃主玄辅"的复合型结构及制诰相悉的原则，但未消除南北两个中心的二元并立，也没有解决一旦玄肃二帝发生矛盾或诏令因制诰互通存在的时间差而产生冲突之时，谁将行使最终的决定权问题，无论对于平叛大局还是肃宗的独尊皇权都是不利的。在无法强行剥夺玄宗发诰实权的前提下，如何从形式上解决中央分裂与最终决定权的归属问题，成为摆在肃宗君臣面前的一道难题。申命之制正是在此背景下被制造出来。一方面，它保证对玄宗传位诏的完整接受，维护了肃宗自立政权的合法性根基，同时不会引起摩擦冲突，因玄宗发诰处置的结果未被改变，只是被"继承"了过来；另一方面，它又从文书行政制度上将最终决定权收归肃宗所有，消弭了同一时期唐廷内部"国有二主"、"政出二君"的反常情况，建立一个形式上"一元"的皇权和中央。足见申命之制为肃宗君臣的一大创造。

与申命之制相关的还有肃宗对于玄宗成都行在性质的看法。在前引贾至代笔

---

① 林云鹤：《唐代山南道研究》，博士学位论文，上海师范大学人文传播学院，2018 年，第140—142 页。

② 《旧唐书》卷10《肃宗纪》，第246 页；卷52《后妃下·玄宗元献皇后杨氏传》，第2184 页。

肃宗写下的《授李峘武部侍郎制》中，肃宗称玄宗驻跸之地为"益州之政"，又称李峘行武部侍郎是"小司马之职，连率之重，兼而处之"，检《汉书·王莽传》："莽以《周官》、《王制》之文，置卒正、连率、大尹，职如太守。"[①] 李峘以中央官武部侍郎之职（"小司马"）而理地方要政（"连率之重"），故曰"兼而处之"。可见肃宗是以"地方"而非中央看待玄宗行在，且李峘武部侍郎之编制亦来源于肃宗新朝而非玄宗小朝廷。

史载"上（肃宗）自散关通表成都，信使络绎"，[②] "时肃宗在凤翔，每有大除拜，辄启闻"，[③] 玄宗下诰以李麟同平章事总行百司后，曾命崔圆奉诰赴彭原。说明玄肃二帝比较严格地遵行"诰制所行，须相知悉"原则，玄宗不可能不知晓肃宗申命之制及其对成都行在态度。但是基于国家根本利益的考量和对既成事实的无奈，玄宗始终以妥协姿态默许、配合着肃宗，与传位诏中"肃主玄辅"的复合型结构相一致。易言之，在当时所谓二元格局之下，存在着一个贯穿于两个权力中心的"政治默契"，实质是玄肃二帝对由申命之制构建起来的、形式上"一元"皇权和中央的共同认可与维系。

现在回到最初的几个问题。首先，经由申命之制的发覆，可以发现学界对《旧唐书·玄宗纪》阙载的两种解释都不正确。官方并非不明真相的误收，亦非刻意篡改，而是"名正言顺"的。通过"申命"程序，玄宗的任命都需要肃宗确认后才具有法律效力，使肃宗获得了最终决定权。根据"申命"的诏书收入《旧唐书·肃宗纪》而非《玄宗纪》，本就无可厚非，而且理当如此。现在尚可看到共权时期玄宗的诰令原文，除《停颍王等节度诰》和《降永王璘庶人诏》，皆为追赠褒奖之类，关于四海军郡人事任命者均已不存（详表1），或许正是这样的原因。即经过"申命"之后，玄宗诰令已失去法理上的最终依据，也就没有存档必要，因而被肃宗方面删落了。其次，由于申命之制存在，即使肃宗对长江中下游的措置确有少量原出于玄宗，也不影响结论，因为肃宗通过"申命"之制介入、共享了这一权力。在此意义上，长江中下游权力格局的重塑是玄肃二帝共同"合作"的结果。

---

① 《汉书》卷 99 中《王莽传中》，北京：中华书局，1962 年，第 4136 页。

② 《资治通鉴》卷 219，唐肃宗至德二载二月，第 7018 页。

③ 刘肃：《大唐新语》卷 8，北京：中华书局，1984 年，第 122 页。

余　论

学术史将永王东巡与玄肃关系的讨论纠缠在一起的关节在于后者，即往往从斗争冲突的视角看待玄肃关系，不仅《普安制》颁布隐含着玄宗对太子李亨的压制，永王东巡也成了玄宗制衡肃宗的筹码；而"以璘制亨"说的出现，又进一步助推"永王非逆"说的形成。最终一种与旧史迥不相同的历史叙述取代传统认知，成为今日学界主流看法。但是，当上述几个观点及其结构性联系被一定程度上破除之后，总括性地重审和说明最为关键的玄肃关系成为本文题中应有之义。

一言蔽之，玄肃关系以彼此妥协、合作并最终达成权力的顺利交接为宗旨，即"肃主玄辅"结构，这是在玄宗《明皇令肃宗即位诏》中就已定下的调子。它决定了玄肃的摩擦冲突始终被限定在一个相对可控范围之内，没有走向你死我活的皇权斗争。当玄宗以传位诏承认肃宗灵武自立的事实，并自甘扮演一个具有依附性质的辅助型角色之后，要维系一个相对平衡的二元权力结构，只能通过肃宗的"良心发现"，自觉退出唐王朝南部的权力世界，将玄宗在传位诏中自我限定的"奏报难通"及"四海军郡，先奏取皇帝进止"的条件削除是根本不可能的。因此，所谓"玄肃之争"是一个玄宗试图在传位之时为自己保留部分最高权力，但又不得不在肃宗集中皇权的攻势及维系国家根本利益考量下，不断妥协退让，直至交出全部最高权力的过程。就此回答了本文一开始的一个问题，即玄肃之争并非如论者所言"完全是当代学者在后见之明视阈驱动之下的学理建构"，其存在仍然是真实的。只不过存在的方式相对有限与柔和，与我们惯常所理解的针锋相对乃至你死我活的权力斗争不大相同罢了。

中国自周代就确立立嫡长的王（皇）位传承制度，但皇位传递平稳与否，本质上不取决于制度本身，而取决于维系制度运转背后的"帝王—外缘"权力结构。当皇权足够独尊强固，皇位传承便可依照皇帝意志及与之相配套的制度正常运转，朝政局势往往和平稳定；当帝王本人的健康状况、个人能力或统治策略出了问题，或帝王对于子嗣、宗室、外戚、宦官、权臣等"外缘势力"的控制力削弱，就会引发皇位传递不稳乃至皇权旁落。中国历史上几乎所有王朝内部的皇位更迭，都经历过平稳与波动两种形态，罕有全为平稳或全是波动的。

与后世宋、明、清代的皇位传承整体上趋向于平稳不同，"唐代皇位之继承常不固定，当新旧君主接续之交往往有宫廷革命"。① 正因易位之际"帝王—外缘"的制衡结构遭到破坏，皇权失去对于外缘势力的控制力。玄肃之际的权力递嬗亦不例外。入蜀途中分兵太子、分封诸子，意味着玄宗放弃开天以来"防闲禁锢"的强力掌控政策，埋下皇权分裂的隐患。即使没有肃宗自立及永王之乱，恐怕也会出现别的"外缘势力"冲击皇权和皇位正常传递。

玄肃之际的权力递嬗亦有一特殊性。陈寅恪认为，玄宗朝为"关中本位政策"崩坏之转折点，此前操持关中主权者即可宰制全国，故中央革命能成功，此后地方革命亦能成功。唐前期太宗、中宗、玄宗等历次政变皆属于"中央革命"性质，永王之乱与肃宗自立，则发生于"关中本位政策"完全崩解、安史之乱爆发的特殊节点上，政治革命的策源地不是宫廷而是地方，所依靠的也不再是"玄武门之得失及屯卫北门禁军之向背"，② 而是包含出镇北上之后募集组织起来的地方军队和政治集团。由此观之，玄肃之际的权力递嬗实为唐前期"宫廷政变"与唐后期"地方革命"的混合物。它预示着唐代政治革命从前期的中央革命向后期地方革命转变的趋势，以及唐王朝一百多年后被自下而上的地方政治革命埋进坟墓的最终命运。

本文最后尝试从方法论层面对学术史略作省思。客体现实经由写作被转化为人所共见的"历史记载"往往经过三道程序的过滤：一是信息掌握、个人记忆、知识能力等条件性因素；二是写作技术上的处理；三是基于某种意图或立场产生的倾向性，由此形成条件性、技术性、意图性三种模式的历史写作。历史记载的矛盾参差正是三种模式综合作用的结果。越是动荡不安的时代，三种模式受到的干扰就越大，史料记载的矛盾参差就越显著，对学者综合考量能力的要求也就越高。

以此反观"永王非逆"说及玄肃之争（含"以璘制亨"说）视野下的史料处理，很难看到除意图性写作外条件性与技术性的考量。如玄宗到过汉中郡并命永王出镇之事不见载于《旧唐书·玄宗纪》及《资治通鉴》，冈野诚认为是肃宗

---

① 陈寅恪：《唐代政治史述论稿》，北京：三联书店，2001 年，第 236 页。
② 陈寅恪：《唐代政治史述论稿》，第 237、245 页。

为证明镇压永王合法性而刻意削除，① 完全没有考虑到也许只是一种对于同质性材料的"整齐化"处理，并无特别深意。再看下面材料中的一个例子：

表 2　不同文献记载中的《銮驾到蜀大赦制》

《册府元龟》卷86《帝王部·赦宥第五》	《旧唐书·玄宗纪》
朕以薄德,嗣守神器,何尝不乾乾惕励,勤念苍生。至于水旱或愆,则祷祠请罪;边鄙微扰,则斋戒思过。聿来四纪,人亦小康,盖祖宗之灵,卿大夫之助也。是以推心将相,不疑于物。而奸臣凶党,负信背恩,创剥我黎元,暴乱我函夏,皆朕不明之过,岂复尤人哉? 杨国忠厚敛害时,已肆诸原野;安禄山乱常构祸,尚逭其斧钺。朕用巡巴蜀,训励师徒,<u>命元子北略朔方,诸王分守重镇</u>,合其兵势,以定中原。将荡涤烦苛,大革前弊,思与亿兆,约法惟新,上以奉宗庙神祇,下以宁华夷动植。可大赦天下。其天宝十五载八月一日昧爽已前,大辟罪已下,常赦所不免者,咸赦除之。自兵兴已来有破家者,一切与雪。流人一切放还。左降官各还旧资。内外文武官节级赐阶爵。安禄山胁从官有能改过自新背逆归顺,并原其罪,优与官赏。	朕以薄德,嗣守神器,每乾乾惕厉,勤念生灵,一物失所,无忘罪己。聿来四纪,人亦小康,推心于人,不疑于物。而奸臣凶竖,弃义背恩,剖剥黎元,扰乱区夏,皆朕不明之过也。今巡抚巴蜀,训厉师徒,<u>仍令太子、诸王搜兵重镇</u>,诛夷凶丑,以谢昊穹;思与群臣重弘理道,可大赦天下。

有论者认为玄宗至迟在马嵬分兵时已有令肃宗北上朔方平叛之命,但在新旧《唐书》及《资治通鉴》等正史关于肃宗北上灵武的记录中被刻意抹除。恰好《册府元龟》所收《銮驾到蜀大赦制》有所谓"命元子北略朔方,诸王分守重镇"一句,在《旧唐书·玄宗纪》中被改写成"仍令太子、诸王搜兵重镇",少了玄宗命肃宗"北略朔方"的细节,于是论者认为这是肃宗方面的刻意抹除,原因在于肃宗要通过再造乾坤的大功来获得权力来源正当性,故要"刻意弱化玄宗在平叛中的作用",以构造出自己北上朔方平叛乃是出于自发而非玄宗指示的图景。②

此说实难成立。理由有二。其一,所谓"命元子北略朔方,诸王分守重镇",显是对半个月前《普安制》任命内容的总括。《旧唐书·房琯传》载贺兰进明进奏肃宗时称"(房)琯昨于南朝为圣皇制置天下",而接下来所引制文正是来自于《銮驾到蜀大赦制》(以下简称《大赦制》)中的"命元子北略

① 冈野诚:《论唐玄宗奔蜀之途径》,《第二届国际唐代学术会议论文集》,第1113页。
② 张驰:《唐国史对肃宗北上灵武事的历史书写》,《史林》2021年第2期。

朔方，命诸王分守重镇”，可证《普安制》与《大赦制》具有对应关系。相反，《大赦制》所述与所谓马嵬前后玄宗之命肃宗并无对应关系，那么《旧唐书·玄宗纪》改写《大赦制》原文，也就谈不上对马嵬之命的抹除了。此外，《普安制》除授太子的内容被新旧《唐书》及《资治通鉴》正式、完整载录，故《旧唐书·玄宗纪》改写《大赦制》亦非是对《普安制》相关内容的抹除，因起不到任何贬低玄宗的作用，除非把正史中关于《普安制》的记载也一并抹除。其二，《旧唐书·肃宗纪》载马嵬分兵时玄宗令高力士口宣于肃宗曰：“汝好去！百姓属望，慎勿违之，莫以吾为意。且西戎北狄，吾尝厚之，今国步艰难，必得其用，汝其勉之！”① 实已明载玄宗令肃宗北上之命，唯未具言所去之地为“朔方”而已。《资治通鉴》亦有相近记载。因此，论者所谓正史刻意抹去玄宗马嵬之命前提不成立，那么进而认为《旧唐书·玄宗纪》改写《大赦制》也是执行这一意图，岂不成了空中楼阁？其实，依论者逻辑，《旧唐书·房琯传》引《大赦制》原文足以证明，正史中玄宗对肃宗的马嵬之命未被完全削除，但这条反面材料却被论者区别对待地解释为“肃、代朝史官的遗漏”，未免令人困惑。

实际上，删改诏敕表疏等档案型文献入史，乃史籍著述之常例，主要出于省略篇幅、适配体例、统一文风等写作技术上的考虑，未必另有深意。如《大赦制》被载入《旧唐书·玄宗纪》即经过信息删落、内容括写、语词替换等环节，此对勘上表即可一一看出。“命元子北略朔方，诸王分守重镇”被改为“仍令太子、诸王搜兵重镇”，属于内容括写，与此制中其他被删改的内容一样，无非一种写作技术上的考虑而已。事实上在指出《大赦制》所述乃《普安制》的对应之后，从这句括写中也就不可能再找出深意。

历史写作中的技术性因素是广泛存在的，对史料“意图”的探求，首先要经过条件性与技术性视角的“拷问”，否则便易深文周纳，读出也许并不存在的东西，把“条件的历史”或“技术的历史”变成“意图的历史”。一般来说，史家记载典制文物，由于相对远离具体的人事纠葛、利益诉求和政治禁忌，主要体现

① 《旧唐书》卷 10《肃宗纪》，第 240 页。

为一种条件性和技术性的写作；① 记载人事政治则相反，在条件性和技术性基础上，往往充斥着意图性"幽灵"。但史家意图介入对于历史写作的影响又颇为不同，可粗分为"缘发"与"制造"两种类型。前者依缘于某种历史真实进行有倾向性的选择、叙述和发挥，其中既有真实的部分，也有对真实的修饰、损益和变形，是二者的混合体；后者通过嫁接、隐没乃至无中生有等手段构造一种全新的"纸上事实"，真实历史在其中完全或基本消失。中国史学有强调史家意图和立场的传统，如孔子的"微言大义"、司马迁的"究天人之际"、司马光的"资治"等，但与兴起于 20 世纪后半叶西方并于近年来在中国史学界蔚成潮流的"历史书写"不同，② 中国传统史学对主观意图和立场的强调，始终与客观记录历史的要求紧密绑定在一起，此即司马迁所谓"其文直，其事核，不虚美，不隐恶"的实录精神，③ 内在决定传统史学中的"意图性写作"主要体现为缘发型而非制造型。

反观玄肃之际权力嬗变的学术史，同样发现其中存在忽略缘发型，而将史家的意图过度推衍为"制造型"的现象。例如，关于玄宗共权时期人事任命的措置均被改系于肃宗，导致《旧唐书·玄宗纪》全部阙载的情况，学者即以肃宗方面事后的刻意改窜为解释，意味着肃宗是以胜利者的姿态，通过移花接木的手段制造一种从未有过的"纸上事实"。但申命之制的发覆，却使我们看到这些措置的改系，实际有着文书行政制度上的坚实理由，并非毫无根据的捏造，因此应属于

---

① 近来日本学者中村圭尔《六朝官僚制的叙述》（付晨晨译，《魏晋南北朝隋唐史资料》第 26 辑，武汉：武汉大学文科学报编辑部，2010 年，第 269—286 页）、徐冲《〈续汉书·百官志〉与汉晋间的官制撰述——以"郡太守"条的辨证为中心》（《中华文史论丛》2013 年第 4 期）等研究显示，典制文物的记载也可能附着有史家的意识形态观念。不过相对于人事政治而言，其意图性的渗透终究不可同日而语。

② 关于西方"历史书写"或后现代主义史学的代表性论著，参见《书写历史》第 1 辑（陈启能、倪为国主编，上海：上海三联书店，2003 年）。实际上，历史书写理论在经过西学内部的质疑批判之后，也出现要求与强调历史真实的传统历史编撰学融合的趋向，如美国德裔学者格奥尔格·伊格尔斯（Georg G. Iggers）所总结："确信过去的真实性，知晓历史认识中的主观性，遵循共同的理性尺度，容许历史阐释的多样性，或许将使我们比以往的'科学'史家更加了解历史。"（《历史编撰学与后现代主义》，李丽君译，《东岳论丛》2004 年第 6 期，第 24 页）

③ 《汉书》卷 62《司马迁传》，第 2738 页。

缘发型而非制造型。① 旧史中关于永王谋逆的记载同样呈现为缘发型，且看《旧唐书·永王璘传》中开头的一小段：

> 永王璘，玄宗第十六子也。母曰郭顺仪，剑南节度尚书（郭）虚己之妹。璘数岁失母，肃宗收养，夜自抱眠之。少聪敏好学，貌陋，视物不正。开元十三年三月，封为永王。②

有意择取肃宗"收养"永王之事，"貌陋，视物不正"叙述又饱含心术不正的暗示。这些细节出现，无疑为下文引出永王叛逆作铺垫，显示受到肃宗立场影响的深刻痕迹，后文"恣情补署"叙述同样如此。但"收养"、"貌陋"、"补署"的内核并非虚构，与纯粹"纸上事实"仍有不同。如果认定永王叛逆是肃宗制造的冤案，永王传记乃肃宗方面对官方史料档案进行系统篡改的结果，很容易导致怀疑的扩大化，从而遮蔽永王传记中的真实性内容。

〔作者黄鸿秋，上海师范大学人文学院古籍所讲师〕

（责任编辑：管俊玮）

---

① 同时也可能有着技术性考虑，即并载玄宗"初命"与肃宗"申命"无疑会给读者带来史料重复的困惑，也不符合历史写作的基本体例。故于取舍之中，最终站在了肃宗的立场。
② 《旧唐书》卷 107《玄宗诸子·永王璘传》，第 3264 页。

1926年调查治外法权委员会及其报告书研究[*]

吴文浩

摘　要： 五卅运动后，列强为缓和中国反帝废约运动带来的巨大压力，根据华盛顿会议决议召集调查治外法权委员会，但无意立即放弃在华治外法权。在各自母国授意下，外国委员虽不得不承认中国法律和司法改革的成绩，但着力渲染其不足而避谈治外法权弊端，并提出取消治外法权的各项苛刻条件。王宠惠等中国官员努力扩大委员会调查范围，成功抵制设立在华终审法院等可能强化治外法权制度的方案。《调查治外法权委员会报告书》是在美日等国报告草案基础上形成、服务于列强固守特权目标的文件。所谓法权调查结果在委员会集会前已大致确定，中国人民的合理愿望没有得到满足，废除治外法权的外交斗争进入新阶段。在中国共产党领导下，中国人民最终成功清除帝国主义在华各项特权。

关键词： 治外法权　废约运动　华盛顿会议　王宠惠　司注恩

1926 年在北京召集的调查治外法权委员会（英文通常写作 Extraterritoriality Commission 或 Commission of Extra-territoriality in China，下文简称"委员会"），是近代中国废除列强在华治外法权的一次重要尝试。因现存中文档案中并无多少与

---

* 本文系国家社科基金青年项目"蓝浦生使华时期资料整理、译介与研究"（21CZS078）阶段性成果。

委员会工作直接相关的内容，① 且委员会多数讨论处于秘密状态，报刊史料亦无法提供更多细节，中国学界对委员会的研究比较缺乏，长期仅限于利用《调查治外法权委员会报告书》（下文简称《报告书》）对委员会进行简要介绍评价。英、日学界由于学术关注点转移，亦长期忽视委员会。21 世纪以来，杨天宏、李启成、张丽等从外交史、法律史角度对委员会展开研究，但在委员会延期召集原因、内部工作情形、《报告书》形成过程及内容分析等方面均留下继续探讨的空间。② 本文主要利用美国国家档案馆藏调查治外法权委员会档案，结合英、日两国外交档案及王宠惠助手余绍宋③日记，以委员会工作流程和《报告书》起草过

---

① 委员会集会前曾讨论工作语言问题，但中文未被列为工作语言，因此委员会会议记录均为英文、法文。该会议记录在英、美、日等国外交档案中均有收录，南京及台北藏民国历史档案中则尚未及见。中方之所以缺乏与委员会直接相关的档案，可能是因为中方主持相关事务的王宠惠，是以修订法律馆及调查法权筹备委员会为主要幕僚机构，会议记录等文件均存于修订法律馆而非外交部，以致外交部不得不向王宠惠索取《报告书》（《请检赐法权会议报告事》，1926 年 10 月 14 日，北洋政府外交部档案，档号 03—34—008—04—007，"中研院"近代史研究所档案馆藏。本文所引北洋政府外交部档案除另有标注外，均藏于此机构）。北京政府覆灭后，修订法律馆档案逐渐遗失。

② 杨天宏：《北洋外交与"治外法权"的撤废——基于法权会议所作的历史考察》，《近代史研究》2005 年第 3 期；李启成：《治外法权与中国司法近代化之关系——调查法权委员会个案研究》，《现代法学》2006 年第 4 期；曹大臣：《试析 1926 年法权调查活动中的日本因素》，《民国研究》2010 年第 2 期；张丽：《英国与 1926 年法权调查会议》，《湖北社会科学》2019 年第 3 期；杨天宏、何玉：《法权会议期间美国的法界认知与对华外交》，《四川大学学报》2023 年第 5 期。研究中国废约史的两部力作——王建朗《中国废除不平等条约的历程》（南昌：江西人民出版社，2000 年）及李育民《中国废约史》（北京：中华书局，2005 年）均仅在介绍王宠惠提出的意见书后，简述《报告书》内容。英文论著中最重要者为 Wesley R. Fishel, *The End of Extraterritoriality in China*（Berkeley and Los Angeles: University of California Press, 1952），主要利用美国档案特别是委员会美国委员司注恩（Silas H. Strawn）的私人档案，详细分析美国治外法权政策。20 世纪 70 年代后，西方学界关于列强在华治外法权的研究陷入停滞。进入 21 世纪，西方学界受法律帝国主义、法律东方主义等理论影响，重新关注治外法权问题，不过更多是对列强在中国、日本、土耳其等国治外法权的比较研究。

③ 余绍宋是委员会集会期间王宠惠的主要助手。王宠惠回国后接受他的建议，计划设立调查法权筹备委员会办事处。余绍宋推荐钱泰任办事处处长，郑天锡任副处长，徐瑞征、梁敬镎、黄节等人参加，还主张设立高等顾问，由前任及现任外交总长出任，最终王宠惠与余绍宋决定任命郑天锡为处长。1925 年 12 月 8 日，北京政府宣布成立调查法权筹备委员会，委员包括全权代表王宠惠及现任外交总长、司法总长、法权讨论会会长等，聘

程为线索，展现中国与列强之间的多次交锋，进而探讨委员会和《报告书》在近代中国反帝废约、维护国家主权斗争史上的位置和作用。

一、委员会工作概况

委员会成立及行使职权的法律依据，是 1921 年 12 月 10 日华盛顿会议通过的《关于取消在华领事裁判权之议决案》（下文简称"华会议决案"）。该议决案规定美国、比利时、英国、法国、意大利、日本、荷兰及葡萄牙 8 国应在华盛顿会议闭幕 3 个月内各派一名代表组成委员会，"考察现在中国领事裁判权之实在情形及中国之法律并其司法制度及司法行政"，将考察情形及委员会"认为可以改良中国现在司法制度情形，并可以帮助中国政府关于编订法律及改良司法之各种建议，使各国可以逐渐或立时放弃其领事裁判权者"报告各国政府。中国在追加决议案中表示，拟派代表列席该委员会，并愿协助其完成工作。[①]

（一）委员会的成立及人员

受北京政府主动提议展期召集、美国未及时联络相关国家及临城劫车案、金法郎案等影响，直到五卅运动后，在中国反帝废约运动压力下，列强才不得不因应中国修约诉求，于 1925 年 9 月 4 日照复北京政府，同意落实华会议决案，召集关税特别会议与调查治外法权委员会。[②] 10 月下旬，美国政府通知北京政府，英国、比利时、荷兰、意大利、西班牙、葡萄牙、丹麦、瑞典、秘鲁、日本、法国、美国 12 国均同意于 12 月 18 日在北京召集委员会。[③]

请司法或外交人员为高等顾问或咨议。筹备委员会办事处设总务、编译、接待、议案四股。此后直到委员会正式召开，余绍宋等人几乎每日都在修订法律馆准备相关事宜。不过他因患病未全程参与委员会工作。

① 《华府会议通过关于取消在华领事裁判权之议决案》，1921 年 12 月 10 日通过，《外交公报》第 7 期，1922 年 1 月，"条约"第 31—36 页。

② 张丽：《接受还是拒绝？——列强对北京政府修约照会的反应》，《史学月刊》2013 年第 8 期。

③ The Secretary of State to the Minister in China (MacMurray) , Oct. 20, 1925, United States Department of State: *Papers Relating to the Foreign Relations of the United States* (*FRUS*), 1925, Vol. 1, Washington, D. C. : U. S. Governments Printing Office, 1940, p. 888. 另有事实上享有在华治外法权的挪威于 1925 年 11 月 20 日同意参会。

各国在会议开幕前，大体确定参会人员名单。根据华会议决案，各国参加委员会的人员应是法律专家，北京政府亦"深盼各国所派委员均系法律专家，俾便易于解决一切"。① 但美国无意"向各国提议，令其委派谁何"，解释美国是通过派遣律师参加，暗示各国应派遣律师等法律专家参会。② 北京政府外交次长曾宗鉴在会晤挪威驻华公使米赛勒（Johan Michelet）时，虽声称"对于他项人选亦无反对之表示"，但亦明示"中国政府之意甚希望各国派司法专家充任，以收驾轻就熟之效"。③ 最后，参与委员会的各国人员并非都是法律专家，不少人是外交或领事官员。具体名单如下：

美国：委员、芝加哥律师协会主席司注恩（Silas H. Strawn），顾问雅克博（J. E. Jacobs）、博金式（Mahlon Fay Perkins）。

比利时：委员、外交部法律股长德吕艾勒（J. de Ruelle），副委员、驻天津总领事王格森（A. Van Cutsem），秘书、驻华使馆秘书赛尔盖司（A. Senrgysels）。因德吕艾勒一直未赴华，王格森全程参与会议。

英国：委员、英国驻上海高等法院法官特纳（Skinner Turner），副委员康斯定（C. F. Garstin）。

丹麦：委员、驻华公使高福曼（H. de Kauffmann），副委员狄礼慈（L. P. Tillitse）。

法国：委员、法属印度支那法官屠僧（Toussaint），副委员、领事博德斯（Marcel Baudez）。

意大利：委员、驻上海总领事德乐时（G. de Rossi），副委员、驻华使馆翻译罗斯（G. Ros），秘书、驻华使馆参赞玛其斯脱腊的（Magistrati）。

日本：委员、特命全权大使日置益，副委员、外务省通商局长佐分利贞男，秘书包括公使馆一等书记官重光葵、公使馆二等书记官泽田廉三、外务省事务官守屋和郎及盐崎观三、司法省参事官三宅正太郎等。

---

① 《法权委员会事》，1925 年 9 月 14 日，北洋政府外交部档案，档号 03—34—008—01—011；《本会议决拟请设法关照各国务由法律专家选任来华考查函达查酌施行》，1925 年 9 月 16 日，北洋政府外交部档案，档号 03—34—008—01—013。

② 《法权委员会事》，1925 年 9 月 15 日，北洋政府外交部档案，档号 03—34—008—01—012。

③ 《法权委员会事》，1925 年 9 月 18 日，北洋政府外交部档案，档号 03—34—008—01—019。

荷兰：委员、荷属东印度汉务司安格林（A. D. A. de Kat Angelino）。

挪威：委员、驻华公使米赛勒。

葡萄牙：委员、驻华公使毕安祺（J. A. de Bianchi），然多由使馆参赞费南德斯（Luis Esteves Fernandes）代为出席。

西班牙：委员、驻华使馆参赞阿嘎拉（Acal y Marin）。

瑞典：委员、驻华使馆参赞雷尧武德（Carl Leyonhufvud）。

秘鲁：委员、驻日本横滨总领事伯伦提斯（Stuardo Pretice），但一直未参加委员会的工作，亦未在《报告书》上签字。

中国：全权代表王宠惠，副代表、法权讨论委员会委员长张耀曾，代理委员郑天锡，顾问石志泉、林行规，秘书刁敏谦、梁敬锌、张煜全、向哲浚等。[①]

王宠惠是被北京政府正式任命的全权代表，[②] 除日置益外，司注恩等外国委员则无此类授权，只有调查、研究、建议权，无法与中国直接谈判废除治外法权事宜。外国委员中，美、英、法三国委员均为法律专家，英、法委员均为法官。委员会主要由美、英、日、法四国委员控制，其他国家委员较少发挥作用。英国驻华公使麻克类（R. Macleay）和委员特纳因此对委员会工作持批评态度：

> 不幸的是，这么多在华拥有治外法权的国家，竟然没有对调查表现出多少兴趣，为此任命的委员会成员——一些甚至是公使馆秘书——很少了解此事的重要性。除这些绅士不是法律专家外，他们时间已完全被使馆日常工作和关税特别会议占用，这些工作在调查治外法权委员会开议之前就已开始，而且至少名义上，在委员会调查期间一直继续。

麻克类还批评欧洲小国没有给予主要列强多少"支持"，并抱怨米赛勒不称

① 「治外法権委員会出席ノ各国委員名簿送付ノ件」、1925 年 12 月 22 日、外務省編纂：『日本外交文書』大正 15 年第 2 冊下巻、東京：外務省、1987 年、第 874—875 頁；《英汉对照调查治外法权委员会报告书》，上海：商务印书馆，1926 年，第 6—11 页。其中所谓"专门委员"应为"技术顾问"（technical advisers），两份名单略有职务、人名出入。

② 《特派王宠惠为调查法权委员会全权代表此令》，1925 年 10 月 20 日，北洋政府外交部档案，档号 03—34—008—02—007。

职："米赛勒除了参加一些会议，没有参加实地考察及报告的起草，还告诉特纳爵士，他不能承担危及其建立的本国对华友好关系的风险，因此对中国政府反感或不能接受的、对中国司法制度的建议或批评，他不能签名。"①

美国委员司注恩是柯立芝（Calvin Coolidge）总统及凯洛格（Frank Billings Kellogg）国务卿的好友，同时担任关税特别会议的美国代表，被寄予厚望。② 但他被颜惠庆视作"一名'行动诡秘'的政客"，③ 麻克类批评他"对（会议）进展的缓慢及停顿感到不耐烦。他的疲惫及失望情绪影响其对委员会的态度，忘记华盛顿会议普遍认为完成委员会的调查及报告可能需要一年……他主要关心自己要尽早离开"。④ 司注恩否认以治外法权为中心的不平等条约体系是造成近代中国落后混乱的根源，认为不平等条约是"鼓动家用来激起中国人民，使其陷于批评的狂热和不稳定状态的一些政治口号"。⑤

委员会并未如期于 1925 年 12 月 18 日开幕，而是延至 1926 年 1 月 12 日。学界通常袭用 1925 年 12 月 16 日外交团致外交部照会及《报告书》的说法，认为战乱导致交通中断，部分委员无法及时入京。⑥ 这固然属实，如特纳于 1925 年 12 月 13 日自上海出发，受海上天气影响，18 日才抵达天津；又因京津铁路交通中断，直到 12 月 30 日才离津赴京。⑦ 因此，外交团首席公使、荷兰公使欧登科

① Sir R. Macleay to Sir Austen Chamberlain, Oct. 4, 1926, Ann Trotter, ed., *British Documents on Foreign Affairs*, *Reports and Papers from the Foreign Office Confidential Print* (*BDFA*), Pt. 2, Ser. E, Vol. 31, New York: University Publication of America, 1994, p. 219. 米赛勒最后还是在《报告书》上签字，关于挪威在华治外法权情况，参见吴文浩：《中智法权纠纷（1924—1925）——兼论近代在华享有治外法权的国家数目》，《民国档案》2018 年第 4 期。
② Wesley R. Fishel, *The End of Extraterritoriality in China*, p. 109.
③ 颜惠庆：《颜惠庆日记》第 2 卷，上海市档案馆译，1926 年 10 月 18 日，北京：中国档案出版社，1996 年，第 377 页。
④ Sir R. Macleay to Sir Austen Chamberlain, Oct. 4, 1926, *BDFA*, Pt. 2, Ser. E, Vol. 31, p. 219.
⑤ 马士、宓亨利：《远东国际关系史》，姚曾廙等译，上海：上海书店出版社，1998 年，第 697 页。
⑥ 《英汉对照调查治外法权委员会报告书》，第 7 页。王建朗、李育民等人论著中均采用这一说法。
⑦ Sir S. Turner to Sir Austen Chamberlain, Jan. 26, 1926, *BDFA*, Pt. 2, Ser. E, Vol. 30, p. 259.

（W. J. Oudendijk）要求延期举行开幕式，中方只能接受。① 但交通中断只是委员会推迟开幕的次要原因，更重要的原因是中外在委员会主席人选上存在分歧，实质则是中外对即将举行的会议性质存在不同认知，② 甚至影响双方对会议的称呼，中文文献中，委员会会议通常被简称为"法权会议"，《报告书》亦相应被称作《法权会议报告书》。"会议"与"委员会"之差异，不仅限于文字，更在于性质及权力，即 1926 年 1 月 12 日至 9 月 16 日召开的是专门工作委员会性质的"调查治外法权委员会"会议，还是如华盛顿会议那样具有国际会议性质的"法权会议"，其通过的《报告书》对相关国家是否具有约束力。

（二）中外不同认知与中国扩大委员会权限的努力

外交团以华会议决案为依据，认为在委员会正式成立后，中国才能派员参加。③ 因北京政府坚决反对，外交团才同意中国派员列席开幕式。④ 列强不认为此次会议是国际会议，中国也不是东道主国，坚持"此次会议，为一种调查之方式，且发动为美国"，反对中方人员出任委员会主席，支持由美国委员司注恩任主席。⑤ 外交部又要求王宠惠出任名誉主席，特纳还是不同意。经米赛勒提议，外交团及各国委员决定由中国司法总长担任名誉主席。⑥ 在日本斡旋下，中外就开幕式流程达成一致：王宠惠主持开幕式，中国司法总长马君武致欢迎词，日置益致答谢词，屠僧提名马君武任名誉主席，日置益提名司注恩任主席，毕安祺提

---

① 《调查法权委员会本月十八日开会各国所派委员未能全数到京请改期由》，1925 年 12 月 14 日，北洋政府外交部档案，档号 03—34—005—01—027；《京津交通梗阻各国调查法权委员请改期齐集请查照由》，1925 年 12 月 15 日，北洋政府外交部档案，档号 03—34—005—01—032。

② The Minister in China (MacMurray) to the Secretary of State, Jan. 11, 1926, *FRUS*, 1926, Vol. 1, Washington, D. C.: U. S. Governments Printing Office, 1941, p. 967.

③ 《关于调查法权委员会事请派代表进行由》，1925 年 12 月 21 日，北洋政府外交部档案，档号 03—34—005—02—021。

④ 《组织调查法权委员会事》，1925 年 12 月 24 日，北洋政府外交部档案，档号 03—34—005—02—033。

⑤ 《法权会议开幕式》，《顺天时报》1926 年 1 月 12 日，第 2 版。

⑥ 《函告调查法权委员会开会日期并附开会程序单由》，1926 年 1 月 9 日，北洋政府外交部档案，档号 03—34—006—01—008；Sir S. Turner to Sir Austen Chamberlain, Jan. 26, 1926, *BDFA*, Pt. 2, Ser. E, Vol. 30, p. 259.

议由中、英官员担任秘书长。① 1 月 12 日，委员会在居仁堂举行开幕式。② 熟悉此中情形的余绍宋感慨，"今日上午十一时调查法权委员会在居仁堂开成立会……其间周折甚多，几费唇舌始得开会"。③

　　列强反对中方人员担任委员会主席，正体现他们对委员会性质的认识，即委员会并非在中国举行的国际会议，各国委员亦非全权代表，无权代表本国政府作出关于治外法权的任何决定。北京政府此前亦认可此事，故无论是请求推迟或召集委员会，均与美国政府联络，请其负责主持。④ 受五卅运动影响，北京政府改变方针，在与美国政府商讨委员会召集日期时，表达扩大委员会权限的意愿，"委员会权限不仅限于报告、建议，并将实行废止之办法加以决定"。⑤ 1925 年11 月 9 日，驻美公使施肇基向美国国务卿凯洛格再次提出委员会权限问题，凯洛格仅表示委员会有权讨论中国的任何提议，然后委员们可一致向各国或分别向本国政府报告。⑥ 美国拒绝扩大委员会权限后，北京政府又试图在委员会结束后，再组织解决法权问题的专门国际会议，"至现在之法权调查委员会，并非国际会

---

① 「治外法権委員会第一回会議ヲ一月十二日開催ニ決定並ビ当日ノプログラム報告ノ件」、1926 年 1 月 10 日着；「法権会議開会運営方ニ関スル予備会議内容報告ノ件」、1926 年 1 月 12 日着；「治外法権委員会準備会ヲ日本公使館ニ催シ開会式プログラムヲ幾分変更シタル件」、1926 年 1 月 12 日着、『日本外交文書』大正十五年第 2 冊下卷、第 869、876、877 頁；The Minister in China（MacMurray）to the Secretary of State, Jan. 11, 1926, *FRUS*, 1926, Vol. 1, p. 967；《通知调查法权委员会令于本月十二日在居仁堂开会并具程序等事》，1926 年 1 月 9 日，北洋政府外交部档案，档号 03—34—008—03—005。

② 开幕式上的发言，参见「治外法權委員會開會式及第三回會議ノ議事録送付ノ件」、1926 年 1 月 22 日、JACAR（アジア歴史資料センター）、Ref. B07080569300、日本外務省外交史料館蔵。

③ 黄国平、余晓主编：《余绍宋日记》第 2 册，1926 年 1 月 12 日，北京：中华书局，2012 年，第 536 页。

④ 参见吴文浩：《民国时期的治外法权交涉（1919—1931）》，博士学位论文，北京大学历史学系，2019 年，第 126—128 页。

⑤ 《密询美政府对于司法调查委员会范围之意旨》，1925 年 9 月 9 日，北洋政府外交部档案，档号 03—34—008—01—004。

⑥ 《调查司法委员会事》，1925 年 11 月 9 日，北洋政府外交部档案，档号 03—34—008—02—008。

议，谓之为将来国际会议之预备会可也"。① 但列强均不同意将委员会扩权为国际会议，所以在开幕式后决定，"为强调本会只是委员会而非（国际）会议的事实，明天以后委员会所有的进展不会对媒体公开，最终报告也不会在此地公布，而是送回国内，供各国自行判断"。② 司注恩在主持会议时很注意会议性质问题，指出关税特别会议是在中国召开的国际会议，所以费用由中国承担；而委员会是负责调查的委员会，与关税特别会议性质不同，委员会秘书处的支出应由各国均摊。③

当时社会各界清楚委员会无权直接处理治外法权问题。如法权自主协进会将委员会视作"各国联合之观光团体，应根本否认其为撤废领事裁判权之前提，倘有妨碍撤废领事裁判权之行为，当拒绝其调查"，要求北京政府在两个月内召集撤废治外法权的国际会议，如列强拒绝，应直接宣布废除治外法权。④

在民众压力下，北京政府再次展开外交努力。1926 年 1 月 26 日、30 日，外交部两次训令施肇基，要求游说美国同意并向各国提出将委员会"扩充范围，即同时议定撤废办法"，劝告各国"于调查期内或将竣事时，畀各委员以决议全权

---

① 《王宠惠之重要谈话》，《京报》1925 年 12 月 24 日，第 3 版。

② The Extraterritoriality Commission, *The North-China Herald and Supreme Court & Consular Gazette*, Jan. 16, 1926, p. 90.

③ The Third Meeting of Commission on Extraterritoriality, Jan. 15, 1926, British Foreign Office Files (FO) 676/36, The National Archives (U. K.). 本文所引 FO 档案均藏于该机构。日本政府为参加委员会准备经费 79959 日元，参见「外务省所管在支治外法权委员会委员派遣二要スル经费外一件国库剩余金ヨリ支出ス」、1925 年 11 月 28 日、内阁『公文类聚』第四十九编・大正十四年・第二十六卷・财政门四・会计四（临时补给一～特别会计剩余金支出）、JACAR、Ref. A13100759000、国立公文书馆藏。根据麻克类后任英国公使蓝浦生（Miles Lampson）向北京政府外交部提供的账目，各国提供资金在 1378—1456 美元之间，其中日本提供经费最多，为 1455.97 美元，中国次之，为 1425.67 美元，其他各国均在 1380 美元左右，加上存在银行的利息及会议结束后售卖家具及打字机等设备，委员会收入总共为 18536.96 美元。支出则包括秘书处职员薪水、书记员报酬、文具、打字机、通信、交通（委员会外出考察司法的经费由中国政府负担，这里交通费用并不包括赴各地考察的费用）等，共计 18101.29 美元，结余 435.67 美元，北京政府收到其中 33.52 美元。参见《函送调查法权委员会账目结存中国应得余款，其余文卷应如何办理望示知由》，1927 年 8 月 31 日；《调查法权委员会余款支票如有错误希掷下，由本馆另行开送并请另行缮给正式收据由》，1927 年 9 月 3 日，外交部全宗，档号 11—99—06—28—156，台北"国史馆"藏。

④ 《法权自主协进会昨请王宠惠出席》，《顺天时报》1926 年 2 月 8 日，第 3 版。

或加派全权，俾本会有切实结果，不致以建议空言了事"。① 但美国政府明确拒绝，坚持委员会先完成报告书，然后中外再讨论修约问题。② 北京政府还与在京的列强外交官及外国委员联络，希望得到他们支持，亦未如愿。美国驻华公使马慕瑞（John Van Antwerp MacMurray）及司注恩等均坚持委员会只有调查建议的权力，强烈反对在委员会完成报告前扩大会议权限，更反对修改在华治外法权相关条约，认为中国要求实属"荒谬"。③

中国扩大委员会权限的努力以失败告终，委员会权限仍限于华盛顿会议决议的调查与建议权。委员会的工作亦围绕调查中国法律与司法、建议如何渐进撤废治外法权展开。

（三）中国扩大委员会调查范围的努力

北京政府一方面谋划将委员会改组为国际会议，另一方面退而求其次，力争扩大委员会调查范围。1926年1月16日调查法权筹备委员会参议开会，众人主张扩大调查范围。④ 前述1月26日给施肇基的电报中，北京政府提及扩大调查范围问题。⑤ 在1月30日电报中，外交部明确指示，"至扩充范围，查华府原议，本不限于领事裁判权，所有关于治外法权各项均在研究之列"。⑥ 王宠惠也要求外交部提供华洋诉讼案件及会审公廨、洋务公所等机构的资料。⑦ 2月26日，北

---

① 《法权委员会现在开始调查希美政府赞助》，1926年1月26日，北洋政府外交部档案，档号03—34—008—03—016；《法权会议事》，1926年1月30日，北洋政府外交部档案，档号03—34—008—03—018。

② 《法权会议中国提案美委员可接收但美政府不允给美委员全权》，1926年2月27日，北洋政府外交部档案，档号03—34—008—04—004；The Secretary of State to the Minister in China (MacMurray)，Mar. 2, 1926, *FRUS*, 1926, Vol. 1, p. 969.

③ Sir R. Macleay to Sir Austen Chamberlain, Mar. 16, 1926, *BDFA*, Pt. 2, Ser. E, Vol. 30, p. 344；The Minister in China (MacMurray) to the Secretary of State, Feb. 27, 1926, *FRUS*, 1926, Vol. 1, p. 968.

④ 黄国平、余晓主编：《余绍宋日记》第2册，1926年1月16日，第536页。

⑤ 《法权委员会现在开始调查希美政府赞助》，1926年1月26日，北洋政府外交部档案，档号03—34—008—03—016。

⑥ 《法权会议事》，1926年1月30日，北洋政府外交部档案，档号03—34—008—03—018。

⑦ 《各国在我国领土内所有华洋讼案及华人案件管辖处理办法亟待究查至所设会公堂等尤应查明根据所在及历来办理情形请查检成案送会查考由》，1926年2月2日，北洋政府外交部档案，档号03—34—006—02—005。

京政府训令施肇基向美国提出委员会的调查范围问题，认为除领事裁判权，还应包括"现在治外法权之惯例及其滥用，并逾越领事裁判权外人之特殊地位等"。① 对此，凯洛格在会见施肇基时未明确答复，而要求司注恩提供意见，并倾向于委员会应调查治外法权实践的各方面情形。② 马慕瑞和司注恩的意见是，应在华会议决案范围内，最大程度地开展调查；由于一些委员只同意严格遵照华会议决案进行调查，他们建议在中国委员提出该问题前，避免主动触及治外法权的其他情况。③ 马慕瑞在 2 月 26 日会晤外交总长王正廷时，表示美国赞成进行尽可能广泛的调查，但扩大委员会调查范围，涉及租界、会审公廨及税收等问题，故在征求各国委员意见前，不能给予准确答复。④ 美国国务院远东司司长约翰逊（Nelson T. Johnson）则表示，各国应同意中国提出调查治外法权的"种种习惯及滥用"，建议中国向委员会提出该问题。⑤

在向美国提议扩大委员会调查范围的同时，调查法权筹备委员会也开始研究列强除领事裁判权之外的在华治外法权。2 月初，余绍宋在日记中连续记载"入委员会研究各租界地成案"，"下午入委员会，研究租界外各处外人治理权问题"等情况。⑥ 在调查法权筹备委员会研究基础上，3 月 6 日，王宠惠会晤日方人员时，提出扩大调查范围问题，并指出中国人认识中的治外法权包括：（1）领事裁判权；（2）与领事裁判权不直接相关，但基于条约而产生的特殊权利，如外国人不缴纳市政税、印花税，日本在"满铁"附属地对中国人行使警察权，等等；（3）没有条约依据的对治外法权的滥用，例如巴西滥发国籍证书

---

① 《法权会议委员似可予以全权》，1926 年 2 月 26 日，北洋政府外交部档案，档号 03—34—008—04—003。

② 《法权会议事》，1926 年 2 月 1 日，北洋政府外交部档案，档号 03—34—008—04—001；The Secretary of State to the Minister in China（MacMurray），Mar. 2, 1926, *FRUS*, 1926, Vol. 1, p. 969.

③ The Minister in China（MacMurray）to the Secretary of State, Mar. 4, 1926, *FRUS*, 1926, Vol. 1, p. 970.

④ 「治外法権委員会ノ権限拡張等ニ開スル米国委員ト日英仏蘭委員トノ協議ニ関スル件」、1926 年 3 月 10 日着、『日本外交文書』大正十五年第 2 冊下卷、第 893 頁。

⑤ 《治外法权习惯问题事》，1926 年 3 月 12 日，北洋政府外交部档案，档号 03—34—008—04—006。

⑥ 黄国平、余晓主编：《余绍宋日记》第 2 册，1926 年 2 月 1 日、2 日，第 537—538 页。

给中国人，法国将无治外法权国的侨民登记为被保护人，上海租界会审公廨对德国等无治外法权国侨民为被告的案件施行管辖等。王宠惠表示，由于民众压力，北京政府处境艰难，希望列强同情并考虑中国要求。① 3 月 8 日，美、英、法、日、荷 5 国委员会商，除法国未表示意见、日本有所保留外，均赞成扩大调查范围。②

3 月 9 日，王宠惠与余绍宋、郑天锡等人研究确定"领事裁判权以外之法权问题提案纲目"。③ 3 月 16 日，调查法权筹备委员会"商扩充法权范围报告稿"。④ 3 月 23 日委员会第 10 次会议，王宠惠向委员会提出《对于在中国治外法权现在实行状况之意见书》，开篇指出根据华会议决案，委员会负责"调查在中国治外法权现在之实行状况"，而中方的立场是：

"在中国治外法权现在之实行状况"，其范围较"领事裁判权"为宽，实际上受治外法权之支配者，远出"领事裁判权"范围之外。盖照公认之国际公法惯例，应受中国法律支配之事，今不受中国法律支配而受治外法权之支配者甚多，此种现象或由于条约之规定，或由于条约条文牵强之解释，甚者，或丝毫无条约之根据。其原因虽不同，而有损于中国自主权则一也。

中方将侵犯属地管辖权者均视作治外法权，要求除"在华外人由外国官吏用外国法律审判"的领事裁判权外，委员会还应调查"中国政治上、法权上、行政上自由行动之现有各种限制"，认为治外法权共有如下八类。

（1）领事裁判权。此是中国自巴黎和会以来一直要求废除的。

（2）华人与享受领事裁判权之外人案件之审判。此条涉及观审与会审问题，北京政府只承认部分国家根据条约有观审权，不承认会审的合法性。

---

① 「治外法権委員会ノ権限等ニ関スル王寵惠ノ談話報告ノ件」、1926 年 3 月 8 日、『日本外交文書』大正十五年第 2 冊下巻、第 891—892 頁。

② 「治外法権委員会ノ権限拡張等ニ開スル米国委員卜日英仏蘭委員卜ノ協議ニ関スル件」、1926 年 3 月 10 日着、『日本外交文書』大正十五年第 2 冊下巻、第 893 頁。

③ 黄国平、余晓主编：《余绍宋日记》第 2 册，1926 年 3 月 9 日，第 541 页。

④ 黄国平、余晓主编：《余绍宋日记》第 2 册，1926 年 3 月 16 日，第 543 页。

（3）享受领事裁判权之外人与下列两种外人案件之审判：①无领事裁判权之外人；②与中国无条约关系之国之外人。以享有领事裁判权的外侨为原告、以与中国有条约关系但无领事裁判权国的侨民为被告的案件，北京政府拒绝承认原告国领事的观审权；以与中国无条约关系国家的侨民为被告的案件，如发生在上海租界，通常由会审公廨审理，外国领事陪审，中国表示反对；至于列强将这些外侨作为本国被保护人进行的审判，中国同样不能承认。

（4）会审公廨。指上海及厦门等地的会审公廨，"在法律上为中国之法庭，实际上已变为外国法庭矣"。

（5）外人房屋及船舶内庇护权。根据条约，如果中国人犯法逃往外国人的房屋或船只，中国须先通知屋主或船主国领事，甚至提交逃犯犯罪证据，才能要求屋主或船主交出逃犯，与国际法上有关庇护的原则不一致。

（6）给予外国国籍证书于中国人。外国领事向中国人发放国籍证书，接受中国船只或公司注册，使他们可以逃避中国法律管辖。

（7）外人免税。外国人曲解条约，拒绝向中国政府交税，在租界及铁路附属地内部分华人也"取巧免税"，导致中国财政收入受损。

（8）特别区域：①租界；②租借地；③北京使馆界；④铁路附属地。租界主权属于中国，却不受中国法律支配，特别是租界行政权及警察权掌握在外国人手中，损害中国行政之完整；部分租界的会审公廨损害中国的司法尊严及职权；承租国将租借地视作本国领土，设立法庭，管辖境内所有人；列强还曾以租借地为战场，中国连中立都难以维持；使馆界由各使馆派员管理，征收赋税、修筑道路桥梁、设置警察，中国人不能自由通过，几乎成为外国领土；日本在"满铁"附属地行使行政权，并设有军警。

王宠惠声明，"将来研究中如发见有上列各项以外之相关问题，随时提出"，指出这些情况"不啻于一独立国之主权中发生无数独立国之主权"，严重侵犯中国主权；以国际法中的情势变迁原则为由，要求根本改革中外不平等关系。①

---

① 《中国委员对于在中国治外法权现在实行状况之意见书》，《英汉对照调查治外法权委员会报告书》，第 298—309 页；Memorandum of the Chinese Commissioner on the Present Practice of Extraterritorial Jurisdiction in China, Mar. 23, 1926, *BDFA*, Pt. 2, Ser. E, Vol. 31, pp. 251 –256.

3 月 25 日，英、美、日、法、意、荷等 6 国委员在司注恩寓所讨论王宠惠的意见书。特纳执行英国政府指示，"鉴于任命书和指示的秘密条款，我很清楚英王陛下政府欢迎对调查范围作一广义解释，不希望我们局限于对华会议决案的狭义或者技术性解释"，因外国租界与治外法权紧密相连，主张将其列入调查范围，但并未坚持，而是更重视与其他列强保持一致。而法、荷委员反对第（7）、（8）项，法国尤其强烈反对将第（8）项列入调查范围。日本虽不愿改变"满铁"附属地现状，但在众人皆反对调查第（8）项情况下，日置益只是泛泛地表示赞同英国意见，应对中国的要求持宽厚态度。经讨论，6 国委员决定将第（8）项排除在调查范围以外。① 3 月 26 日，法国委员提出意见书，以华会议决案为由，反对把与行政及外交相关的第（5）—（8）项列入调查范围，英、美委员则赞同把第（5）—（7）项纳入调查范围。②

对此，4 月 28 日，王宠惠又向委员会提出《对于治外法权现在实行状况之补充意见书》。针对委员会拒绝讨论第（5）—（8）项的理由，即属于政治外交性质而非司法性质，王宠惠强调委员会要讨论的治外法权，"就其性质而论，本兼涉政治与法律，实难强为分别，若专就一方面研究之而不顾及其他方面，其结果必致多数与治外法权有关之问题，依然不能解决"，建议既然《报告书》没有束缚各国的效力，委员会应对相关问题进行公正研究，以利于中外关系改善。他还提请委员会研究"外人在通商口岸以外之营业及居住"即内地杂居权问题。③ 但

---

① Memorandum, Mar. 9, 1926, *BDFA*, Pt. 2, Ser. E, Vol. 30, p. 345；The Minister in China (MacMurray) to the Secretary of State, Mar. 25, 1926, *FRUS*, 1926, Vol. 1, p. 971；「治外法権行使現状中特別区域ノ分ハ委員会ノ調査範囲外ト決定シタル件」、1926 年 3 月 25 日着、『日本外交文書』大正十五年第 2 册下卷、第 908 頁。

② 「第十一回会議二於テ中国側ヨリ回付ノ治外法権行使現状二関スル覚書ニツキ意見交換ノ件」、1926 年 3 月 28 日着、『日本外交文書』大正十五年第 2 册下卷、第 908 頁；Declaration by French Commissioner, Mar. 26, 1926, *BDFA*, Pt. 2, Ser. E, Vol. 31, p. 259.

③ 《中国委员对于治外法权现在实行状况之补充意见书》，《英汉对照调查治外法权委员会报告书》，第 309—313 页。文中文件所标时间是 1926 年 4 月 26 日，李育民、王建朗等人论著中亦称王宠惠在 4 月 26 日提交补充意见书，但 4 月 26 日应是中方完成该文件的时间。委员会并未于 4 月 26 日举行会议，之后的第一次会议是在 4 月 28 日，英国外交文件亦清楚注明该文件提交给委员会的时间是 4 月 28 日，参见 Additional Memorandum of the Chinese Commissioner on the Present Practice of Extra-territorial Jurisdiction in China presented to Commission, April 28, 1926, *BDFA*, Pt. 2, Ser. E, Vol. 31, pp. 256–259.

是外国委员仍坚持特别区域不在调查范围内，对其他几项问题的意见亦不一致，因而决定将中方意见书和补充意见书转交给各国政府，就此搁置该议题。①

有学者认为，"意见书被各国代表部分采纳，已经使北洋政府朝着撤废治外法权方向走出了有价值的重要一步"，② 对北京政府要求扩大委员会调查范围的举动评价较高。此成果的取得，固然是北京政府外交努力的结果，但也是因为其提议恰与列强的既定政策有一定吻合之处，故能获得部分同意。如英国的政策是，虽然委员会主要职责是调查中国司法，给出废除治外法权前中国应履行的条件，但"英王陛下政府不希望委员会的工作局限于此；华会议决案条款也不证明有理由作这样的限制"，委员会应注意现行治外法权制度的弊端，并对如何改进提出建议。③ 英国政府在给特纳的详细指示中更明确提出，委员会的调查范围应包括：与中国司法行政相关的问题；治外法权对中国法院行使管辖权施加限制，从而直接或间接侵害中国主权的诸问题。英国政府预料到中方会要求调查不直接与司法相关，"在中国人看来构成冤情的某些事情"，为缓和中国人的反帝反英情绪，指示特纳灵活应对。但对调查租界及租借地的要求，"最好是顶住中国人要求委员会调查此类情况的压力，除非这样做会拖延上海原则上已达成一致的变革"。至于中国人或中国人土地在领事馆注册、中国船只悬挂外国国旗及内地传教士等问题，委员会应该接受中方的调查要求。④ 当然，委员会同意调查的前提是中国主动提出，如果没有，则乐于"视而不见"、"保持沉默"。如因中国未要求调查中国人在领事馆注册土地所有权及内河航行等问题，委员会调查就不涉及这些问题。⑤ 连最迫切需要缓和中国反帝废约情绪的英国都是如此态度，其他国

---

① The American Commissioner on Extraterritorial Jurisdiction in China (Strawn) to the Secretary of State, Apr. 30, 1926, *FRUS*, 1926, Vol. 1, p. 977.

② 杨天宏：《北洋外交与"治外法权"的撤废——基于法权会议所作的历史考察》，《近代史研究》2005 年第 3 期，第 104—105 页。

③ Sir Austen Chamberlain to Judge Sir Skinner Turner, Dec. 1, 1925, *BDFA*, Pt. 2, Ser. E, Vol. 30, p. 31.

④ Notes for the Guidance of the British Representative on the Extra-territoriality Commission, *BDFA*, Pt. 2, Ser. E, Vol. 30, pp. 35 – 37.

⑤ Sir Skinner Turner to Sir Austen Chamberlain, Sep. 22, 1926, *BDFA*, Pt. 2, Ser. E, Vol. 31, p. 263.

家自然不会轻易满足中国诉求。不应高估北京政府外交努力的效果。

委员会仅明确承认领事裁判权属于应调查和讨论的内容，另仅简单提及两种对治外法权的滥用，首先是外国人不遵守中国法规以及外国领事对中国人的不当保护，其次是外人对上海公共租界会审公廨的控制，委员会虽承认后者无条约依据，但以中外正在就此进行交涉为由，"毋庸详细研究其现行组织及诉讼程序"。① 上述做法正为掩盖外国在华治外法权制度的弊端，尽可能维护保留既有特权。而他们对中国法律与司法极尽严苛的调查，与之形成鲜明而讽刺的对比。

（四）委员会对中国法律的调查

为便于调查中国法律，中国委员为委员会提供中国法律的各文字译本。1926 年 1 月 14 日，王宠惠提供中国法律的英文及法文本，在 15 日的第 3 次会议上，又提供中文资料以免可能的翻译错误造成影响。委员会从 1 月 26 日第 4 次会议开始，审查中国法律：1 月 26 日，审查刑法及刑事诉讼法；2 月 5 日，审查《商标法》《公司条例》等商事法律法规；2 月 19 日，审查民法及民事诉讼法、《法律适用条例》；2 月 26 日，审查民法、民事诉讼法、《国籍法》和《矿业条例》等；3 月 5 日，审查民事诉讼法、《著作权法》等。

委员会审查中国法律的基本流程是，在每次会议结束前确定下一次会议要审查的法律，各国委员可事先将自己的意见交给王宠惠，以便其准备解答，或在会议中直接提出，由王宠惠解答，如其需要查阅资料则留待下一次会议答复，或提出书面答复。外国委员中虽有法律专家，但短期内实难非常仔细地审查中国法律。会议中发言的多是美、英、法、日等国委员，因为他们或任命专门委员，或能得到在中国政府任职的本国人士帮助。王宠惠所作答复有些由余绍宋等人准备，如余绍宋 1 月 25 日日记记载："外国委员提出关于刑事法问题甚多，与同人分任解答，至夜分始了。法国所提出问题较深奥，此必非委员仓卒间所能发见者，疑为修订法律馆顾问法人爱司加拉所代拟，爱氏受我国重聘而不忠于我国，

---

① 《英汉对照调查治外法权委员会报告书》，第 30—31 页。

平日著书丑诋我国不遗余力，真可恨也。"①

审查过程中，各国委员对中国法律的批评不多，主要是提出疑问，且多和大陆法系与英美法系的差别有关。以 1 月 26 日第 4 次会议对中国刑法及刑事诉讼法的审查为例，王宠惠于 1 月 22 日向委员会提交关于《暂行新刑律》《第二次刑法修正案》的解释，主要介绍《暂行新刑律》制定实施的背景，解释第一次修正案主要是修订刑罚范围，1918 年王宠惠主持完成第二次修正案后，对刑事责任的规定更准确，明确区分故意伤害与过失伤害、正当防卫，还对刑期、上诉等作修正。特纳对中国刑法与英美法律中关于刑事侦查的区别发表意见；安格林指出中国刑罚与荷兰的区别，表示对法案基本满意；日置益及高福曼认为该法律令人满意；司注恩称赞修正案虽与英美法律不同，且有些瑕疵，但总体值得肯定；其他委员虽提出一些问题，但亦对修正案表示基本满意。② 会后，对屠僧提出的部分刑罚过重等问题，王宠惠作出书面答复，指出不同国家存在同罪不同罚是正常现象，对一些具体刑罚作出说明。③ 2 月 26 日，委员会第 7 次会议审查《国籍法》，特纳指出该法基于血统主义，与英国的出生地主义相冲突，双重国籍问题是中英矛盾的重要方面，但非委员会所能处理，需要中英两国政府协商解决。荷兰及葡萄牙委员亦表达相同意见。王宠惠指出中国国籍法虽不准中国人擅自放弃中国国籍，但不禁止其获得外国国籍，中国的规定与日本、德国类似，故双重国籍问题

---

① 黄国平、余晓主编：《余绍宋日记》第 2 册，1926 年 1 月 25 日，第 537 页。爱司加拉（Jean Escarra）又译作"爱师嘉拉"，时任修订法律馆顾问，向法权讨论委员会提交建议书《关于治外法权问题：作为致委员会备忘录》（The Extra-territoriality Problem：Being a Memorandum Presented to the Commission for Extra-territoriality），建议渐进撤废治外法权。如下文所述，爱司加拉参与北京政府与委员会关于《报告书》第 4 编"建议"的讨论，发挥一定作用，他在委员会集会期间的角色尚待深入考察。

② Verbatim Report of the Fourth Meeting of the Commission on Extraterritoriality in China，Jan. 26，1926，FO 676/36.

③ Observation of the Chinese Commissioner on the Remarks of the French Commissioner in Regard to Penal Laws，Jan. 27，1926；Additional Observation of the Chinese Commissioner on the Remarks of the French Commissioner in Regard to Penal Laws，Jan. 29，1926；Observations of the Chinese Commissioner on the Remarks of the French Commissioner with Regard to the Code of Criminal Procedure，Jan. 29，1926，FO 676/36.

需要国际协议解决。[①]

委员会对中国法律最严厉的批评，出自 2 月 26 日第 7 次会议上对《戒严法》的审查。特纳、司注恩等均批评中国地方军事长官频繁非法实施戒严，导致民众无所适从。[②]

各国委员对中国法律虽有所批评，但总体满意，主要是由于民国时期中国法律基本是对外国法律的复制和移植。[③] 但是委员会对上述法律是否合乎宪法始终存在疑问，司注恩几次提到此问题，可能是受到其助手雅克博的影响。雅克博是上海会审公廨的陪审法官，他在给司注恩的文件中强调：

> 严格地讲，中国法律及临时政府本身的存在都没有任何法律基础。现行法律是以大总统令或政府各部命令的形式公布的，他们公认的 1912 年《临时约法》并未规定可以此种方式制定法律。[④]

也就是说，雅克博实际否认了中国已颁各种法令的合法性。此外，司注恩等人怀疑法律执行情况。因此在开始进行司法调查之前，外国委员就已达成"不建议立即放弃治外法权"的默契：

> 我们已经完成对这些印刷精美的法律的审查，这些法律没有一部被国会通过，只有一部分由总统公布。如果这些法律有纸面以外的基础，有能执行法律的法院，以及强制其被遵守的政府，我想它们能保护我国公民的权利。但是在此地目前的状况下，我相信除了中国以外的委员意见是一致的，各国

---

① Verbatim Report of the Seventh Meeting of the Commission on Extraterritoriality in China, Feb. 26, 1926, FO 676/36；「治外法権委員會第七次會會議議事録送附ノ件」、1926 年 3 月 5 日、JACAR、Ref. B07080569900、日本外務省外交史料館蔵。

② Verbatim Report of the Seventh Meeting of the Commission on Extraterritoriality in China, Feb. 26, 1926, FO 676/36.

③ 民国法律移植于外国法律的详情，参见夏锦文主编：《冲突与转型：近现代中国的法律变革》，北京：中国人民大学出版社，2012 年。

④ Thomas B. Stephens, *Order and Discipline in China: The Shanghai Mixed Court, 1911 – 1927*, Seattle：University of Washington Press, 1992, p. 80.

不可能同意立刻废除治外法权，这样做对中国也是不合适的……当然，我们在完成工作之前没有表达任何类似观点，也不会得出最终结论。①

司注恩等人对中国法律的批评，集中于不符合宪法的制定颁布方式及执行情况，表明他们不认为法律本身存在多大问题，但他们也不会因此建议放弃治外法权。

（五）委员会对中国司法的调查

在 1926 年 1 月 26 日的第 4 次会议上，特纳首先提议尽快确定考察行程，委员会决定先对北京司法机关进行考察。② 2 月 1 日，王宠惠、张耀曾等陪同各国委员参观京师第一及第二监狱、大理院、高等审判厅、高等检察厅、地方审判厅、地方检察厅。各国委员对参观结果表示满意。③

2 月 5 日，日、英、法、荷等 4 国委员与中国委员组成考察分委员会，由特纳担任主席，确定考察行程。④ 他们规划为期两个月至两个半月的行程，考察厦门、福州、广州、汕头、宁波、天津、太原、汉口、长沙、宜昌、重庆、芜湖、九江、南京、上海、青岛、张家口、奉天（今沈阳）、吉林、长春、哈尔滨。⑤由于交通问题以及广东、湖南拒绝接待，行程安排多次变动，部分委员甚至认为在列强承认的中央政府与各省就考察事宜作出令人满意的必要安排前，不应进行考察。⑥ 其间，王宠惠为能赴广东考察致函孙科，介绍委员会工作，称赞广东在

---

① Wesley R. Fishel, *The End of Extraterritoriality in China*, p. 111.

② Verbatim Report of the Fourth Meeting of the Commission on Extraterritoriality in China, Jan. 26, 1926, FO 676/36；「治外法権委員會資料送付ノ件」、1926 年 2 月 19 日、JACAR、Ref. B07080569600、日本外務省外交史料館蔵。

③ 《昨日法权委员参观监狱法庭》，《京报》1926 年 2 月 2 日，第 3 版。

④ Verbatim Report of the Fifth Meeting of the Commission on Extraterritoriality in China, Feb. 5, 1926, FO 676/36；「第五回会議ニ於ケル商事法規ノ審査並ビニ法権委員ノ地方視察計画ニツキ報告ノ件」、1926 年 2 月 5 日着、『日本外交文書』大正十五年第 2 冊下巻、第 887 頁。

⑤ 「治外法権委員会一行ノ視察旅行日程決定ノ件」、1926 年 2 月 10 日、『日本外交文書』大正十五年第 2 冊下巻、第 889 頁。

⑥ The American Commissioner on Extraterritorial Jurisdiction in China (Strawn) to the Secretary of State, Apr. 30, 1926, *FRUS*, 1926, Vol. 1, p. 976.

国民党人的努力下，"一跃为我国之模范省，钦佩良深"，① 还请人面述相关事宜，但未能如愿考察广东。

5 月 10 日，由特纳、屠僧、雅克博、守屋和郎等人组成的委员会旅行团启程，考察武汉、九江、南昌、苏州、南京、上海、杭州、青岛、奉天、哈尔滨、吉林、天津等地的中国司法机关及上海公共租界会审公廨、法租界会审公廨、美国在华法院及其附属监狱、看守所。对审判厅、检察厅的考察方法是，向厅长询问有关法院组织、审判及其他旅行团认为有关的问题，由厅长进行回答并提供相关卷宗，然后旅行团到法庭旁听案件审理，到书记厅等处翻阅不动产登记等卷宗。对监狱与看守所的考察方法基本相同，除参观牢房外，还与犯人直接接触。

如在武汉期间，众人考察湖北省第一监狱、高等审判厅及检察厅、武昌等地地方审判厅及检察厅，并旁听庭审，守屋和郎注意到地方审判厅看守所的卫生状况不佳。5 月 15 日，众人考察汉口地方审判厅、地方检察厅（卫生及建筑情况都未引起不满），还考察英、法的领事法庭及洋务会审公所，旁听洋务会审公所的庭审，守屋和郎认为洋务会审公所附设看守所卫生条件不好。② 当时中国监狱状况较差，北京政府提前装点门面，考察团成员亦有所察觉。如在九江、南昌考察时，守屋和郎注意到看守所的条件不如武汉，但看守所在押人员的床铺及衣服过新，推测日常管理可能非常松懈。在九江，特纳向郑天锡提出想考察县知事兼理司法的衙门及监狱，被郑天锡拒绝，令外国委员不满。③

通过调查，委员会了解中国司法的进步情况，旅行团报告书指出：

> 新式法院之审判，似于当事人……予以陈述全案之机会；法官与检察官似具有智识与经验……所参观之法院，其组织与实用之程序甚有统系，似与

① 《王宠惠行将返粤》，《民国日报》1926 年 6 月 4 日，第 2 版。
② 「治外法権委員会委員ノ実地視察旅行二関スル報告書写送付ノ件（一～二）」、1926 年 5 月 21 日、『日本外交文書』大正十五年第 2 冊下卷、第 926—928 页；《呈报调查法权委员团莅鄂参观情形请鉴核备案呈》，《外交公报》第 59 期，1926 年 5 月，"政务"第 4 页。
③ 「治外法権委員会委員ノ実地視察旅行二関スル報告書写送付ノ件（一～二）」、1926 年 5 月 21 日、『日本外交文書』大正十五年第 2 冊下卷、第 929—931 页。

委员会在北京审查之法令相符；法院卷宗之保管，似甚妥善，但欠相当保护之设备……法院之建筑与设备均属满意，且间有特别足称者……最近之新式监狱用以监禁外人，不能谓为不合也。①

旅行团报告书的内容和观点对中国较为有利。不过郑天锡不同意外国委员对未能参观县知事衙门及警察审判机关等表示遗憾的意见，因此签字时仅表示"大致同意"。②

旅行团报告书显示，中国司法的进步情形超出外国委员的想象：

> 旅行的结果对中国相当有利。我和某些其他委员没想到在中国有充足、大量、令人满意的法院建筑和办公室……我们也没想到中国在监狱建筑方面所取得的进步……近年来对中国的失败和错误有太多批评，以至于人们忽略了她在司法行政领域取得进步的实际作为。

特纳深信一切不是中国制造的骗局与阴谋，"从我们所见的人以及他们愿意回答我们的问题等情况判断"，"中国准备向我们展示她的新式法院和新式监狱，以使我们形成自己的有关看法"。③ 他承认列强之前对中国司法的批评并不客观，中国的司法取得超出列强预料的进步，但是上述对中国有利的调查结果，未能使各国委员在《报告书》中建议放弃治外法权。

二、《报告书》的起草及内容

在调查中国法律与司法外，委员会的工作重点是起草《报告书》。由于委员会不是国际会议，参与人员不是各国全权代表，通过的文件对各国亦不具约束力，《报告书》不是具有法律效力的国际法文件或条约。

---

① 《英汉对照调查治外法权委员会报告书》，第 291 页。
② 《英汉对照调查治外法权委员会报告书》，第 297 页。
③ Sir Skinner Turner to Sir Austen Chamberlain, Sep. 22, 1926, *BDFA*, Pt. 2, Ser. E, Vol. 31, pp. 260–261.

（一）美、日等国的会前调查

在完成对中国法律的审查，等待去京外进行司法考察期间，委员会已开始考虑如何起草《报告书》。4 月 16 日，司注恩与各委员讨论是否放弃考察，直接准备《报告书》。在给美国国务院的报告中，他写道，"我相信，我们从中国各地的我国领事那里获取的完整报告，提供了一些地区的准确信息，就像我们已经考察了那里。我们能很好地进行报告的准备工作"。①

司注恩所说的美国驻华各领事报告，当指 1925 年 10 月，美国国务院远东司印制、供司注恩参考的《中国司法行政与在华治外法权法院》一书。该书包含 1923—1925 年美国驻厦门、安东（今丹东）、广州、长沙、芝罘（今烟台）、福州、汉口、哈尔滨、奉天、南京、上海、汕头、天津、青岛、云南府（今昆明）等地领事提交的近 40 份报告。报告是根据美国国务院致驻华公使馆的第 344 号指令（1923 年 3 月 2 日）及第 508 号指令（1923 年 11 月 21 日）提交的，两份指令要求各地领事馆向公使馆提交能准确反映中国司法及在华外国法院状况的详细报告。② 第 344 号指令要求有关中国法院的报告应包括：实行的法律类别，法官才能、训练及品行，司法腐败情况，司法系统不受政府其他部门干扰情况，法院内职员的资格能力，监狱情形，对被告及证人严刑逼供的情形，对债务人及证人的监禁，法律从业人士状况、发展及效率，任命法官方法、法官薪水及司法财政，中国法院对无治外法权国外侨的处理及这类案件适用的法律，中国法院对俄侨的处理及适用俄国法律情况等内容；有关外国在华法院的报告应包括：领事法庭在辖区内的运行，领事法庭法官的能力，上诉制度，监狱设施，滥用治外法权特别是向中国人及无治外法权国侨民提供保护的情形，各国法律制度及诉讼程序歧异导致的不公平，领事执行保护侨民职能与其司法职权的冲

---

① The American Commissioner on Extraterritorial Jurisdiction in China (Strawn) to the Secretary of State, Apr. 16, 1926, *FRUS*, 1926, Vol. 1, p. 972.

② Administration of Justice in Chinese and Extraterritorial Courts in China Prepared in the Division of the Far Eastern Affairs for the American Commissioner on the Extraterritoriality Commission Authorized under Resolution V of the Conference on the Limitation of Armament, Oct. 10, 1925, Records of the Department of State, RG 59, Central File: Decimal File 793.003C73/333 Enclosure 1, Part 8, The National Archives (U. S.).

突及困难，中国人是否实践"观审权"，中国舆论对外国在华法院判决的评论及对治外法权的意见，等等。因委员会延期召集，第 508 号指令要求各地领事持续提交相关报告。① 虽然委员会即将开会，但美国最乐于听取和参考的是本国驻华各领事的意见。

以 1923 年 10 月 19 日美国驻南京领事戴维斯（John K. Davis）的报告为例，可以大体了解美国驻华领事对中国司法状况的评价以及对放弃治外法权的观点。该报告以臆测性极强的文字详细介绍了中国的司法行政，且评价负面。中国法律不完善导致法律适用混乱，给法官相当大的裁决空间，任何观点都能找到似是而非的法律依据。新式法院司法人员缺乏能力经验，数量也不够，大多数接受外国训练的司法人员主要在日本学习，法官审判时待价而沽，品德不佳，甚至还不如旧式官员，但缺乏受贿的实际证据。新式司法系统理论上是独立的，实际上不敢忤逆军阀及其他有力人士的意志，在县知事兼理司法制度下，司法根本不享有独立地位，司法独立观念对中国人而言还相当陌生，法院内职员的情形同样不容乐观。除模范监狱外，南京领事区的其他监狱及看守所状况类似于欧洲中世纪。新式法院没有严刑逼供，一些旧式审判机关仍然采用对被告严刑逼供的方法，没有听说如此对待证人的事例，但很可能也存在，即便是新式法院也会对被告施压，因判决需要被告口供，所以猜测在重大案件中仍会秘密采用严刑逼供的方法。拘押债务人的情况虽不常见，但"大量存在"。南京领事区的法律从业人员数量很少，主要在有新式法院的城市，律师需要到司法部登记，社会影响不大。法官任命权名义上掌握在总统手中，但军阀实际上控制辖区内法官的任命权。地方的司法经费主要依靠自筹。中国法院与西方司法理念不符的原则及习惯有：监禁债务人、不保障犯人保释权、没有交叉询问证据环节、疑罪从有、检察制度不规范等。大部分中国人不尊重法院，商会经常不顾当事人意愿介入商业纠纷。尽管理论上享有宗教自由，但中国基督徒在法庭上受歧视的现象依然存在。受金钱影响，案件审判可能无限期拖延。南京领事区没有无治外法权国侨民及俄侨受中国法院审判的案例。在过去数年间，美国陪

---

① The Secretary of State to the Minister in China（Schurman），Mar. 2，1923；Nov. 21，1923，Records of the Department of State，RG 59，Central File：Decimal File 793.003C73/333 Enclosure 1，Part 8，The National Archives（U. S.）.

审员未参加混合案件的审判。

该报告简单涉及外国法院，但基本是避重就轻，称在南京领事区设有领事法庭的国家有英、日、美，三国领事法庭法官都由其国政府任命。美国领事馆没有设置监狱。滥用治外法权的情况主要在上海，南京领事区不存在。理论上存在因法律制度差异导致的不公，但南京领事区内不存在。南京领事馆审理的诉讼数量少，也不重要，领事并未感到区分司法职权与保护职能之间的困难。中国从未在南京领事区行使观审权。南京领事区外国领事审判的公正性未受质疑。该报告不顾中国反帝废约运动高涨的现实，宣称只有极少数人要求废除治外法权，99% 以上的中国人既不知道治外法权，也对法权问题毫无兴趣，污蔑主张废除治外法权的人是为自己利益"煽动仇外情绪"，贬称这种现象各国都有，不值得大惊小怪。①

其他国家也以各种方式对中国司法行政等进行调查。如 1922 年 9 月，日本政府为筹备参与委员会，派员对中国司法进行调查。调查项目包括：司法行政、司法人员、案件审判、监狱设施、警察、县知事兼理司法的情况，《华洋诉讼办法》实施情况，特别注意日本法律、司法、警察制度对中国的影响，留日出身司法人员的势力及对日本的感情，司法人员掌握日语及日本法律知识的程度，等等。日本调查人员在东北地区、北京、天津、青岛、上海、汉口、厦门等地进行为期 7 个月的实地考察，搜集相当丰富的资料，结论是即便要放弃治外法权，也应保留哈尔滨、济南、青岛等地的治外法权。② 此前，日本驻华公使小幡酉吉邀请大审院判事岩田一郎对奉天、哈尔滨、长春、汉口、上海、天津等地的审判厅、检察厅及监狱进行一个多月的调查。岩田调查认为中国司法有所进步，但存在受到行政及军事官员干涉、警察制度不完善、司法经费不足、司法人员中饱私囊等现象，距离废除治外法权的标准尚远。③ 英国虽未组织专门调查，但英国各地领事定期给驻华使馆及外交部的报告中，均包含有关中国司法状况的详细报告。

---

① Report form Nanking, October 19, 1923 (Consul John K. Davis), Records of the Department of State, RG 59, Central File: Decimal File 793. 003C73/333 Enclosure 1, Part 8, The National Archives (U. S.).

② 『在支治外法権撤廃問題一件（華府会議後帝国準備）』、1922 年、4—1—2—48—2、日本外務省外交史料館蔵。

③ 岩田一郎：「支那司法制度視察報告書」、1922 年 5 月、『在支治外法権撤廃問題一件（華府会議後帝国準備）』、4—1—2—48—3—1、日本外務省外交史料館蔵。

由于有前期基础，故在京外司法考察进行前，委员会虽未正式讨论《报告书》，但通过私下交流，司注恩等已大体确定《报告书》的核心观点：由于中国缺少中央政府、军阀混战及干政、司法不独立、司法经费短缺、法律颁布及废止手续不合法，列强不能立即放弃治外法权，并形成基本的建议腹案。①

（二）美、日两国的草案

在法律审查基础上，至 4 月 12 日，委员会关于中国法律的《报告书》草案已经出炉，共 5 章，第 1 章是刑法及刑事诉讼法，第 2 章是民法及民事诉讼法，第 3 章是司法制度相关法律，第 4 章是监狱及犯人相关法律，第 5 章为宪法，既介绍民国现行法律，亦指明尚未颁布实施的重要法律。②

3、4 月间，美国专门委员雅克博逐渐完成美国版的《报告书》草案。

美方草案绪言第 1 段首先叙述委员会缘起，与《报告书》正式文本基本一致。第 2 段指明《报告书》共 5 部分，分别是：治外法权在中国实行之现状，中国之法律制度，中国之司法制度，中国施行法律之情形，建议。第 3 段为未定稿，注明还需要补充会议举行的次数、讨论主题、旅行考察及困难等。

美方草案正文第 1 编 "治外法权在中国实行之现状"，1—3 段对 "本国法院"（national courts）、"混合法院"（mixed courts）、"治外法权法院"（extraterritorial courts）等概念进行定义；4—7 段概述治外法权之沿革（与《报告书》正本相比，缺少关于日本在华治外法权历史的叙述），指出当时有 15 个国家在华享有治外法权（正本则是 16 个，不过草案列举的与中国订有关于治外法权条约的国家则与正本一致，推测应是笔误）；8—19 段从本国法院及混合法院两方面叙述治外法权制度概况，根据条约有关华洋混合案件处理方式的规定，将各国在华治外法权分为 3 类；20—29 段从侵犯中国主权、法律适用歧异、法院覆盖范围有限、语言困难、领事法庭法官能力不足及偏见、华人入籍与保护、外侨无法在中国内地贸易与居住、缺乏

---

① The American Commissioner on Extraterritorial Jurisdiction in China（Strawn）to the Secretary of State, Apr. 16, 1926, *FRUS*, 1926, Vol. 1, pp. 973 – 975.

② Report on the Laws of China with Recommendations（draft）, Records of the Department of State, RG 59, Central File：Decimal File 793. 003C73/333 Enclosure 1, Part 7, The National Archives（U. S. ）.

在华终审法院等 8 个方面叙述反对治外法权的意见。附录一为规定治外法权的条约条款，附录二为英、美、日、法等 12 国分别提交的关于其在华治外法权制度的文件。

第 2 编为"中国之法律制度"，1—18 段叙述中国的政治和政府状况；19—48 段从 1912 年《中华民国临时约法》、1914 年《中华民国约法》、1923 年《中华民国宪法》、1923 年后宪法的地位、宪法与国会的对应情况、宪法与中国法律的关系等 6 个方面讨论中国的宪法；49—129 段叙述已在中国法院生效的法律，其中第 1 节为简要评论，第 2 节介绍《暂行新刑律》《吗啡治罪法》《违警罚法》《刑事诉讼条例》《陆军刑事条例》《海军刑事条例》《戒严法》等刑事法律及诉讼法律，第 3 节介绍特别法令、习惯、法律原则及大理院判例等民事法律及诉讼法律，第 4 节介绍有关监狱及犯人的各种法律；130—142 段讨论民法、破产法、海事法等 11 部尚未公布实施的法律。

第 3 编为"中国之司法制度"，1—2 段为简要评论；3—36 段介绍有关司法组织的各种法律；37—46 段介绍司法官考试及任用的法律；47—55 段介绍司法官之官等官俸；56—60 段介绍司法官惩戒法律；61—66 段介绍司法档案及法院内部运作相关法律；67—75 段介绍律师制度；76—80 段介绍诉讼费用制度。

第 4 编为"中国施行法律之情形"，共 10 段，简要指出军人控制及干涉司法、新式法院数量及经训练之法官人数过少、县知事兼理司法令人难以接受、监狱及看守所较为糟糕、财政支持之缺乏等状况。

美方草案最后的"建议"共 3 部分，后文将详述之。① 草案被提交给驻华公使马慕瑞和参赞裴克（Willys Ruggles Peck）审核。裴克指出瑞士的治外法权是由最惠国条款而派生的，与其他国家享有治外法权的依据不同；纠正部分文字、事实描述错误；并对其中一些问题进行补充阐述，如就中国是否存在符合宪法的政府问题，介绍颜惠庆摄政内阁成立背景。②

日本草案也分为 3 编。第 1 编为"治外法权在中国实行之现状"，着重介绍日

---

① Draft of Final Report with Recommendations, Prepared by J. E. Jacobs in March-April, 1926, Records of the Department of State, RG 59, Central File: Decimal File 793.003C73/333 Enclosure 1, Part 15, The National Archives (U. S.).

② Peck to S. H. Strawn, Jun. 10, 1926, Records of the Department of State, RG 59, Central File: Decimal File 793.003C73/333 Enclosure 1, Part 15, The National Archives (U. S.).

本在华治外法权制度，其中第 1 章为"日本之领事裁判权"；第 2 章为"华洋混合诉讼案件之程序"；第 3 章为"混合法庭的组织与程序"；第 4 章为"日本领事裁判权中司法互助实行之现状"；第 5 章为"在华领事裁判权制度之意见"。第 2 编为"中国之法律与司法制度"，其中第 1 章为"法律"，从法律编纂、实施中的法律两方面介绍中国法律；第 2 章为"司法制度"，从司法系统、司法官员与律师、程序、司法管理与司法警察、监狱、对无治外法权国侨民的管辖等方面阐述中国司法制度；第 3 章为"中国施行法律情形之意见"，从法律、司法系统、司法官员及律师、诉讼程序等 8 个方面评论中国法律及司法实践。第 3 编为"建议"，第 1 章为"改善中国施行法律情形的合理措施"；第 2 章为"列强须采纳的废弃治外法权的合理措施"。①

此外，法国也提供一份十分简略的报告书草案，内容包括：华盛顿会议的相关决议；关于在华治外法权的主要评论；在华治外法权的实际情况；中国法律、司法机构、司法行政及其他基本状况；相关建议。②

9 月 16 日最终通过的《报告书》前两编基本是美、日两国草案的综合，如关于列强在华治外法权"沿革之概略"的 1、2、4 段出自美国草案，第 3 段关于日本在华治外法权历史的叙述出自日本草案；附录一"享治外法权各国之名称及条约内有关系之条文表"出自美国草案，附录四"中国新式法院地点及法官员缺一览表"出自日本草案，只有数据存在一些差异。

（三）《报告书》起草分委员会的工作

委员会完成考察后，于 6 月 22 日举行第 20 次会议，决定组织《报告书》起草分委员会（下文简称"分委员会"），成员包括英、美、日、法、荷等 5 国委员及顾问，特纳任分委员会主席，具体工作多由英国副委员康斯定负责。6 月 23 日，分委员会开始工作，至 9 月 16 日共举行 60 余次会议，先后起草《报告书》的前言、

---

① Report and Recommendations on the Extraterritorial Jurisdiction and Judicial System in China, Presented by the Japanese Commissioner, Records of the Department of State, RG 59, Central File: Decimal File 793.003C73/333 Enclosure 1, Part 15, The National Archives (U. S.).

② Draft Scheme Prepared by the French Commissioner, Records of the Department of State, RG 59, Central File: Decimal File 793.003C73/333 Enclosure 1, Part 15, The National Archives (U. S.).

中国法律、中国司法部门的组织、监狱制度、司法制度实行情况等部分。①

在分委员会成立前，《报告书》中有关外国在华法院的部分，实际上已大体完成。在 1 月 26 日的第 4 次会议上，日置益以可能无法详细调查各国在华领事法庭为由，提议各国自行提交有关其国在华法院情况的报告，得到委员会认可。② 2 月 5 日，在第 5 次会议上，特纳提交《英国在华行使司法管辖权的备忘录》，③ 内容正是《报告书》附录中有关英国在华法院说明书的部分。其他国家也相继提交关于本国在华法院的报告，其内容与《报告书》涉及这些国家治外法权制度时的表述完全一致。④ 也就是说，在描述和评价外国在华法院问题上，各国既是"运动员"，也是"裁判员"，完全是自查自纠、自说自话。

6 月 23 日，分委员会第 1 次会议决定，以日本报告为基础，完成《报告书》，如某委员对某条有不同意见时可表示异议，少数意见可记于报告末尾并附签名。⑤ 此时，日本已完成《报告书》的调查及建议部分，外务省指示将建议部分作局部修改：一是撤废原则，立即全部撤废是不合适的；二是过渡期的保障部分，允许外国律师及翻译出庭。⑥ 最终《报告书》正本以日本和美国草案为基础综合而成。第 4 编"建议"更经历较长时间的准备与磋商，至最后阶段才完成。

8 月，分委员会基本完成《报告书》，因王宠惠前往北戴河避暑，⑦ 各国委员"多不在京，无从结束"。《报告书》内容存在的错误或误会，"经我国代表王宠惠博士一一解释，征得各代表同意后，亲手改削，白天与各国代表解释接洽，晚间忙于修

---

①　分委员会会议概况可参见「治外法権起草委員會二提出セル米國側修正案送付ノ件」、JACAR、Ref. B07080566200、日本外務省外交史料館蔵；Sir Skinner Turner to Sir Austen Chamberlain, Sep. 22, 1926, *BDFA*, Pt. 2, Ser. E, Vol. 31, p. 265.

②　Verbatim Report of the Fourth Meeting of the Commission on Extraterritoriality in China, Jan. 26, 1926, FO 676/36.

③　Verbatim Report of the Fifth Meeting of the Commission on Extraterritoriality in China, Feb. 5, 1926, FO 676/36.

④　参见「治外法権委員会関係資料送付ノ件」、1926 年 2 月 26 日、JACAR、Ref. B07080569800、日本外務省外交史料館蔵。

⑤　「報告案作成二関スル第一回起草委員会開催ノ件」、1926 年 6 月 24 日、『日本外交文書』大正十五年第 2 冊下巻、第 936 頁。

⑥　「報告案二ハ異存ナキ旨並ビニ勧告案ハ修正ノ上提出アリタキ件」、1926 年 6 月 24 日、『日本外交文書』大正十五年第 2 冊下巻、第 934 頁。

⑦　颜惠庆：《颜惠庆日记》第 2 卷，1926 年 8 月 4 日，第 357 页。

册，辄一二时方就寝，其勤劳可以想见"。到 9 月，修改工作基本完成，美国委员司注恩急于返回美国，决定尽快结束委员会工作。① 王宠惠与各国委员私下进行大量"非正式之集议"，故正式会议上"反不见何等重要之讨论，盖不过形式而已"。②

王宠惠向各国委员的解释接洽工作情形如下。

6 月 28 日，王宠惠以两位法籍法律顾问宝道（G. Padoux）和爱司加拉的名义，致函司注恩，对《报告书》草案发表意见，为中国现状辩护。如第 2 编"其十四"有关孙传芳辖下五省脱离北京政府管辖"独立"的宣言，已被孙传芳正式否认；"其四十六"有关立法的批评，宝道指出中国国会已通过 19 部法律议案，且称中国人并不重视法律的"合宪性"；"其七十"指出《大清律例》已被翻译成英文和法文，其中还有 40 多条律例仍然有效，可参见爱司加拉《中国法律与比较法学》一书；"其七十四"之民事诉讼执行问题，亦有相关法律，尽管还难以令人满意；"其八十九"之《商标法》问题，列强实际已承认该法律；"其九十一"关于《国籍法》的冲突问题，指出如果列强坚持出生地主义，则在中国出生的外侨将失去外籍身份，损害在华外侨利益；"其一○六"关于大理院的判例翻译成外文的问题，认为只有部分翻译成外文的说法并不准确；"其一一四"关于《拘留所暂行条例》，指出巴黎和会上中国已在《希望条件说帖》附录中公布其英译本，法权讨论委员会也已将该条例译成法文；针对第 3 编第 1 段关于修订法律馆和法权讨论委员会工作情况的说明，指出修订法律馆进行法律的起草工作，法权讨论委员会则进行法律翻译及废除治外法权相关问题的研究等工作；针对第 8 段新式法院问题，指出法权讨论委员会已公布中国新式法院数量、地点、管辖区域及财政状况。③

7 月 12 日，王宠惠就宪法与法律问题作说明："委员会部分成员对中国今天实施的法律的合宪性存在疑问。更准确地说，问题是由于除了少数以外，中国实行的法律并未由国会通过，那么上述法律是否合乎宪法"。王宠惠承认，大部分法律未经国会通过是

① 《即告结束之法权会议》，《大公报》（天津）1926 年 9 月 14 日，第 2 版。
② 《昨日法权会议开会》，《大公报》（天津）1926 年 9 月 16 日，第 3 版。
③ G. Padoux to S. H. Strawn, Jun. 28, 1926; Conference between Sir Skinner Turner and S. H. S. Respecting the Draft of Recommendations Submitted by Dr. Wang Chung-Hui, Jul. 9, 1926, Records of the Department of State, RG 59, Central File: Decimal File 793. 003C73/333 Enclosure 1, Part 14, The National Archives (U. S.).

"不正常"的，但原因是国会数次被解散，存在时间较短；中国正处在政治转型期，欧洲及美国历史也表明，立法机关在转型期通常无法正常行使职权；"在中国及欧洲其他国家，法律正常公布就会得到执行"，政府在国会无法行使职权期间自行颁布法规，国会也从未宣布上述法规无效，表明其"批准"了上述法规，中国人承认这些法律的效力。①

经过沟通，王宠惠在 9 月 14 日谈话中表示大体接受《报告书》："中国方面之修正意见，大部分已被容纳，故此次之会议，乃一种复议之意耳。中国与各国所立之地位，及所抱之观念，当然不能相同，故对于报告劝告书之意见，自似有微言。在中国持急进论者而言，固难免有所不满，然由于公正地位而言，则不能谓不满足矣。"②

9 月 16 日上午 10 时，委员会在居仁堂召开会议，对分委员会提交的《报告书》草案表达最后意见。经各委员同意，众人在《报告书》上签字。王宠惠发表宣言书，对委员会未建议各国立即放弃治外法权表示失望，但还是签字，只是附注说明，"署名于本报告书不能认为对于第一、第二、第三编所载各节悉表赞同"。③ 时人批评此举"是岂非不赞成原因而反赞成其结果"。④

（四）《报告书》的内容

《报告书》并无官方中文版本，现今中文学界常用的《英汉对照调查治外法权委员会报告书》系依据英文版翻译而来。⑤《报告书》第一部分为"缘起"，引

---

① Observations of the Chinese Commissioner on the Relation between the Constitution and the Laws of China, Jul. 12, 1926, FO 676/36.

② 《王宠惠谈法权会议》，《民国日报》1926 年 9 月 15 日，第 2 版。

③ 《英汉对照调查治外法权委员会报告书》，第 227 页。

④ 《小言》，《大公报》（天津）1926 年 11 月 30 日，第 1 版。

⑤ 《英汉对照调查治外法权委员会报告书》存在不少问题。第一，有不少疏漏，如"缘起"部分列举各国参加委员会的人员名单时，漏掉意大利秘书和葡萄牙副委员姓名。第二，同一名词前后翻译不一致，如 Taihoku 在"其十三"段被译作"大河库"，在"附录三"中则译成"台北"，准确译文是"台北"。第三，部分文句翻译存在错误，如第 1 编第 1 章"其四"，中译本将英文版段首的 by 漏掉，致使原文所表达的截至 1918 年共有 19 个国家先后与中国签订条约、取得治外法权，变成 1918 年有 19 国与中国签订条约，取得治外法权。当然，中译本也指出《报告书》本身在法令公布时间等方面存在的错误，如《报告书》"其一三二"以 1919 年 8 月 6 日为《大理院办事章程》公布之时间，中译本指出 1919 年 6 月 9 日的《政府公报》已公布该章程；"其一六〇"指出《报告书》所述司法官考试地点与北京政府公布者不符；等等。

述华会议决案，介绍委员会成立之缘由、人员组织等；正文共分 4 编，第 1 编为"治外法权在中国实行之现状"，介绍列强在华治外法权的起源、中国法院及外国在华法院的概况、有关治外法权弊端的各种意见等；第 2 编为"中国之法律及司法制度"，介绍包括中国宪法、刑事法律、民事法律、商事法律及其他法律法令编纂、公布施行情况及对中国法律的意见，司法行政、新式法院及县司法公署、审判处等过渡时代的法院、兼理司法事务的县知事衙门、军事审判机关、东三省特别区域法院等司法机关的情况，司法人员的选任、待遇、惩戒等方面的制度及对其的意见，监狱行政、人员、规则及对监狱制度的意见；第 3 编为"中国施行法律之情形"，指出存在军人干涉司法、法律适用标准不统一、司法制度及监狱制度施行情况不乐观等问题；第 4 编为"建议"。附录包括 6 部分：《享治外法权各国之名称及条约内有关系之条文表》《中华民国大总统莅任宣言书（1913 年 10 月 10 日）》《关于外国法院之说明书》《中国新式法院地点及法官员缺一览表》《新式监狱地点及收容人数一览表》《调查治外法权委员会旅行团报告书（1926 年 5 月 10 日至 6 月 6 日）》。中译本最后还以"附件"形式收录《中国委员对于在中国治外法权现在实行状况之意见书》《中国委员对于治外法权现在实行状况之补充意见书》《中国委员宣言书》3 份中方提出的文件。上述 3 份文件是北京政府在公布《报告书》第 4 编同时公布的，实际并不包括在正式《报告书》中。

《报告书》第 1 编"治外法权在中国实行之现状"，共 50 段。其中关于各国在华治外法权实行状况的文件，即附录三《关于外国法院之说明书》，系由美、比、英、丹、法、意、日、荷、挪、葡、西、瑞等 12 国委员各自准备并提交给委员会。[①] 报告虽然指出外国法院的诸多不足，但基本是泛泛而谈。从英国政府给特纳的指示，可窥知原因所在：

关于外国法院的运作，出于显而易见的原因，委员会的调查要有一定限制；他们的目的应该是，对所有的外国法院，不论其国籍，若其运作有内在缺陷，则建议纠正办法；他们几乎不可能把注意力单集中于某国法院可能出

---

① 「治外法権委員会関係資料送付ノ件」、1926 年 2 月 26 日、JACAR、Ref. B07080569800、日本外務省外交史料館蔵。

现的弊端，更不用说建议纠正的办法了。①

也就是说，委员会对外国法院的调查根本不必深入，更不能强调其弊端。委员会内部也担心，如果详细调查各国在华治外法权情况，委员会将分裂，因此，《报告书》只是简单谈到治外法权的弊端，并未举出具体事例。② 各国在华法院及领事法庭的资料都由本国委员提供，自然不会批评运作中的弊病。③

《报告书》第 2 编"中国之法律及司法制度"，包括第 51—196 段。其中第51—117 段讨论中国修订法律的概况，宪法、刑事法律及条例、民事法律及条例、商事法律及其他法令的内容与公布实施情况，称赞中国法律及司法制度改革的努力及成效，并提出批评意见。第 118—186 段主要关于中国司法制度，讨论各类法院的地点及数量，司法部及附属机关的组织与职权，新式法院及检察厅的组织、职权、诉讼程序，县司法公署、审判处、司法筹备处等过渡时代法院的组织及管辖、诉讼程序，兼理司法事务的县知事衙门的组织及管辖、诉讼程序，东三省特别区域法院、会审公廨等特别司法官署的组织及管辖、诉讼程序，陆海军军事审判机关的组织及管辖、诉讼程序，平政院的管辖权、警察官署处置违警罪的权力，推事、检察官、书记官、承发吏、县司法公署审判官、各县承审员等司法官员的考试、任用、官等、官俸、惩戒办法，律师考试、权利义务及惩戒办法，诉讼费用等；指出由于司法制度剧烈变化，出现司法与行政、初审管辖与二审管辖等界限不清的弊端。第 187—196 段关于中国监狱制度，讨论监狱之概况，监狱行政、管理规则及监所人员的任用、俸禄等，称许新式监狱数量虽少，但各项制度较为完善。

委员会承认中国改良法律的工作"成绩业已昭著者，即法院之组织、民刑诉讼条例及其他实体法之制定是也"；④ 司法制度也体现出向"先进国家"学习

---

① Notes for the Guidance of the British Representative on the Extra-Territoriality Commission, *BDFA*, Pt. 2, Ser. E, Vol. 30, p. 34.

② Memorandum on the Report of the Commission on Extra-Territoriality in China by J. T. Pratt, Nov. 22, 1926, *BDFA*, Pt. 2, Ser. E, Vol. 31, p. 269.

③ The Chargé in China (Mayer) to the Secretary of State, Sep. 17, 1926, *FRUS*, 1926, Vol. 1, p. 979.

④ 《英汉对照调查治外法权委员会报告书》，第 103 页。

的意愿，"近代中国司法制度及法律制度……本以欧洲大陆及日本制度为模范，本意甚善"；① 新式监狱及看守所制度"大致似属妥协，如评判亦只能对于其实际上之行政，不能对于其制度上有所臧否"。② 不过委员会对中国法律的诸多评判不尽合理，特纳承认："委员会对中国法律的评价标准是极其严苛的；每一位委员按照自己的理论观点评价这些法律，其实是要求中国有一个可以让各国均满意的制度……依照这个标准，世界上许许多多的立法都会受到责难……有一两位委员着手此项调查时似乎或是抱有先入之见，或是想尽可能多地找中国立法的漏洞。"③《报告书》不得不承认中国法律与司法制度改革的成效，但委员会不可能建议立即放弃治外法权，故要严厉批评中国法律制度的缺陷：根本法律（宪法）不存在，法律中存在互相冲突之处，新法律适用地区有限，诸多重要法律尚付阙如，等等。

《报告书》第 3 编第 197—242 段为"中国施行法律之情形"，仅限于讨论"实行情形与法律之规定不相符合之点"，不讨论"其实行情形与法律规定相符之点"，故基本都是对中国司法的指责。④ 该部分批评中国司法受到军人干涉、法律适用标准不统一、司法经费缺乏保障、法律与司法系统受地方势力破坏、新式法律与司法制度的推广及发展受阻，列举张志案、徐树铮案、邵飘萍案等在委员会集会期间的相关事例，还攻击五卅运动期间中国民众的反帝爱国行动。委员会的信息来源包括"在北京开会时搜集之材料及附于本报告书之旅行团调查报告书"，⑤ 但这并非委员会的主要资料来源。如前所述，在委员会集会之前，美、日等国就已通过驻华领事等对中国司法进行详细"调查"，各国领事提交的报告"不但述及关于北京附近地方战事期内所发生事件，且指证近数年来中国各地司法多受军人干涉"。⑥ 列强自认对中国司法情况已有相当程度的了解，并在考察前已认定不能立即放弃治外法权。委员会对各地的司法考察只是完成《报告

---

① 《英汉对照调查治外法权委员会报告书》，第 169 页。
② 《英汉对照调查治外法权委员会报告书》，第 183 页。
③ Sir Skinner Turner to Sir Austen Chamberlain, Sep. 22, 1926, *BDFA*, Pt. 2, Ser. E, Vol. 31, p. 263.
④ 《英汉对照调查治外法权委员会报告书》，第 184—185 页。
⑤ 《英汉对照调查治外法权委员会报告书》，第 206—207 页。
⑥ 《英汉对照调查治外法权委员会报告书》，第 200—201 页。

书》前无足轻重的程序，不实际影响《报告书》对中国司法的评价及结论。

该编存在不少错讹，事实层面如关于地方分庭的数量有误。① 此外，该编对中国法律及司法实际运行状况的某些批评也不符合事实。如该编最后一章主要批评中国法院审判迟延等问题，其中"其他可议之点"指出：

　　除本编上述各节外，关于审判迟延……等事，本委员会各委员曾收到报告不少。对于各案事实，本会无法查明。但据常人所知，其中所述事实，似非尽属子虚。夫审判迟延，执行困难一事，无论何国，在所不免。但本委员会以为中国现在异常之状况，更有以致之。②

委员会一方面承认无法查明事实，但又强行作出"似非尽属子虚"的判断，另一方面还承认各国实际上都不能完全避免迟延问题，表明他们清楚审判迟延的责任并非都在中国法院。

特纳给英国外交大臣奥斯丁·张伯伦（Austen Chamberlain）的报告中，专门以两个具体事例，谈到这一点：（1）哈尔滨的一起民事诉讼。外侨抱怨自某天起，法院的审理工作再无音讯，但据特纳的调查，实情是原被告双方律师数次向法院申请延期审理，以争取达成和解，最后一次无限期中止审理，更是由原告英国侨民的律师申请的，结果外侨颠倒黑白，将此事说成中国法院有意拖延案件的审理。（2）牛庄的一起刑事诉讼。根据中国刑事诉讼程序，一俄国人杀人案件先由预审法官根据检察官的要求进行预审，确定案件须到法院正式审理，案件随之公开。结果英文报纸不顾不同法系的差异，将这一符合大陆法系检察侦查刑事诉讼程序的做法，称作滥用司法，并借此批评中国法官无能。

根据特纳报告可知，委员会很清楚，至少部分关于审判拖延、法官无能等的指责缺乏事实依据，是刻意制造的谎言，还有一些是由于大陆法系与英美法系诉讼程序的差异造成的。特纳由此意识到，某些对中国司法的苛刻评价只能证明外国人的傲慢，他们以为"法庭的职责就是立即对外国人提交的民事诉讼案作出有

① 唐仕春：《北洋时期的基层司法》，北京：社会科学文献出版社，2013 年，第 167—168 页。
② 《英汉对照调查治外法权委员会报告书》，第 219 页。

利于外方的处理"，而不提审判拖延通常是当事方或法庭无法控制的因素导致的。"把案件中出现的不符合某领事或外国诉讼当事人想法的所有情况，都归咎于中国法庭"的做法，明显有失公正。①

《报告书》前 3 编虽有错讹，但整体尚属对事实的描述和评价。而第 4 编"建议"涉及撤废治外法权，虽对各国政府无约束力，但其核心内容体现的依然是列强对在华治外法权的迷恋。

三、《报告书》关于撤废治外法权的建议

（一）英、美、日、法渐进放弃治外法权的建议

《报告书》的相关建议，虽是委员会工作期间起草的，但在召集委员会前，在华外侨和外交官就提出过多种逐渐撤废治外法权的方案，且大多要求中国司法机关任用外国法官，② 相关列强也已确定"建议"的基本方向和核心内容。

五卅运动后，英国外交大臣张伯伦在法权问题上的立场是，在中国"恢复秩序，停止排外运动"后，各国才会"以开明、宽容的精神考察中国的状况"，"在中国的稳定大有进展以及她的司法制度大有改进以前，我想不可能有任何国家计划取消治外法权，或者是让其侨民毫无保护地听由中国司法机构决定命运"。③ 1925 年 12 月 1 日，英国外交部指示特纳，反对立即放弃治外法权，委员会应致力于提出渐进废除治外法权的建议案：

> 尽管中国在法律编纂、法官训练以及建立新式法院以执行新法律等工作上取得进步，但是，情况尚不至于可以放弃在华英国臣民必须由英国法院根据英国法律审判这一至关重要的原则。委员会也不可能在实际研究该

---

① Sir Skinner Turner to Sir Austen Chamberlain, Sep. 22, 1926, *BDFA*, Pt. 2, Ser. E, Vol. 31, pp. 262 - 263.

② 参见吴文浩：《西方侨民对放弃在华治外法权的意见（1919—1926）》，《民国档案》2021 年第 4 期。

③ 《张伯伦致艾略特》，王建朗主编，张丽分卷主编：《中华民国时期外交文献汇编（1911—1949）》第 3 卷上，北京：中华书局，2015 年，第 441 页。

问题后，得出任何不同的结论。然而，英王陛下政府在坚持这一至关重要原则的同时，期望终有一天，现有反对废除治外法权的意见即使不是全部消失的话，也是大大减少。英王陛下政府诚挚希望，委员会认为以下做法是现实可行的：提出一些中国采纳后将极有利于她以渐进方式实现目标的建议。

特纳还被要求，应争取让委员会通过并提出以下 3 方面建议：

（1）改进中国司法制度所须采取的措施，以及关于移交管辖权的条件，即中国方面予以履行后，可以将目前由外国法院行使的对外国人的管辖权完全移交给中国法院的条件。

遗憾的是，我们预计其中一些条件只能逐渐履行——比如，中国中央政府能在全国范围内承担司法行政的责任。因此，希望委员会能够：

（2）提出以下方面的建议，即，在不削弱对外国人享有的生命、财产、合法企业以及其他利益的保护前提下，目前外国法院行使的特定部分管辖权，可按照中国司法行政进步的速度，逐渐移交给中国法院。

（3）最后，鉴于英王陛下政府急于尽快、尽可能多地消除引起摩擦的原因——这些摩擦近年来损害中国与各国的关系——希望委员会能够建议立即实行某些措施，以纠正现行制度中的弊端、减少对中国主权不必要的侵害。①

英国上述政策的直接动机是减少"现有反对废除治外法权的意见"，即缓和中国日益高涨的反对英帝国主义侵略的声音。而 3 方面建议中第（1）点对应《报告书》"建议"第 1、2 款，第（2）点对应"建议"第 3 款，第（3）点对应"建议"第 4 款——提出不设有前提条件的"修改或取消现行治外法权制度某些特点"的建议。张伯伦指示中未明确的内容，英国政府训令中也都有指示。英国政府对华治外法权的政策是，"无论以什么政治举措放弃治外法权，整个过

---

① Sir Austen Chamberlain to Judge Sir Skinner Turner, Dec. 1, 1925, *BDFA*, Pt. 2, Ser. E, Vol. 30, pp. 31 – 32.

程应该是渐进的"，具体步骤可以是外国在华司法机构以经过筛选的中国法律管辖外侨，或特别混合法庭的中外法官以中国法律管辖外侨。训令指出，中国法律基于大陆法系，若适用之对英美影响较大，但可以在外国法院中适用中国《商标法》、警察及市政条例，包括"内地市政部门的本地牌照和税收法律，狩猎法，禁止武器、毒品输入及交易等法律"，"最终实际整体上以中国法律来约束所有在华外国人"。①

美国亦反对立即放弃治外法权，并准备了若干逐渐废弃治外法权的纲领性文件。1925 年 12 月 5 日的文件指出，"展望治外法权的最终废除，第一步将是建立一套适用中国人和外国人的法律"，必须敦促中国颁布、施行与西方观念相符的新式法律，所以委员会首先要对中国法律进行审查并提出相关建议；然后由外国在华法院以通过委员会审查的中国法律管辖外侨；接着给中国 10 年或者更长时间的过渡期，以便履行委员会各项建议。在此期间，中国需要在广州、上海、汉口、天津、哈尔滨 5 地设立特别法庭并附设新式监狱和看守所，为其提供充足经费保障；特别法庭的中国司法人员须经过长期法律和司法训练，并精通至少一门外语；司法部还应至少聘请英、美、法、日 4 国法律顾问各 1 名，以协助组织特别法庭并监督其工作。特别法庭负责审理涉及外国人的民事、刑事诉讼，存续至少 10 年。同月 16 日文件简要提出 3 种计划：（1）外国在华法院使用中国法律；（2）以上海公共租界会审公廨为基础，组织混合法庭审理涉外诉讼，该法庭由中国法官与外国陪审员或顾问组成，若试运行效果良好，则将该制度推广到其他 4 个大的通商口岸，这一计划最可行；（3）在上海等 5 个最大通商口岸设立仅由中国法官组成的特别法庭审理涉外诉讼，法官须经过特别训练和任命。②

日本政府的方针是，"摆脱治外法权束缚是中国夙愿，最近其愿望因暹罗、土耳其实例的刺激而更加强烈，加上国民对现行制度不满，给内外煽动者提供口

① Notes for the Guidance of the British Representative on the Extra-Territoriality Commission, *BDFA*, Pt. 2, Ser. E, Vol. 30, pp. 33 – 35.

② General Outline of Plan for Progressive Abolition of Extraterritoriality in China, Dec. 5, 1925; Brief Outlines of Possible Schemes for the Progressive Abolition of Extraterritoriality, Dec. 16, 1925, Records of the Department of State, RG 59, Central File: Decimal File 793. 003C73/333 Enclosure 1, Part 14, The National Archives (U. S.).

实，因此成为屡次发生排外运动的原因。……帝国政府索性在此时自愿地完成对其的援助，一方面以安定中国人心，一方面在该国扩大我国的经济利益"。当然，上述方针不意味着日本会满足中国人民立刻废除治外法权的愿望。日本要求中国颁布直接关系外侨生命、财产安全的法律，1 年后日本再开始放弃治外法权；按地区逐渐撤废治外法权，首先从一些省份试点，然后逐渐推广，至于租界、使馆界及"满铁"附属地则应以一定方式维持现行制度，特别是"满铁"附属地制度不能轻易变更（日本政府宣称这是其最重视的事，若中国做到，日本将承认中国对涉外民事、刑事案件的管辖权、警察权与课税权）；为祛除因放弃治外法权而产生的不安情绪，中国需给予一定保障，如在放弃治外法权的地区承认外侨的内地杂居权。①

委员会集会后，外国委员就"建议"部分内容交换意见。1926 年 3 月 22 日，特纳致函司注恩，透露英国政府对"建议"部分的指示。② 美、日、法等国分别所拟《报告书》草案的"建议"亦迅速出炉。

美方草案"建议"共 3 章。第 1 章共 12 条，是要求中国立即实施的法律与司法改革：建立一个能在全国范围内维持秩序并实施法律的稳定中央政府；有一部明确政府组织形式、公民权利义务的宪法并制定或废止法律的有序方法；确保司法人员待遇，逐年增加预算，以推广新式司法制度，直至彻底取消县知事兼理司法制度；采取一切必要措施，确保司法人员训练有素、品行优良，解雇所有由军事长官任命的不合格司法人员；制定并严格执行禁止军人或其他机关干预司法、司法人员受贿的法律；停止频繁实施戒严的做法，戒严须合乎宪法规定；现存或尚未制定的各项法律法规均须以符合宪法的方式颁布实施；以合乎宪法的方式颁布实施《第二次刑法修正案》，以取代《暂行新刑律》；刑事诉讼法应提供更宽松的保释条件和人身保护令；民事诉讼法应允许律师出庭，并有权检查和盘问所有与判决有关的证据，应规定败诉方缴纳保证金，以保证支付审判费用；停

---

① 「治外法権委員会ニ対スル我ガ政府ノ一般方針」、1925 年 12 月 15 日、『日本外交文書』大正十五年第 2 冊下卷、第 871—872 頁。
② Skinner Turner to S. H. Strawn, Mar. 22, 1926, Records of the Department of State, RG 59, Central File：Decimal File 793.003C73/333 Enclosure 1, Part 14, The National Archives (U. S.).

止拘禁民事诉讼中的被告及债务人。

第 2 章共 9 条，是需要中外尽快同意实施的措施，包括外国在华法院立即或尽快实施委员会审查通过的 12 部中国法律；列强立即或尽快在华设立终审法院，以使所有上诉都在中国境内进行；于中国各通商口岸建立经外国使领官员认可的新式监狱与拘留所，在外国在华法院被判刑者应在上述监狱或拘留所服刑，监禁期限超过 1 年者则在北京第一模范监狱服刑，犯人本国使领官员有权自由对其进行探视；由外国在华法院判决之死刑，应由北京第一模范监狱在死刑犯本国及中国司法部代表在场的情况下执行绞刑；各国应拒绝对因归化或出生而取得其国籍的中国人提供保护，除非该中国人在华居住 6 个月后从中国内政部取得放弃国籍的证书；外国租界、外侨不动产及使馆界停止庇护中国人，除非该庇护符合国际法，并应中国法院合法手续之要求交出由中国管辖之人；洋原华被诉讼应由中国新式法院审判，外籍原告的本国领事代表可到庭旁听审判；外侨可放弃治外法权，完全受中国法院管辖；应尽快就上海公共租界会审公廨、法租界会审公廨达成协议，使其更符合中国新式法院的组织结构。

第 3 章共 5 条，是最终废除治外法权的建议，包括中国继续推进各项法律和司法改革；中国应在地方及高等审判厅、检察厅设立特别部门，经过各国同意，这些特别部门有权对所有在华外侨实施管辖；中国落实前述建议后，可与各国分别或集体进行彻底废除治外法权的谈判，但任何国家都不得以此为条件谋求在华政治、经济或其他方面的特殊让与、利益或豁免。

针对"建议"草案，裴克提出修正意见。如关于中国停止监禁民事诉讼中被告及债务人的建议，裴克指出虽存在滥用监禁情形，但如果不采取监禁措施，很难处理债务问题，故有其必要性；将使馆界移交寻求庇护的犯人需"外交团领衔"（Doyen of the Diplomatic Corps）同意，改为由"《辛丑条约》签字国首席公使"（Senior Protocol Minister）同意，以免苏联驻华大使取得相关权力；赞同允许外侨个人放弃治外法权，因此举对传教事业十分有利；提议按照地区渐进改良或废除治外法权制度。①

---

① Draft of Final Report with Recommendations, Prepared by J. E. Jacobs in March-April, 1926, Peck to S. H. Strawn, Jun. 10, 1926, Records of the Department of State, RG 59, Central File: Decimal File 793.003C73/333 Enclosure 1, Part 15, The National Archives (U. S.).

日本草案第 3 编为"建议"，第 1 章为"改善中国施行法律情形的合理措施"；第 2 章为"列强须采纳的废除治外法权的合理措施"。①

法国委员也在司法考察开始前提出"建议"草案，结构与日本草案一致，内容包括：（1）中国根据委员会意见进行法律改革，尽快完成合乎宪法的法律制定颁布手续，并由中国官方提供中国法律的欧洲语言译本；扩充并完善新式司法体系；发展法学院，培养司法人才；保证司法机关预算；保障法官不受外界干涉；聘请外国顾问协助新式法院运作；在条件允许情况下，设计按照地区逐渐废除治外法权的方法。（2）在彻底废除治外法权之前的过渡时期，列强应改进治外法权制度，如尽可能适用中国法律、领事法庭管辖权应限于条约规定范畴之内等。②

英、美、日、法的具体政策建议虽有差异，但核心精神是一致的，即坚持渐进废除治外法权，具体而言，则是：（1）根据中国改革法律及司法的进度，逐渐移交司法管辖权；（2）明确放弃治外法权的条件，包括中国设立特别法庭、任用外籍法官或法律顾问参与涉外案件的审判、给予外侨内地杂居权等；（3）改革现行治外法权制度。

司注恩与各委员交流后，基本确定包括两部分的"建议"核心内容：（1）列强改进治外法权的措施，如外国在华司法机构适用中国部分法律；在中国部分地区建立外侨服刑的新式监狱；死刑判决根据中国法律执行；放弃对拥有中外双重国籍且在中国工作、生活的臣民或公民的保护；放弃不符合国际法规定的庇护权；放弃所有无条约依据或未经中国政府正式许可的治外法权；享有治外法权国的外侨控诉中国人或无治外法权国外侨的案件，由新式法院审理；等等。（2）过渡时期中国的改革措施及对外侨的保障，如在彻底放弃治外法权前，中国应在一些地区建立符合现代西方司法原则的新式法院，由新式法院审判涉及外侨的案件；聘请为新式法院工作的外国顾问；建立国立法学院，培训审理涉外案件的司

---

① Report and Recommendations on the Extraterritorial Jurisdiction and Judicial System in China, Presented by the Japanese Commissioner, Records of the Department of State, RG 59, Central File：Decimal File 793.003C73/333 Enclosure 1, Part 15, The National Archives (U. S.).

② Draft Scheme Prepared by the French Commissioner, Records of the Department of State, RG 59, Central File：Decimal File 793.003C73/333 Enclosure 1, Part 15, The National Archives (U. S.).

法人才；在税收、土地所有权等方面承担一定义务；中国完成上述各点后，可与列强集体或分别交涉废除治外法权。①

（二）中外在撤废治外法权问题上的协商

北京政府此时的治外法权政策是追求彻底废除治外法权，但不排斥逐渐废除治外法权，② 也清楚列强至多同意渐进撤废治外法权，故以外籍法律顾问为中介，就撤废治外法权之前提条件、如何渐进撤废治外法权及过渡时期如何改进治外法权等第 4 编"建议"的重要问题，与委员会进行多次沟通。

1926 年 3 月 10 日，应司注恩邀请，中国法律顾问宝道和爱司加拉联名向他提交一份有关废除治外法权的备忘录，共 22 条。③ 经雅克博签注后，④ 17 日，雅克博、博金式就该备忘录与宝道、爱司加拉进行会谈。

宝道认为，德、苏侨民均已服从中国法律及司法管辖，且苏联会全力推动中国废除治外法权，因此以外籍法官参与审判的混合法院制度取代既有的治外法权制度，并不合适。双方讨论主要集中于特别法庭、渐进撤废治外法权与内地开放、法律制定与颁布等问题。

特别法庭是双方讨论的重点，分歧有以下几点。（1）特别法庭制度存续的时间。宝道指出最好不设定具体时间，因为较为和解性而非强制性的表述能照顾到北京政府颜面，列强由此可能从新条约中得到较多让步，并提议其他涉及时间的条款都如此处理。（2）特别法庭制度适用对象。雅克博认为特别法庭制度应适用于所有外侨，宝道因德、苏侨民的状况予以反对，认为此事应由北京政府自行处置，因为如果各国提出这一要求，苏联很可能会反对，北京政府若同意各国要

---

① The American Commissioner on Extraterritorial Jurisdiction in China (Strawn) to the Secretary of State, Apr. 16, 1926, *FRUS*, 1926, Vol. 1, pp. 973 – 975.

② 参见吴文浩：《跨国史视野下中国废除治外法权的历程（1919—1931）》，《近代史研究》2020 年第 2 期。

③ G. Padoux to S. H. Strawn, Mar. 10, 1926, Records of the Department of State, RG 59, Central File：Decimal File 793. 003C73/333 Enclosure 1, Part 14, The National Archives (U. S.).

④ Memorandum on the Plan of Messrs. Padoux and Escarra for the Abolition of Extraterritoriality, Mar. 15, 1926, Records of the Department of State, RG 59, Central File：Decimal File 793. 003C73/333 Enclosure 1, Part 14, The National Archives (U. S.).

求，法院将需要增设能运用俄语、德语的法官、检察官及通译员。（3）特别法庭数量。雅克博提出应增加特别法庭数量，宝道认为若以彻底废除治外法权为目标，该建议是适当且必要的，还提议特别法庭应是巡回法庭，除广州、上海、汉口、天津、北京、奉天、哈尔滨等驻在地外，还可在辖区内巡回开庭。（4）特别法庭人员薪酬来源问题。雅克博要求明确特别法庭人员的薪酬来源，宝道认为各国可以提出条件，由北京政府具体处理。（5）特别法庭判决的执行问题。宝道补充说明，特别法庭应有权处理涉及租界的诉讼，并在租界内执行。（6）外籍法律咨议问题。双方均认可这是特别法庭制度成功运转的关键，但宝道认为可由国联或者国际法院事先提出名单，雅克博则认为应由有关国家事先提出名单。（7）个人身份类牵涉国际私法的案件。宝道同意这些案件应交由上海特别法庭处理，在中国《法律适用条例》规定基础上，依据相关国家法律进行处理。（8）保障措施。雅克博指出各国需要制定相关措施，确保中国忠实履行新义务。宝道承认确有必要，但措辞不可太强硬。宝道等人虽然是中国政府顾问，但以其对中国现状和各国与华关系的了解，在技术上竭力帮助雅克博等以更委婉而具有欺骗性的方式或措辞达成目标。

在按照地区逐渐撤废治外法权问题上，因涉及内地开放，双方观点均比较游移。宝道接受雅克博对在部分地区继续维持治外法权设想的批评，同意最好是以新制度取代旧制度，而非是新旧杂糅的双重系统。但雅克博又提出暂不开放西藏、蒙古、新疆及川滇等少数民族聚居区域，宝道则认为英国很可能反对将西藏排除在开放地区之外。

在中国法律的制定实施问题上，雅克博批评备忘录未提及宪法和法律须以合乎宪法方式制定、颁布的问题，宝道同意该问题十分重要，但出于对中国局势的判断，认为无法使激烈冲突的各派系接受一部永久性宪法，提议由北京政府向列强承诺，将听从委员会建议制定相关法律，直至永久性宪法出台。①

会谈后，或许是受到雇主北京政府的敦促，宝、爱的部分观点发生变化，认为应以 5 年时间为明确期限，中国完成特别法庭相关建设，列强随即放弃治外法

---

① Memorandum of Interview with Messrs. Padoux and Escarra on the Abolition of Extraterritoriality, Mar. 18, 1926, Records of the Department of State, RG 59, Central File: Decimal File 793.003C73/333 Enclosure 1, Part 14, The National Archives (U. S.).

权，以促使北京政府推动法律及司法改革；反对为使中方切实推动特别法庭建设而要求保障措施，认为不可能存在既有效又为中国大众接受的举措，唯一保障措施只能是特别法庭本身及列强的关切。不过，他们仍反对以永久性宪法为废除治外法权的前提，认为将政治问题与司法问题混为一谈，将使"排外分子"有借口怀疑列强诚意；反对委员会的建议明确牵涉无治外法权国外侨。①

5 月 6 日，旅行团离京考察司法行政前，王宠惠直接致函司注恩，提出中方"建议"案，具体内容如下：（1）参会列强应尽早声明放弃治外法权的坚定意愿，设定发表声明的最迟时间。（2）中国政府在前述时间内，尽早公布改良法律及司法的计划，包括完成民商法典，增设新式法院和监狱，允许外国律师在中国法院代理诉讼。（3）中国在前述时间内完成前述法律及司法改革后，将情形通知列强，列强接到该通知后，须立即放弃治外法权。（4）在取消治外法权前，列强应将会审公廨交还中国，不得干涉中国对其的改革；由中国普通法院审理的混合案件，外国不得再派陪审员出庭；除本国侨民为被告的案件外，停止其他治外法权的实践；中外民众同样缴纳赋税；外侨在非通商口岸的内地经商，应受中国法律管辖；外侨个人可以声明放弃治外法权。（5）各国在收到委员会报告后，任命全权代表与中国进行双边或多边磋商，缔结废除治外法权的条约。② 该"建议"案承认渐进撤废治外法权、承诺限期进行法律与司法改革，但要求列强明确宣布废除治外法权意愿，加快实质性废约进程，拒绝列强保留评判中国法律与司法改革成效后再废除特权的权力。不过，王宠惠"建议"案似没有得到司注恩回应，他依然与宝道等保持联系，继续就《报告书》"建议"文本进行沟通。

5 月 18 日，司注恩给宝、爱两人一份密件，阐述中国现状及可能建议。该文件认为，中国无可否认的现状是：（1）不存在被全国一致承认的中央政府；（2）军阀控制政府各部门；（3）法律不是由合宪机构制定、颁布及废止的；（4）缺乏

---

① Remarks on the Memorandum of the American Delegation，Mar. 22，1926，Records of the Department of State，RG 59，Central File：Decimal File 793. 003C73/333 Enclosure 1，Part 14，The National Archives（U. S.）.

② Wang Chung-hui to S. H. Strawn，May 6，1926，Records of the Department of State，RG 59，Central File：Decimal File 793. 003C73/333 Enclosure 1，Part 14，The National Archives（U. S.）.

有能力且不受外界干涉影响的法官；（5）财政混乱，无法保障司法经费。建议共 9 条，包括：（1）外国在华法院以经委员会认可的中国法律进行审判；（2）各国建立在华终审法院；（3）犯人应被监禁在新式监狱；（4）用绞刑取代其他死刑方式；（5）列强不再保护长期在华生活、具有双重国籍的华人；（6）除符合国际法情形者外，租界及外侨不动产不得向华人提供庇护；（7）列强放弃无条约依据的治外法权实践；（8）洋原华被的民、刑事案件均由新式法院审判；（9）外侨个人可以放弃治外法权，接受中国法院管辖。司注恩指出上述建议是取消治外法权前的过渡性措施，当前述状况得到根本性纠正、改善，中国建立起有权管辖所有外侨的特别法庭及检察厅并接受外籍法律咨议，培养足够的涉外审判司法人才，并在税收、兵役、土地所有权及其他问题上落实各国建议后，中国可通知列强，开始废除治外法权。① 司注恩的"建议"案虽然包含似是改进治外法权制度的内容，但无论是给予委员会对中国法律是否适用于在华外国司法机构的审查权，还是允许列强建立在华终审法院，实际都在强化治外法权制度，并无限期推迟治外法权彻底废除的时间，自难为中国接受。

宝道随即致函司注恩，阐述对该密件的看法。宝道首先指出，司注恩所说的现状第（4）、（5）点过于绝对，而前 3 点的解决亦不应作为取消治外法权的前提条件，列强要求等于干涉中国内政。② 特纳与宝道的观点类似。在委员会召集之前及工作期间，外国人中一直有中国必须建立稳固中央政府，然后才可考虑放弃治外法权的主张。特纳对这种观点持批评态度："在当今中国的政治动荡中，认为废弃治外法权须等到中国有一个稳定或强有力的中央政府，似乎是荒谬的。我不知道一个强有力的中央政府是不是中国顺遂的未来；我知道目前没有迹象表明中国有可能组建一个稳定的中央政府（而且许多欧洲国家，比如法国，可能存在同样的情况），但是在我看来，除广州政府（我对其一无所知）治下地区外，对

---

① The Confidential Document Communicated by Strawn to Padoux and Escarra, May 18, 1926, Records of the Department of State, RG 59, Central File：Decimal File 793. 003C73/333 Enclosure 1, Part 14, The National Archives (U. S.).

② Memorandum for the American Delegation, Remarks Concerning the Confidential Document Communicated May 18, 1926, May 21, 1926, Records of the Department of State, RG 59, Central File：Decimal File 793. 003C73/333 Enclosure 1, Part 14, The National Archives (U. S.).

司法部和最高法院指导下的司法行政还是有某些尊重的。"①

对司注恩所提的过渡时期相关建议，宝道也表达异议或补充意见。对第（1）条，他指出，中国反对领事法庭继续存在，如果外国法院适用中国法律，则不仅应有成文法，还应包括地方商业习惯；但所谓适用中国法律需委员会审核通过，是给予各国干预控制中国立法的权力，中外条约从未赋予列强类似特权。各国应该通过条约保护其侨民，而不是介入中国的立法。对第（2）条，他指出，如果设立在华终审法院，相关国家需重新立法，可能耗时数年，亦会增加开支；一些国家的终审判决主要针对法律观点，决不适宜由在华法院进行；他以洛桑会议上土耳其的反应为例，指出中国将强烈反对任何名为"改善"、实则强化治外法权制度的举措。对第（6）条，他建议将使馆界包括在内。对第（7）条，他建议列强恢复上海会审公廨原状，英、美、日等国放弃会审权。对第（8）条，他指出，需要明确新式法院审理洋原华被案件时，原告所属国代表是否参与审判。对第（9）条，他强调需要明确外侨个人放弃治外法权的具体形式，是个人永久性的放弃，还是一段时间内针对个别案件的；此外需明确外侨放弃司法特权时，是否能够保留其他条约特权。

对司注恩所提废除治外法权的条件，宝道指出不能忽视外侨中一直存在反对放弃治外法权的观点，且司注恩的意见等于无限期推迟废除治外法权；列强应尊重中国主权，承认中国的属地管辖权；鉴于中国司法部门已聘请相当数量外籍顾问，而法政学校师资水平还较低，故应建议中国法政学校聘请外籍教师；关于税收、土地所有权等问题的规定应是相互的，且应于新条约中规定；需要明确"开始废除治外法权"的表述究竟是指在华外国司法机构将司法管辖权移交给特别法庭，还是需要有其他进一步措施。最后，宝道总结道，任何旨在强化现行治外法权制度的计划（即便其中包含一些限制既有特权的措施），以及任何将渐进废除治外法权与中国内政挂钩的计划，都将被中国直接拒绝。他提醒司注恩，如果中国民众意识到委员会否定中国合法愿望，受到他们反帝爱国运动压力，北京政府

---

① Sir Skinner Turner to Sir Austen Chamberlain, Sep. 22, 1926, *BDFA*, Pt. 2, Ser. E, Vol. 31, p. 263.

将单方面废除不平等条约。①

6月下旬，宝道再次与司注恩进行会谈，并提交一份新的、内容详细的"建议"案，共4款，涉及中国的法律与司法改革承诺、列强应采取的限制既有治外法权之措施，且事先得到王宠惠认可，实际也吸收了前述王宠惠"建议"案的观点。（1）列强尽早声明放弃治外法权的坚定意愿。（2）中方明确宣布将进行下列法律及司法改革：制定并颁布除有关家庭和继承部分外的民法、商法、破产法、修订后的刑法等，且这些法律以及任何可能影响到外侨的法律，均将翻译成至少一种外语；广州、上海、汉口、天津、北京、奉天、哈尔滨等地的地方审判厅组织由3名法官组成的特别法庭，审理涉及参会各国侨民的民事、刑事案件，其中轻微民事、刑事案件由1名法官单独审理，第一次可上诉至3名法官均出席的特别法庭；对特别法庭法官的一审判决，可上诉至各省高等法院；对特别法庭或高等法院在第一次上诉中的判决，可上诉至大理院；特别法庭及具有上诉管辖权的高等法院法官、检察官应为已接受过法律实践培训并精通一门外语的中外法学院毕业生；外籍律师在遵守中国律师法规的情况下，可以在特别法庭和其他中国法院担任外侨代理人；大理院应定期出版裁决案件和重要判决的外文译本；中国政府至少以一种外文出版关于本计划中预期工作进展的年度报告。（3）当中国完成上述改革并通知各国后，各国应指派代表与中国政府讨论最终废除治外法权问题。（4）最终废除治外法权前，对治外法权的限制：中国收回上海公共租界及法租界会审公廨并进行必要改革，使它们与中国普通司法制度趋于一致；由中国法院审判的混合案件，外国陪审员不得出席；停止向未从中国政府收到确定剥夺国籍证明的华裔人士提供国籍证明，此前违反本规则签发的证书无效；各国领事馆不再接受中国公司和船舶的登记注册；受中国管辖之人的民事、刑事判决、传票和逮捕、拘留和搜查令，由主管审判厅的法院正式签发，交警察执行；使馆界为进入寻求庇护的中国人提供庇护时，应符合国际法一般规则和惯例；外侨应与中国公民一样，缴纳政府公报正式颁布的税务法所规定的合法税款；外侨个人可

---

① Memorandum for the American Delegation, Remarks Concerning the Confidential Document Communicated May 18, 1926, May 21, 1926, Records of the Department of State, RG 59, Central File: Decimal File 793.003C73/333 Enclosure 1, Part 14, The National Archives (U.S.).

自由放弃其享有的治外法权。① 与司注恩 5 月 18 日 "建议" 案相比，这份 "建议" 的最大特点是拒绝给予列强审查中国法律的权力、拒绝外国在华建立终审法院，坚持在限制乃至于取消治外法权的前提下改革既有治外法权制度，而非以改革治外法权的名义强化、扩张列强的特权。

6 月 28 日，王宠惠以宝道和爱司加拉的名义致函司注恩，就 "建议" 草案的具体表述发表意见，指出列强可以要求外侨不受《戒严法》影响；强烈反对任何给治外法权制度 "注入新鲜血液"，使其得以 "改进" 的建议，表示中国政府不会帮助列强 "纠正" 治外法权制度的缺陷；如果列强同意在领事法庭适用中国法律，就应该直接适用，而非先行判断适用何种法律；反对领事代表出席新式法院的审判；建议删除 "interest" 一词，以免引起中国人误解。②

鉴于中方的坚定反对，外国委员放弃了审查中国法律、建立在华终审法院的意见。旅行团返京后，7 月 9 日，司注恩、特纳就王宠惠的意见展开讨论。两人一致同意，要求中国法律须由合乎宪法的机构合法制定、颁布、废止，法官须不受政府行政部门及军人干预；须确定领事法庭适用的中国法律。特纳认为，王宠惠有关国籍的提议不可接受，因其将英国控制的香港及在港华人排除在外，表示将就此提出新草案，还认为须增加关于人身保护权的条款。他建议中国政府任命外籍专家，可在涉及外侨的案件中听取相关报告；不用明确说明取消治外法权后负责审判外侨的特别法庭的数量及地点，而应采用类似 "法庭应设立于外国人享有利益的地区" 的概括性表述。7 月 13 日，司注恩、特纳再次就 "建议" 草案磋商，主张：（1）外国人应不受《戒严法》束缚，军事机关无权没收外侨财产，此点可在 "建议" 中说明或在日后条约中明确规定；（2）"建议" 要求中方将影响外侨的法律文件译成至少一种外国文字，中国很可能会以法文形式公布法律，

---

① Recommendations Made by G. Padoux, Jun. 26, 1926, Records of the Department of State, RG 59, Central File: Decimal File 793.003C73/333 Enclosure 1, Part 14, The National Archives (U.S.).

② G. Padoux to S. H. Strawn, Jun. 28, 1926; Conference between Sir Skinner Turner and S. H. S. respecting the Draft of Recommendations Submitted by Dr. Wang Chung-Hui, Jul. 9, 1926, Records of the Department of State, RG 59, Central File: Decimal File 793.003C73/333 Enclosure 1, Part 14, The National Archives (U.S.).

但鉴于英美侨民数量是法国侨民的 6 倍以上，因此应坚持以英文公布。①

至此，中外就"建议"的核心内容达成共识，但在细节上仍有诸多分歧。因政局变化，且司注恩急欲返回美国，"建议"正式文本以简要文字表明列强放弃治外法权意愿，称中国须完成列强要求的各项改革，然后与列强协商撤废治外法权的具体办法；在过渡时期，各国将采取措施改进治外法权制度，减少其弊端。

（三）《报告书》的"建议"

《报告书》第 4 编是最晚定稿、最为重要的"建议"。9 月 9 日前，分委员会完成"建议"文本草案。②

9 月 16 日通过的"建议"开头是 3 段序言，指出将根据前 3 编提出相关建议，"依各委员之意见，此项建议实行至相当程度时，各国自可放弃其享有之治外法权"。放弃治外法权后，各国侨民在中国可享有国际通行的平等待遇，如内地杂居及通商自由等。具体建议部分，第 1 款是诉讼应由法院审理，并切实保障司法独立。第 2 款是改良中国法律及司法制度的具体计划，包括中国政府根据《报告书》改革法律及司法制度；制定并公布民法、商法、刑法、银行法、破产法、专利法、土地收用法、公证人法等法律；实施统一的制定、公布及废止法律的制度；推广新式法院、监狱及看守所，最终完全废除县知事审判制度及旧式监狱、看守所；提供充足司法经费及人员薪酬。第 3 款指出，"上项所述各建议实行至相当程度以前，如主要部分业经实行，关系各国应中国政府之请求，可商议渐进撤消治外法权之办法，或分区或部分或以其他方法，可由双方协定"。第 4 款列举在废除治外法权前，改革现行治外法权制度及习惯的方法，包括各国在华法院应尽可能适用中国法律；以有治外法权国家外侨为原告、以归中国管辖之人为被告的案件，应由中国新式法院审判，外国官员不能观审或干预审判；改革会审公廨，使其与中国司法制度尽

---

① Conference between Sir Skinner Turner and S. H. S. respecting the Draft of Recommendations Submitted by Dr. Wang Chung-Hui, Jul. 9, 1926; S. H. Strawn to Skinner Turner, Jul. 14, 1926, Records of the Department of State, RG 59, Central File: Decimal File 793. 003C73/333 Enclosure 1, Part 14, The National Archives (U. S.).

② 「币原喜重郎宛に重光葵」、1926 年 9 月 9 日、JACAR、Ref. B07080566200、日本外務省外交史料館蔵。

量一致；外籍律师可以代理诉讼并出庭；取消外国对中国人所有或大部分为中国人所有之企业的保护；外国在华侨民应向其使领馆按期注册；承认中外民众间的民事公断协定，并由中外法院各自执行；中国法院依法发布的判决书、传票、逮捕令、搜查令等，经中国负责机关证明者，外国在华机构应迅速执行；中国政府依法征收且经关系国认为适用于其国人民的赋税，外侨应缴纳。①

9 月 9 日 "建议" 草案与《报告书》正式文本 "建议" 相比，区别如下：正式文本序言部分第 3 段，草案的表述为 "The Commission understand……"，《报告书》则为 "It is understood……"；第 1 款增加 "unwarranted" 作为对 "interference" 之限定，即司法不受不正当干涉，而非不受干涉；第 3 款，草案接受日本观点，按照地区渐进撤废治外法权，《报告书》则未明确指出渐进撤废的具体方式；第 4 款第 2 点，草案以中外正在进行会审公廨交涉为由，未给出明确建议，《报告书》则指出会审公廨应与中国新式司法制度相符；《报告书》将草案第 3 点 "律师" 并入第 2 点 "华洋诉讼案件及会审公廨" 中；此外还有部分具体文字改动。

上述区别主要体现委员会内部的分歧。如对 "建议" 序言第 3 段，即关于治外法权废除与内地杂居权之间的关系，日方坚持开头应为 "It is understood"，特纳担心日本的主张可能被视作提出撤废治外法权的交易条件，而委员会只是想表明，随着治外法权被废除，自然会有内地杂居权。在佐分利贞男保证此提法并非交易条件，只是想使人们注意到内地杂居权问题后，《报告书》采纳日方主张的表达。法国、荷兰及日本委员还强调华会议决案中的 "special" 一词，即各国不得以取得任何政治或经济特权、利益为废弃治外法权之条件，倾向于认为在落实华会议决案后，外侨实际并不能获得内地杂居权。委员会希望能够制定有关外国法律顾问的规定，但此权力被认为属于今后中外条约制定者，所以相关部分被删去了。关于渐进废除治外法权的方法，委员会较晚才开始讨论，且因日本坚持按地区逐渐废除，委员会内部未能就此达成一致，所以《报告书》使用概括含糊的措辞，"没有对如何从实际政治层面解决治外法权问题提出任何办法"。②

① 《英汉对照调查治外法权委员会报告书》，第 220—227 页。
② Sir Skinner Turner to Sir Austen Chamberlain, Sep. 22, 1926; Memorandum on the Report of the Commission on Extra-territoriality in China by J. T. Pratt, Nov. 22, 1926, *BDFA*, Pt. 2, Ser. E, Vol. 31, pp. 264 – 265, 269 – 270.

还有一些问题委员会虽有涉及，但《报告书》没有给出建议，包括中国人的双重国籍问题、某些国家不能在中国审判其国民的刑事案件问题、租界问题，因为它们主要涉及中国与某个国家的关系，而各国在处理上述问题时考虑不同，无法给出具体建议。如双重国籍问题，可能需由中国与英、美及荷兰等国分别谈判解决。另外，关于中国人在外国领事馆注册的问题，由于中国委员拒绝指认有此行为的领事，也没有向委员会提出相关资料，而委员会认为此事超出其权限，可能引起委员会内部分裂，所以没有处理。[①] 上海会审公廨由于正在谈判归还问题，委员会以未得到协议文本等为由，只是一般性提到会审公廨，没有给出明确建议。

《报告书》第 4 编"建议"以渐进废除治外法权的伪装，拒绝中国人民的合理意愿、正义诉求，并提出改革法律与司法等诸多前提条件，但这些只是列强维持在华治外法权的借口，并不表明其切实关心中国的进步情形。"建议"中部分模糊性的文字表达，透露列强利益的分歧，表明参与华盛顿会议的列强虽勉力维持对华治外法权问题上的联合阵线，但各怀鬼胎，谋划如何在撤废治外法权后将本国在华利益最大化。故在委员会结束工作后，中外转向以双边交涉方式解决不平等条约问题，是中国政府与人民意识到多边交涉事倍功半的结果，亦符合列强的诉求，并终究取得一些成果。

结　　语

治外法权居于列强在华不平等条约特权的中心，是列强对中国进行半殖民地统治的重要工具。经过数年展期，五卅运动后，列强终于不得不同意召集调查治外法权委员会，对在华治外法权、中国法律与司法进行调查，并给出撤废治外法权的建议。随着反帝废约运动兴起，中国人民认清帝国主义本质及其诡计的觉悟和能力迅速提高，已经不再满足于此种仅有调查权、建议权的专家委员会会议，希望召开正式国际会议，直接决定撤废治外法权事宜，但未得到列强积极回应，仅实现部分扩大调查范围的目标。委员会尽量避谈列强在华治外法权的弊端，对中国法律和司法则进行极为严苛的调查，提出撤废治外法权的原则性条件。这些

---

① Sir Skinner Turner to Sir Austen Chamberlain, Sep. 22, 1926, *BDFA*, Pt. 2, Ser. E, Vol. 31, p. 263.

条件实际上不过是将 20 世纪初中国与英、美、日等国条约中"一俟查悉中国律例情形及其审断办法及一切相关事宜皆臻妥善……即允弃其治外法权"① 等概括性规定具体化，不仅反客为主、居高临下地提出中国法律和司法现代化的系列要求，还欲乘机谋求内地杂居权以及审核中国法律能否适用外侨、建立在华终审法院等权力。正如英国学者毕可思（Robert Bickers）所言，"大多数外国观察者及有识之士都要求中国进行现代化改造，并主张，如果中国没有发展出和他们一样的现代机制和惯例，中国人就不能完全期待自己被当成国际社会的一分子对待"，治外法权被渲染成对中外均"有利"的制度，直至中国实现所谓"现代化"，"然而，随着中国的改革，必要的'现代化'条款被修订，实现现代化的障碍被加强，放弃外国优势的前景越来越远。对于大多数在中国有利可图的外国而言，一个堕落的中国才最符合他们的利益"。② 所谓"现代化"的判断标准自始至终掌握在列强手中，他们不仅层层加码，而且颠倒黑白，有意忽视、贬低中国的进步。这些表现深刻表明，列强并不真正期待中国法律与司法的近代化，维护列强在半殖民地中国的条约特权的本质目标图穷匕见。

在评价《报告书》时，学界大致有 3 种观点：（1）强调委员会的独立性及北京政府的外交努力，认为"法权调查团虽由各国所派代表组成，但其报告结论并不直接代表所在国家的意志"；③ （2）认为《报告书》肯定治外法权必须废除，只是时机尚不成熟，且《报告书》对中国法律及司法的批评皆为不可回避的事实，因此，"一概将报告书认定为'藉词延存领判权于中国'，并非是从事实出发、经过理性论证之后的定断，而是有很大成份的诛心之论在内"；④ （3）新近研究通过比较特纳的秘密报告与《报告书》，认识到它是一份用来应付中国迫切

---

① 中英《续议通商行船条约》，1902 年 9 月 5 日；中美《通商行船续订条约》，1903 年 10 月 8 日；中日《通商行船续约》，1903 年 10 月 8 日，王铁崖编：《中外旧约章汇编》第 2 册，上海：上海财经大学出版社，2019 年，第 103、177、183 页。

② 罗伯特·毕可思：《太古传：商业帝国 200 年》，郑植、苏喜枝译，杭州：浙江人民出版社，2024 年，第 211、218 页。

③ 杨天宏：《北洋外交与"治外法权"的撤废——基于法权会议所作的历史考察》，《近代史研究》2005 年第 3 期，第 110 页。

④ 李启成：《治外法权与中国司法近代化之关系——调查法权委员会个案研究》，《现代法学》2006 年第 4 期，第 33—34 页。

要求的文件，"耗时数月的考察实际上只是为列强的既定政策编制依据而已"。①

通过考察委员会工作流程和《报告书》起草过程，分析其具体内容，可以证明前两种观点有一定局限性：委员会各国成员显然一直遵从和配合着各国政府的对华治外法权政策，北京政府的外交努力虽有一定成果，但无力彻底改变《报告书》的结论；《报告书》对中国法律及司法的批评才是"有很大成份的诛心之论在内"。笔者大体同意《报告书》是一份列强应付中国要求的文件的观点。更重要的是，不只如此，《报告书》并非基于严谨法律审查和实地考察形成的权威性法律文献，而是在美、日等国提交的报告基础上形成、服务于列强对华治外法权政策的文件。

在委员会集会之前，列强已通过驻华领事等渠道获得有关中国的法律与司法状况的信息，形成既定印象与偏见。领事作为治外法权制度的执行者，没有意愿也不可能客观评价中国法律、司法和在华治外法权制度。即便不经过调查与考察，委员会也必将炮制一份类似的文件。在进行司法考察之前，美方已完成《报告书》草案就是明证。王宠惠曾恳请司注恩等外国委员"注意中国民意，以公正之态度，从事调查，以期取消在华领事裁判权，俾符国际平等之原则，并慰华人之渴望"，司注恩敷衍道"各国均当极力赞助，使领事裁判权之废除，得以早日实现，与会各代表，当以公平态度，从事于此项工作"，在多种场合称赞中国的进步。② 但是，中国媒体虽无法得知委员会工作详情，但通过多种渠道了解信息，加上久受帝国主义压迫及欺骗伎俩之苦，中国共产党及中国人民对最终结果并不抱持乐观态度，对此种口惠而实不至更是嗤之以鼻。在委员会集会之初，中国共产党人清醒认识到委员会的欺骗性，将废除治外法权作为独立民族固有权利，明确指出此次会议是列强面对"中国民族运动之高压"而演出的"滑稽的骗局"。③ 委员赴各地调查之前，《申报》便刊出批评王宠惠的电文，认为其过分专注法律问题，"一以法律轨道为归"，惑于列强狡诈之外交手段，断定会议前途黯淡，结

---

① 张丽：《英国与 1926 年法权调查会议》，《湖北社会科学》2019 年第 3 期，第 113 页。
② 《王宠惠欢宴法权委员》，《顺天时报》1926 年 2 月 3 日，第 3 版。
③ 超麟：《帝国主义又一骗局——法权会议》，《向导周报》第 143 期，1926 年 1 月 21 日，第 1305 页。

果将不利于中国。① 著名国际法专家周鲠生更是断言，不可期望借由委员会实现撤废治外法权之目标。② 事实证明，中国人民的批评绝非帝国主义者污蔑的"排外"情绪之发泄，司注恩等人根本无意进行公正调查、满足中国人民合理诉求，才是铁的事实。

不可否认，当时中国的法律及司法确实存在问题，但世界各国的法律本就有其民族特点，以让所有外国人完全满意为判断标准本就完全不合理；诸多问题又是处于政治转型期的国家无法避免的，且属于中国内政，不能以此作为维持治外法权、侵犯中国主权的理由。③ 列强对中国的侵略、对中国内政的干涉，以及他们攫取的包括治外法权在内的各项特权，恰是近代中国动荡混乱、贫困落后的重要根源。他们高高在上的指指点点，只不过是不愿意放弃治外法权的托词，体现了侵略者的傲慢无耻。

不过，尽管存在一些临时抱佛脚的粉饰性动作，但中国法律与司法改革的成就仍超出外国委员的预想。然而他们根本上还是要执行本国政府的治外法权政策，一方面将治外法权视作单纯的法律与司法问题，拒绝将租界、租借地等所谓"政治性"问题纳入治外法权范畴展开讨论；另一方面政治立场和成见先行，淡化外国在华司法机构的各种弊病，对中国法律进行极为严苛的审查，不惜歪曲事实，丑化中国司法，竭力为治外法权的继续存在寻找"依据"。根据委员会人员构成多为法律专家及外交人士且进行了实地考察，就得出他们对中国法律及司法有相当了解、能够根据实际考察结果撰写《报告书》并进行公正评价的结论，只不过是想当然罢了。

《报告书》表明，列强已无法维持既有的治外法权政策，不得不严肃对待治外法权无法永久维持的现实。他们仍以法律和司法为辞，但引入其他政治因素，不将中国法律和司法的"发达程度"作为治外法权存废的唯一标准。即便是顽固反对放弃治外法权的群体，也不得不承认治外法权无法永久存续，侧重批评中国

① 《法权会议前途观察谈》，《申报》1926 年 2 月 4 日，第 13 版。
② 周鲠生：《法权会议与收回法权》，《现代评论》第 3 卷第 59 期，1926 年 1 月 23 日，第 4 页。
③ 如特纳指出稳定的中央政府在欧洲很多国家包括法国，都没有完全实现，参见 Sir Skinner Turner to Sir Austen Chamberlain, Sep. 22, 1926, *BDFA*, Pt. 2, Ser. E, Vol. 31, p. 263.

司法受军阀干预、法律条文未能落实等。① 列强还提议通过在华设立终审法院等措施，名为"改进"实则强化治外法权制度。根本上说，这些额外理由及意见的提出，正是中国人民坚持斗争的结果。虽然北京政府通过委员会废除治外法权的谋划以失败告终，但列强强化治外法权制度的动议亦遭到王宠惠等的坚决反对，未被纳入《报告书》。由于中外之间及列强内部分歧，委员会通过的《报告书》"建议"较为含混，虽然得到王宠惠认可，但遭到中国人民坚决反对。《大公报》社评就批评北京政府"非鹿非马之外交，实足增国家民族之耻辱"，"希望国民自起，对内对外为最后之奋斗而已，俾时机成熟，一方自动的宣布整理各种法律……同时自动的宣布废除不平等条约，收回各种权利"，反映了中国人民的逐渐觉醒。②

委员会一度被寄予厚望，但其结果表明，将希望寄托在帝国主义的"仁慈"、"慷慨"、"公正"上，以推动法律与司法等领域的现代化改革，进而以现代化改革成就作为"依据"，与列强交涉废除不平等条约，在半殖民地的中国是完全行不通的。作为中国人民代表的中国共产党将当时的关税会议、法权会议等一系列事件联系起来，结合近代中国反帝反封建的根本任务展开分析，揭露关税会议等一系列中外交涉是帝国主义分化中华民族反帝统一战线的阴谋，并发表第五次时局主张，提出包括废除不平等条约、收回会审公堂、废除领事裁判权在内的最低共同政纲，呼吁全国民众为国家独立、民族解放而联合奋斗。③

此后中国人民反对帝国主义、废除不平等条约和撤废治外法权的路径和方法更加丰富，不再寄希望于通过满足列强对中国法律与司法改革的要求来恢复国家主权。摇摇欲坠的北京政府需依靠列强的承认与支持才能勉强维持运转，故面对废除包括治外法权在内的不平等条约这一中华民族的共同意愿，虽不得不予以推

① Memorandum Prepared by the Joint Committee of the British Chamber of Commerce and the Shanghai Branch of the China Association, Dec. 9, 1931, in Robert L. Jarman ed., *Shanghai: Political & Economic Reports*, *1842 – 1943: British Government Records from the International City*, Vol. 17, Slough: Archive Editions Limited, 2008, p. 297.
② 《社评：法权会议与关税会议》，《大公报》（天津）1926 年 12 月 1 日，第 1 版。
③ 《五卅周年纪念告全国民众》，《向导周报》第 155 期"五卅特刊"，1926 年 5 月 30 日，第 1488 页；《中国共产党对于时局的主张》，1926 年 7 月 12 日，中央档案馆编：《中共中央文件选集》第 2 册，北京：中共中央党校出版社，1989 年，第 155 页。

进，但长期以来只以进行法律与司法改革为实现此一目标的路线图，还自欺欺人地认为委员会的结果"意外良好"。① 由于受到中国人民的强烈批评和反对，北京政府后知后觉地尝试改变政策，考虑是否拒绝接受《报告书》第 4 编。② 北京政府虽未明确抛弃《报告书》，但在随后展开的中国与比利时、中国与西班牙修约交涉中，更多是以情势变迁原则论证中国废除治外法权的合理性，而非强调中国法律与司法的进步。南京国民政府同样依赖英美帝国主义的支持立足，在 20 世纪 20 年代末 30 年代初的领事裁判权交涉中延续"渐进废除治外法权"路线，更对日采取绥靖投降政策，给予英美等国以日本侵华为借口中止废除治外法权谈判的机会。但即使是南京国民政府，也不承认委员会及《报告书》，拒绝将法律与司法改革作为撤废治外法权的前提。中国人民进一步认识到，法律与司法改革不能盲目迎合外国人的"要求"、期待外国人的"认可"，更不能陷入照搬照抄、亦步亦趋的窠臼，而是要建立符合中国国情、满足中国独立自主发展富强需要的现代法律制度与司法文明，维护中国的主体性。1927 年初，中国人民收复汉口、九江英租界的实际斗争和胜利成果，以及中华人民共和国成立后的"打扫干净屋子再请客"政策，都是以直接行动收回列强不愿交还中国的权益，并直接清理帝国主义在华政治、经济等各项特权。正是在中国共产党的领导下，中国人民恢复和维护国家主权的斗争不断发展，最终彻底清除帝国主义在半殖民地中国的势力，使崭新的中国屹立在世界的东方。

〔作者吴文浩，武汉大学历史学院副教授〕

（责任编辑：焦　兵　郑　鑫）

---

① 梁启超：《致孩子们》（1926 年 9 月 14 日），汤志钧、汤仁泽编：《梁启超全集》第 20 集，北京：中国人民大学出版社，2018 年，第 223 页。

② 《司法部关于法权委员会报告书之提议现经国务会议议决，由司法部详加研究，外交部探询各国意见后再提讨论由》，1927 年 1 月 17 日，外交部全宗，档号 11—99—06—28—156，台北"国史馆"藏。

过渡阶段中共华东战略区的构建
（1945—1946）*

郭　洋

摘　要： 抗战胜利后，中共中央基于国内外形势演变与自身战略调整，初步完成对华东战略区的构建。在中共华东战略体系中，山东与华中两大根据地的地理空间、政治领导、军事格局等发生重要变化，并通过对日伪军的作战强化彼此间联系，所属野战军开始探索从游击战转向运动战。中共中央与华东、山东和华中实现良好战略互动，确立华东党政军基本运行机制，为下一阶段的战略运筹特别是创建"华东战场"奠定基础，对华东解放战争最终走向产生不容忽视的影响。

关键词： 新四军　华东局　抗日战争　解放战争　华东战场

1945 年 8 月 15 日，日本投降。国民党与共产党作为彼时中国实力最强的两大政治力量，如何应对迅速演变的新局势，决定着国家未来命运。重庆谈判结束后，中共中央判断"目前开始的六个月左右期间，是为抗日阶段转变至和平建设阶段的过渡期间"。[①] 从宏观历史进程看，中国战后过渡阶段实则始自抗战胜利，终于解放战争爆发，历时约 10 个月。中共中央"六个月左右期间"的判断，只是对过渡期的泛指，"变"可谓过渡阶段中国政局最大特点。和平与战争两种可能

---

*　本文系教育部哲学社会科学研究重大专项"《中共党史党建学手册》编研"（2024JZDZ033）阶段性成果。

① 中共中央党史和文献研究院编：《毛泽东年谱》第 3 卷，北京：中央文献出版社，2023 年，第 39 页。

并存，谈判与作战同步展开，出现国共边打边谈、打打停停的复杂局面。论及相关史事，学界多聚焦冷战背景下国共高层的政治博弈，① 实则，过渡阶段亦是中共调整战略方针的关键阶段。国内外局势激变背景下，中共主动调适战略方针，经略东北与华东两大战略区，不仅与国共关系走向具有微妙关联，而且对此后局势演变产生重要影响。既有研究已深度揭示中共军政力量挺进东北相关问题，但对"华东"在中共军政版图上从无到有的考察，尚有深入空间。②"华东"概念在清末即已出现，进入民国，国民党偶用"华东"指代上海周边区域。③ 抗战

---

① 较具代表性的研究有杨奎松：《失去的机会？抗战前后国共谈判始末》，桂林：广西师范大学出版社，1995 年；汪朝光：《1945—1949：国共政争与中国命运》，北京：社会科学文献出版社，2010 年；邓野：《联合政府与一党训政：1944—1946 年国共政争》，北京：社会科学文献出版社，2011 年；吕迅：《大棋局中的国共关系》，北京：社会科学文献出版社，2015 年；牛军：《从赫尔利到马歇尔：美国调处国共矛盾始末》，北京：社会科学文献出版社，2021 年；森下修一：『国共内戦史』，爱知：三州书房，1972 年；Suzanne Pepper, *Civil War in China: The Political Struggle, 1945–1949*, Berkeley：University of California Press, 1980.

② 相关成果包括金冲及：《山东抗日根据地的独特历程》，《抗日战争研究》2017 年第 1 期；应星、荣思恒：《中共革命及其组织的地理学视角（1921—1945）》，《中共党史研究》2020 年第 3 期；仲伟民、李叶鹏：《从华北到华东：解放战争前后山东大区归属的演变》，《中共党史研究》2021 年第 5 期；郭宁：《革命与空间：中共党史研究的地理学视野》，《党史研究与教学》2022 年第 5 期；李雷波：《抗战时期中国共产党对"华中"区域概念的建构》，《历史研究》2023 年第 1 期；程森：《中共革命的三个地理问题（1921—1945）》，《苏区研究》2023 年第 4 期。上述成果的研究时段主要集中于抗日战争时期和解放战争时期，对两个时期之间的过渡阶段关注不足。

③ 至迟在 1884 年 11 月 13 日的《申报》（第 5 版）上已有"华东捷报"记载。进入民国后，有关华东的专门用语更加常见，如"华东足球队"、"华东基督教教育会"、"华东圣书会"、"华东文学会"、"华东日报"、"华东书局"、"华东印务局"等。教育界、体育界、宗教界使用华东一词，多指上海、南京、杭州及其周边区域（即时人常说的京沪杭地区）。国民政府实业部 1935 年在《中国经济年鉴续编》中明确指出，"华东区"包含苏浙两省与南京、上海两市。一些报纸报道抗战时期中国空军作战行动时，出现"华东海面"、"华东天空"记载，大体也是指上海、南京、杭州一带。国民政府军事委员会在《伪军官兵调查》文件中将华东与华南、华北、华中并列，专指苏、浙、皖、沪三省一市。此外，有人用"华东"泛指辽宁、吉林、热河三省。还有人把新疆、西藏、青海以东地区称为"华东"。总体而言，1945 年之前，军政界较少使用"华东"概念，亦鲜见以华东命名的专门组织机构。"华东"概念指向不明且影响力有限。

胜利前，虽有部分中共领导人提及"华东"，[①] 但其内涵并不统一，中共更未建立过"华东苏区"或"华东抗日根据地"，亦无同名中央局、政府、军区等机构，战后为何将并列发展的山东与华中初步构建为"华东解放区"，并赋予"华东"以重要战略定位？本文拟从战后整体形势出发，揭示中共战略演变与"华东"从无到有的脉络，分析"华东"在中共军政版图上生成的历史意义。战后过渡阶段历时约 10 个月，其中 1945 年 8 月至 1946 年 1 月是构建华东战略区的关键期。因此，本文以这一时段相关史事为考察重点。

一、抗战局势演变与中共在山东、华中的战略部署

山东与华中本就有天然经济地理联系，但在相当久的历史时期内分属数省。沂、沭、泗水系是淮河流域的重要次级水系，均发源于山东省中部沂蒙山区，三条河流灌溉鲁南和苏北。受黄河改道与运河治理影响，鲁南与苏北、皖北休戚与共，大运河成为鲁南与苏北、皖北的经济媒介。清末运河经济衰落后，津浦路取而代之，鲁南与毗邻的苏北、皖北在地理特征、文化背景、农业生产、风俗习惯

---

① 例如，任弼时 1938 年《中国抗日战争的形势与中国共产党的工作和任务》一文写道："九个月的抗战，中国在军事上虽然遭受了部分的严重的失败，华北和华东大块领土及上海、南京、北平、天津、太原、绥远、济南、芜湖等重要城市被敌占领，这些地区的人民遭受重大的牺牲，中国军队有八十到一百万的消耗，但是，日本的部分胜利是付了很大的代价的。"彭德怀于 1940 年 7 月 18 日致电毛泽东，建议"华东统一指挥，林彪即调回更好，否则刘伯承去华中，徐向前任一二九师师长，山东暂由陈光、罗荣桓统一指挥，将来林彪去山东"。罗荣桓于 1945 年 6 月 11 日致电鲁南军区指出，"此次鲁南部队，为策应滨海、鲁中反扫荡战，发动以邳县为中心的战役攻势，收复邳县城以下大小据点三十七处，俘伪支队长、团长以下官兵四百八十余人，缴获甚多，使我军矛头更加逼近陇海路，缩短我与华东之联系"。以上任、彭、罗三人所言"华东"，各自具有不同地域指向，涵括不尽统一。详见任弼时：《中国抗日战争的形势与中国共产党的工作和任务》(1938 年 5 月 17 日)，中共中央文献研究室、中央档案馆编：《建党以来重要文献选编 (1921—1949)》第 15 册，北京：中央文献出版社，2011 年，第 303 页；王焰主编：《彭德怀年谱》，北京：人民出版社，1998 年，第 232 页；黄瑶主编：《罗荣桓年谱》，北京：人民出版社，2002 年，第 418 页。

等方面高度接近。① 正因如此，元明清时期统治者有意将黄河下游与淮河下游之间的黄淮海地区分而治之，民国北京政府、国民政府承袭旧制。中共经略敌后抗日根据地不可避免受到上述历史因素影响。全面抗战爆发后，中共成功开辟山东、华中两大根据地，坚持敌后斗争。日后"华东解放区"的出现，离不开山东与华中两抗日根据地持久抗战打下的基础，特别是八路军、新四军协作，在豫皖苏边、苏北一带成功立足，意义重大。

受全面抗战爆发前国民党统治情况和战争爆发后敌后抗战推进过程的影响，中共在山东和华中地区敌后抗战发展节奏并不一致，使两大战略区扮演的角色亦有所区别。先看山东。全面抗战爆发后，日军精锐部队于山东发起猛烈攻势，地方实力派韩复榘"抗战不力"，导致山东主要区域在短期内沦陷。自 1938 年初徂徕山起义开始，中共山东抗日武装在鲁中敌后初步打开局面。尔后，八路军 115 师入鲁，山东敌后抗战进入新阶段。随着山东抗日根据地日益巩固、抗日武装力量逐渐增强，以及考虑到山东特殊的地理位置，中共中央在战时便赋予山东"战略转移枢纽"角色。1942 年 7 月，毛泽东致电新四军政委刘少奇，指出国民党在战后存在与共产党合作的可能，同时亦有战争的可能，为争取前一种可能，"须估计日本战败从中国撤退时，新四军及黄河以南部队须集中到华北去，甚或整个八路新四须集中到东三省去，方能取得国共继续合作的条件（此点目前不须对任何人说），如此则山东实为转移的枢纽"。② 毛泽东的构想显示中共高层高瞻远瞩

① 有关鲁南与皖北、苏北经济地理、社会生态的代表性研究，详见孙敬之主编：《华东地区经济地理》，北京：科学出版社，1959 年；张玉法：《中国现代化的区域研究：山东省（1860—1916）》，《"中央研究院"近代史研究所专刊》（43），1982 年；王树槐：《中国现代化的区域研究：江苏省（1860—1916）》，《"中央研究院"近代史研究所专刊》（48），1984 年；谢国兴：《中国现代化的区域研究：安徽省（1860—1937）》，《"中央研究院"近代史研究所专刊》（64），1991 年；邹逸麟主编：《黄淮海平原历史地理》，合肥：安徽教育出版社，1993 年；吴松弟：《中国近代经济地理·绪论和全国概况》第 1 卷，上海：华东师范大学出版社，2014 年；彭慕兰：《腹地的构建：华北内地的国家、社会和经济》，马俊亚译，上海：上海人民出版社，2017 年；马俊亚：《被牺牲的局部——淮北社会生态变迁研究（1680—1949）》，成都：四川人民出版社，2023 年；等等。

② 《山东根据地实为战略转移的枢纽》（1942 年 7 月 9 日），中共中央文献研究室、中国人民解放军军事科学院编：《毛泽东军事文集》第 2 卷，北京：军事科学出版社、中央文献出版社，1993 年，第 681 页。

的战略眼光，为抗战胜利后山东八路军迅速挺进东北埋下伏笔。

再看华中。全面抗战爆发前，国民党在华中地区反复"围剿"红军，施加严密统治，红军长征后留存华中的游击队生存殊为艰难。国共第二次合作后，南方八省红军改编为新四军，开赴抗日前线。与八路军在山东敌后的抗日斗争进程相比，新四军华中敌后抗战历经战略重点的多次调整。中共六届六中全会后，中共中央确立"发展华中"战略，刘少奇领导下的中原局在贯彻该战略过程中，将苏北视为华中敌后抗战中心，八路军与新四军于 1940 年底合力建立苏北敌后抗日根据地。① 皖南事变后，中共于苏北重建新四军军部。至 1944 年初，中共华中战略区囊括苏北、苏中、苏南、淮北、淮南、皖江、浙东、② 鄂豫边③根据地。1944 年下半年，中共为配合美军在东南沿海地区登陆作战，调苏中新四军主力分批渡江南下，于 1945 年初将苏南与浙东军事力量整合为苏浙军区。④

抗战时期的山东与华中虽归属不同系统，但并非毫无联系，两大根据地至少有过 3 次较为重要的互动。一是 1940 年 6 月，为调整八路军 115 师与山东纵队的关系，徐向前、朱瑞、黎玉等人建议"全山东、皖北、苏北为一共同党及战略单位，建立东方局"。⑤ 该建议未获中共中央同意。二是 1940 年下半年，八路军多支部队自冀鲁豫边、苏鲁豫边及湖西地区过陇海路南下进入豫皖苏边，尔后挺进两淮地区，对建立淮北与苏北根据地起到重要作用。三是 1942 年 4—

① 有关此过程的研究参见彭厚文：《论抗战时期中国共产党发展华中的战略方针》，《中共党史研究》2014 年第 3 期；吴敏超：《新四军向苏北发展中的国共较量》，《中共党史研究》2020 年第 1 期；郭宁：《从中原到苏北：中共发展华中战略及其对山东的影响》，《中共党史研究》2020 年第 4 期。

② 1942 年夏，中共浙东区党委建立，谭启龙任书记。至 1943 年夏，中共正式创立浙东抗日根据地。再至 1944 年 1 月 5 日，新四军浙东游击纵队建立。浙东战略区方才得以形成。详见浙江省新四军历史研究会编：《浙东抗日根据地史》，北京：中共党史出版社，2005 年，第 49—115 页。

③ 1942 年 7 月开始，鄂豫边战略区接受中共中央与华中局双重领导。参见郭洋：《1942 年新四军第五师的反顽斗争》，《民国档案》2024 年第 2 期。

④ 参见刘越：《困境与调适：皖南事变后新四军南进战略研究》，《中共党史研究》2024 年第 2 期；朱时宇：《全局战略下的局部进退：1944—1945 年新四军发展江南研究》，《日本侵华南京大屠杀研究》2023 年第 3 期。

⑤ 《八路军第一一五师暨山东军区战史》，济南：黄河出版社，2005 年，第 91 页。

8月，华中局书记刘少奇回延安途中，暂驻山东临沭县朱樊村，妥善处理了山东抗日根据地长期存在的一系列问题，对此后山东党政军走向一元化起到关键作用。

就 1945 年初的情况而言，华中被日军利用平汉路、陇海路、津浦路、大运河、长江航道等重要交通线割裂开来，新四军主力于苏、豫、皖、浙四省呈分散态势发展。日军较为牢固地控制着徐州至连云港间的陇海路，令中共大部队难以安全往来山东与华中之间。此种态势下，山东与华中的使命是坚持与发展敌后抗战。随着太平洋战争局势演变及侵华日军兵力跨区调动，抗战时局发生明显变化。山东与华中执行中共中央对日反攻战略，拔除日伪军据点、扩大控制区面积与增强军事力量，为两大战略区组建野战军奠定基础，山东与华中各自的使命亦逐渐发生变化。

1945 年上半年，日军在太平洋战场遭遇重大失利，纳粹德国战败投降与盟军攻占冲绳，令日本深感危机日近。自 6 月起，侵华日军（除关东军外）开始自南向北、自西向东大规模调动，逐次收缩战线，确保对沿海、沿江重要交通线与大城市的控制。山东与华中地区的日军进一步向交通线上的重要城市集结，不少县城已无日军，伪军接管原本由日军驻防的中、小据点。

中共中央敏锐捕捉到日伪军上述动态，意识到抗战胜利的历史时刻将在不久之后到来，但毛泽东对此仍持谨慎乐观态度。6 月 18 日，毛泽东判断"大约日寇溃败国民党反攻仅有一年至一年半左右时间"，[1] 接下来的形势演变大大出乎中共预料。8 月初，美军在日本广岛投下原子弹，苏联红军对日宣战并出兵中国东北，局势骤变。8 月 9 日，中共中央发表《对日寇的最后一战》声明，要求八路军、新四军就近对不愿投降的日伪军发起进攻。10 日，中共获悉日本乞降消息，令各中央局、中央分局准备进占城市及交通要道，接受日伪军投降。[2] 11 日，中

① 《豫中豫东日军占领区较利于建立根据地》（1945 年 6 月 18 日），中共中央文献研究室、中国人民解放军军事科学院编：《毛泽东军事文集》第 2 卷，第 799 页。
② 《中共中央关于准备进占城市及交通要道的指示》（1945 年 8 月 10 日），中国人民解放军历史资料丛书编审委员会编：《八路军：文献》（4），北京：解放军出版社，1994 年，第 1104 页。

共发出《关于日本投降后党的任务》指示，① 当日，朱德连续向全军发出 7 道命令。胜利时刻即将到来，中共准备"用军事进攻迫使敌伪缴械外，应用一切办法迫使敌伪愿意向我军缴械"。②

局势突变下，反攻成为此时中共军事行动的主题。朱德以中国解放区抗日军总司令身份给冈村宁次下达命令，要求"华东的日军，应由你直接派出代表至新四军军部所在地天长地区，接受陈毅将军的命令"。③ 朱德在此文件中所用的"华东"与"华北"、"华中"、"华南"并列，该文献语境下的"华东"实则指苏、皖、浙新四军活动区域，而"华中"指鄂、豫两省新四军活动区域，山东并不在"华东"区域内。"华东"于 1945 年 8 月 15 日被写入中共中央重要文件，主要受中共对日反攻整体方案影响，极可能是中共中央层面首次采用"华东"表述。

接到反攻命令后，山东分局与华中局迅速布置行动，打击拒不投降的敌人并收复失地，客观上创造了山东与华中加强战略协同的条件。8 月 16 日，山东军区整编全部正规军为 8 个师、12 个警备旅、2 个独立旅共计 27 万余人。④ 山东分局研判当前形势，认为"目前我们一切部署、一切工作必须是争取先机，掌握重点。敌伪尚未放下武器，国民党正在与我争夺，我如犹豫迟缓，必然丧失时机，招致不利情况"。⑤ 华中方面，华中局致电所属各部，令"各地主力部队，应相当集结，不要分散，以便选择该区一两个主要拒绝投降之顽化伪军，给予坚决的歼灭，以达到威逼其他次要敌伪据点就范"。⑥

---

① 《毛泽东文集》第 3 卷，北京：人民出版社，1996 年，第 454—456 页。

② 《中共中央有关用一切办法使敌伪向我缴械的指示》（1945 年 8 月 13 日），档号 G001—01—0103—013，山东省档案馆藏。

③ 《朱德总司令关于责令冈村宁次投降的命令》（1945 年 8 月 15 日），中共中央文献研究室、中央档案馆编：《建党以来重要文献选编（1921—1949）》第 22 册，第 630 页。

④ 中共泰安市委党史资料征集研究委员会编印：《泰安党史资料（中共泰安历史简编专辑）》，1993 年，第 216 页。

⑤ 《中共山东分局关于当前工作要争取先机掌握重点的指示》（1945 年 8 月 16 日），山东省档案馆、山东社会科学院历史研究所编：《山东革命历史档案资料选编》第 15 辑，济南：山东人民出版社，1984 年，第 223 页。

⑥ 《张云逸、饶漱石、赖传珠关于执行延安总部命令的注意事项致各部电》（1945 年 8 月 11 日），中国人民解放军历史资料丛书编审委员会编：《新四军·文献》（5），北京：解放军出版社，1995 年，第 45 页。

反攻行动展开之际，中共中央军委推演形势，提出各战略区应组建野战兵团。在《中共中央关于迅速编组野战兵团的指示》中，"华东"与"华中"、"山东"并列，① "华东"究竟包含哪些地区，此指示并未明确交代。组建野战兵团，显示中央军委已着眼战略调整，部署军队由分散性游击战向集中性运动战过渡。战略与战役运筹的变化，对根据地形势产生微妙影响。其间"华东"一度与"华中"混用，如新四军军部以华东解放军总司令部名义发布的多份作战公报中，"华东"其实指的就是华中。② 野战兵团的出现，表明中共的战场观已有明显变化。

中共七大闭幕后，一些军政要员即将离开延安前往主要战略区开展工作。陈毅出发前，中共中央书记处召开会议商讨人事问题。会议根据陈毅提议，决定以饶漱石为中共华东局书记，③ 这是一项重要人事安排，可见中共中央已经酝酿"华东局"这一新组织机构。华东局成员包括哪些人、究竟如何运作、管辖哪些区域，尚未敲定。据《赖传珠日记》载，陈毅致电饶漱石与赖传珠，商讨华东局委员名单，陈毅还提出改新四军为华东人民解放军事宜。④ 很快，陈毅回华中的计划被中止，改赴山东，他的上述提议也暂时搁置。

日军虽已接到投降命令，但尚未放下武器，日军驻防的一些据点，仍严重威胁抗日根据地。据《中国战区日本陆军及海军陆战队缴械情形一览表》《日本投降兵力及分布图》《终战时"支那"派遣军的态势图》所示，江苏、浙江、安徽境内驻防的日军为派遣军直辖第六军和第十三军；山东境内驻防的日军为华北方

① 《中共中央关于迅速编组野战兵团的指示》（1945 年 8 月 20 日），中国人民解放军历史资料丛书编审委员会编：《新四军·文献》（5），第 19 页。
② 《新四军第一号作战公报》《新四军第二号作战公报》《新四军第三号作战公报》，中国人民解放军历史资料丛书编审委员会编：《新四军·文献》（5），第 89、107、168 页。
③ 中共中央文献研究室编：《任弼时年谱（1904—1950）》，北京：中央文献出版社，2014 年，第 491 页。《朱德年谱》《刘少奇年谱》均有此记载，笔者认为这一史料可信度较高。中共中央从开始酝酿华东局至正式向全党公布，再至明确华东局角色、权限，是一个持续数月的动态过程。华东局的历史应上溯至 1945 年 8 月 20 日。已有研究对此多有忽略。
④ 《赖传珠日记》，北京：人民出版社，1989 年，第 603 页。

面军第四十三军，① 伪军则摇身一变成为“国军”。蒋介石接受戴笠建议，② 得悉日本投降消息后第一时间通过多种渠道联系实力较强的集团型伪军，③ 要求他们维持地方治安。④ 国民政府改称伪军为自新军。蒋介石认为这一举措是“安定沦陷区惟一之要素，亦即打击共匪，消弭内乱最大之关键也”，⑤ 其试图通过收编伪军遏制中共军队对日反攻的图谋尽显。而被收编的规模较大的伪军，对抗日根据地的威胁确实不小，如鲁南吴化文部（被收编为新编第五路军）、徐州郝鹏举部（被收编为新编第六路军）、盐城和两淮一带孙良诚部（被收编为新编第二路军）、苏南任援道部（被收编为南京先遣军）等。

中共领导下的抗日武装力量在敌后浴血 14 年，却被国民党剥夺对日受降权。在美国支持下，国民党要求日军不能向中共军队放下武器、让出防区及交出任何物资。⑥ 国民党的潜在逻辑即否认中共拥有合法政治地位。日军中国派遣军总司令冈村宁次选择执行此命令，蒋介石感到满意，“我对国内各战区招降各种之处理，对伪军、对敌军之安置，幸无错误，尤其使共匪无论在国际与国内，对招降一事上，皆无乘隙抵瑕之余地也”。⑦ 国民党“乐观”地认为通过遥控伪军，可阻止中共军队反攻行动。

突如其来的变化，使中共陷入被动，中共中央命令各战略区自主开展对日受

---

① 第三处受降组制：《中国战区日本陆军及海军陆战队缴械情形一览表》（1946 年 2 月 14 日），《中国战区中国陆军总司令部受降报告书》，南京：中国陆军总司令部，1946 年，附表一；国防部史政局制：《日本投降兵力及分布图》（1946 年），中国第二历史档案馆编：《中国战区受降档案》第 3 册，南京：南京出版社，2015 年，第 233 页；第一复员局：『支那方面作戦記録』第 3 卷、東京：第一復員局、1947 年、附図。

② 戴笠说：“当此日敌投降之际中央应乘此军事尚未完全停止之时尽量运用各地伪军予以鼓励用以对付共匪。”《戴笠就利用伪军对付中共之事致蒋介石电》（1945 年 8 月 15 日），档号 144—010103—0003—012，台北“国史馆”藏。

③ 有关伪军分类的研究，参见刘熙明：《伪军——强权竞逐下的卒子（1937—1949）》，台北：稻乡出版社，2002 年，“绪论”。

④ 《蒋介石要伪军负责维持地方治安的命令》（1945 年 8 月 11 日），中国人民解放军历史资料丛书编审委员会编：《解放战争时期过渡阶段军事斗争：回忆史料·表册·参考资料》，北京：解放军出版社，2000 年，第 740 页。

⑤ 《蒋介石日记》（手稿本），1945 年 9 月 1 日，“上月反省录”，美国斯坦福大学胡佛研究所藏。

⑥ 《抗日战史·受降》（1），台北：“国防部史政局”，1982 年，第 7 页。

⑦ 《蒋介石日记》（手稿本），1945 年 8 月 18 日，“上星期反省录”。

降工作，解除拒不投降日军的武装。华东中共抗日武装虽然在正规化建设上已有进步，但缺少重武器特别是大口径火炮，缺乏进攻日军占据城市的条件。实际作战结果证明，中共军队进攻日军驻防的大城市困难颇大，山东八路军已出现连续作战弹药消耗过大补给不足的问题。基于此，山东分局研判："我目前已不适宜集中大军攻夺大城市"，① 山东军区指示所属各军区"由于日军仍有相当力量，及利用盟国之间互相矛盾与国民党之勾结，向我受降还不容易"。② 华中局也有类似判断："估计日寇是不会向我缴械的，但谈判得好对于孤立伪军收买子弹及军用品及缓和鬼子与我对立是可能生效的。"③ 若能使日军停止敌对行动，不干涉中共打击伪军，恐怕已是最乐观局面。

8 月 15 日之后一周内，中共中央面对国民党释放的"和谈信号"，连续开会研讨。中共一度乐观认为，日本投降后可以与国民党尽快就组建联合政府进行谈判，以实现国内和平。此思路起于 1944 年豫湘桂会战爆发，后伴随"联合政府论"的提出更加明确。毛泽东在次年中共七大上，详细阐述"联合政府论"内涵，规划战后中国和平建国蓝图。但日本宣布投降后蒋日勾结，给刚刚到来的和平曙光增添新变数。面对出乎预料的局势，中共选择以变应变。

8 月 22 日，中共中央、中央军委发出指示，放弃占领大城市和重要交通线的计划。④ 8 月 23 日，中共中央召开政治局扩大会议，认为"我们只能在得不到大城市的情况下进入和平阶段"。⑤ 此后，八路军和新四军放弃进攻有日军防守的

---

① 《中共山东分局关于掌握整个战局发展采取新的指导方针的指示》（1945 年 8 月 24 日），山东省档案馆、山东社会科学院历史研究所编：《山东革命历史档案资料选编》第 15 辑，第 280 页。

② 《山东军区就大城市之夺取应慎重行动一事给各军区的指示》（1945 年 8 月 21 日），华东军区第三野战军战史编审委员会编辑室编印：《华东军区第三野战军第三次国内革命战争战史资料选编》第 64 册，1963 年，档号 F.3.2—64（2），中国新四军研究会藏。

③ 《华中局关于与日军谈判受降事的指示》（1945 年 8 月 28 日），南京军区司令部战史编辑室编：《抗日战争时期新四军电报汇集》第 69 册，1964 年，档号 F.2.4—69，中国新四军研究会藏。

④ 《中共中央、中央军委关于改变战略方针的指示——目前方针着重于夺取小城市及广大乡村》（1945 年 8 月 22 日），中央档案馆编：《中共中央文件选集》第 15 册，北京：中共中央党校出版社，1991 年，第 243—244 页。

⑤ 《抗日战争胜利后的新形势和新任务》（1945 年 8 月 23 日），中共中央文献研究室、中央档案馆编：《建党以来重要文献选编（1921—1949）》第 22 册，第 648 页。

大城市，转而进攻伪军单独防守的县城与集镇。华中局指示苏北、苏中军区："主力部队不宜分散使用，集中力量首先解决伪军，威迫其投降缴械。至于敌人据点在尚未最后签订投降条件之前，暂勿强攻。"① 8 月 26 日，中共中央政治局会议决定毛泽东、周恩来、王若飞等人赴重庆参加谈判，毛泽东在会议上一针见血点破彼时中国形势，"红军不入关，美国不登陆，形式上是中国自己解决问题，实际上是三国过问。三国都不愿中国内战，国际压力是不利于蒋的独裁的。所以重庆是可以去，必须去"。②

中共中央及时调整对策，政治上派代表团赴重庆与国民党谈判；军事上继续开展反攻行动，收复失地，政治与军事实现良好互动。山东分局与华中局积极贯彻中央新指示并取得明显战果。在山东，八路军攻占临沂后，已掌握鲁省大部，切断胶济线和津浦线，日军第四十三军主力被孤立于济南、青岛、泰安、兖州、枣庄等地，日军战史承认："山东共匪的活动最为活跃，尽管第 47 师团开到该线守护，胶济铁路全线还是被彻底破坏了。"③ 国民党情报显示，由伪军改编而成的鲁东保安部队"众寡悬殊，伤亡甚重"。④ 山东八路军在掌控蓬莱、烟台、威海、石岛等重要港口后，一度对青岛日伪军形成进逼态势。这一局面的形成，对尔后山东八路军经海路登陆辽东半岛意义非凡。山东根据地领导中枢转移至鲁南临沂，为此后华中局、新四军军部由苏北移至鲁南埋下伏笔。

在华中，黄克诚较早认识到反攻大城市不可取，应注重扫清根据地内部伪军力量，多收复县城。黄克诚的思路是扩大苏北解放区，早日打通与山东的地域联系。起初，饶漱石、张云逸、赖传珠等人还未意识到这一点的重要性。在刘少奇建议

---

① 中共江苏省委党史资料征集委员会苏北领导小组编印：《苏北抗日斗争历史资料》（7），时间不详，第 193—194 页。

② 中共中央党史和文献研究院编：《毛泽东年谱》第 3 卷，第 14 页。

③ 防卫厅防卫研修所战史室：『昭和二十年の支那派遣軍』（2）、東京：朝雲新聞社、1973年、第 571 页。

④ 《李品仙就鲁东保安部队受中共军队攻击情况致蒋介石电》（1945 年 9 月 19 日），档号002—090300—00215—121。

下，华中局与新四军军部同意黄克诚的提议。① 尔后，黄克诚指挥新四军第 3 师收复两淮地区，此举意义重大。两淮是苏北的水陆交通枢纽，地理位置重要，在抗战时期便是日军制衡苏北、淮北两大抗日根据地的重要据点。新四军控制两淮，可建立苏北根据地和淮北根据地的地面联系通道，还可掌控淮盐产区。新四军收复淮阴城，俘虏伪军 8617 人；② 夺取淮安城，俘虏伪军 4354 人。③ 两淮战役是黄克诚部在苏北的最后一役，淮阴、淮安的 1.5 万余伪军大部被俘，创造了苏北根据地作战俘虏数量的新纪录。④ 不久后，华中局、新四军军部便由盱眙黄花塘移驻两淮。

除苏北外，新四军在淮北、淮南、苏中、苏南亦有相当斩获。经一系列反攻行动，山东八路军和华中新四军的根据地面积有所拓展，一些阻碍各根据地间联系的据点被拔除。华中几大根据地分散发展的态势有所改善，山东与华中初步具备融合发展的条件。黄克诚部在苏北的行动尤为关键，新四军收复苏北大部区域，对苏北与鲁南的联动起到积极影响，日后数万新四军经苏北顺利入鲁，得益于此。

抗战胜利后一个月内，在国共战和走向不明的背景下，中共军队展开自主受降，努力扩大解放区、缩小敌占区。抗战时期形成的山东、华中相对独立的发展态势虽未明显改变，但中共中央对"华东局"的酝酿，成为整合山东、华中的重要节点。

---

① 新四军第 3 师在 1945 年 8 月 15 日后一度被抽调前往津浦路沿线，准备协助第 2 师与第 4 师抵御可能来犯的国民党桂军。抗战胜利后，桂军主要负责接收合肥、蚌埠等地，令新四军感受到威胁。华中局一度准备与国民党军李品仙部、何柱国部战斗，阻止他们接收蚌埠和徐州。黄克诚有不同意见，他与华中局、刘少奇之间就此事有一番互动，三者最终达成共识。《黄克诚建议主力调回路东夺取铁路一段并以一部扫清苏北苏中敌伪据点致华中局电》（1945 年 9 月 3 日）、《华中局同意三日午电建议但三师主力不宜调返苏北致谭震林、黄克诚电》（1945 年 9 月 3 日），新四军战史编审委员会编辑室编印：《新四军抗日战争战史资料选编》第 41 册，1964 年，档号 F.2.1—89，中国新四军研究会藏；《刘少奇关于集中部队扫清苏北日伪据点致张云逸、饶漱石电》（1945 年 9 月 5 日），中国人民解放军历史资料丛书编审委员会编：《解放战争时期过渡阶段军事斗争：综述·文献·大事记·图片》，北京：解放军出版社，2000 年，第 808 页。

② 黄克诚传编写组：《黄克诚年谱》，北京：当代中国出版社，2018 年，第 101 页。当时《淮海报》记载淮阴一战俘虏伪军 8325 人。中共江苏省委党史资料征集委员会苏北领导小组编印：《苏北抗日斗争历史资料》（7），第 207 页。

③ 中共江苏省委党史资料征集委员会苏北领导小组编印：《苏北抗日斗争历史资料》（7），第 218 页。

④ 洪学智等：《回忆两淮战役》，中共江苏省委党史资料征集研究委员会、江苏省档案馆编：《江苏党史资料》1985 年第 4 辑，第 156 页。

二、新战略方针下 "华东" 的初步形成

8 月 29 日，国共重庆谈判正式开始。国民党一味强调政令统一，中共立足 "联合政府" 方案争取国家和平出路，当谈判主题转移至军队和解放区问题后，谈判一度陷入僵局。谈判桌之外，国民党一面利用日伪军干扰中共的自主受降行动，一面借助美国海空力量将军队从大后方运至东部地区抢占大城要道。部分国民党军队沿平汉线、平绥线、津浦线、陇海线等主要铁路线步步推进，造成进逼中共解放区的态势。中共并未就此退让，持续展开对日伪军反攻行动，通过破坏交通线阻滞国民党军行动，并在谈判中捍卫自身地位，国共就此形成边打边谈的局面。中共此时的战略重心在于调配力量挺进东北，为保证这一战略目标顺利达成，晋察冀、山东、华中等根据地均不同程度参与其中。

得知日本乞降后，中共中央便命令冀热辽军区准备兵力进入东北。[①] 重庆谈判期间，中共密切关注局势走向，运筹挺进东北。[②] 9 月 13 日，中共中央谋划组建东北局。[③] 9 月 14 日，曾克林陪同贝鲁罗索夫中校[④] 来到延安，向刘少奇、朱德、任弼时等人详细告知苏军在东北政策及中共已出关部队发展情况。[⑤] 巧合的

---

① 《中共中央关于延安总部第二号命令的补充电报》（1945 年 8 月 11 日），中共河北省委党史研究室编：《热河解放区》上卷，北京：中共党史出版社，1994 年，第 18 页。

② 8 月 29 日，中共中央发出《关于迅速进入东北、控制广大乡村的指示》（1945 年 8 月 29 日），通信兵史编审委员会办公室编印：《中国人民解放军通信兵历史文献资料汇编（抗日战争时期中央军委部分）》下卷，1988 年，第 263 页。

③ 《甲乙关于派遣彭、康等去东北开展工作致丙丁电》（1945 年 9 月 13 日），第四野战军战史编写小组编印：《第四野战军重要文电选编》第 1 卷上，时间不详，第 51 页。甲乙是延安中共中央的代号；丙丁是重庆中共中央代表团的代号。

④ 贝鲁罗索夫是马林诺夫斯基和华西列夫斯基的全权代表，又译为卫斯别夫。《李运昌回忆录》，北京：法律出版社，2006 年，第 388 页。

⑤ 贝鲁罗索夫中校转达如下信息：（1）"按照红军统帅部指示，蒋介石军与八路军之进入满洲，应按照特别规定之时间"；（2）"在红军退出满洲之前，蒋军及八路军均不得进入满洲"；（3）"因八路军之单个部队已到奉天、平泉、长春、大连等地，红军统帅请朱总司令命令各该部队退出红军占领之地区"；（4）"未得红军允许进入满洲之国民党部队已被红军缴械，红军统帅部转告朱总司令，红军不久即将撤退，届时中国军队如何进入满洲，应由中国自行解决。我们不干涉中国内政，中国内部问题由中国自行解决，元帅转告总司令他不论对总司令个人，不论对八路军均抱深厚之同情"。《与红军代表谈话记录》（1945 年 9 月 14 日），第四野战军战史编写小组编印：《第四野战军重要文电选编》第 1 卷上，第 57 页。

是，黄克诚在当天向中共中央发报，建议中央迅速派大部队到东北去。① 黄克诚认为中共应全力进军东北，创造一个总根据地，晋、绥、察为第一战略根据地，山东为第二战略根据地，华中等各地区为第二战略根据地之卫星。黄克诚使用"华东"表述，将其与华北并列。他还指出山东调兵赴东北后，华中应派兵入山东。在黄克诚此电语境下，华东应指山东与华中。中共中央于 9 月 11 日给河南区党委的指示中，将华东与华北、中原并列，并使用"华东解放区"概念。②

中共中央明晰东北情况后，再结合黄克诚的建言，有感需调整目前战略。为此，政治局召开紧急会议，讨论如何应对新局势，最终决定正式组建东北局，立即开赴东北工作。③ 这次会议赋予挺进东北行动新的战略角色。当日，中共中央发出由刘少奇起草的致各中央局电，指出："现在最需要的是派遣大批军事干部到东北。华北、华中应派遣一百个团的干部迅速陆续起身前去"，"一百个团的干部分配，中央提议华中二十个团，山东三十个团，晋察冀二十五个团，晋冀鲁豫二十五个团"。④ 照此方案，山东被抽调的干部最多。从军事调动角度看，山东地理位置靠近东北，部队可取海道与陆道尽快北上，以争取时间。

9 月 17 日，刘少奇致电中共赴重庆代表团，报告新战略整体规划，此电将新战略表述为"向北推进、向南防御"。在新战略框架下，"新四军江南主力部队立即转移到江北，并调华东新四军主力十万人到冀东，或调新四军主力到山东，再从山东冀鲁豫抽调十万人至十五万人到冀东热河一带。而华东根据地则以剩余力

① 黄克诚：《对目前局势及军事方针的建议》（1945 年 9 月 14 日），《黄克诚军事文选》，北京：解放军出版社，2002 年，第 343—347 页。

② 《中共中央关于坚持中原斗争致河南区党委电》（1945 年 9 月 11 日），中共湖北省委党史研究室、湖北省新四军研究会编：《新四军第五师、鄂豫边区和八路军新四军中原军区历史资料丛书·电报类》第 6 册，北京：中央文献出版社，2019 年，第 91 页。

③ 中共中央政治局 9 月 14 日至 15 日凌晨开会讨论战略调整的情况，会议详情参见中共中央文献研究室编：《朱德年谱》中卷，北京：中央文献出版社，2006 年，第 1209—1210 页；中共中央党史和文献研究院编：《刘少奇年谱》第 2 卷，北京：中央文献出版社，2018 年，第 93 页；张培森主编：《张闻天年谱》下卷，北京：中共党史出版社，2010 年，第 499 页；中共中央文献研究室编：《任弼时年谱（1904—1950）》，第 497 页。

④ 《中央关于派一百个团的干部到东北工作的指示》（1945 年 9 月 15 日），沈阳军区政治部研究室编印：《沈阳军区历史资料选编（1945—1985）》，1986 年，第 1 页。

量加以扩大去坚持"。① 由此可见，中共中央开始通盘考量山东与华中的协同发展。19 日，毛泽东、周恩来复电表示完全同意新战略，② 至此，毛泽东、朱德、刘少奇、周恩来、任弼时等就全党战略调整达成共识。当日，刘少奇代中共中央起草《中共中央关于目前任务和战略部署的指示》，将新战略正式表述为"向北发展、向南防御"。③

"向北发展"，即全部控制热、察两省，力争控制东北，争取和平民主及国共谈判有利地位。"向南防御"，即撤出长江以南解放区的军政力量，收缩战线，集中力量巩固华北和华东、确保东北。"向北发展"是中心任务，"向南防御"是重要保障。就此间形势而言，长江以南中共军队实力较弱，且即将直面国民党精锐部队。这一战略体现出中共的深谋远虑。

中共新战略主要围绕东北问题展开，亦对山东与华中产生关键影响，直接促成山东和华中新局面的形成。人事布局上，中共中央调罗荣桓去东北，林彪去冀热辽，陈毅入鲁。新四军活动区域组织分局，归山东（后续改为华东局）陈、饶领导。④ 中共中央对山东与华中的部署，开启两大战略区互动发展的格局。山东与华中仍处变动之中，领导集体亦不健全，故中共中央虽已内部决定饶漱石为华东局书记，但尚未向山东、华中方面宣布，更未发出正式组建华东局的文件。

《中共中央关于目前任务和战略部署的指示》指明主要战略区此后的行动方针，规划待条件成熟时再将山东局改为华东局，陈毅与饶漱石均入鲁工作；华中局改为分局，受华东局指挥。这是中共中央首次明确由山东、华中构成华东框架，而此前数份文件中出现的"华东"，或与"华中"混用，或模糊泛指山

---

① 《中央关于确定向北推进向南防御的战略方针致中共赴渝谈判代表团电》（1945 年 9 月 17 日），中央档案馆编：《中共中央文件选集》第 15 册，第 279 页。

② 中共中央党史和文献研究院编：《毛泽东年谱》第 3 卷，第 26—27 页；中共中央文献研究室编：《周恩来年谱（1898—1949）》，北京：中央文献出版社，1998 年，第 634—635 页。

③ 《中共中央关于目前任务和战略部署的指示》（1945 年 9 月 19 日），中共中央文献研究室、中央档案馆编：《建党以来重要文献选编（1921—1949）》第 22 册，第 685—686 页。

④ 《甲乙关于控制热河发展东北问题致丙丁电》（1945 年 9 月 19 日），第四野战军战史编写小组编印：《第四野战军重要文电选编》第 1 卷上，第 71 页。

东与华中。新战略出台后，中共对"华东"的经略，大体遵循"山东与华中一体化"的发展思路。为确保顺利挺进东北，中共短时间内跨省区大规模调运兵力，对相关战略区产生不同程度影响。山东与华中军事力量急剧变动，加速重组，催生"华东"落地。

将山东与华中两大解放区整合为华东解放区融合发展，是中共中央着眼全国局势作出的重要决策。重庆谈判遭遇僵局之际，中共适时适度调整全局方针，掌握战略主动权，在顶层设计中中共中央正式明确华东局指挥山东与华中的党政军力量。跨区整合并非几通电文便可完成的易事，过去交流甚少、分属不同系统的党组织、政权和军队走向一体，需要时间磨合。

9月下旬，中共释放的妥协、让步信号并未令国共和谈有实质性进展，国共边打边谈的局面仍在持续。中共军政力量日益向北集中，而国民党在将军事力量向北投送的同时，极为重视接收京沪杭地区，积极筹备还都事宜，呈现跨过平汉路、粤汉路由西向东调配力量的态势，直接冲击山东、华中解放区。国民党军的步步紧逼，令山东和华中不得不开启加速融合进程。

为尽快将军队向华东地区部署，国民党在美国帮助下以空运方式调军队进入南京和上海，新6军和整编第74军分别控制南京和上海。① 美国海军陆战队进入青岛，为国民党军登陆山东胶东半岛提供支持。美军进入烟台行动遭八路军有效抵制，只好作罢。尔后国民党海军设立青岛基地，威胁胶东解放区腹地。蒋介石对接收工作大体满意，自记："长江以南各重要都市接收投降，大体完毕，陇海路亦接收过半，共匪隐患已出其半矣。"② 蒋介石一面催促美军加速空运计划，一面督促部队修复铁路，北上和东进。华北方面，傅作义部自归绥沿平绥路东进；胡宗南部自运城沿同蒲路和正太路北进；孙连仲部自新乡出发，沿平汉路北进。华东方面，汤恩伯部控制京、沪后向周边区域展开；李品仙部于淮河以南地区自西向东进军蚌埠；何柱国部于淮河以北地区自西向东进军徐州，李、何两部拟打通徐州至蚌埠间津浦路。国民党的基本军事战略，就是利用主要铁路线将其军队向全国推进，控制要地与干线，从而恢复至全面抗战爆发前的局面。

---

① 《抗日战史·受降》（2），第121页。
② 《蒋介石日记》（手稿本），1945年9月22日。

国民党军未到来之前，中共军队面临的挑战是如何处理尚未放下武器的日伪军。山东、华中解放区所属及邻近区域，尚存规模不小的日伪军，他们占据要地与交通线，威胁中共军队跨区调动。山东、华中方面的当务之急是执行中央新战略，只好选择以一部兵力监视固守据点的日伪军，主要力量服务大局。9 月下旬开始，中共十数万军队和地方干部自华北、华东陆续挺进东北，山东成为中共进军东北最主要兵源地。至 10 月 13 日，山东已出兵 6 万人，仍被中共中央要求再调 5 万人。① 此时山东解放区已出现兵力不足的情况，② 邻近山东的苏北新四军第 3 师亦开往东北，导致苏北亦兵力空虚。中共中央不得不调其他区域的新四军进入苏北和山东，皖南、苏南、浙东新四军北上势在必行。与此同时，八路军 359 旅南下支队自湘粤边北上，与新四军第 5 师、八路军河南军区会师于鄂豫边。三军会师后合组中原军区，新四军第 5 师与鄂豫边区战略区自此脱离新四军与华中局序列，升格为中原战略区。

山东兵力支援东北，江南兵力调入山东，是中共中央在新战略贯彻之初的谋划。据此安排，华中解放区的战略地位有所变化。此时，粟裕指挥下的新四军苏浙军区正面临极大军事压力。苏浙军区的控制区邻近京、沪，战略纵深有限，经过一个月的对日反攻行动，苏浙军区收复溧阳、金坛、溧水、句容、长兴等县城，基本控制北起津浦路、东抵太湖、南至安吉和孝丰、西至宣城的区域，建立 2 个行政专署共 14 个县的民主政权。③ 不过，周边的芜湖、镇江、常州、苏州、无锡等要地仍为日军控制。国民党精锐部队以受降名义步步紧逼，苏浙军区继续于原地坚持，恐难避免与国民党军发生冲突。粟裕一度考虑若江南情况危急，部

---

① 黄瑶主编：《罗荣桓年谱》，第 453 页。黎玉回忆"从 10 月初开始至 11 月底，山东大部分主力从海陆两路挺进东北，两批共 7 万人。另有 4000 余名地方干部"（《黎玉回忆录》，北京：中共党史出版社，1992 年，第 214 页）。若从 8 月下旬算起，山东在 3 个月内调运地方干部和军队共 8 万余人进入东北。南京军区政治部编研室编：《华东军区第三野战军组织发展实录》，南京：江苏人民出版社，1993 年，第 3 页。

② 聂凤智回忆："胶东军区抽调十个团，除留下十三团外，其余主力部队几乎都要北调。"聂凤智：《战场——将军的摇篮》，北京：解放军出版社，1989 年，第 23 页。

③ 中共江苏省委党史资料征集委员会征集处、中共镇江地委党史资料征集小组办公室编印：《苏南地区（苏皖部分）抗日斗争大事记（初稿）》，1982 年，第 111 页。

队可转移至皖浙赣边区或闽浙赣边区,① 领导苏中军区的管文蔚则希望粟裕部撤回苏中。② 显然,粟裕已作好与国民党军发生正面冲突的最坏打算。

中共中央根据新的战略部署,于 9 月 20 日致电华中局,"同意你们提议浙东、苏南、皖中、皖南部队北撤,越快越好"。③ 早有准备的粟裕,接到北撤命令后便迅速组织部队进入苏中。9 月 22 日,苏浙军区就北撤工作作出具体安排。当晚,粟裕率 2 个纵队出动,剩余部队集结完毕后由叶飞率领跟进,④ 北撤部队大约用时 1 个月才全部集结于苏北。已接替罗荣桓主持山东大局的陈毅则希望新四军继续北进入鲁。山东主力部队大多被抽调入东北后,剩余部队约 17 万人,其中"头等团及二等团约 6 万人,另县区武装 6 万人,后勤人员 5 万人"。⑤ 县区武装与后勤人员虽众,毕竟战力有限。山东境内津浦路、胶济路沿线要地仍驻有较多日军,已经接收北平和徐州的国民党军,正试图打通两地间的津浦路,会师济南。倘若如此,山东解放区将面临较大危机。山东不保,恐影响中共战略全局,这是陈毅以新四军军长身份要求华中新四军继续入鲁的重要原因。

根据上述情况,华中局于 9 月 25 日向中央报告新四军分批入鲁初步计划。⑥ 据此计划,新四军主力约 9 万人将分 4 批北上山东,如此一来,很可能影响华中解放区的稳定。中共中央军委于次日紧急要求华中局慎重考虑调主力入鲁计划,明确"江北必须控制,不可放松"。⑦ 在中央看来,若未来国共和谈破裂,华中

---

① 中共江苏省委党史工作办公室编:《粟裕年谱》,北京:当代中国出版社,2006 年,第 127 页。

② 在管文蔚看来,新四军苏浙军区迫使京、沪、杭地区日伪军投降的可能性不大。国民党军汤恩伯部、顾祝同部势必要向新四军苏浙军区进攻,到那时,新四军难以在江南立足。《管文蔚回忆录续编》,北京:人民出版社,1988 年,第 275 页。

③ 《中央关于撤退江南部队向北进军问题给华中局的指示(节录)》(1945 年 9 月 20 日),宁波市新四军暨华中敌后抗日根据地研究会编:《浙东抗战与敌后抗日根据地史料丛书》第 7 卷,北京:中共党史出版社,2001 年,第 46 页。

④ 中国人民解放军第二十军编印:《中国人民解放军第二十军第三次国内革命战争战史》,1963 年,第 6 页。

⑤ 刘树发主编:《陈毅年谱》上卷,北京:人民出版社,1995 年,第 448 页。

⑥ 《中共中央华中局关于江南部队北撤及分批入鲁致中共中央军委电》(1945 年 9 月 25 日),中国人民解放军历史资料丛书编审委员会编:《新四军:文献》(5),第 303 页。

⑦ 《中共中央军委关于必须控制江北致华中局电》(1945 年 9 月 26 日),中国人民解放军历史资料丛书编审委员会编:《新四军:文献》(5),第 308 页。

解放区将是两军激烈争夺之地，将对全国战略形势产生直接影响，中共中央的这一指示赋予华中解放区新的战略角色。

一系列党政军力量变动后，华中军政格局、地理空间发生较大变化，"新华中"于战略调整和军队转运过程中诞生，意味着华中抗日根据地开始向华中解放区过渡。鄂豫边区已不在华中建制内，皖江、苏南、浙东新四军北撤后，华中解放区只剩淮北、淮南、苏北与苏中，主体为苏皖两省长江以北地区。"新华中"的指挥中枢位于苏北两淮。

局势演进至 10 月"双十协定"签订前后，中共中央有关华东的战略指示给山东和华中造成较大压力。其一，出于长远计，中央要求华东方面在放弃江南后不能再放弃江北，"必须控制，不可动摇"，[1] 措辞可谓严厉。其中所言的江北重点指苏皖两省淮河以南、长江以北区域，该区域大致与中原解放区处同一纬度，是中共重要外线阵地。彼时中原解放区已呈明显战略孤立态势，有被武汉与郑州两要地间国民党军夹击的风险，促使中共中央及时调整方针，力求控制江北。日后国民党发动全面内战，率先进攻的便是这两个地区。其二，为保障大军挺进东北，中共中央令华东切断境内津浦路，阻止国民党军北上，中共中央将调兵和破路视作"华东的中心任务"。[2] 受抽兵出关影响，华东既要服务大局，又要应对当面挑战、巩固解放区，兵力不敷使用。山东与华中的平稳过渡，对中共"向北发展、向南防御"战略实施具有直接影响。在华东局尚未实体化运作的情况下，山东分局与华中局各自与中共中央联系，根据当地实际情况执行中央指示。

10 月下旬，国共于平汉线、平绥线发生激烈冲突。18 日，绥远战役爆发；[3] 20 日，平汉战役爆发。[4] 津浦路作为联络国民党统治中心淞沪地区和华北平津地区的南北交通大动脉，沿途又经过中共华中、山东、华北解放区，为国共必争之路。山东分局和华中局为可能出现的津浦战役做好准备，拟将津浦线鲁南段作为

---

① 《中共中央华中局关于江北阵地致各区党委电》（1945 年 10 月 2 日），中国人民解放军历史资料丛书编审委员会编：《新四军·文献》（5），第 327 页。
② 中共中央党史和文献研究院编：《毛泽东年谱》第 3 卷，第 35 页。
③ 周均伦主编：《聂荣臻年谱》上卷，北京：人民出版社，1999 年，第 421 页。
④ 《刘伯承年谱》上卷，北京：解放军出版社，2012 年，第 484 页。

主要战场。但国民党军汤恩伯部散驻于京沪杭地区，暂未北上；李品仙部与何柱国部亦分兵接收日军，只占领蚌埠至徐州间的几个要地；孙连仲部接收德州、济南后，暂未有进一步行动迹象，津浦路沿线区域一些要地仍由日伪军控制。因而，在国民党军忙于受降与接收工作之际，山东与华中方面的中共力量获得短暂而宝贵的"战略间隙"。

山东部队陆续出关，江南部队尚在北撤途中，此间陈毅对于华东究竟该如何配置兵力、山东分局与华中局如何融合发展有所考量，他联名黎玉向中共中央提出一个比较超前的建议，即以山东为后方，组织华东野战军。① 陈毅认为华中局几位负责人可来临沂，领导入鲁的新四军。按照陈毅的规划，叶飞部 3 个旅去东北后，再调新四军 8 个旅入鲁，剩余 10 个旅的新四军则在地方武装配合下坚守华中。陈毅、黎玉的设想有助于山东与华中的互动发展，依此谋划，山东是华中的后方，华中是山东的外围屏障，两地统合，呈向南、向西防御态势。陈、黎显然已在思考统一山东八路军、华中新四军指挥序列这一重要议题。中共中央未完全采纳陈毅和黎玉建议，但同意华中局和新四军军部转移至山东临沂。中共中央要求山东与华中各组建一支野战军，分别确保对山东和华中的控制，强调"如华中现有地区不能确切保障，不独影响山东局势，且对全国形势及国共谈判均极不利。"②

中共中央虽然已在宏观上确立山东与华中融合为"华东"的发展思路，但依旧重视华中的战略价值。华东之下，山东与华中两大战略区并列，形成合作态势。中共中央隐约担忧过早建立华东野战军，可能导致对华中既有区域的控制力下降。更为紧要的是，山东与华中辖区内尚存在数量较大且未放下武器、尚有一定战力的日伪军，因此，整合两大战略区军事力量的时机还不成熟。

基于重庆谈判后津浦路沿线局势变化，在认真考虑陈毅和黎玉的提议后，中

① 《陈毅、黎玉关于组织华东野战部队给中共中央的建议》（1945 年 10 月 20 日），华东军区第三野战军战史编审委员会编辑室编印：《华东军区第三野战军第三次国内革命战争战史资料选编》第 64 册，档号 F.3.2—64（2）。
② 《中共中央关于在华中、山东建立野战军致陈毅、黎玉并华中局电》（1945 年 10 月 24 日），中国人民解放军历史资料丛书编审委员会编：《中国人民解放军组织沿革：文献》（3），北京：解放军出版社，2007 年，第 47 页。

共中央决定重组山东与华中的组织架构。早在 9 月 19 日，中共中央便提出待时机成熟时组建华东局。至 10 月底，中共中央终于出台具体方案，① 华中局入鲁与山东分局会合，组成华东局，② 原华中局统辖区域组建华中分局。至 11 月 13 日，中共中央正式公开任命饶漱石为华东局书记，③ 但未明确华东局其他组成人员。此时饶漱石仍在苏北，11 月下旬才到达山东。④ 华中局名义上虽被取消，实际仍继续运作了些许时日。根据中共中央指示，华中局决定以邓子恢、谭震林、粟裕、张鼎丞、刘晓为华中分局常委，邓子恢为书记，谭震林为副书记。⑤ 粟裕被任命为华中军区兼华中野战军司令员，但他一再向中央军委请辞，中央军委改任粟裕为华中军区副司令员兼华中野战军司令员，粟裕此后成为华中解放区军事行动的主要决策人。新四军苏浙军区、皖江军区及其所属各军分区全部撤销，苏北

---

① 关于华东局正式宣布成立的时间，尚存争议。最新出版的《中国共产党编年史》写道："10 月 28 日起，华中局、新四军军部机关分批由江苏淮阴移往临沂，与山东分局和山东军区机关留下的部分干部会合。随后，华中局与山东分局合并，成立中共中央华东局。"至于华东局具体哪一天成立，该书并未写明。有论者认为，华东局正式成立的时间是 1945 年 10 月 25 日，还有著作采用"10 月下旬"的表述。笔者尚未见到中共中央正式宣布组建华东局的文件。根据中共中央于 11 月 13 日向全党公开宣布任命饶漱石为华东局书记的文件，结合其他文献，可以推断华东局正式组建的时间应该在 10 月底或 11 月初。参见中共中央党史和文献研究院编著：《中国共产党编年史》（1945 年卷），北京：中共党史出版社，2024 年，第 296—297 页；中共临沂市委党史资料征集研究委员会编：《临沂革命斗争史稿（1919—1949）》，济南：山东人民出版社，1991 年，第 315 页；王健英编著：《中国共产党组织史资料汇编——领导机构沿革和成员名录（一大至十四大）》，北京：中共中央党校出版社，1994 年，第 700 页；中共江苏省委党史工作办公室编：《中共江苏地方史（1919—1949）》第 1 卷，南京：江苏人民出版社，1996 年，第 493 页。

② 刘树发主编：《陈毅年谱》上卷，第 450 页。

③ 《中共中央决定饶漱石为华东局书记兼政委》（1945 年 11 月 13 日），南京军区司令部战史编辑室编：《抗日战争时期新四军电报汇集》第 67 册，1964 年，档号 F. 2. 4—67。

④ 因缺少有关饶漱石的专题文献，笔者参考《张云逸年谱》相关记载判断饶漱石行动轨迹。饶、张彼时共同行动。《赖传珠日记》亦提供不少有价值信息。赖这时仍以新四军参谋长身份参与工作。由《赖传珠日记》可知，11 月 17 日，叶飞与赖传珠率部北上，饶漱石率华中局和新四军军部机关随后出发。详见李晓光：《张云逸年谱》，北京：中共党史出版社，2005 年，第 142 页；《赖传珠日记》，第 619—620 页。

⑤ 中共江苏省委党史工作办公室编：《粟裕年谱》，第 130 页；《关于华中分局、苏皖军区组成的通知》（1945 年 10 月 27 日），中共江苏省委党史工作办公室、江苏省档案馆编：《中共中央华中局》，北京：中共党史出版社，2003 年，第 464 页。

军区与淮北军区亦被撤销，保留下来的苏中军区与淮南军区改隶华中军区。饶漱石以华东局书记身份处理华中局善后与华中分局组建工作，华中局与新成立的华中分局合署运作约半个月。因山东分局已被撤销，陈毅以新四军军长兼山东军区司令员身份处理山东事务。

中共中央于8月20日酝酿华东局成立事宜，至9月19日提出山东分局改为华东局、华中局改为华中分局接受华东局领导，再至10月底、11月初正式组建华东局和华中分局。国共关系走向、中共战略调整、华东军事调动等因素综合促成华东局的初步实体化。不过，此时华东局人事安排尚不健全，华东局之下新四军军部、华中分局、山东军区、华中军区等机构间关系仍待调整，但总体而言，华东的党政军领导机制已显雏形。

此番华东军政格局调整，华中变化最大，原华中局党政军体系几乎全部整合重塑。华中于中共战略棋盘上所扮演的角色几经变化，呈现一体化趋势。抗战后期，豫湘桂会战爆发后，华中新四军一部向西执行中共"发展河南"战略；一部向南，配合美军沿海登陆作战。战后，"向北发展、向南防御"新战略实施之初，华中新四军放弃长江以南根据地，退至江北。他们最初的任务是抽兵一部进入东北，余部填补山东八路军北上后的空缺，华中在某种程度上扮演着江南新四军北上"中转站"的角色。至华东局正式建立前后，华中战略地位发生新变化，成为华东重要组成部分，扮演着华东屏障的角色。

抗战胜利后中共中央有关文件中最初出现的"华东"，一度与"华中"混用，其地理内涵大于战略内涵。新战略确立后，"华东"的指向愈发清晰，专用以指称包括山东与华中在内的新战略区域。中共中央根据国内外形势特别是两党关系谋篇布局，山东与华中解放区执行中央战略时又根据实际情况有所调整。两解放区逐渐打破建制隔阂，开始战略、战役协同联动。

数月来处于急剧变动状态的华中和山东，如何于初创的华东框架下协同发展，仍面临诸多挑战。华中局领导集体转移至鲁南临沂后，饶漱石、陈毅、张云逸、赖传珠等人时隔数年再度一起共事，中共中央只任命了华东局书记，未任命其他常委，亦未组建华东局内设机构。实际运作中，原华中局和新四军军部领导成员承担华东局的诸多工作。战后中国整体处于过渡阶段，华东局亦不例外，华东局的正式组建，实为过渡阶段中共布局华东的关键部署。

三、华东局建立后山东与华中的协同发展

"双十协定"签署后，国共于激烈枪炮声中继续和谈。国民党代表张群、王世杰、邵力子和中共代表周恩来、王若飞进行多轮谈判。国民党内的主战派态度强硬，不断施加压力，全面内战危险迫在眉睫。政治协商会议召开前，关内外国共军事冲突仍在继续。中共各战略区面临的压力程度不一，而华东尤显特殊，需要应对来自日伪军和国民党军的双重威胁。山东解放区日益稳固，刚经过战略调整的华中解放区尚需巩固。

华中解放区主体是苏北。新成立的苏皖边区政府，将苏中、苏北、淮南、淮北整合为 8 个行政区，其中 6 个行政区位于江苏。[1] 按照全面抗战前国民政府县治区划，苏皖边区政府管辖 53 县，其中苏属 32 县，皖属 18 县，豫属 3 县。[2] 该区南濒长江，东临黄河，北倚陇海路，西迄河南商丘、涡河、裕溪口一线，总面积 9.5 万平方公里，人口约 2500 万。[3] 津浦路、大运河纵贯南北，淮河横亘东西，区域内有洪泽湖、高邮湖两大重要湖泊。

苏北的战略位置极为重要，华中分局、华中军区、苏皖边区政府机关均驻扎于此。苏北在地理上天然与鲁南相连，但苏北与鲁南间的陇海路上仍存一些日伪军据点，伪军控制着苏北要地盐城，直接影响中共军队跨区调动与运输补给。因而，打击拒不投降的日伪军，成为华中解放区反攻作战和巩固根据地的必要之举。为此，山东军区与华中军区一面展开破路战，阻滞国民党军南北并进打通津浦路的行动，力争避免与国民党军冲突；一面拔除威胁较大的日伪军据点。[4] 山

---

[1] 中共江苏省委党史工作办公室编：《中共江苏地方史（1919—1949）》第 1 卷，第 494 页。

[2] 苏皖边区政府旧址纪念馆编：《苏皖边区史略》，北京：中国文史出版社，2005 年，第 28 页。

[3] 中共江苏省委党史工作办公室、中共淮阴市委党史工作办公室编：《苏皖解放区》，内部发行，1999 年，第 1 页。

[4] 津浦前线野战军以破路阻滞国民党军打通津浦线为主要目的，自 10 月下旬开始先后于邹县、界河、官桥、临城、韩庄、滕县等地打击日伪军，至 12 月下旬将山东境内津浦线切为数段，基本达到作战目的。战斗过程参见《新四军战史》，北京：解放军出版社，2000 年，第 490—495 页。

东军区主要承担阻断境内津浦路的任务，而华中军区则承担破路和扫清日伪军据点的双重任务。

华东局位于山东，华中局与新四军军部亦转移至山东，山东成为华东的中心、华中的后方，又在"向北发展、向南防御"战略中充当枢纽。华中分局在此格局下，仍被中共中央赋予一定自主决策权，此时华中与山东两大解放区的军事行动，事实上已起到相互支援与配合的作用。华中野战军与津浦前线野战军各自根据当地情况，因地制宜展开行动，共同巩固"华东"。

10月下旬，为阻止国民党军打通津浦路，中央军委要求山东与华中"截断津浦路，阻止顽军北上，并力求消灭北上顽军之一部或大部"。[1] 粟裕对此有不同考量，他作为华中的主要军事指挥员，基于华中实际情况作出判断，基本思路与中共中央、华东局一致，即巩固华东既有阵地，只不过他更希望先稳固华中。于是，粟裕决定集中兵力攻占日伪军占据的盐城，将苏中与苏北连为一体。另外，盐城伪军的存在还影响华中分局组建华中野战军。收复盐城，意义非凡，对此华中分局有清晰的大局意识。邓子恢指出："坚持了华中便可以阻止蒋军北上，便利于东北的争夺及华北的巩固，政治上更振奋了全国人民，华北及东北的人民。放手争夺东北同华北。"[2] 粟裕得到华中分局邓子恢、张鼎丞、谭震林等人支持后，决定于10月底以一部在津浦路蚌埠以北段监视国民党军动向，将大部集结于苏北，准备攻占盐城。[3] 盐城守军赵云祥部有两个师1.5万余人，[4] 战力不俗。华中军区攻下盐城并非易事。

华中新四军原本兵力雄厚，据《赖传珠日记》载，10月20日，粟裕指挥的

①　中共中央党史和文献研究院编：《刘少奇年谱》第2卷，第114页。

②　《邓子恢关于目前形势下简称华中的方针和任务的报告》（1945年11月），华东军区第三野战军战史编审委员会编辑室编印：《华东军区第三野战军第三次国内革命战争战史资料选编》第64册，档号F.3.2—64（2）。

③　苏中军区在10月中旬时便想要组织盐城战役，但被华中局否定。《华中局关于不同意组织盐城战役致苏中军区电》（1945年10月13日），南京军区司令部战史编辑室编：《抗日战争时期新四军电报汇集》第74册，1964年，档号F.2.4—74。

④　南京军区政治部联络部编：《华东军区第三野战军敌军工作史》，总政治部联络部发行，1994年，第13—14页。

部队为 43000 人。① 至 29 日，除浙东极少数部队未北撤外，苏南、皖南、皖中、浙东撤至苏中与苏北的新四军总数约 7 万人。② 在华东局优先巩固山东政策背景下，苏浙军区第 2、4 纵队和新四军第 7 师，第 2 师 4、5 旅，第 4 师 9 旅，苏中军区教导旅北上山东。③ 待华中分局和华中军区成立之时，粟裕指挥的部队实际只剩下原新四军第 1 师和第 6 师及淮南与苏中的地方武装，是他发起盐城战役的主要兵力。

盐城战役分两步进行，第一步占领盐城外围据点，第二步包围盐城。在 10 月 31 日至 11 月 4 日的外围战斗中，攻城部队俘虏伪军 2300 余人。④ 为迫使赵云祥起义，新四军自 11 月 5 日开始对赵云祥开展政治攻势，最终，赵云祥选择起义。赵随后领命前往高邮劝降他的上司孙良诚，⑤ 被孙扣押。

盐城收复后，江苏境内陇海路以南、大运河以东、扬（州）泰（州）南（通）以北、黄海以西的大片区域，均为中共掌控，苏北和苏中终于成为"大苏北"，华中军区获得安全的后勤保障基地。盐城战役使粟裕部补充一批兵员，⑥ 一定程度上改善因抽兵入鲁导致在苏兵力不足的状况。此役过后，华中解放区有了较为稳定的发展环境，终于有条件组建华中野战军。

华中分局以留守华中的新四军正规军为基础，吸收一部分地方武装和"解放

---

① 《赖传珠日记》，第 615 页。

② 《江南七万部队均胜利到达江北、皖东地区》（1945 年 10 月 29 日），宁波市新四军暨华中敌后抗日根据地研究会编：《浙东抗战与敌后抗日根据地史料丛书》第 7 卷，第 57 页。

③ 《关于东北、山东、华中三地统筹部署的决定致华中局等电》（1945 年 10 月 28 日），中共江苏省委党史工作办公室、江苏省档案馆编：《中共中央华中局》，第 465 页。

④ 《华中军区向军委的报告》（1945 年 11 月 15 日），中共盐城市委党史办公室编印：《盐阜区革命史料》第 3 辑，1986 年，第 88 页。

⑤ 《中共中央华中局关于盐城战役概况向中共中央并陈毅、黎玉的报告》（1945 年 11 月 21 日），中国人民解放军历史资料丛书编审委员会编：《解放战争时期过渡阶段军事斗争：综述·文献·大事记·图片》，第 857 页。

⑥ 期间中共作战的重要目的之一就是吸收战俘补充兵力，中共中央为此下达有关指示。详见《中共中央处理俘虏顽伪军官兵办法》（1945 年 10 月 16 日），档号 G001—01—0103—020。后续相关补充指示还指出，过渡阶段作战俘获的官兵，还可用来与国民党军交换我军被俘人员。详见《中共中央关于处理伪顽俘虏办法的指示》（1945 年 11 月 11 日），档号 G001—01—0103—021。

战士"，于 11 月 10 日正式组建华中野战军，粟裕为司令员，谭震林为政治委员，① 辖 4 个纵队（第 6 至第 9 纵队），每个纵队约 1 万人，战力较强的为第 6 和第 8 纵队，6 纵和 8 纵的班底是新四军第 1 师。7 纵由苏中地方武装升级而成，9 纵由新四军第 4 师留守部队改编而成。粟裕对如何使用这支野战军的筹谋是："目前已不是抗日战争时期的游击战为主的方针，已由独立自主的分散性游击战为主转到集中的运动战为主的方针"，"首先要从战略战术思想上转变"。②

此时华中情况与山东有较大不同，因驻青岛国民党军兵力有限，山东根据地重点沿津浦路展开防御工作。山东军区组建津浦前线野战军，以胶东、渤海地方武装监视青岛方向，而华中军区至少需在三个主要方向防御国民党军可能的进攻。其一是津浦路方向，其二是大运河一线，其三是南通方向。对于华中军区而言，如何配置兵力成为一大难题，华中分局向中共中央报告上述困难，指出华中军区全部武装力量虽近 15 万人，但新兵居多。"人心动荡现虽稍安定但对我军去留仍存怀疑恐慌，地方基层干部极不安，有少数在准备个人出路。地方兵团及部队在最近期间逃亡亦众。"③ 华中分局认为如能打一两个胜仗，将有助于安定人心。

11 月下旬，华中解放区主力部队稍加休整后，粟裕将目光瞄向高邮，决定发起高邮战役，得到华中分局其他成员支持。其实，早在 2 个月前粟裕就想在扬州、泰州一线有所作为，那时他正率领苏浙军区主力北撤，缺乏实施战役的条件。④

高邮城位于扬州以北、宝应以南，西濒大运河、高邮湖，北、南、东三面均

---

① 《大事记》，中共江苏省委党史工作办公室、江苏省档案馆编：《中共中央华中局》，第 515 页。

② 《华中军区某负责同志关于目前阶段军事方针的报告》（1945 年 10 月 20 日），华东军区第三野战军战史编审委员会编辑室编印：《华东军区第三野战军第三次国内革命战争战史资料选编》第 64 册，档号 F. 3. 2—64（2）。此报告来自刘瑞龙笔记。

③ 《华中分局关于华中野战军及各军分区编成情况给中共中央的报告》（1945 年 11 月 30 日），华东军区第三野战军战史编审委员会编辑室编印：《华东军区第三野战军第三次国内革命战争战史资料选编》第 64 册，档号 F. 3. 2—64（2）。

④ 《华中局电苏浙军区表示不同意组织泰州战役》（1945 年 10 月 13 日），南京军区司令部战史编辑室编：《抗日战争时期新四军电报汇集》第 72 册，1964 年，档号 F. 2. 4—72。

系水网地带，仅有一条运河大堤公路贯通南北。此地号称"运河大门的铁锁"，①易守难攻。中共掌控淮阴、淮安、盐城等地后，苏北与淮北结为一体。欲令华中解放区更加稳固，苏中与淮南也应结为一体，收复高邮便可达成此目标。高邮及其附近集镇，主要被日军控制。日军高邮警备大队，属第十三军独立混成第九十旅团，② 一部驻松相镇、邵伯镇，大部在高邮城。依编制，这个警备大队兵力为 1549 人。③ 高邮日军拒不投降。抗战胜利已近 4 个月，竟还有一支千余人的日军部队控制华中的一个重要县城，战后中国局势的复杂可见一斑。华中野战军决定先发制人，消灭此股日军，解除华中"南大门"方向的军事威胁。

粟裕决定发起高邮战役还与国民党军动态关系密切。12 月初，国民党军重兵推向华中，中共中央获得情报，显示即将集聚在津浦路沿线的国民党军会达到 13 个军。④ 中共中央判断，"似此津浦路全线，山东、苏北整个解放区，战局形势将严重紧张起来"。⑤ 12 月 3 日，粟裕紧急与张鼎丞、邓子恢、谭震林、曾山联名发出致中共中央并陈毅、黎玉、张云逸、饶漱石电，建议立即实施高邮战役，"为打破顽军分割华中根据地企图，以便以后之坚持及主力之机动，建议集中华中野战军三个纵队，攻占高邮，与歼灭可能来援之顽二十五军"。⑥ 12 月 5 日，中央军委复电同意。

12 月上旬，国民党军在津浦路南段的行动速度，并没有中共中央预判得那么快。不过，中共中央还是基于有可能出现的最坏情况向华东下达指示，中共中央

① 中国人民解放军步兵第六十九师编审委员会编印：《中国人民解放军步兵第六十九师师史》，1998 年，第 158 页。
② 防卫厅防卫研修所战史室：『昭和二十年の支那派遣軍』（1）、東京：朝雲新聞社、1971 年、第 307—308 頁。
③ 独立混成第九十旅团辖 5 个步兵大队，每个大队编制兵力 1549 人。番号为独立步兵第 626 大队、第 627 大队、第 628 大队、第 629 大队、第 630 大队，另有一炮兵大队。『表紙「第 13 軍編制人員表（支那上海）」』、JACAR（アジア歴史資料センター）、Ref. C12121000200。
④ 《军委关于目前军事形势与作战任务给陈毅等的指示》（1945 年 12 月 6 日），中央档案馆编：《中共中央文件选集》第 15 册，第 465 页。
⑤ 中共中央党史和文献研究院编：《刘少奇年谱》第 2 卷，第 144 页。
⑥ 《建议集中三个纵队攻占高邮》（1945 年 12 月 3 日），南京军区司令部战史编辑室编：《抗日战争时期新四军电报汇集》第 66 册，1964 年，档号 F.2.4—66。

判断，"蒋顽将集中力量打通津浦路。你们当前情况，即将严重起来，望速作准备"。① 据此指示，陈毅希望粟裕仿效盐城战役，以军事包围加政治攻势夺取高邮。因此，陈毅拟调粟裕麾下战力强的 2 个纵队往津浦路南段，只留给粟裕较弱的 2 个纵队和地方武装去包围高邮。陈毅认为"如硬打，会损害主力"，"王、陶两纵队，不宜用在高邮方面，而应专力应付津浦战场"。② 粟裕则担心 2 个纵队摆到津浦路南段，有可能"擦枪走火"，与驻徐州、宿迁、蚌埠的国民党军发生冲突。粟裕延续此前作战思路：攻击已呈孤立态势且拒不投降的日伪军，努力避免与国民党军正面接触。如此，可使华中内部更加巩固，以应对未来可能爆发的更大危机。于是，粟裕坚持按原定计划进攻高邮。③ 12 月 17 日，邓子恢与谭震林致电华东局及中共中央，表示决定执行粟裕的作战计划，即先攻占高邮后再配合山东，尔后控制一段徐州至连云港间的铁路，打通与山东根据地的联系。④

按照此时华东的领导机制，华中分局接受华东局和中共中央双重领导，因此，华中分局第一时间选择向中共中央报告高邮作战计划，并得到后者同意。但随后华东局制定的作战计划打乱了华中野战军的原定方案，使华中野战军陷入两难境地，暴露出华东局现行领导机制在具体运作中的问题。陈毅与粟裕基于山东与华中各自情形作出选择，均有一定合理性，他们的出发点均是巩固新生的华东解放区，只不过侧重点有所不同。

因兵力部署业已完成，华中野战军选择执行原定计划，正式发出高邮战役作战命令。第 8 纵队主攻高邮，特务团攻击车罗坝，第 7 纵队两个团攻击邵伯镇，主力在邵伯以南阻击扬州方向援敌。邵伯镇北距高邮城 30 余公里，守城日军只有 150

---

① 《中共中央军委关于阻止国民党军北上的战略任务给陈毅等的指示》（1945 年 12 月 10 日），中国人民解放军历史资料丛书编审委员会编：《解放战争时期过渡阶段军事斗争：综述·文献·大事记·图片》，第 857 页。
② 《陈毅等关于津浦路作战部署向中央的报告》（1945 年 12 月 11 日），中央档案馆编：《中共中央文件选集》第 15 册，第 488 页。
③ 《建议先组织高邮和陇海路东段战役》（1945 年 12 月 15 日），《粟裕军事文集》，北京：解放军出版社，1989 年，第 235—236 页。
④ 《邓子恢、谭震林关于华中按照粟删电进行作战的电文》（1945 年 12 月 17 日），南京军区司令部战史编辑室编：《抗日战争时期新四军电报汇集》第 79 册，1964 年，档号 F. 2. 4—79。

余人，其余是伪军，兵力为 1400 余人。① 12 月 22 日，新四军占领邵伯。松相镇日军警备队预感形势危险，突围前往扬州，损失三分之一兵力。② 时任侵华日军中国派遣军第十三军大佐参谋笹井宽一回忆当时情景，意味深长地说："终战后已经过去了半年，如今日军还在作战的行为，大概在中国看来是少见的奇异状态。"③

高邮战役打响后，战况一度较为激烈，双方发生白刃战。④ 26 日拂晓，第 8 纵队占领高邮城。日方史料记载："12 月 26 日，扬子江下游北岸地区独混第九〇旅团的高邮警备队受新四军攻击。"⑤ 守城日军 1100 余人中 891 人被俘，伪军 3500 余人被俘。⑥ 华中野战军缴获火炮 61 门，枪 4000 余支。⑦ 粟裕接见全体被俘日本军官，告知新四军优待俘虏政策，被俘日军纷纷表示"不胜感激之至"。⑧ 冈村宁次在日记中留下一句"江苏省高邮守备大队（大队长以下 200 余名），受共军猛攻终于被解除武装"。⑨ 他关于此次投降日军人数的记载显然不准确。高邮警备队与上级失去联系后，笹井宽一乘飞机来高邮上空侦察情况，⑩ 发现高邮城十分安静。他后来才得知，高邮警备队已经选择向新四军投降，"实在是不可置信，因为日军在中国战场以英勇扬名，对此深感窝火"。⑪

---

① 中国人民解放军第 29 军军史编委会编印：《中国人民解放军第 29 军军史》，1997 年，第 31 页。

② 稻叶正夫编：《冈村宁次回忆录》，天津市政协编译委员会译，北京：中华书局，1981 年，第 35 页。

③ 笹井寛一：「上海の集中営」、土井滋俊：『太平洋戦争ドキュメンタリー』第 18 巻（突撃鬼中隊・他 6 篇）、東京：今日の話題社、1970 年、第 188 頁。

④ 中国人民解放军步兵第六十七师师史委员会编印：《中国人民解放军步兵第六十七师师史（初稿）》，1998 年，第 19 页。

⑤ 白井勝美・稲葉正夫編：『現代史資料』(38)、東京：みすず書房、2004 年、第 482 頁。

⑥ 中国人民解放军第 29 军军史编委会编印：《中国人民解放军第 29 军军史》，第 33 页。

⑦ 中国人民解放军步兵第六十九师编审委员会编印：《中国人民解放军步兵第六十九师师史》，第 161 页。

⑧ 总政治部联络部编印：《新四军敌军工作史》上卷，1997 年，第 63 页。

⑨ 稻叶正夫编：《冈村宁次回忆录》，第 119 页。

⑩ 这一天，中共军队尚未完全攻占高邮城。城内伪军向孙良诚报告有飞机来高邮上空的情况，孙良诚随后报告给汤恩伯。《汤恩伯汇报高邮战况致蒋介石电》（1945 年 12 月 25 日），档号 002—090300—00211—240。

⑪ 笹井寛一：「上海の集中営」、土井滋俊：『太平洋戦争ドキュメンタリー』第 18 巻（突撃鬼中隊・他 6 篇）、第 189 頁。

　　高邮战役是华中野战军组建后首次开展的大规模运动战。华中野战军克服武器装备劣势，收复日军驻守的坚固城市，迫使日军一个大队主动投降，"这是抗日战争以来从未有过的事"，[①] 极大鼓舞了部队士气，并且积累了由游击战转向运动战的宝贵经验。粟裕原准备继续进攻泰州的日军，为执行国共达成的停战协议，最终放弃行动。[②]

　　1945 年最后 2 个月内，粟裕率部进行盐城战役、高邮战役，使华中解放区更为稳固。他晚年回忆两次战役时说："为保障华中解放区首府两淮扫除了一个心腹之患，为加强苏中与淮南的联系也起到了重要作用。"[③] 可见，他当时的思路是"以战促稳"，塑造一个可以持久立足的华中解放区，应对战和不定的局势。

　　高邮战役结束后一周，长江南岸的国民党军有所反应。汤恩伯正式下达进攻江北中共部队的命令，决定"第七十一军之九十一师及一百军全部集中镇江向扬州两侧地区匪军攻击。四十九军以一师挺至长江北岸占领靖江泰兴，第二十一军（欠新七师）迅速以一个师推进南通，以一个师控制无锡。第四十七军五十八师应以一至两个团之兵力向六合攻击"。[④] 国共停战协议生效后，汤恩伯部暂停行动。

　　自 9 月下旬至 12 月下旬，中共华东地区的军政力量较好贯彻了"向北发展、向南防御"新战略，调兵挺进东北，全力配合大局，抽兵出关并未令中共在山东、华中的战略实力下降。中共积极调适，重整既有军政力量，组建华东局。得益于盐城战役与高邮战役，剧烈变动后的华中内部各区间的联系更加紧密，华中与山东连成一体的态势愈发明显。中共山东的指挥中枢位于鲁南临沂，华中的指挥中枢位于苏北淮阴和淮安，两大中枢间的人员与物资往来通道顺畅且安全，军队于山东和华中间大规模转运已不成问题。囊括山东和华中的"华东解放区"，由此显现基本轮廓。然而，由于此前八路军和新四军分属两个系统，山东根据地

---

① 《七十年征程：江渭清回忆录》，南京：江苏人民出版社，1996 年，第 257 页。

② 《管文蔚回忆录续编》，第 289 页。

③ 《粟裕回忆录》，北京：人民出版社，2022 年，第 277 页。

④ 《何应钦就调派军队向扬州泰州以北地区推进情况致蒋介石电》（1946 年 1 月 2 日），档号 002—090300—00140—038。

与华中根据地各自发展，华东局内部融合过程中，一些问题逐渐显现，华东局的领导机制尚需完善。

四、调整与巩固后的"华东"新格局

重庆谈判结束后 2 个月内，国共局部军事冲突一度有升级迹象，但受中美关系、中间力量及社会舆论影响，国民党军的进攻亦有限度。随着美国总统杜鲁门宣布派遣马歇尔为特使来华调停，以及国民党军此阶段的进攻未达预期效果，国民党不能不考虑暂停冲突，接受中共和民主党派的意见，召开政治协商会议。

自 12 月下旬开始，国共重新回到谈判轨道。12 月 15 日，中共中央派遣周恩来领衔的代表团出席政治协商会议。中共的态度一如往昔，不放弃实现和平的任何可能性，继续坚持与国民党、中间党派一道组建联合政府。马歇尔于 12 月 22 日来华，成为国内时局演变的重要转折点。局势有所好转之际，中共着手解决华东现行机制出现的问题，并进一步扫除有威胁的日伪军据点，不断充实巩固华东。由于中共抽调大量精锐部队去东北，① 山东兵力不足，遂调华中新四军入鲁。几个月内，剧烈变化的形势导致原本并行发展的八路军、新四军系统被打破，引发一些问题。

首先，因缺乏明确规定，华中有关单位实际上可接受中共中央、华东局、新四军军部三方的命令。华中分局组织盐城战役与高邮战役过程中，深感现有军事指挥体系不够通顺。邓子恢对此感慨："各地区过去独立坚持分散作战，今天要求集中四套班子凑成一付班子，与过去华中局天壤之别。"② 其次，中共华东地区军政力量的协同与配合虽有所增强，但暴露出山东与华中之间沟通方面的问题。最后，抗战结束后数月内，华东形势的发展，促使分散性游击战快速向集中

---

① 根据山东分局在 1945 年 12 月初的统计，山东被分批调去东北的部队计有 36 个团，其中 12 个团为主力团。留在山东的主力团只有 5 个，其余均为地方武装。《山东分局关于山东赴东北的兵力状况向中央军委的报告》（1945 年 12 月），华东军区第三野战军战史编审委员会编辑室编印：《华东军区第三野战军第三次国内革命战争战史资料选编》第 64 册，档号 F.3.2—64（2）。

② 《邓子恢关于目前形势下坚持华中的方针和任务的报告》（1945 年 11 月），华东军区第三野战军战史编审委员会编辑室编印：《华东军区第三野战军第三次国内革命战争战史资料选编》第 64 册，档号 F.3.2—64（2）。

性运动战转变，战略与战术在短期内无法快速调整。盐城战役与高邮战役进行中，一些将领的指挥方式、思路还难以完全适应新形势。

为解决上述问题，中共中央首先改组华东局。华东局作为中共中央派出机构，领导山东与华中两大战略区的一切工作。12月18日，中共中央明确陈毅、张云逸、黎玉、饶漱石、舒同为常委，饶漱石为书记，陈毅、黎玉为副书记。① 这是一次非常重要的人事调整，华东局在实际运作一个多月后，终于组成完整的领导班底。一周后，中共中央根据华东局建议，增加郭子化与李林为华东局委员。"其他人暂均不加入，待工作一时后再行考虑"，② 为此后继续调整华东局人事预留空间。至此，华东局领导成员变为7人。郭子化、李林二人在山东抗日发轫期起到很大作用；黎玉是八路军山东纵队核心领导人之一，抗战时期为罗荣桓的重要助手。这样的人事布局，有利于华东局内部团结。12月21日，华东局向中央报告内部分工情况，组织部、宣传部、财委会、城工部、武委会、国军工作部与敌工部的负责人均已调配完毕。③ 华东局融合原华中局与山东分局，进入常态化运作阶段。从人员构成可以看出，原华中局人员成为华东局主体，饶漱石与陈毅被中共中央赋予重任。

进入1946年，中共中央继续调整华东有关单位军政关系。华中分局于1月2日向中共中央并华东局发出一封反映工作问题的电报，认为华中部队数月来处于被动状态，忙于转移且疲于奔命，数次丧失良机。华中分局以高邮战役为例，认为"已得中央电令，六、八纵已开往前线，八纵队已一切准备完毕，后又奉军长电令停止"，"我们研究此种被动情形，固由于情况变化太快，及未能将情况随时报告上级所致，但多头指挥亦为要因之一"。④ 此电还委婉表达对陈毅一再抽华中部队入鲁的不满。"多头指挥"乃兵家大忌，理顺华东局、新四军军部、山东军区、华中分局、华中军区、华中野战军之间的关系，实为关键。

---

① 中共中央党史和文献研究院编：《毛泽东年谱》第3卷，第50页。
② 中共中央文献研究室编：《任弼时年谱（1904—1950）》，第504页。
③ 《中共中央华东局关于分工情况致中共中央电》（1945年12月21日），中国人民解放军历史资料丛书编审委员会编：《新四军·文献》（5），第281页。
④ 《张鼎丞等关于华中兵力的使用问题向中共中央并陈毅、饶漱石、张云逸的建议》（1946年1月2日），中国人民解放军历史资料丛书编审委员会编：《解放战争时期过渡阶段军事斗争·综述·文献·大事记·图片》，第878页。

鉴于华中分局反映的情况，中共中央复电华中分局和华东局，明确在军事上由陈毅以新四军军长身份，全权指挥华中军区和华中野战军。[①] 抗战时期陈毅与粟裕、邓子恢、张鼎丞等人在华中积累了合作经验，这样的处理方案合情合理。随后，中共中央与中央军委通电各战略区，决定正式将新四军军部与山东军区合并，任命陈毅为新四军军长兼山东军区司令员，张云逸为副军长兼副司令员，饶漱石兼任新四军与山东军区政治委员。[②] 新四军军部兼山东军区依据中央指示，统一指挥山东和华中所有部队。新四军军部兼山东军区设有司令部、政治部、后勤部等机关，[③] 发行《军政周报》《军政半月刊》，主要负责人多为原山东抗日根据地干部。

陈毅身兼三个军事要职：新四军军长、山东军区司令员、山东野战军司令员。[④] 此项人事安排可谓关键，新四军军部兼山东军区这一充满过渡色彩的军事机构，负责指挥山东军区、山东野战军和华中军区、华中野战军部队，职责极其重要。新四军军部兼山东军区接受中央军委和华东局双重领导，自身未设军政委员会或党委会。彼时山东野战军的主力部队大部为新四军，华中野战军亦如此，中共中央选择保留新四军军部与山东野战军、华中野战军上述情况有关。

此番调整后，中共在华东建立"两局两区四方"的多元政治与军事架构，两局指华东局、华中分局；两区指山东、华中两大解放区；四方指山东军区、山东野战军、华中军区、华中野战军。华东局为中共在华东地区的最高领导机构，全面负责区域内党政军一切事务。华中分局接受华东局和中共中央双重领导，具有较大的自主决策权。华东局通过新四军军部兼山东军区，统一指挥山东军区、山

① 《中共中央关于华中野战军受陈毅指挥复张鼎丞等电》（1946 年 1 月 4 日），中国人民解放军历史资料丛书编审委员会编：《中国人民解放军组织沿革：文献》（3），第 94 页。
② 《中共中央、中央军委关于新四军与山东军区合并致山东分局等电》（1946 年 1 月 7 日），中国人民解放军历史资料丛书编审委员会编：《中国人民解放军组织沿革：文献》（3），第 95 页。
③ 中国人民解放军总政治部编：《中国共产党中国人民解放军组织史资料》第 3 卷，北京：长征出版社，1994 年，第 311—313 页。
④ 津浦前线野战军改称山东野战军。山东野战军辖第 1、2 纵队与第 7、8 师，兵力共 7 万余人。刘树发主编：《陈毅年谱》上卷，第 453 页。

东野战军、华中军区、华中野战军。① 以上军政单位于历史传承、人事关系、部队沿革等方面均有着千丝万缕的联系。上述举措初步理顺中共华东地区领导职权关系，不过，新建立的指挥领导体制仍处于动态调整中，并不完善。例如，新四军军部兼山东军区与华中分局均接受中共中央、华东局双重领导，两个机构在军事指挥上权责不明。华中野战军建制上归属华中军区，但行动上受新四军军部兼山东军区指挥，意味着华中野战军的军政和军令互相独立。全面内战爆发后，新的挑战促成中共中央继续调整华东军政领导体制。

此间，国共和谈取得重要进展，但为巩固既有阵地，经历机制调整后的山东野战军和华中野战军针对日伪军的行动仍在继续。1946 年 1 月初，国共有望签订停战协议。中共中央希望军队抓住停战令下达前的机会，继续取得战果，"在最近十数日内我军对于深入我区之据点，如能拔除者，应迅速拔除；对于某些交通线能控制者，应迅速控制"。② 中共中央发出这一命令，旨在扩大和平力量，以便停战后解放区能获取充足资源，长久立足，保障国内和平。为执行中共中央上述指示，进一步扫清境内铁路沿线的日伪军据点，山东野战军与华中野战军分别在山东境内津浦路、江苏境内陇海路展开行动。

山东方面率先发起作战。受禹城战斗影响，③ 山东省境内津浦路沿线尚有战力的日军匆忙撤往济南。兖州、泰安两地的日军动作稍慢，被叶飞率领的山东野战军第 1 纵队④ 围困于华丰矿区。华丰矿区位于泰安城以北，邻近津浦线上的大

---

① 新四军军部兼山东军区实际扮演的角色就是一年后出现的"华东军区"。此后，"华东军区"、"华东野战军"的诞生，既是华东自卫战争战局急速演变的结果，亦与过渡阶段中共塑造的华东领导体系关联密切。

② 《中共中央关于在停战前应坚守阵地歼灭来攻之敌给各中央局、中央分局的指示》（1946年 1 月 5 日），中国人民解放军历史资料丛书编审委员会编：《解放战争时期过渡阶段军事斗争：综述·文献·大事记·图片》，第 190 页。

③ 禹城火车站是德州与济南间的重要站点，中共渤海军区集中 4 个团，于 1945 年 12 月 27日进攻禹城车站，消灭日军 1 个大队，极大震慑了山东境内津浦路沿线尚未缴械投降的日军。中共禹城县委党史资料征集研究委员会编印：《中共禹城县党史大事记（1922—1949）》，1989 年，第 110 页；赤塚僚三：『弾部隊戦記』、東京：東奥日報社、1979 年、第 388—392 页。

④ 叶飞部原本要进入东北，后于 1945 年 12 月 6 日接到中央军委命令，留在山东。中国人民解放军第二十军编印：《中国人民解放军第二十军第三次国内革命战争战史》，第 13 页。

汶口火车站，地理位置重要。这支日军的正式番号为第十一独立警备队，[①] 隶属于日军华北方面军第四十三军，指挥官为洼田武二郎少将。兖州城内还驻扎有伪军吴化文部，叶飞决定以第 1、2 旅向拒不投降的吴化文部发起攻击，以第 3 旅进攻华丰日军。考虑到日军战力和防守工事，叶飞心生隐忧。亲历者回忆："他们的司令部占据着原华丰煤矿公司的办公大楼，四周筑起了钢筋水泥的高高围墙，拉起来层层铁丝网。"[②] 叶飞很快调整兵力，令第 3 旅对日军围而不攻，"迅速占领大汶口以北有利阵地，阻止包围北撤敌人，迫其投降缴械"。[③]

1 旅和 2 旅发起兖州之战。留守兖州城的吴化文部是中共在山东的老对手，这支伪军连续受山东八路军进攻后，已于 1945 年上半年退出山东。日军因兵力不足，又将其调回山东，驻守兖州。日本投降后，吴化文部接受国民党军改编，正式番号为国民革命军第五路先遣军，共 8100 余人。[④] 吴化文部依托守城工事阻击中共军队，中共攻城部队"总计伤亡约 400 余人，弹药消耗颇大，就停止攻击了"。[⑤] 3 旅政委谭启龙回忆说："对伪军吴化文部的守备能力和兖州城坚固设防的情况缺乏足够的估计。"[⑥]

战斗进行期间，中共中央指示各战略区自 1 月 13 日零时开始停止对尚未投降日伪军的行动，"但仍可对敌伪包围，以便交涉争取受降"。[⑦] 于是，叶飞派敌工干部前往被围日军处交涉。1 月 17 日，日军 1 个大队交出炮 3 门、重机枪 4 挺、轻机枪 28 挺、掷弹筒 19 个。[⑧] 1 月 25 日，叶飞部最终与日军第十一独立警

① 中共第 20 集团军军史将这支日军记为"至锐旅团"。曹学德、陶方桂主编：《中国人民解放军陆军第二十集团军军史》，济南：黄河出版社，1996 年，第 156 页。
② 冯少白：《华丰受降》，中国人民解放军历史资料丛书编审委员会编：《新四军·回忆史料》（1），北京：解放军出版社，1990 年，第 554 页。
③ 浙江省新四军研究会编印：《杨思一日记》上卷，1997 年，第 222 页。
④ 刘忠东整理：《吴化文及所部投敌略历》，中共沂源县委党史资料征集委员会编印：《沂源党史资料》第 2 辑，1988 年，第 178 页。
⑤ 《赖传珠日记》，第 631 页。
⑥ 《谭启龙回忆录（建国前部分）》，济南：山东人民出版社，1995 年，第 247 页。
⑦ 《中共中央关于执行停止命令各中央局、各区党委、各纵队首长的指示》（1946 年 1 月 12 日），中国人民解放军历史资料丛书编审委员会编：《解放战争时期过渡阶段军事斗争：综述·文献·大事记·图片》，第 203 页。
⑧ 《赖传珠日记》，第 632—633 页。

备队达成协议，允许日军携带一些轻武器按照规定路线撤去济南。日军留下现有"二分之一的重机枪、三分之一的轻机枪与掷弹筒，炮 4 门"。① 此支日军的兵力情况，尚且存疑。② 日军撤走后，叶飞部进驻华丰矿区。山东野战军第 1 纵队总共缴获炮 11 门、轻重机枪 50 挺、步枪 800 支、汽车 37 辆、各种炮弹 3 万余发。③ 冈村宁次在日记中记载："洼田兵团于 1 月 23 日以战斗姿态由华丰煤矿出发，毅然突破包围"，④ 显然与事实不符。中共军队迫使日军一个不满编的旅团级部队投降，⑤ 似仅此一例。

1 月 13 日前后山东野战军在津浦路沿线的行动，使中共在山东的控制区更加稳固。济南与徐州虽驻有国民党军重兵，但因两点间的津浦路不通，难以互相支援。除军事打击外，山东野战军还通过敌军工作系统对伪军展开政治攻势。华中军区通过对伪军的军事施压、政治争取，促成部分伪军起义，吸收部分"解放战士"进入华中部队。⑥

山东野战军展开行动后，华中野战军准备控制徐州至连云港间的一段铁路。粟裕发起陇海路东段战役，试图加强山东和苏北间的地域联系。其实，粟裕早在规划盐城战役时便已有控制一段陇海路的打算，时任华中野战军第 9 纵队司令员

---

① 浙江省新四军研究会编印：《杨思一日记》上卷，第 226 页。

② 笔者综合多方记载判断，日军第十一独立警备队实际兵力应为 6000 余人。《谭启龙回忆录（建国前部分）》，第 248 页；『第 11 独立警備隊』、JACAR、Ref. C12121019100；《赖传珠日记》，第 632 页；稻叶正夫编：《冈村宁次回忆录》，第 120 页；中国人民解放军第二十军编印：《中国人民解放军第二十军第三次国内革命战争战史》，第 16 页。

③ 《谭启龙回忆录（建国前部分）》，第 249 页。另有记载称，山东野战军第 1 纵队在华丰共缴获"炮 11 门，轻重机枪 56 挺，步马枪 800 余支，汽车 47 辆，各种炮弹、子弹数十万发"。详见《泰安党史资料（中共泰安历史简编专辑）》，第 221 页。还有记载为："计有野炮迫击炮 4 门、掷弹筒 47 具、轻重机枪 55 挺、步马枪 800 余支、各种炮弹子弹 30 余万发、坦克 2 辆、汽车 37 辆及电话机、炸药、手榴弹、被服等大量军用物资。"详见总政治部联络部编印：《新四军敌军工作史》上卷，第 63 页。

④ 稻叶正夫编：《冈村宁次回忆录》，第 120 页。

⑤ 独立警备队，是日军于中国战场上组建的、相当于步兵旅团建制的部队。参见王皖：《侵华日军独立警备队考》，《军事历史研究》2018 年第 2 期。

⑥ 华中军区将伪首都警卫第 3 师、伪第 18 师、伪孙良诚部第 4 军、伪第 6 路先遣军（郝鹏举部）分别改编为解放第 1 军、解放第 2 军、解放第 4 军、民主联盟军。中国人民解放军总政治部编：《中国共产党中国人民解放军组织史资料》第 3 卷，第 335—336 页。

张震回忆："他边打手势边对我说，为创造今后的有利态势，在停战令生效前，一定要争取多控制一段陇海路。"① 这一判断体现出粟裕对华东框架下山东与华中关系的深刻认识。在山东与苏北均已稳固的情况下，控制一段横亘其间的铁路，具有较大战略价值。

　　基于上述考量，粟裕决定对陇海路东段进行破袭，② 陈毅同意粟裕的作战部署。1 月 11 日，粟裕于午时、未时、酉时连发三电给山东野战军、华中军区、中央军委，报告陇海路东段破袭战部署。当天夜间，他指挥第 8、9 纵队和地方部队，正式发起陇海路东段战役，最终控制陇海线东段 300 余华里的铁路，实现战役目标。③ 驻扎在陇海路东段炮车、瓦窑车站的日军第六十五师团两个中队向中共军队投降。④ 粟裕晚年认为，这次行动让"华中解放区有了坚强的依托"。⑤ 这一判断蕴含深意，倘若华中不保，华中野战军有三条转移路径：一是向西进入豫皖苏边，也就是原新四军第 4 师主要活动区域；二是向南跃进至国民党统治核心区；三是向北退入鲁南。后来的历史证明，华中野战军选择了第三条路径。就此观之，粟裕在 1946 年 1 月发起陇海路东段战役，具有重要战略意义。此役结束后，粟裕已做好应对时局再次突变的战略准备。据张震回忆，粟裕表达过这样的战略思路："华中如遇突然事变，我们应在淮南、淮北向西防守，在苏中、淮海向南防守，因为苏中地位重要，物产丰富，人口稠密，从战略上讲，更能对沪宁等地产生影响。"⑥ 国民党发动全面内战后，华东战场初期演变情形大体如粟裕所言。华中野战军顺利由苏中、苏北撤入山东，便得益于此规划。

　　1 月 13 日零时许，国共停战令正式生效，关内外战事按下暂停键。未来是战是和，仍不可知，但彼时中国洋溢着和平的气氛。中共中央判断："从此中国即

---

① 《张震回忆录》上卷，北京：解放军出版社，2003 年，第 255 页。
② 《华中分局关于陇海路东段破击战的部署致中共中央等电》（1946 年 1 月 4 日），中国人民解放军历史资料丛书编审委员会编：《新四军：文献》（5），第 507—508 页。
③ 中共江苏省委党史工作办公室编：《粟裕年谱》，第 141 页。
④ 《日寇投降后华中新四军解放城镇与消灭敌伪军大事记》，华东军区第三野战军战史编审委员会编辑室编印：《华东军区第三野战军第三次国内革命战争战史资料选编》第 64 册，档号 F.3.2—64（2）。
⑤ 《粟裕回忆录》，第 277 页。
⑥ 《张震回忆录》上卷，第 257 页。

走上了和平民主建设的新阶段。虽然一定还要经过许多曲折的道路，但是这一新阶段是已经到来了。"中共中央向各战略区发去"我党即将参加政府"的电报。①中共中央书记处会议认为，"政协成功很大，整个和平民主趋势是确定的"。② 即便和平氛围浓厚，中共仍然是战和两手准备，中共中央指出："练兵、减租与生存是目前解放区三件中心工作。"③ 华东局决定山东与华中暂停军事行动，开展百日练兵。④ 军事调处工作进行之际，中共中央要求各战略区实施精兵简政。⑤华东局亦开始筹谋落实中央指示，推动解放区各项工作进入新阶段。中共中央致电陈毅，⑥ 指出必须巩固华中现有地区，因中央机关将来可能迁至淮阴办公。⑦或许中共中央认为国共真正实现和平后，中央机关继续驻在延安不利于建设联合政府，淮阴的地理位置较佳且周边区域富庶，有机场亦可能是重要考虑因素。

抗日战争结束前后，围绕中国政局演变，美苏国共之间形成复杂互动关系，深刻影响政局走向。在国内整体局势扑朔迷离、充满变数的情况下，中共中央与华东地方的战略互动、华东框架下山东与华中的良性互动，促成"华东"在中共体系下由一个模糊的地理概念演变为政治地理概念。华东与东北、华北、西北、中原等解放区一道，成为战后中共军政版图的重要一极。马歇尔的调停无法改变美国支持的国民党发动内战的决心，国民党不顾持续20余年的内外战争、社会经济全面破产、人民生活极端困苦的严重状况，于1946年夏天发动全面内战。中共初步建构的"华东"，迎来更大规模战争考验。

---

① 《中共中央关于目前形势与任务给各中央局、各区党委、各纵队首长的指示》（1946年2月1日），中国人民解放军历史资料丛书编审委员会编：《解放战争时期过渡阶段军事斗争：综述·文献·大事记·图片》，第219—220页。

② 中共中央文献研究室编：《朱德年谱》中卷，第1223页。

③ 《中共中央关于目前形势与任务的指示》（1946年2月2日），中国人民大学中共党史系资料室编：《中共党史教学参考资料（解放战争时期上卷）》，内部发行，1980年，第137页。

④ 《中共中央华东局关于百日练兵军政工作指示》（1946年2月15日），中国人民解放军历史资料丛书编审委员会编：《新四军：文献》（5），第674页。

⑤ 《中共中央关于精兵简政问题的指示》（1946年3月6日），中共中央文献研究室、中央档案馆编：《建党以来重要文献选编（1921—1949）》第22册，第133页。

⑥ 此时饶漱石奉调参加军事调处工作，由陈毅暂代华东局书记。

⑦ 中共中央党史和文献研究院编：《毛泽东年谱》第3卷，第56页。

结　语

抗日战争后期，面对错综复杂的局势变化，中共着眼战后中国前途，调整党政军力量配置，预做两手准备。在中共中央的布局谋划下，从抗战胜利至 1946 年初国共停战令生效的 5 个月内，山东和华中根据地实现初步融合，共同推动华东战略区迈入实体化运作新阶段。

"华东"在中共政治版图上从无到有，显示出中共战略运筹的宏大视野与高瞻远瞩，是中共政治与军事战略思想不断走向成熟的重要体现，起到多重积极效果。一是全局战略层面，构建华东战略区是中共应对战后变局的核心举措之一，有力保障了"向北发展、向南防御"战略的贯彻，适应了抗日战争向解放战争过渡背景下的战略发展趋势。二是具体战术层面，华东战略区在贯彻新战略过程中，初步整合山东与华中的军事力量，集中表现为建立山东野战军与华中野战军。两大野战军通过打击日伪军系列行动，既积累了运动战、攻坚战经验，又巩固了华东解放区，一批地方武装得到锻炼，升格为正规军，为此后的自卫战争积蓄了力量。三是就"华东"自身而言，华东局领导体系初步调整后，山东与华中的干部、士兵加速磨合，战争磨炼使干部与士兵在新的组织框架下成长。就此而言，中共于过渡阶段既完成抗战遗留任务，又为可能到来的自卫战争做了准备。

过渡阶段中共对"华东"的经略，对后续历史进程产生深远影响。第一，中共中央在过渡阶段确定山东为华东中心。华中方面虽依旧强调华中的价值，但认识到山东在华东战略体系中的重要地位。苏中战役后，战局加速演变，华中野战军最终选择将主力撤入山东，保存实力。尽管国民党于华中投入精锐部队，攻占华中解放区大部区域，随后又针对山东发起重点进攻，却未撼动华东解放区的根基。山东成为国共激烈争夺的战略要地，是全国解放战争的主战场之一，甚至可以说，得山东者得华东。山东于支前工作、后勤供给、南下干部等方面，为华东解放战争提供巨大支援。

第二，过渡阶段中共未执着于华东布局下的快速一体化，而是在华东框架下赋予山东、华中以不同战略角色，给予各自一定程度自主权，尤其赋予华中较大发展空间，使得苏北、苏中在华东战场扮演不可或缺的角色。1947 年华东野战军建立后，仍在华中布置 2 个纵队（第 11、12 纵队），分别于苏北、苏中坚持游击作战，牵制国民党军一定兵力。不完全放弃苏北，既减轻山东的压力，又为后来中原野战军与华东野战军于豫皖苏边一带协同作战埋下伏笔。

第三，山东与华中在过渡阶段的初步磨合，为两区融合发展应对更大变局奠定基础。抗战时期山东与华中分属不同系统，彼此间沟通甚少，战后两大系统短期内快速融合发展，难度可想而知。过渡阶段，山东与华中初步磨合，解决了一些内部分歧，有益于此后山东与华中的协同发展。陈毅在 1947 年 1 月 1 日说："过去的问题是山东部队常不安心南下作战，华中部队亦不肯入鲁作战。数月来的矛盾，由于战局演变，现已解决"。[①] 华中野战军与山东野战军会师后协同作战，取得宿北战役胜利，[②] 有赖于过渡阶段华东初步形成基本运作机制，华东党政军系统仅在解放战争爆发半年后便全面"落地"。

中共在抗战胜利至 1946 年初的过渡阶段经略华东的历史经纬，体现了各根据地应对战后局势演变的共性，更体现华东战略区的独特发展脉络，是战争与革命交织下，中共立足全局实行的战略区域构划与整合。由于时间短暂、形势变动频仍，新构建的华东战略区内各解放区之间、领导层与基层之间均需磨合，后期又暴露出山东与华中如何在华东框架下平衡统一领导和自主发展，以及华东领导机制如何与军事行动相适应等问题。尽管出现些许不足，但无法掩盖中共在过渡阶段经略华东的深谋远虑。待后续华东战场骤变之际，中共中央与华东局进一步完善领导架构，整合山东与华中党政军体系，统一战略区内军事力量编组，最终实现华东解放区一元化深度融合发展格局，为华东战场的决胜发挥重要战略作用。

〔作者郭洋，南京理工大学中国工业文化研究中心副教授〕

（责任编辑：刘　宇）

---

① 《宿北战役之检讨》（1947 年 1 月 1 日），《陈毅军事文选》，北京：解放军出版社，1996 年，第 359 页。

② 宿北战役是陈毅、粟裕在解放战争开始后，第一次共同指挥的较大规模的运动攻坚战，是山东、华中两野战军会合后的第一个大胜仗。陈士榘：《天翻地覆三年间——解放战争回忆录》，北京：中共中央党校出版社，1995 年，第 34 页。最新研究参见严可复：《华东野战军宿北战役的指挥系统与制胜原因研究》，《军事历史研究》2020 年第 2 期。

封建制视域下的英国央地关系[*]

陈日华

摘　要： 英国地方自治传统源于中世纪。以土地保有为基础的封建制确立了财产与社会责任相关联的原则，体现在王权与地方的关系上，即两者具有"准契约"关系且互为权利与义务的主体。同时，成形于中世纪中叶并与封建制度密切相关的欧洲文明"元规则"，深刻影响英国地方自治范式。近代英国民族国家建立在中世纪地方自治基础上，统一且强大的民族国家又为地方自治提供了坚实保障。

关键词： 英国　中世纪　封建社会　地方自治　王权

"在寒冷的冬天，两只刺猬为了取暖而依偎在一起，不久就被对方刺伤。分开后，又觉得很冷，可怜的刺猬不得不再次依偎在一起，再次相互伤害。直到最后，它们找到了合适的距离，最终既不会受伤，又感到温暖。"① 行政法学者 R. A. W. 罗兹曾引用上述故事，生动形象地描述了英国的央地关系：一方面，在权力的权限与性质等方面，中央与地方存在差异与矛盾；另一方面，中央与地方相互依存，不能离开对方而存在。英国既是单一制国家，又是"地方自治之家"，两者共生并存，构成英国政治制度独特现象。

19 世纪德国法学家鲁道夫·冯·格奈斯特（Rudolf von Gneist）研究英国历史时提到，令他最感兴趣也最特别的是，英国古老地方自治共同体的残存、地方

---

* 本文系国家社科基金中国历史研究院重大历史问题研究专项 2024 年度重大招标项目"现代化与欧洲区域自治研究"（24VLS030）阶段性成果。

① R. A. W. Rhodes, *Control and Power in Central-Local Government Relations*, Farnborough: Gower Publishing Company Limited, 1981, p. 14.

自治的寡头偏好，以及乡绅在地方和中央事务中扮演的重要角色。在格奈斯特看来，赋予乡绅权力与权威并信任他们，比下院制度和《大宪章》更具有英国特征。① 英国法律史学家霍尔兹沃思也指出，英国政体的两个基本特征是地方自治体系与法治原则。②

英国国家治理模式大致经历从早期日耳曼人国家、封建领主国家到近代民族国家的演变，关于这一进程中国王（中央）与地方关系的性质，学界已从不同角度论述。以威廉·斯塔布斯为代表的"牛津学派"强调日耳曼因素。③ 斯塔布斯的研究侧重于议会与王权的斗争，强调贵族与国王的斗争及贵族限制专制王权的作用。在该研究范式下，有关英国地方政治史、央地关系以及行政史的研究，自然就沦为配角。陶特指出，斯塔布斯对亨利一世与亨利二世的行政体系做了研究，但并未关注 13、14 世纪的行政问题。在其著作第二卷中，有不易觉察的转变，即从谈论《大宪章》开始。陶特认为，这是因为斯塔布斯的主要研究兴趣是现代宪政（constitution）的起源，特别是议会制度的起源。斯塔布斯认为安茹王朝的行政体制之所以重要，不是因为体制本身，而是因为这是以后议会的来源。斯塔布斯之所以研究郡守、法官、陪审团等，是因为他认为这是英国代议制度、下院和宪政王权的开始。因此当 13 世纪等级代表会议出现时，郡与百户区会议、陪审团以及郡守等内容，不再是宪政史学家的主要研究兴趣。④

应该指出的是，"牛津学派"的政治史研究对提升英国学术研究水准贡献巨大，奠定了英国近代历史学的基础。然而，这种"历史的辉格解释"存在很大缺陷，它体现的是线性历史发展路径和所谓"进步史观"，又经历一战的残酷检验，

---

① Albert Beebe White, *Self-government at the King's Command: A Study in the Beginnings of English Democracy*, Minneapolis: The University of Minnesota Press, 1933, p. 4.

② W. S. Holdsworth, *A History of English Law*, Vol. Ⅱ, London: Methuen & Co. Ltd. , 1923, p. 405.

③ William Stubbs, *The Constitutional History of England: In Its Origin and Development*, Vol. I, Oxford: The Clarendon Press, 1891, p. 2.

④ T. F. Tout, *Chapters in the Administrative History of Mediaeval England: The Wardrobe, the Chamber and the Small Seals*, Vol. I, London: Longmans, 1920, pp. 2 - 3. 基于"牛津学派"以上缺陷，陶特开创了英国行政制度史研究的先河。然而，陶特的研究走向另一极端，变成纯粹的行政制度史研究，他的代表作《中世纪英格兰行政史》主要关注中央与国王机构的发展，聚焦官职演变及其具体功能。

在二战前已受到学界质疑，其中最有影响的批评来自"剑桥学派"的赫伯特·巴特菲尔德。

巴特菲尔德 1931 年出版的《历史的辉格解释》一书一针见血地指出："以'当下'作为准绳和参照来研究'过去'，是辉格式历史解释的重要组成部分。即便有人觉得这样的解释若经过了仔细推敲就可能不易反驳，或者有人觉得这样的历史解释似乎不可避免，但这种解释对于理解历史仍然是一种障碍，因为人们一直据此认为，历史研究应该直接并永远参照'现在'。通过以当代为直接参照系的方式，历史人物会被轻易地归入到促进进步或阻碍进步的两个群体之中。这样就有了一个非常简便的经验法则，历史学家可以据此进行选择、拒绝或强调。依据这样的参照系，历史学家必然会认为他的工作要求他关注过去与现在的相似之处，而不是关注相异之处。从而，他会很容易地说从过去中看到现在。"[①] 二战后，"牛津学派"的历史观逐渐走向沉寂。

另一广为人知的表述是"国王命令下的地方自治"（self-government at the king's command），此系 A. B. 怀特研究英国民主起源时总结的 13 世纪上半叶英国司法行政制度特点。怀特强调，通常认为在产生自治政府的地方，人们希望自己统治自己。但众所周知，中世纪英国国王在公共事务中，大量使用各阶层民众的无偿服务。从 12 世纪到中世纪末期，英国宪政史的一个显著特点是，国王很大程度上让民众无偿劳动。英国国王为了个人利益，几个世纪以来把统治负担与责任加于民众身上，因此容易产生"英国人的政府"的认知。与"牛津学派"的解释不同，怀特认为，相比强调盎格鲁—撒克逊传统的地方自治政府，诺曼王朝与安茹王朝的王室更强有力。[②] 怀特的阐释虽较为浅显，但"国王命令下的地方自治"的表述被学界广泛接受。[③] 该理论的可取之处即怀

---

① 赫伯特·巴特菲尔德：《历史的辉格解释》，张岳明、刘北成译，北京：商务印书馆，2012 年，第 10 页。

② Albert Beebe White, *Self-government at the King's Command: A Study in the Beginnings of English Democracy*, pp. 1 - 2.

③ Eric Acheson, *A Gentry Community: Leicestershire in the Fifteenth Century, c. 1442 - c. 1485*, Cambridge: Cambridge University Press, 1992, p. 108; Peter Coss, *The Origins of the English Gentry*, Cambridge: Cambridge University Press, 2003, p. 44; Bryce Lyon, *A Constitutional and Legal History of Medieval England*, New York: Harper & Row Publishers, 1960, pp. 406 - 407.

特意识到中央与地方的相互关系，而不是如之前的研究，只从单一视角看待问题。

二战后，随着新史学发展，英国学界兴起以地方史研究为特色的"莱斯特学派"，代表人物包括霍斯金斯、阿兰·埃文瑞特、C. 戴尔等。"莱斯特学派"地方史研究关注共同体起源、形成、发展、衰亡等，强调"地方共同体"概念，研究视角转向地方政治与社会史。如 C. 戴尔的研究重点为经济社会史，主要探讨农村和农业史，城市和商业史，区域、共同体和家庭的社会史，定居和景观史，以及中世纪考古学和物质文化，等等。他研究的区域包括西米德兰（格罗斯特郡、斯塔福德郡、沃里克郡和伍斯特郡）、东米德兰（白金汉郡、莱斯特郡、诺桑普顿郡）和东益格利亚，尤其是诺福克郡。① 该理论流派关注地方社会，但缺乏对地方政府与地方治理的解读。

此外，牛津大学肯尼斯·麦克法兰的"变异封建制度"（Bastard Feudalism）理论，对于认识中世纪晚期英国国家治理也有重要价值。他认为，到中世纪晚期，传统意义上的封建制度已"变异"，成为以"庇护制"为特征的封建制度，即"变异封建制度"。它基于金钱报酬形成私人效忠关系，进而结成各种派系。② 此种庇护制并非完全消极，一定程度上有助于维护社会秩序。

近年来，马蒂科特（J. R. Maddicott）、阿莫诺（William Mark Ormrod）等学者的观点更具启发性。马蒂科特主张关注地方政治，如英国郡政府的自治权限、乡绅阶层的兴起等。③ 阿莫诺则认为，斯塔布斯的研究只关注上层政治活动，醉心于王权、贵族和议会之间的关系，而且是以斗争为主的关系，既不关心政府实际运作情况，也不研究权力在地方的具体表现。他进而指出，20 世纪 60 年代的变化或者说 20 世纪英国中古政治史研究的最主要变化，是由一种被称为"群体人物研究"（Prosopography，或译为"群体传记学"、"人学"）的新方法的兴起

① 参见克里斯托弗·戴尔：《转型的时代——中世纪晚期英国的经济与社会》，莫玉梅译，北京：社会科学文献出版社，2010 年，"中译本序"，第 3 页。
② K. B. McFarlane, *England in the Fifteenth Century*, London：The Hambledon Press, 1981, pp. 24 – 25.
③ 孟广林：《中古英国政治史研究的路径选择与中西比较——与牛津大学 J. R. 马蒂科特院士的学术对话录》，《清华大学学报》2007 年第 3 期。

所引发的。从 20 世纪三四十年代起，研究不同时代议会史的历史学家不再仅仅将议会看作一个虚张声势或争论高深"宪政"理念的地方，而是视之为一个集中了来自各群体政治参与者的舞台，这些人带有个人或其所属群体的个性、态度、野心和偏见。史学家开始把政治作为人的活动来研究，通过研究某群体中的众多个体来认识这个群体，并反映某个既定时代的优势和局限。[1]

本文拟从封建制视角探讨英国地方自治传统形成的原因及运行机制，以及中央与地方关系的历史演变。此处的封建制指基于土地保有而关联的社会责任，以及处理中央与地方关系的原则。中世纪中期，封建制又融入欧洲文明"元规则"诸多要素，[2] 进而形成新的国家统治形式。

首先，无论是中世纪早期的地方封建领主权，还是中期逐渐强大的地方行政，都是因"土地保有"而形成。其次，封建制度所蕴含的"相互关系"，不仅体现在封君与封臣之间以及普通法传统方面，[3] 也潜移默化地植入中央（王权）与地方之间。中央与地方是一种"准契约"关系，中央有自己的权威，地方有属于自己的自治权利，一方的权力不以剥夺另一方的权利而存在。最后，成型于中世纪中期的欧洲文明"元规则"，是封建制发展到盛期的重要体现，也表明早期领主性质的地方割据逐渐转变为以乡绅为主体的地方自治。"元规则"诸多要素是抽象封建关系的具体化，与封建制共同影响英国地方自治的性质与机制。

---

① M. 阿莫诺、蔺志强：《英国中古政治史研究的学术系谱与模式转换——关于斯塔布斯、麦克法兰和新宪政史的对话》，《史学史研究》2013 年第 3 期。

② "元规则"指某种特定文明的首要、起始和关键的规则，被社会广泛认同并被明确定义，成为社会生活的基本准则，以至于渗入法律和政治制度层面；它们是决定规则的规则。具有广泛社会共识、被明确定义并根植于自然权利的欧洲文明"元规则"，包括财产权利、同意权利、程序权利、自卫权利和生命权利。参见侯建新：《中世纪与欧洲文明元规则》，《历史研究》2020 年第 3 期。关于封建制与"元规则"之间的关系，侯建新认为，"公元八九世纪欧洲封建主义产生，是欧洲文明的先声，它与其后逐渐确立的欧洲文明元规则遥相呼应，致力于构建一种原创性的政治、社会和经济秩序"。参见《古代世界的相似与分流——以农民土地产权演变为视域》，《中国史研究》2022 年第 3 期。

③ 罗斯科·庞德认为，以关系的概念处理法律问题的普通法模式，来自对封建保有权附带权利的类比。Roscoe Pound, *The Spirit of the Common Law*, Boston: Marshall Jones Company, 1921, p. 31.

一、地方社会的统治模式

中世纪英国主要存在两种地方统治模式：一是基于封建分封而形成的领主制，具体表现是庄园制度；二是基于国家公权的地方政府体制，典型表现是郡制。哈罗德·J. 伯尔曼指出："封建领主单位和地方政治单位（村庄、百户区、郡）可以是也经常是并存的。村庄、百户区和郡各自都拥有自己的管理机构，即，由自由民集会构成的法庭（英格兰称为'moot'）。每一个自由民集会隔一定的时间召集一次会议，以处理村庄、百户区或郡的公共事务，包括（但决不限于）解决人们今天称之为刑事纠纷和民事纠纷的案件。领主单位在 10 世纪一般采取庄园的形式，每一个庄园都有自己的法庭；这种法庭由所有自由民、庄园的农农（应为'奴'——引者注）而不包括奴隶的定期集会所构成。庄园法庭也解决刑事纠纷和民事纠纷。"① 从长时段来看，英国地方治理的演变历史是：具有公法性质的地方行政体系，逐渐取代封建领主在地方社会的权威，至都铎王朝时基于地方自治的统一民族国家初步形成。与此同时，基于地方认同的民族认同也开始形成。

西方学界曾经存在"封建无国家"论，即 9—13 世纪的西欧封建社会由于土地分封，各级封建领主在其领地内享有较独立的行政与司法权，由此造成国家公权力衰落与中央王权羸弱，即以"政治主权分割"为基调的"西欧封建政治分裂"模式。② 这一学理模式认为，中世纪西欧的封建制度与王权始终处于相互矛盾的状态。封土制导致土地所有权和国家政治主权同步分割；公共权威的碎片化和下移，既将国王权力限制在其领地内，也使各级领主因分享权力而成为其领地中的实际统治者。如此，作为各级封臣最高封君的国王，只能对其直接封臣行使封君权力，王权也就转化为封建的私家宗主权，受到封君封臣之间权利义务关系的束缚，由此造成王权孱弱、封建割据的无政府状态。③ 中世纪特别是中世纪早期，领主权分割国家公权是不争事实，封建化意味着中央政府软弱无能。加洛林王朝分裂后，面对外族入侵，西欧的王权无法成功组织抵御。一般观点认为，在

① 哈罗德·J. 伯尔曼：《法律与革命——西方法律传统的形成》，贺卫方等译，北京：中国大百科全书出版社，1993 年，第 366 页。
② 孟广林：《英国封建王权论稿：从诺曼征服到大宪章》，北京：人民出版社，2002 年，第 9 页。
③ 孟广林：《英国封建王权论稿：从诺曼征服到大宪章》，第 12 页。

此种情况下，各地贵族承担起为周围居民提供安全保障的责任，他们成为地方社会的领导者，进而使国家基层行政封建化，庄园制度开始流行。

事实上，封建时代的英国地方统治模式比理论上更复杂。徐浩认为，"从社会政治结构看，英国封建社会具有多极性、分散性的特点……中世纪英国农民一身兼有三重身份，在村镇里，他是村民，也是国王的臣民；在庄园中，他是领主的庄民；在教区，他又是教民。无论村镇、庄园或教区都有权管理和监督他们的行为，但它们中哪一方也不能完全控制他们"。[1] 此种分散的权力结构一方面体现中世纪英国王权的有限性，另一方面也表明封建时代的英国地方统治呈现独特现象，如在农村，村镇、庄园与教区三种不同权力来源的组织同时运行，形成农村基层社会的权力格局：代表国家和地方自治共同体利益的村镇，行使领主权力的庄园，以及承担教会精神职能的教区。[2]

上述复杂且略显混乱的地方行政体系的基础，是由早期日耳曼人的农村公社即马尔克（mark）演变而来的村庄共同体。农村公社理论是 19 世纪欧洲学术界流行的一种解释范式。"农村公社问题是从东方提出来的，特别是从印度提出来的，从东方的公社进而才研究到西欧的公社、世界各地的公社，揭示了世界历史发展的统一性、规律性。"[3] 马尔克公社理论认为，耕地由单个家庭占有，森林、荒地、牧场等为公社集体所有，公社成员承担相应的权利与义务，并定期召开集会处理村庄共同体的事务等。德国学者毛勒 1854 年出版的《马克制度、农户制度、乡村制度和城市制度以及公共政权的历史概论》，是研究公社制度的纲领性说明。[4]

---

[1] 徐浩：《中世纪英国农村的行政、司法及教区体制与农民的关系》，《历史研究》1986 年第 1 期，第 190 页。

[2] 徐浩：《农民经济的历史变迁——中英乡村社会区域发展比较》，北京：社会科学文献出版社，2002 年，第 119 页。

[3] 马克垚：《西欧封建经济形态研究》，北京：人民出版社，2001 年，第 244 页。

[4] 转引自马克垚：《西欧封建经济形态研究》，第 245 页。值得一提的是，恩格斯也对此有过阐述，"这种土地制度，今天虽然只剩下了很少的残迹，但在整个中世纪里，它却是一切社会制度的基础和典范，浸透了全部的公共生活，不仅在德意志，而且在法兰西北部，在英格兰和斯堪的纳维亚。可是，它完全被人遗忘了，直到最近，格·路·毛勒才重新发现了它的真正意义"。参见《马克思恩格斯全集》第 25 卷，北京：人民出版社，2001 年，第 567 页。

恩格斯重视马尔克公社这一基层组织，较详细叙述了马尔克公社的田制：

> 马尔克公社虽然放弃了在各个社员中间有时重新分配耕地和草地的权利，但对于它在这些土地上的其他权利，却一个也没有放弃。而这些权利都是很重要的。公社把它的田地转交给个人，只是为了把它用作耕地和草地，而不是作其他的用途。除此以外，单个的占有者是没有任何权利的。……
>
> 但是耕地和草地的利用，也要接受公社的监督和调整，其形式如下。凡是实行三年轮作制的地方（差不多到处都实行这种制度），村的全部耕地被分成相等的三大块，其中每一块轮换着第一年用于秋播，第二年用于春播，第三年休耕。所以，一个村每年都有它的秋播地、春播地和休耕地。在分配土地的时候，就要注意到使每一个社员的份地均分在这三块土地上，以使每个人都能不受损失地适应公社的强制轮作制；按照这种制度，他只可以在他自己这块秋播地里进行秋播等等。
>
> 每一块休耕地，在休耕期间又归公共占有，供整个公社当牧场使用。而其他两块土地，收获一完毕直到下次播种以前，同样又回归公共占有，被当做公共牧场使用。草地在秋天割草以后，也是如此。在所有用作放牧的田地上，占有者必须把篱笆拆去。这种所谓强制放牧办法，当然要求播种和收获的时间不由个人决定，而要求它成为大家共同的时间并由公社或习惯作出规定。①

恩格斯还论述了马尔克公社成员享有的权利，认为马尔克社员拥有平等的土地份额和平等使用权，也拥有平等参与马尔克内部立法、行政和司法的权利，他们定期或在必要时举行露天集会商定马尔克事务，审判不法行为和纠纷，判决由到会的全体社员决定。② 恩格斯的观点显然受到塔西佗《日耳曼尼亚志》的影响，呈现的是马尔克早期发展特点。

受德国等国学者影响，马尔克公社理论逐渐为英国学术界所接受，用于说明

---

① 《马克思恩格斯全集》第 25 卷，第 573—574 页。
② 《马克思恩格斯全集》第 25 卷，第 574—575 页。

英国村庄的共同体性质，代表人物是英国历史法学派的亨利·梅因。之所以出现这一研究取向，是因为 19 世纪中叶，英国学术界兴起一股盎格鲁—撒克逊史研究热潮，认为 5 世纪中叶到达英格兰的盎格鲁—撒克逊人作为日耳曼人的一支，继承并发展了日耳曼人的传统习俗与制度。因此，在早期英国的制度中，蕴含着原始民主制因素，其中包含自治传统。

然而，随着 1066 年诺曼底公爵威廉跨越英吉利海峡征服英格兰，欧洲大陆的封建制度被引进，英国社会开始封建化。[1] 1066 年的黑斯廷斯战役是英国历史发展的转折点，哈罗德战死意味着盎格鲁—撒克逊王国的终结。这一重大历史事件，自然对英国政治制度产生重要影响，封建制因素逐渐渗透到中央与地方关系之中。盎格鲁—撒克逊时期的英格兰，中央与地方的关系处于相对松散状态。但是"征服者"威廉深谙治理之术，他是法兰西国王的封臣，曾经反叛过自己的领主，也遭到过封臣的反叛。因此，威廉一世知晓欧洲封建制度的原则与内在缺点，不允许上述情况在英格兰重现。

威廉一世没收全国约一半的土地，除将其中 1/6 的土地和大部分的森林留作王室领地外，在全国范围内对其直接封臣进行分封。在英格兰领受国王封地的直接封臣约有 1400 人，180 人为高级封臣，其余 1200 余人为骑士。幸存下来的盎格鲁—撒克逊贵族必须向威廉一世效忠臣服，承认其地产由国王赋予。土地分封的同时，封臣根据所领受土地的大小向国王威廉一世提供相应骑士军役。在教会事务方面，威廉一世大规模任命法国人为英国教会的主教与修道院院长，取代原先的盎格鲁—撒克逊人教会高层。"到 1080 年，16 个撒克逊主教辖区中只有 1 名主教职位由英格兰本地人担任，而且有 6 个教区中心已迁至较大的城镇。"[2]

此时，欧洲大陆封建制度奉行的是"我封臣的封臣，不是我的封臣"。威廉一世作为少数族群入主英格兰，明显感觉到封建割据对其统治的消极作用。于是

---

[1] 关于英国封建制度的起源，学术界存在两种观点。一方是以 17 世纪普通法律师为代表的议会派，认为英国的封建制度在诺曼征服前就已存在。另一方是保皇党派，认为是诺曼人引进了欧洲的封建制度，代表人物是古物学家亨利·斯皮尔曼（Henry Spelman）和罗伯特·布拉迪（Robert Brady）。参见 J. G. A. 波考克：《古代宪法与封建法——英国 17 世纪历史思想研究》，翟小波译，南京：译林出版社，2014 年；F. W. Maitland, *The Constitutional History of England*, Cambridge: Cambridge University Press, 1963, pp. 142–143.

[2] 阿萨·布里格斯：《英国社会史》，陈叔平等译，北京：商务印书馆，2015 年，第 66 页。

在征服英格兰20年之后，威廉一世在索尔兹伯里召开大会，要求所有封臣都要向自己效忠。《盎格鲁—撒克逊编年史》记载了1086年的这一事件："然后他又四处周游，以便在收获节到达索尔兹伯里。他的议政大臣们也来到那里，全英国所有的占有土地的人，不论身份如何，不论他们是谁的封臣，也都来到那里。他们都服从于他，成为他的封臣，并且向他宣誓效忠，申明他们将忠于他而抵制所有其他的人。"①

通过索尔兹伯里会议，威廉一世确立"我封臣的封臣，也是我的封臣"原则，建立起较为强大的王权，这是英国中世纪王权非常独特的地方。在此背景下，英格兰在盎格鲁—撒克逊时期存在的行政机构与组织，不可避免地被封建化，庄园成为居主导地位的基层组织。庄园是具有领主私法性质的单元，是领主与佃户之间权利义务关系的复合体，体现出领主对国家公共权力的分割。因此，要理解封建时代的地方自治，需要考察庄园是否具有自治性质。一方面，庄园作为一个封建实体，赋予领主司法、行政、经济等权力，庄园法庭就是领主主张自己权力并实现治理的工具。另一方面，由于习惯法以及领主与村民之间基于土地占有而形成的权利义务关系，庄园又是一个具有一定自治性质的实体。普拉克内特认为，庄园是一个比想象中更自治的实体，如曼彻斯特庄园。②

庄园的管理机构是庄园法庭，遵循相应程序进行治理。领主或者领主的管家是庄园法庭主持人，具有较高权威，但最终作出裁决的是全体与会人员。亨利·贝内特指出，"在13世纪时的拉姆西庄园，陪审团所做的第一件事从来都是进行就职宣誓。陪审团的出现以及他们向法庭陈述的问题必须引起我们的高度重视，但我们无论如何不能因此忽略这样一个事实，即在陪审团的身后是全体出庭人，陪审团的汇报是面向全体出庭人的，而且案件的最终判决也是由全体出庭人作出的"。③ 由此，庄园法庭处理农奴与领主纠纷时，农奴并不完全处于弱势地位，因为法庭裁决关系到庄园每个人的现实利益。伯尔曼表示："封建法调整的主要是经济上属于同一个阶级即封建贵族之间的关系，而庄园法调整的主要是穷人与

---

① 《盎格鲁—撒克逊编年史》，寿纪瑜译，北京：商务印书馆，2017年，第247页。

② T. F. T. Plucknett, *A Concise History of the Common Law*, London：Butterworth, 1956, p. 99.

③ 亨利·斯坦利·贝内特：《英国庄园生活：1150—1400年农民生活状况研究》，龙秀清、孙立田、赵文君译，上海：上海人民出版社，2005年，第178页。

富人、统治者与被统治者和'管理'与'劳动'之间的关系。这并不意味着庄园法只是将义务强加于农民，相反，庄园法对于保护农民阶级的利益并非无足轻重。特别是在 11 和 12 世纪，经济条件的改善使他们有可能在经济上要求大大改善他们的劳动条件。"①

许多档案材料显示，在与领主的纠纷中，有不少农民胜诉的案例。霍曼斯举例称，在 1315 年萨塞克斯的卡克汉，有佃户认为他们不必为领主奇切斯特主教运输粪肥。法庭在调查后，认可了佃户的主张，领主接受了不利于自己的判决。"领主的专断意志受到约束，或者毋宁说，他允许它被由佃户们确立的习惯约束。无疑，佃农感受到强烈的情感，其为悠久的传统所确认，即存在于他们的领主与他们之间的争议问题，如其他出现于村民之间的争议一样，应该按照庄园法庭宣称的习惯得到判决。"② 当利益受到侵犯时，身为自由人的农民还可以上诉至王室法庭。在斯塔福德郡，三个佃户与其领主进行了长达 35 年（1272—1307）的诉讼。由于佃农耕种的土地先前曾属于王室领地，他们根据亨利二世时期的习惯，上诉到王室法庭，宣称自己只有义务每年支付 5 先令的固定租金，再加上某些须向领主交纳的捐税。而领主则认为，这些佃户应该承担各类劳役、遗产税、婚嫁费等。③

庄园是领主与农民之间基于土地占有相互关系形成的结果。霍曼斯对此种关系进行了阐述："如果他的佃农不能缴纳地租和劳役，领主将没有东西来维持家庭的生计，支付官吏和仆人的报酬，并向女儿们提供嫁妆。他在世界上的地位是由他从庄园上获得的收入来维持的。他希望持续得到收入，如果可能的话，就增加它的数额。但甚至当他有法律权利随心所欲敛取地租和劳役之时，就像他对其农奴那样，他也不打算如此压榨他的佃农，因为那样会令后者从庄园逃跑。然后，土地将会抛荒，他也就不会再从那儿得到任何收入。甚至如果佃农没有离开庄园，压迫也可能会迫使他们进行消极的反抗，这从长远来看将同样会损害领主的利益。另一方面，佃农拥有的谋生方式，他的份地，有赖于他向领主提供应有

---

① 哈罗德·J. 伯尔曼：《法律与革命——西方法律传统的形成》，第 389 页。
② 乔治·C. 霍曼斯：《十三世纪英格兰村民》，王超华译，北京：商务印书馆，2023 年，第 383 页。
③ 哈罗德·J. 伯尔曼：《法律与革命——西方法律传统的形成》，第 394 页。

的和习惯的地租和劳役，因此，对于他而言，有极好的理由要与领主维持关系，因为领主有权力给予许多恩惠。最后，佃农的心中有他的家庭的未来，他希望保证那块土地能够传给儿子和继承人。"①

在庄园法庭发展过程中，逐渐得到大众认可的习惯法固定了农奴应享有的权利及应尽义务，这是对农奴的一种保护，防止领主利用庄园法庭任意解释相似案件。"他不能从他住所的地段上被赶走；而那不属成文法范围的习惯法，也越来越多倾向于保护农奴。领主不得要求无限度的或办不到的服役。农民的义务是：服从规定的条件，并缴付作为地租形式的确定捐税。"② 许多庄园案卷记录了有关"庄园惯例"的新解释，或增加了新条款。农民愿意接受这些条款，甚至愿意花钱向庄园法庭索取记录副本，以求在以后的纠纷中有所保障。汤普逊强调："关于习惯法保护农奴的效果，我们容易作出过低的估计。"③ 12 世纪诺森伯兰郡彼得伯瑞修道院的地租惯例簿，记载了比彻利庄园的佃农应向封建领主承担的劳役、实物、货币等，内容翔实：

> 本庄园有 9 名全份地维兰、9 名半份地维兰和 5 名茅舍小农。全份地维兰每周需为领主服役 3 天，一直到 8 月份的圣彼得节；此后到米迦勒节期间，依惯例每天都要服役；半份地维兰 8 月份内为 2 天。维兰佃农总共有 8 个犁队。每个全份地维兰在冬季的周工日里，每日要犁、耙 1 英亩；在春季，除犁地、耙地外还须依庄官安排播种。每个全份地维兰在冬耕季节和春耕季节都必须犁、耙 1 英亩地，并且需要在庄官的农庄里将种子去壳并进行播种。半份地维兰也要依上述折算标准完成应属于他的工作量。维兰佃农集体还须在冬、春季犁地期间将犁分别出借 3 次，为春季耙地还要出借 1 次。不仅如此，他们还必须在冬耕季节出借他们的犁队，3 次犁地，并在春耕季节借出 3 次犁地、1 次耙地。他们负责耕犁，还须负责该田地的收割及运输。此外，全体维兰还要在圣诞节和复活节分别纳 5 先令，在圣彼得节纳 32 便士。磨坊主阿吉莫德因磨房和 1 码耕地纳 26 先令。在圣诞节所有维兰共交

---

① 乔治·C. 霍曼斯：《十三世纪英格兰村民》，第 278—279 页。
② 汤普逊：《中世纪经济社会史》下册，耿淡如译，北京：商务印书馆，1997 年，第 388 页。
③ 汤普逊：《中世纪经济社会史》下册，第 388 页。

32 只母鸡。在复活节，全份地维兰共交 20 个鸡蛋，半份地维兰共交 10 只鸡蛋，茅舍农共交 5 只鸡蛋。在复活节，全份地维兰、半份地维兰和茅舍农分别纳 20 个、10 个和 5 个鸡蛋。自由佃农维尔要为占有的 1 码地纳 3 先令，阿泽纳 5 先令；神父要为教堂以及 2 码耕地纳 5 先令。自由人沃尔特为其半码地交纳 2 先令。铁匠莱奥弗瑞克为其小块土地纳 12 便士。柯德林的艾吉尔瑞克为他的租地纳 6 便士，布劳顿的艾吉尔瑞克纳 12 便士，兰伯特纳 12 便士。①

在常规领主庄园体系外，还存在国王自营地上的庄园。封建时代的英国国王是王国内最大领主，占有数目众多的庄园，此类庄园属于王室领地。以往研究对该主题关注不多，比较典型的案例是埃塞克斯郡的哈维尔庄园和北安普顿郡的金斯索普（Kingsthorp）庄园。② 国王自营地上的庄园呈现浓厚的自治色彩，如金斯索普庄园拥有自己的印章（seal）。③ 庄园的管理与工作人员包括管家与管事、警长与警役、检查员、护林人以及陪审员等。除了国王的管家与管事外，其余人员由庄园法庭选举产生，具体负责庄园的管理事务。奥特指出，金斯索普是一个普通村庄，但也是一个自治政府。④

哈维尔庄园属于王室自营地，由 3 个村庄组成，总面积约 16000 英亩，1251 年时，村民有 2000 人左右。国王在哈维尔庄园的权益由国王管家负责，但是由于管家距离庄园法庭开会的地方较远，于是他又派一名管事管理庄园日常事务。哈维尔庄园自治程度很高，它可以不参加百户区法庭与郡法庭，该郡的郡守不能进入哈维尔庄园处理法律事务，涉及庄园的令状由郡守转给庄园管事。可见，该庄园具有高度司法自治权利。庄园公共事务由村民组成的陪审团处理；庄园的管事由国王的管家任命，由庄园富农担任，其他庄园管理人员由庄园陪审团选举产

---

① 转引自侯建新：《资本主义起源新论》，北京：三联书店，2014 年，第 199—200 页。
② Marjorie Keniston McIntosh, *Autonomy and Community: The Royal Manor of Havering, 1200 – 1500*, Cambridge：Cambridge University Press, 1986；W. O. Ault, *Open-field Farming in Medieval England: A Study of Village By-Laws*, London：George Allen and Unwin Ltd, 1972.
③ J. Hulbert Glover, *Kingsthorpiana*, London, 1883, p. 1.
④ W. O. Ault, *Open-field Farming in Medieval England: A Study of Village By-Laws*, pp. 73 – 74.

生。1465 年，国王又颁布特许状，确认哈维尔庄园所有佃户与居民享有的特权。麦金托什评价道，哈维尔原来就是古老的王室自营地，现在又享有特许状所赋予的新权利，庄园自治程度很高，与大市镇和其他自由特区一样，享有极大权利。①

此外，近年来学术界提出一个新分析框架，即"庄园—村庄混合共同体"，从另一维度体现了英国地方自治的性质与特点。"庄园—村庄混合共同体"主要包含三层含义。其一，封建化以后，庄园成为欧洲封建制的基础，但村庄共同体并非徒具形式，也不是"原始公社的残余"，而是享有合法地位、具有经济和政治职能的实体。引入"庄园—村庄混合共同体"概念，建构乡村组织双重结构分析框架，有利于厘清庄园与村社的内在关系，揭示中世纪西欧乡村社会的历史特征。

其二，随着封建化的推进，西欧村庄接受了领主的封建特权，但没有失掉自我。日耳曼人的马尔克传统保留了下来，浸透了全部的公共生活，成为乡村政治模式的典范。与此同时，西欧封建制中的契约观念和等级权利观念，使领主在保证自身经济、政治利益的前提下有可能接受村社的存在，并与之形成既协作又对抗的关系。此种关系是西欧乡村组织双重结构的基础。

其三，双重结构下的乡村组织是一个混合共同体。欧洲封建制的权力是分散的，每一个封建领地独立行使司法、行政、财政和治安等特权，庄园有一定自治性，因此亦可称为庄园共同体；而村社的自治性更加鲜明，直接称为村庄共同体。显然，庄园和村社有一定的兼容性，二者结合后仍然是一个共同体。该共同体是混合型的，即庄园和村社保持着相对独立，因此在近代，村庄共同体没有随庄园解体而消失，而是很快从混合共同体中剥离出来，与教会的堂区组织合作，继续在西欧乡村生活中发挥作用。②

在敞田制和公地管理、社会治安和抓捕罪犯、派人参加王室法官巡视等事务中，村庄发挥着重要作用，彰显着共同体的特征。作为一个共同体，村庄的历史比庄园久远。梅特兰指出，村庄很可能是依据血缘关系，由一群人或一个家族组成。他们通过集体农业制度耕作土地；他们是土地的主人，并在很大程度上规划

① Marjorie Keniston McIntosh, *Autonomy and Community: The Royal Manor of Havering, 1200 - 1500*, pp. 242 - 244.
② 侯建新：《西欧中世纪乡村组织双重结构论》，《历史研究》2018 年第 3 期。

自己的事务，决定土地该如何耕作、是否接受新成员。这些事务都通过一个被称为村庄法庭（township-moot）的机构得到处理，尽管它并没有一个我们称为司法机构的法庭。有人认为，这一原始的共同体基本落入领主掌控之中，从而变成其封臣（通常是其农奴土地保有人）的社区，村庄也就变成一个庄园，但出于公法目的，或者我们所说的治安目的，国家还是把它作为村庄而非庄园来看待。当村庄不与庄园重叠时（如有时会发生的那样），由村庄而非庄园承担逮捕罪犯及其他事务。这两者共存，旧的组织并未完全为新的所吸收。① 乔治·霍曼斯将"村庄共同体"定义为由具有合作行动传统和习俗的人群组成的中世纪英格兰村庄。村庄居民共同行动的基础是原野农业，村庄规则使村民共同使用村庄资源，当规则被改变或以新方式付诸实施时，采取行动需要居民一致同意才行。村民们作为一个共同体行动，不仅是在原野农业中，而且是在应对庄园领主之时。在他们与村庄外广大世界的许多关系中，他们作为一个共同体行动。衡量共同体凝聚力的标准是对外来者的不信任，村庄作为整体做出最简单和最直接的行为，是在它与被怀疑做坏事的另一个村庄的人进行斗争之时。②

领主权与庄园制度在中世纪乃至近代早期长期存在，但并不意味着地方政府权威全面缺失。英国的郡级行政在中世纪一直没有被封建化与领主化，依旧维持地方行政的核心职能，并在中世纪晚期到近代早期形成基于地方认同的"郡共同体"，呈现鲜明地方自治色彩。"郡共同体是指乡绅们因拥有郡内的地产，并且通过亲属和血缘关系以及社会交往和相似的教育经历，从而产生了身份与地区认同感。这种认同感使得乡绅们成为相对独立的政治力量，从而最终形成一个命运共同体。"③ 从封建社会相互关系角度看，与王权的性质密切相关。柯瑞斯认为，在英格兰，中央王权的有机发展，从未被领主权贵的力量所扼杀。④ 这是因为，一方面国王仍然是国家权威的象征；另一方面，"诺曼征服"后，盎格鲁—撒克

---

① F. W. Maitland, *The Constitutional History of England*, p. 51. 此处的翻译参考梅特兰：《英格兰宪政史》，李红海译，北京：中国政法大学出版社，2010 年，第 35—36 页。中译本将"township"翻译为"镇区"是不准确的，容易误解为城镇的意思，应该翻译为"村庄"。
② 乔治·C. 霍曼斯：《十三世纪英格兰村民》，第 392 页。
③ 陈日华：《中古晚期英格兰郡共同体探析》，《世界历史》2016 年第 1 期，第 59 页。
④ S. B. Chrimes, *English Constitutional History*, Oxford: Oxford University Press, 1967, pp. 62–63.

逊时期的郡制为诺曼王朝与安茹王朝所继承，中央政府借助王权权威整顿郡政，使封建领主无法取代郡行政。霍尔特指出，13 世纪的"王国共同体"，深深扎根于盎格鲁—诺曼英格兰的社会与土地保有结构中。[①]

英国地方行政没有完全被各级领主侵占，另一重要因素是亨利二世统治时期逐渐形成的普通法。普通法以其权威性、参与性、通用性和先进性，成为国王治理国家与地方的重要工具，抑制了封建领主对地方社会的统治权。如有学者指出，"英国司法理性的治理，在 11 世纪随着'诺曼征服'，与英国早期国家政权的建设联系在一起。这种治理的主要制度框架，主要是在 12 世纪晚期金雀花王朝国王亨利二世进行的著名改革中确定下来的。尽管与现代民族国家兴起以后的治理相比，这一时期英格兰的治理仍非常有限，但英国法的这一形成阶段，对于后来司法理性治理的发展影响颇大，并对整个英国的政治制度与政治文化都产生了非常持久的影响"。[②]

逐渐发展起来的以国王为核心的国家行政，在地方公共行政领域有如下表现：首先，国王在地方社会有自己的行政代理人，比如郡守、验尸官以及没收吏等。"诺曼征服"摧毁了盎格鲁—撒克逊领主在地方的势力，威廉一世任命诺曼人亲信担任郡守与主教，巩固王权在地方的权威。安茹王朝特别是亨利二世统治时，国王多次对郡守展开调查，抑制了郡守世袭趋势。到 13 世纪时，郡守成为"郡中国王的仆人"，不仅联结中央与地方，也是所有政府活动的枢纽。[③]

其次，封建制所蕴含的原则渗透到地方行政机制中。斯塔布斯认为，该进程的总体趋势可以描述为：从属人的组织转变为属地的组织，从以个人自由与政治权利为主的状态，转变为另一种状态，即个人自由和政治权利，与由土地占有所产生的关系紧密相连，而且前者附属于后者。[④]

斯塔布斯在论述盎格鲁—撒克逊历史演变时提出的观点，其实也适用于整个

[①] J. C. Holt, *Magna Carta*, Cambridge: Cambridge University Press, 2015, p. 53.

[②] 李猛编：《韦伯：法律与价值》，上海：上海人民出版社，2001 年，第 195—196 页。

[③] Helen M. Cam, *Liberties and Communities in Medieval England*, London: Merlin Press, 1963, p. 28.

[④] William Stubbs, *The Constitutional History of England: In Its Origin and Development*, Vol. I, p. 184.

中世纪历史进程。国王在缺乏绝对主义统治的各种要素（完善的官僚体系、常备军等）时，为实现对地方社会的统治，需依靠地方土地所有者，把地方行政管理权交给乡绅阶层。按地产保有高低原则，担任郡守、郡议会议员、治安法官等高级官员的大多是骑士；担任征税官、各种委员会成员、道路巡查员等低级官员的主要是小绅士或约曼。

与此同时，政府不断颁布法令，要求对地方官员和各种陪审团成员进行财产资格确认。① 如 1389 年的法令规定，治安法官应由郡中富裕骑士、缙绅或绅士担任，1414 年的法令规定治安法官人选应是居住在本郡的居民；1439 年的法令规定，治安法官的土地年收益应有 20 镑。② 1429 年的法令规定，出席郡庭选举议员者，应是自由持有土地且年收入不少于 40 先令的居民。1450 年亨廷顿郡的议员选举会议，参加者约 420 人（也有 424 人或 430 人等说法），骑士占 1%，缙绅占 6%，绅士占 8%，自由持有土地且年收入达到 40 先令的参加者占 65%。③

至于郡守的任职资格，14 世纪时担任郡守者具有骑士身份的占 60%。④ 约克郡的民众曾向国王请愿，控诉该郡郡守任命土地份额不足的人为陪审员，不符合资格的陪审员受到陪审团中有钱人的威胁。⑤《帕斯顿信札》记载，霍华德虽得到诺福克公爵支持，但郡内乡绅认为其在本郡没有地产和其他产业，所以推荐约翰·帕斯顿为该郡议会议员。⑥

艾奇逊对 15 世纪莱斯特郡的个案研究也证明上述情形。在莱斯特郡，郡守、郡议员、治安法官、没收吏、征兵委员会委员、验尸官与征税官等不同地位的官职，分别由骑士、骑士扣押令被执行人（distraintee）、缙绅、绅士与小绅士等各

---

① J. R. Lander, *Government and Community England*, *1450 – 1509*, Massachusetts: Harvard University Press, 1980, p. 47.

② W. S. Holdsworth, *A History of English Law*, Vol. Ⅰ, London: Methuen, 1922, p. 289.

③ J. R. Lander, *Government and Community England, 1450 – 1509*, p. 57.

④ Richard Gorski, *The Fourteenth-Century Sheriff*, Woodbridge: The Boydell Press, 2003, p. 86.

⑤ SC 8/152/7592, https://discovery. nationalarchives. gov. uk/details/r/C9209780, 访问日期：2024 年 1 月 17 日。

⑥ James Gairdner, ed., *The Paston Letters, 1422 – 1509. A. D*, Vol. I, Birmingham, 1872, p. 340.

等级乡绅担任。① 其中，骑士扣押令被执行人显得很特别。13 世纪中叶后，国王为建立军队或筹措钱款，采用各种方式，如颁布没收令（writ of distraint），规定年收入达到一定金额的地主（非贵族）要受封骑士，否则将扣押其地产，地主若延迟或逃避服役则要交罚款。②

上述情况既是基于土地保有原则，也是封建制相互关系的体现，更是国王与中央政府迫于客观情况不得不采取的一种管理方式，即地方治理与土地保有、财产密切相关。封建制度最初以土地分封为基础，接受封地的人成为封臣，封臣向封君提供军事服役并履行其他义务，封臣因领有土地获得庄园统治权。随着王权增强，国王逐渐限制领主在地方社会的权威，并重新夺回被其侵占的地方行政权。

但是，英国没有发展出系统的官僚体制，特别是地方官僚体系，国王不得不借助乡绅群体等，实现对地方社会的治理。此种治理方式的基础与逻辑关系是，乡绅在地方拥有并经营地产，在乡村社会具有巨大影响力与号召力，能够组织与治理乡村社会。所以，无论是封建领主还是地方公共行政，都如汤普逊所言，"中世纪的政治概念是：财产和社会势力授给人们统治的权利。行政服务和占有土地之间有着密切的关系。土地财产决定了政治"。③ 当然，需要强调的是，与大领主因直接领有土地而拥有对地方社会的治理权不同，小乡绅与约曼等群体的土地权是其参与社区治理的资格。

二、地方自治机制转型

地方自治作为一个系统，有自己的运行机制。形成于中世纪中期的欧洲文明"元规则"与封建制密切相关，两者共同影响着英国地方自治机制。"元规则"中的"程序权利"与英国普通法实践结合，有利于防止国王权力过度膨胀，体现在中世纪英国地方社会治理上即借助地方公共法庭实现社会治理。王权不能独断专行，地方民众也承担相应义务与责任，两者形成某种意义上的默契。假如王权

---

① Eric Acheson, *A Gentry Community*, pp. 204 – 212.

② George Burton Adams and H. Morse Stephens, eds., *Select Documents of English Constitutional History*, London：The Macmillan Company, 1919, pp. 70 – 71.

③ 汤普逊：《中世纪经济社会史》下册，第 329 页。

与中央政府的权力行使超过规定限度与范围，地方社会借助适当程序，可对国王的苛政进行一定程度的抵抗与自卫，此系封建制"准契约"关系在国家治理过程中的扩展与延伸。因此，地方自治不完全是因为"国王的命令"，更多是因为封建关系。

封建时代英国的国家治理除了具有行政化色彩外，还具有明显司法化特点，不同性质的法庭是社会治理的重要工具，简言之，行政与司法相互融合。[1] 行政的司法化凸显程序权利。中世纪中叶发展起来的普通法是程序权利的集中体现，如令状制度及陪审团制度，研究者对此已有论述，此处再补充一点，英国的普通法偏重于"私法"，早期王室法庭主要处理有关土地占有权方面的纠纷，以至于许多研究者认为，土地法是英国所谓"自由"的基础。[2]

在中世纪早期各种性质的地方公共法庭中，郡庭（county court）最重要。英国郡的起源情况复杂：小的王国被兼并后形成早期的一批郡，除此之外，有一些郡由原来的部落演变而来，还有一些郡由早期的定居点演变而来。作为一种地方行政制度，郡形成于 10 世纪，在埃德加国王（959—975 年在位）统治时期固定下来，[3] 诺曼王朝与安茹王朝等延续了郡制。"从行政与地理上讲，它是郡；从社会与情感上讲，它是家园。郡可被代表，可与国王协商，承担惩罚、享有特权，是英国社会与政府的基石。"[4] 作为基本的地方行政单元，郡延续到现代社会。朱厄尔指出，从 12 世纪到 20 世纪 70 年代，英国郡的边界除了细微变动外，几乎没有太大改变。[5]

郡中最重要的官员是郡守，由财政署（exchequer）任命，是国王在地方社会最主要的代理人。郡守职责包括行政、财政、司法等诸多事项。[6] 郡守通过接受国王与中央政府的指示与令状，联结王权与地方。令状涉及诉讼、王室收入等，

---

① T. F. T. Plucknett, *A Concise History of the Common Law*, p. 90.

② 李猛编：《韦伯：法律与价值》，第 199 页。

③ Kenneth O. Morgan, *The Oxford History of Britain*, Oxford：Oxford University Press, 2010, p. 101.

④ J. C. Holt, *Magna Carta*, p. 56.

⑤ Helen M. Jewell, *English Local Administration in the Middle Ages*, New York：Barnes & Noble Books, 1972, p. 42.

⑥ Bryce Lyon, *A Constitutional and Legal History of Medieval England*, p. 392.

郡守需签收令状并向中央反馈执行情况。罗伯特·帕尔默指出，中央政府与地方政府的运行，在很大程度上依赖郡守及其下属。[①]

令状制度是程序权利比较典型的体现。最初的行政令状是国王统治的一种方式，弥补地方法庭与封建领主法庭的缺陷。如1087—1091年的行政令状如下："英王威廉向伊尔格之弟拉努尔夫问候。我命令并指定你，把艾尔温管事所持有的和沃尔特·德·博梅现在用武力所持有的索垂的半海德的土地，给胡贝尔修道院院长，因为我已经用令状发出此令。当心，我不愿意再受理因此提出的控告，否则处以罚金10镑。证明人：国王的神父拉努尔夫。"[②] 行政令状基本内容在斯蒂芬统治时期（1135—1154）大致保持原样，类似的行政令状如下："英王斯蒂芬向诺里奇的主教致意。我命令你得使圣·埃德蒙兹的僧侣完全充分地恢复占有他们的凯斯特教堂，要回（应为'恢'——引者注）复到该教堂在他们的主教在去往罗马之日被强占前的状态。教堂中的任何被夺之物，须完璧归赵。要让它们不再遭受任何伤害。证人：奥布里·德·维尔于威斯敏斯特。"[③] 但国王的行政令状基于一方陈述，缺乏对双方情况的了解，随意性很强，它不及时通告，完全是单方的武断行为，结果只能导致非正义和决策自相矛盾，最终可能导致比所要处理的不公更大的不公。[④]

鉴于上述原因，亨利二世进行司法改革，将原来的行政令状变成司法令状，"司法程序当然比较缓慢，因为它要深入调查事件真相，听取双方的意见，审阅文书，咨询专家，证人和陪审团都要前来，程序规则也必须得到遵守"。[⑤] 在亨利二世统治晚期，司法令状得到进一步完善。以下案例可以说明："国王向郡长问候。甲（N）向我控告乙（R）说，自我上次去诺曼底期间，乙不公正地和未

---

① Robert C. Palmer, *The County Courts of Medieval England: 1150－1350*, Princeton: Princeton University Press, 1982, p. 28.

② R. C. Van Caenegem, *Royal Writs in England from the Conquest to Glanvill*, London: Selden Society, 1959, p. 444. 此处翻译参考了中译本（哈罗德·J. 伯尔曼：《法律与革命——西方法律传统的形成》，第540页）。

③ 转引自屈文生：《普通法令状制度研究》，北京：商务印书馆，2011年，第157页。

④ 参见R. C. 范·卡内冈：《英国普通法的诞生》，李红海译，北京：中国政法大学出版社，2003年，第46页。

⑤ R. C. 范·卡内冈：《英国普通法的诞生》，第46页。

经判决地在某村庄修建（或推倒）了岸堤，占据甲在该村的自由持有地。因此，我命令你，如果甲保证他提到的权利请求真实可靠，你务必令 12 名自由的和守法的邻人查看该地产与岸堤，并将他们的名字签于此令状之上"。①

综合上述材料，一方面，可以看出自诺曼王朝以来英国王权的集权趋势，因为国王有着天然的权威性与进行国家治理的职责，既有行政方法也有司法手段。另一方面，解读材料后可发现，在地方治理过程中，国王越来越倾向依赖地方人士的参与，且逐渐形成相应程序。约翰·哈德森认为，总体而言，安茹王朝的改革大大增强了王室对司法的控制。然而，改革措施并不是要削弱男爵的司法权，或者削弱其他地方司法权。相反，地方参与改革，而且还提出改革的要求。②

郡守的行为需符合规定程序，如违背将受到处罚。1339 年，一位郡守在回复王室法庭颁发的令状时称，他收到一封盖有国王私人印章的书信，信中说国王已赦免被告并要求郡守不得损害被告利益。因为是国王私人信件，郡守没有执行王室法庭颁发的令状，但法庭没有采纳郡守的解释，因为不能以国王私人信件为由不执行王室法庭令状。在对郡守处以罚金后，王室法庭又颁发新令状，宣布原告仍为不法。③

郡的行政机构是郡庭。郡庭保留早期日耳曼人公共集会的传统，自由人皆可参加。郡庭有相应程序：开庭时郡守是主持人，与会者是法官，他们对案件作出判决，郡守宣布决定。后来随着封建领主制度建立，权利和义务又与中古土地保有制度相联系，只有自由土地持有者才有权出席郡庭。盎格鲁—撒克逊时期，郡庭每年召开两次，如有需要可适当增加次数。④ 诺曼征服后，郡庭通常每月召开一次。

郡庭集行政与司法功能于一身，主要处理郡中的司法、行政、公共生活及其他社区事务。在常规郡庭外还有特别郡庭，由国王颁布的令状启动，用于处理涉

---

① G. D. G. Hall, ed., *The Treatise on the Laws and Customs of the Realm of England Commonly Called Glanvill*, Oxford: Clarendon Press, 1965, p. 168.

② John Hudson, *The Formation of the English Common Law*, London: Routledge, 2018, p. 137.

③ Roscoe Pound, *The Spirit of the Common Law*, pp. 66 – 67.

④ William Alfred Morris, *The Early English County Court: An Historical Treatise with Illustrative Documents*, Berkeley: University of California Press, 1926, p. 90.

及王室的事务，此时郡庭就变成国王的法庭。作为政治与法律实践的有效载体，郡庭起到上承国王与中央政府，下联地方领主与普通民众的作用。地方乡绅与普通民众通过参加此种性质的公众集会，可获得有效政治信息并交换政治资源，由此形成一定的阶层与等级认同感。郡的认同感对有志于从事政治与公共事务的人非常有价值，是"郡社会"产生的基础与载体。梅特兰指出，郡是一个有机单位，长期以来存在着共同生活，享有共同权利与义务。①

12世纪亨利二世司法改革后，普通法逐渐形成，普通法的王室法庭因审判方式和诉讼程序的先进性，逐渐削弱了地方法庭的职能。到15世纪末，郡守权力式微，郡庭主要承担选举议会议员的职能，"郡守权力的衰落与地方使用骑士的增加齐头并进"。② 在本地拥有地产并知晓法律的治安法官群体承担起地方社会治理责任，英国的地方自治向以治安法官团体治理为特征的形式转变。李猛认为，王室法庭逐渐取代以往主要借助习惯法判决的地方法庭，不能仅仅理解为集权取代地方性自治，而是具有更为复杂的意蕴。英国借助司法手段完成治理任务，从治理角度看，通过普通法进行的中央权威的治理没有取消地方自治。③

治安法官制度是英国独特的地方行政司法制度。韦伯等指出，"欧洲大陆国家的研究者认为，治安委员会是英国政体中最独特最显著的特征"。④ 英国的治安法官制度是一种义务性、兼职性、非官僚化和无薪俸的地方官员制度，担任各郡治安法官的是乡绅群体。在中世纪晚期近代早期的英国，大多数民众认为自己属于郡共同体。⑤

治安法官的前身是治安维持官（keeper of peace），职责是协助郡守逮捕犯人，维持地方社会治安。1195年理查一世时期，为应对动荡的社会形势，摄政王

① F. W. Maitland, *The Constitutional History of England: A Course of Lectures Delivered*, Cambridge: Cambridge University Press, 1908, p. 44.
② Albert Beebe White, *The Making of the English Constitution 449 – 1485*, New York: The Knickerbocker Press, 1908, p. 192.
③ 李猛编：《韦伯：法律与价值》，第200—201页。
④ Sidney and Beatrice Webb, *English Local Government from the Revolution to the Municipal Corporations Act: The Parish and the County*, Vol. I, London: Longmans, 1906, p. 294.
⑤ A. Hassell Smith, *County and Court: Government and Politics in Norfolk, 1558 – 1603*, Oxford: The Clarendon Press, 1974, p. 108.

坎特伯雷大主教沃尔特颁布法令，规定每个郡选出 4 名骑士，郡中所有 15 岁以上的男子需到骑士前发誓，保证维护社会的安定。该法令是治安法官制度的雏形。威廉·斯塔布斯认为，"1195 年的法令在盎格鲁—撒克逊司法制度与现代相关制度之间架起了桥梁"。①

随着封建制度成熟，附着于土地之上的社会权力越来越为地方乡绅所掌握。从 13 世纪起，国王更多地依靠本地人处理地方事务。1327 年爱德华三世颁布《威斯敏斯特法》，正式要求郡中乡绅维护社会安定。这是第一份任命治安维持官的法令，标志着治安法官登上历史舞台。② 1461 年国王颁布的法令规定：郡守无权逮捕犯人及收取罚金，应将案件移交治安法官处理。普特兰认为，这一法令表明郡守地位最终衰落。③ 由此，英国的地方自治转向以治安法官为中心。

治安法官形式上由国王与枢密院任命，工作受枢密院与星室法庭监督。实际上，中央政府对治安法官的控制并不严密。托马斯·斯凯瑞姆指出："在 15 世纪，治安法官享有很大独立性，（中央政府）对他们工作的监督与控制很少。此点与实践相符合，撒克逊时期以后，只要地方与中央政府协调一致，就由地方自己治理。"④ 都铎王朝时期，为了应对社会转型产生的众多问题，中央政府赋予治安法官越来越多的权责，如从地方济贫到处理日益严重的流民问题；从管制大众娱乐活动到处理啤酒馆内的寻衅滋事；从处理巫术与女巫到控制普通民众的宗教信仰。

与之前的郡守制度不同，治安法官制度是团体管理模式。1388 年的法令规定，每郡应有 6 名治安法官；1390 年的法令规定，每郡应有 8 名治安法官。⑤ 到都铎王朝时，需处理的事务日趋增多，每郡治安法官也增至 30—40 人。在米德尔塞克斯郡，治安法官人数超 40 人，甚至非常小的拉特兰郡也有 15 人。⑥ 在治安法官委员会中，一人为首席治安法官（Custos Rotulorum），负责保存相关

---

① William Stubbs, *The Constitutional History of England: In Its Origin and Development*, Vol. I, p. 546.

② Thomas Skyrme, *History of the Justices of the Peace*, Chichester: Barry Rose, 1994, p. 56.

③ Eric Acheson, *A Gentry Community*, p. 109.

④ Thomas Skyrme, *History of the Justices of the Peace*, p. 173.

⑤ W. S. Holdsworth, *A History of English Law*, Vol. I, p. 288.

⑥ Thomas Skyrme, *History of the Justices of the Peace*, p. 182.

档案,① 也是治安法官首领。枢密院在考虑治安法官人选时，还会听取首席治安法官意见。为处理社会问题，治安法官形成不同应对机制，不断适应时代变化。治安法官委员会基本分为三种类型：一是单个治安法官，处理简单事务；二是在特定区域内，几个治安法官集体处理事务；三是四季法庭（又称"郡治安法官代表会议"），为全郡的集会。②

概言之，早期以郡守和郡法庭为中心的地方治理机制，更多体现国王的权威与意志。随着社会事务复杂性增强以及普通法发展，英国国家治理呈现两个特征，一是治理的跨区域化和国家化，二是地方治理的乡绅化和团体管理模式。此系封建制发展到新阶段的体现。

三、地方自治的主体

制度是框架，更为重要的是负责执行的人与群体。麦克法兰指出，假如要揭示中央与地方政府的主要框架，应熟知乡绅的生活与成就，特别是担任下院议员的乡绅。③ 封建时代的英国，位于贵族之下的是乡绅阶层。一般观点认为，乡绅包括三个等级：骑士、缙绅和绅士。④ 中世纪英国政治运作涉及国王、贵族、教会、乡绅等主体，形成纵向与横向两类关系网络。封建制与欧洲文明"元规则"所涉及的"财产权利"、"自卫权利"等，影响着乡绅阶层的形成、发展及政治实践。

从13世纪中叶开始，英国社会逐渐产生一个新阶层——乡绅。到14世纪中叶，可辨认的乡绅阶层正式形成。⑤ 亨利二世征收盾牌钱，逐步取消骑士的军事义务，故而后者开始涉及世俗社会生活。因为各种需要，安茹王朝的国王要求骑士参与司法活动。⑥ 1179年，亨利二世创立一个新型大咨审团（Grand Assize/Assize of

---

① Charles Austin Beard, *The Office of Justice of the Peace in England: In Its Origin and Development*, New York: The Columbia University Press, 1904, p. 156.

② Sidney and Beatrice Webb, *English Local Government from the Revolution to the Municipal Corporations Act*, Vol. I, p. 295.

③ K. B. McFarlane, *England in the Fifteenth Century*, pp. 20 – 21.

④ Eric Acheson, *A Gentry Community*, p. 31.

⑤ Peter Coss, *The Origins of the English Gentry*, p. 11.

⑥ Peter Coss, *The Origins of the English Gentry*, p. 45.

Windsor），在解决有关土地争议时，佃户可把案件从封建法庭转到王室法庭。陪审团在确认当事双方哪一方对自由保有土地享有更充分权利时，郡守召集由郡内 12 名骑士组成的陪审团，根据当事双方的宣誓来确定哪一方对所争诉的土地享有更充分权利。

　　1213 年，国王约翰一世颁布令状，要求各郡挑选 4 名骑士到牛津参加会议，与国王和贵族一起商讨国家大事。① 1215 年的《大宪章》第 18 款也涉及骑士责任："新近侵占、遗产占有和最终圣职推荐案的审理应当在案发当地郡法院进行，且程序如下；由朕，或者朕不在国内时由朕的宰相，每年分四次向每郡派出两名法官，与郡内推举之四名骑士一同在郡法院开庭的既定时间与地点审理上述占有案件。"② 普尔指出："骑士成为郡议员后，就把注意力转移到本郡的行政与司法事务中。"③

　　一方面，随着社会发展，国王需加强对地方社会的治理。国王在依赖贵族并不得不与之斗争的同时，需要更加广泛的社会支持，于是乡绅阶层得到发展与扩张的机会。另一方面，乡绅阶层以土地保有为基础，逐渐在地方社会获得影响力，他们参与社会政治生活的能力也大为提高。以柴郡为例，1412 年 4 月 24 日，郡中一教堂有超过 60 名骑士与绅士举行集会，处理托马斯·格罗斯文勒爵士与罗伯特·勒夫的财产纠纷。举行完相关仪式后，格罗斯文勒爵士声称自己有关争议土地的特许状是真实的，其誓言得到 58 名乡绅确认，他们同时举起手向上帝发誓。④ 再以兰开夏郡为例，在 1414 年的郡庭会议上，约翰·斯坦利（John Stanley）与罗伯特·劳伦斯（Robert Lawrence）被选举为议会议员，有 38 名出席会议者在选举文书上盖上自己的印章，以示认可。⑤

---

① William Stubbs, *Select Charters and Other Illustrations of English Constitutional History*, Oxford: The Clarendon Press, 1921, p. 282.

② 钱乘旦、高岱主编：《英国史新探：中古英国社会与法》，北京：北京大学出版社，2018 年，第 257 页。

③ A. L. Poole, *From Domesday Book to Magna Carta: 1087-1216*, Oxford: The Clarendon Press, 1955, p. 27.

④ Michael J. Bennett, *Community, Class and Careerism*, Cambridge: Cambridge University Press, 1983, p. 22.

⑤ Michael J. Bennett, *Community, Class and Careerism*, p. 23.

地方社会存在王权的影响，也存在大贵族势力，更多的还是地方乡绅的力量与影响。从某种意义上讲，乡绅主导地方行政是英国多元社会结构在地方社会的体现。世俗社会除了王权还存在其他力量，在中央层面表现为贵族势力的存在，在地方层面表现为乡绅社会的形成与发展。艾利克·艾奇逊指出："自治政府可能是在国王的命令之下，但在 15 世纪的莱斯特郡，乡绅——这些在任的官员——对被统治者施加了更直接的影响。"[1] 布朗也认为："几百年来，由于民众在郡法庭和郡内进行的公共实践活动，郡形成一种具有凝聚力的共同体，教区与百户区也是如此。"[2]

乡绅阶层的形成与封建制密切相关。乡绅之所以成为乡村领导者，首先是财产权，特别是土地保有权的保障。由于土地财产权得到保护，再加上经济发展的需要，许多乡绅采用新的土地经营方法以增加收入，比如直接管理庄园的自营地，发展谷物种植与畜牧业结合的混合产业。如 15 世纪初，汉普顿的骑士约翰·钱普弗劳尔播种了大面积耕地，并饲养 3254 只羊以及若干头牛。1494 年，约克郡的马丁·德·拉·梅尔用 4 组公牛耕地，同时喂养 60 头奶牛以及 1200 只羊。北安普顿郡的凯茨比家族在一个庄园进行试验，该庄园早在 1386 年已经被用作牧场。在这里，他们获得一大片牧场专用权，同时又租赁相邻其他领主的土地。他们用沟渠和树篱将这 1000 英亩整齐划一的草地分成若干块土地，并饲养一大群羊，羊群从 1447 年的 1600 只，增加到 1476 年的 2700 只。此外还有 12—54 头奶牛、一群肉牛（有一年有 45 头）和 12 匹马。部分土地被用来养兔子，有一年兔子的规模达到 300 对。凯茨比家族消费了部分产品，但该庄园主要目的是通过出售羊毛和肉牛获得现金，牛肉卖到沃里克等地，羊毛卖给埃文河畔斯特拉特福德的商人约翰·汉斯。在莱斯特郡，1500 年时律师托马斯·克贝尔建立更大的地产组合，他在 10 个不同的牧场上，喂养 3684 只羊和 188 头牛。[3]

英国普通法的一个突出特点是，其与解决土地和地产纠纷密切相关。不论是涉及土地继承，还是土地被侵占等，都与乡绅利益息息相关，"法律知识对保护

---

[1] Eric Acheson, *A Gentry Community*, p. 134.

[2] A. L. Brown, *The Governance of Late Medieval England 1272 – 1461*, London: Edward Arnold, 1989, p. 149.

[3] 克里斯托弗·戴尔：《转型的时代——中世纪晚期英国的经济与社会》，第 100—101 页。

乡绅自己的地产是必须的。在四季法庭中，他们可以处理有关土地、债务与契约等方面的案件"。① 于是，接受教育特别是法律教育成为乡绅必修课。乡绅接受知识的一个途径是律师会馆，伦敦的律师会馆是教授普通法的大学。② 乡绅进入律师会馆接受法学教育，随着时间推移，律师会馆逐渐变成兼具社交功能的专业大学，年轻贵族和乡绅在此学习法律。亨利六世时期，四大律师会馆（中殿会馆、内殿会馆、林肯会馆和格雷会馆）各有 200 名学生。③

其次，乡绅积极投身地方认同建构与地方行政事务之中。肯特郡乡绅威廉·兰巴德既是郡志史家，又是有影响力的地方官员，积极参与地方政府工作。他曾在林肯律师会馆学习，1579 年成为该会馆主管（bencher），同年成为肯特郡治安法官。兰巴德认同英国治安法官制度，但对当时治安法官队伍的无能与腐败深恶痛绝。为更好指导治安法官工作，1581 年他凭借经验和学识编写《论治安法官的修养》一书，是 16 世纪最好的治安法官手册，到 17 世纪依旧流行，④ 成为近代英国治安法官必读书。布莱克斯通也对该书推崇备至，将其推荐给学习法律的学生与律师。⑤ 再如马歇尔·达尔顿，他先在剑桥大学学习，后进入律师会馆，成为出庭律师并担任会馆主管，再后来担任剑桥郡治安法官。达尔顿对地方行政投入极大热情，写过有关郡守职责的书，并表示该书写作得到乡绅们鼓励。⑥

随着乡绅阶层发展，以乡绅为核心，地方社会拥有反抗王权暴政的"自卫权"。国王索取与掠夺地方社会的手段层出不穷，如课税、强卖权、索取赎金等。其中，诺曼征服后形成的王室"森林法"与王室森林法庭，最为地方民众所痛恨。为供国王与贵族打猎，国王在英国各地圈地新建林区，俗称"新林苑"，最多时全国面积的 1/4—1/3 成为王室林区。广阔的地区成为王室禁猎区，给原来生活在这些地区的民众造成极大不便，他们不能砍伐树木以修建房屋，也不能在

---

① J. R. Lander, *Government and Community England, 1450 - 1509*, p. 36.

② Robert Richard Pearce, *A History of the Inns of Court and Chancery*, London, 1848, p. 54.

③ Cecil Headlam, *The Inns of Court*, London：Adam and Charles Black, 1909, p. 16.

④ Retha M. Warnicke, *William Lambarde: Elizabethan Antiquary, 1536 - 1601*, London：Philimore, 1973, p. 70.

⑤ Retha M. Warnicke, *William Lambarde: Elizabethan Antiquary, 1536 - 1601*, p. 72.

⑥ Michael Dalton, *Officium Vicecomitum: The Office and Authority of Sheriffs*, London, 1662, the epistle to the reader.

林区内携带弓箭及打猎。

为管理林区设立的森林法庭，又成为王室掠夺资源的工具。1184 年的《沃德斯托克法令》和 1198 年的"森林诏令"，都对违反森林法的人处以严刑。在历数威廉一世的暴政时，《盎格鲁—撒克逊编年史》就把残酷的森林法作为重要一项："他对猎物大加保护，并为此订立法律，谁要是杀了公鹿或母鹿，就要被刺瞎双目。他保护公鹿和公猪，也同样喜爱长大的公鹿，犹如他是它们的生父。更有甚者，他下令任野兔自由驰驱，有势者对此抱怨，贫困者对此叹息，但是他却如此凶狠，对这些怨怼一概置之不理。"①

面对国王苛政，地方共同体借助法律手段与王室官员博弈，此系地方社会"自卫权"的重要体现，依据是 1215 年的《大宪章》第 44 款："今后任何居于森林法区之外者不得以一般传召令被传唤至森林法庭出庭，除非此人牵涉与某一森林法区相关之诉讼，或为涉嫌森林区犯罪而遭逮捕之人提供担保。（1225 年删除）"② 1217 年，《大宪章》再次得到确认，并且将王室森林问题单独列出，形成新的《森林宪章》。此后 1225 年、1297 年的《大宪章》再确认令中也附有《森林宪章》。

1217 年《森林宪章》的主要内容是：调查自亨利二世以来建立的王室林区，除在其自营地上建立的王室林区，其余应不受森林法管辖；如果侵犯别人的或共有的林地，应归还原主；每个自由人都可在自己森林中放牧或牧猪，为此他可以赶牲畜经过王室林区；在王室林区内拥有合法林地的民众，可自行垦荒种植；王室林区以外的居民不受森林法庭管辖，禁止森林官员勒索地方民众财物；任何人不再因为违反森林法被处以死刑或肉刑，而应处以罚金；每个自由人在自己林地或土地上可建磨坊、挖鱼池、修水坝及耕种；自由人在自己林地发现的动物归己所有。③

---

① 《盎格鲁—撒克逊编年史》，第 252 页。

② 钱乘旦、高岱主编：《英国史新探：中古英国社会与法》，第 264 页。此外，《大宪章》第 47、48、53 条等条款也有涉及王室林区的内容。

③ Charles R. Young, *The Royal Forests of Medieval England*, Pennsylvania：University of Pennsylvania Press, 1979, pp. 68 – 69. 译文参考马克垚的《英国封建社会研究》（北京：北京大学出版社，2005 年，第 108 页）。

1634 年开始的抵抗"船捐"（ship money）事件，是地方"自卫权"的又一表现，突出展示了地方乡绅阶层与中央王权的利益博弈。英国是个岛国，中世纪以后多次遭受来自海上的外敌入侵。因此，为了更好地保家卫国，就形成一个惯例，当面临海外入侵时，英国国王可以"临时地"、"偶尔地"向沿海地区的居民征收船捐。

船捐的征收按财产多少分摊，国王与中央政府颁布法令，授权地方政府征收。按照中世纪形成的传统，船捐的征收有较为严格的要求：一是国家处于危急状态；二是征收对象是沿海地区居民；三是临时性质。执行者应该是各郡的治安法官。但是在 17 世纪 30 年代，国王查理一世与地方的关系已出现裂痕，互相严重不信任。查理一世和枢密院试图借助郡守权威处理此问题，于是把令状发给郡守，要求其负责此事。征税步骤如下：先由堂区警役（Constable）征收，交由百户区警长上交郡守，最后上缴海军部的司库。在征税体系中，堂区警役发挥着重要作用。为了征税，他们需出示征收许可："我确认，我从百户区警长处获得授权许可，为了国王陛下建造舰船而征税。"①

作为国王在地方代理人的郡守，此时行政权力几乎丧失殆尽，只是负责郡议员选举相关事务。具体负责征收工作的堂区警役并不直接向郡守负责，而是对治安法官负责，由此导致郡守负责的征收船捐工作举步维艰。1640 年前后，为督促郡守完成任务，枢密院又要求王室官员没收吏监督郡守，此系国王设置没收吏一职以来首次赋予其此种权力。没收吏本来的职责是估价与接管无人继承而应归还国王的土地，保证国王在地方的利益不受侵犯，维护国王作为最高领主的权力，是承担专有职责的官职，虽然是王室利益忠实代理人，但从未涉及其他领域。

国王此时赋予没收吏该权力，一方面表明确实已黔驴技穷，不再诉诸常规手段，另一方面说明中央与地方真正决裂。为了执行中央政府的命令，郡守发现自己在本地区的威望遭到削弱，最终绝大多数郡守转而忠诚于地方共同体。② 萨福克郡郡守西蒙兹·德·艾维斯在自传中表示，船捐是近 500 年来英国人在国内受

---

① Vincent B. Redstone, ed., *The Ship-Money Returns for the County of Suffolk*, *1639 – 40*, Ipswich, 1904, p. 166.

② Angus Stroud, *Stuart England*, London：Routledge, 2002, p. 59.

到的最致命、最具毁灭性的打击。①

在国王肆意破坏英国地方自治传统的同时，地方乡绅决定反抗国王的独断专行，1637 年爆发著名的"约翰·汉普顿事件"。白金汉郡乡绅汉普顿曾经担任治安法官与议会议员，他所在的白金汉郡并不是沿海港口城市，于是汉普顿以"船捐的征收没有获得议会批准"为由拒绝缴纳。国王随后逮捕汉普顿，在法庭辩论中，汉普顿的律师历数国王暴政，强调英国民众自古以来的权利与自由传统。虽然法庭最后的审判以 7:5 的票数判定汉普顿必须缴纳船捐，体现了国王意志，但此时英国中央与地方关系已经破裂，随后内战爆发。

四、"英国王权不下乡"?

地方自治并不意味着王权与地方社会没有直接关系，中央集权与地方自治互为因果，密不可分。王权自然要控制地方社会，防止封建割据，维护国家统一。因为封建时代的英国国王是土地最终所有者，不管是分封还是次级分封，国王都位于分封金字塔最顶端，借助对全国土地的最终所有权，具有独特政治权威。英国王权与乡村不可分割。

相较于欧洲大陆国家，中世纪英国王权权威性较强。威廉一世凭借"征服者"特殊身份，重新分配土地，重建社会结构。特别是 1086 年《末日审判书》，借助地方民众广泛参与，国王任命的法官翔实登记英国的地产、居民、财产等，成为国王统治地方的基础。《盎格鲁—撒克逊编年史》记载：

> 在这之后，国王对这个国家的事情——它的居民分布情况，居民又属于何种类别——作了深思熟虑，并且与他的议政大臣们进行了深入的讨论。然后他派手下的人遍赴英国各地，进入每一个郡，要他们查明每个郡各有几百海德土地，国王本人在国内拥有的是什么样的土地和何种牲畜，他 12 个月内应该从各个郡得到什么贡赋。他还令人作了一份记录，载明他的大主教们、主教们、修道院院长们、伯爵们各有多少土地——虽然我叙述起来是太

---

① James Orchard Halliwell, ed., *The Autobiography and Correspondence of Sir Simonds D'Ewes*, Vol. Ⅱ, London, 1845, p. 129.

冗长了，——当时在英国占有土地的人，各人土地上都有些什么，各有什么
牲畜，数量多少，值多少钱。他令人调查得如此详尽，乃至没有一海德土
地，也没有一维格特土地，的确（叙述起来是一种耻辱，但是在他看来这样
做并不是耻辱）也没有一头公牛、一头母牛、一头猪被遗漏而没有记录在
案。后来所有这些记录都被呈交给他。①

通过掌握土地等财产信息，英国建立比同时代欧洲大陆封建王权更强大的国王权
威。此外，通过在各地建立城堡，彰显诺曼国王与领主对地方的权威，"到 1100
年为止，已经有 500 座诺曼城堡作为权势的象征，广泛分布在英格兰乡村的战略
要冲，其中包括俯瞰泰晤士河谷的温莎城堡"。②

在金雀花王朝亨利二世统治时期，英国中央集权进一步加强。一方面，1170
年亨利二世颁布《调查郡守令》，③ 对郡守进行调查，罢免许多郡守，并任命自
己中意的人选，由此加强对郡守的控制，遏制郡的封建化与分裂倾向。另一方
面，亨利二世的司法改革使普通法迅速发展起来。首先，1164 年颁布的《克拉伦
敦宪章》，通过调整国王与教会的关系限制教会法庭的权力。其次，1166 年颁布
的《克拉伦敦法令》规定，王室法官或郡守可召集地方守法居民，就本地犯罪案
件进行询问与调查，首次在刑事指控中使用宣誓作证。相较其他封建法庭或公共
法庭神明裁决的审判制度，该模式显然是先进的。之所以能召集若干民众组成陪
审团，是因为国王具有权威性，以及"王之和平"的影响，显示王权对地方社会
的渗透与控制。

最后，亨利二世借鉴以前巡回审判的经验，在 1176 年将英格兰分为 6 个巡
回审判区，每个巡回区设 3 名巡回法官，他们巡查全国，处理各种案件与事务。
1179 年，国王将巡回区由 6 个调整为 4 个，每个巡回区设 5 名法官。④ 此外，亨

---

① 《盎格鲁—撒克逊编年史》，第 246 页。
② 阿萨·布里格斯：《英国社会史》，第 66 页。
③ George Burton Adams and H. Morse Stephens, eds., *Select Documents of English Constitutional History*, pp. 18 – 19.
④ J. E. A. Jolliffe, *The Constitutional History of Medieval England*, London：Adam and Charles Black, 1961, p. 212.

利二世统治期间，逐渐建立中央常设法院。上述措施大大强化了中央集权。约翰·哈德森指出："司法活动与法律在很大程度上延续地方自治政府的特点，但在重要方面它是国王命令下的自治。"①

到亨利八世统治时期，英国宗教改革与"都铎政府革命"标志着民族国家初步建立。埃尔顿详细考察都铎政府主要部门在 16 世纪 30 年代发生的变化，归结为以下几点：一是改革财政管理，管理机构从国王宫廷分出，成为若干平行的税收法院。二是以前作为行政中心的御玺处，让位于首席大臣官署。三是从前非正式的枢密会议核心成员，组成正式政府部门枢密院。四是长期以来作为政府主体的国王宫廷，成为服务国王个人的机构。②

都铎王朝对地方行政最重要的贡献，是将原具有教会性质的堂区转变为国家基层行政单元。14 世纪 40 年代，随着黑死病暴发，农村人口规模发生重大变化，劳动力减少，劳动力成本随之上升。传统庄园以劳役地租为主要形态的生产方式无法适应时代发展，加上城市的吸引，导致庄园内农奴大规模逃离或爆发起义，以摆脱人身束缚。在此情况下，庄园制度开始解体，庄园行政体系开始动摇。

堂区从教会组织发展为世俗组织，经历了长期演变。早期的堂区教堂在很大程度上依靠于庄园，11—12 世纪的教会改革力图使教会与世俗社会分离，从而实现教会的独立性，使地方教堂事务或多或少脱离庄园体制管控。到 12 世纪末，堂区体制已扩展到英格兰整个乡村社会。13 世纪时，英格兰已有近 9500 个堂区。苏珊·雷诺兹指出，"到 13 世纪，有充分证据表明，许多堂区事实上已经是真正的社区"。③ 中世纪后期，英国面临严重的流民与济贫问题，都铎政府为了应对危机，把堂区推向台前。1601 年的济贫法规定，堂区是执行济贫工作的基层单位，有义务在治安法官领导下处理流民问题，并救助堂区内贫困者。由此，堂区成为地方基层单位。

---

① John Hudson, *The Formation of the English Common Law*, p. 136.
② 戚国淦：《灌园集——中世纪史探研及其他》，北京：商务印书馆，2007 年，第 99 页。埃尔顿强调托马斯·克伦威尔在亨利八世政府中的意义与影响，其研究关注 16 世纪 30 年代英国的中央政府，参见 G. R. Elton, *The Tudor Revolution in Government*, *Administrative Changes in the Reigh of Henry Ⅷ*, Cambridge：Cambridge University Press, 1969, p. 5.
③ Susan Reynolds, *Kingdoms and Communities in Western Europe, 900 – 1300*, Oxford：The Clarendon Press, 1997, p. 79.

传统的"牛津学派"对英国中世纪议会的研究，侧重于议会与国王的斗争。然而，近来的研究表明，从 13 世纪后期开始，议会发展出一个重要功能——接受民众请愿，"议会在爱德华一世 1272 年即位之前就已存在许久，且它一直是解决困难或棘手的法律案件的场所，但是爱德华一世却把议会变成了人们争相申诉之地"。①

首先，请愿民众通过议会可向中央指控地方官员的暴政，国王收到民众对郡守的投诉，进而惩戒郡守。耶特林顿的艾格尼丝请求罢免利伯恩的约翰的郡守职务，因为约翰并未给予其公正判决，1330 年约翰被革职。② 有人申诉道，诺丁汉郡和德比郡的郡守在没有逮捕令的情况下，将他们监禁起来，向郡守缴纳罚款后才获自由。类似情况还有很多。郡守在职时无法提供补救措施，民众要求将其革职。③

其次，通过议会请愿，地方民众的请求得到一定程度的满足，从而达到国王与地方民众沟通之效，"议会从形成时起就是提出请愿的场所，所以议员把有关个人和局部利益的'区区小事'提交议会裁断是很正常的"，④ 国王由此得以更深入了解地方社会的具体诉求与实际情况。1376 年召开的议会共收到 146 份请愿书，多数指控地方政府滥用权力，以及劳工和乞丐带来的混乱等，也有请愿书要求根据郡中民众的共同意愿选举议员与郡守。⑤

肯特郡的罗切斯特有一座老木桥，是两岸居民必经之地，但年久失修，需要重建。1391 年，罗伯特·诺尔斯爵士与约翰·科巴姆爵士向议会提交请愿书，涉及修桥所需土地与资金分配，并要求选出两名监事（warden）。后来议会颁布法令指示，维修旧桥不如另选地点建新桥，原来给旧桥的资金等转给新桥建设。罗伯特·诺尔斯爵士与约翰·科巴姆爵士被任命为建桥主事。⑥

---

① 格威利姆·多德：《民众之声：中世纪晚期英格兰的诉状和议会》，《经济社会史评论》2017 年第 2 期，第 46 页。

② SC 8/310/15472，https：//discovery. nationalarchives. gov. uk/details/r/C9682482，访问日期：2024 年 1 月 17 日。

③ SC 8/261/13032，https：//discovery. nationalarchives. gov. uk/details/r/C9516976，访问日期：2024 年 1 月 17 日。

④ 刘新成：《英国议会研究：1485—1603》，北京：人民出版社，2016 年，第 216 页。

⑤ May Mckisack, *The Fourteenth Century 1307 – 1399*, Oxford：At the Clarendon Press, 1959, pp. 387 – 388.

⑥ SC 8/85/4233，https：//discovery. nationalarchives. gov. uk/details/r/C9148775，访问日期：2024 年 1 月 17 日。

再如，大约在 1335 年，斯卡布罗（Scarborough）的执事和平民向爱德华三世递交请愿书，国王的祖父爱德华一世在位时，为远征苏格兰从他们那里拿走了食品。爱德华一世曾下令发放补偿，但财政署没有批准相应款项。爱德华三世回复如下："将包含本请愿书内容的令状寄给财政部财政署，让他们查看本请愿书中提到的令状，并据此进行拨款，如果有合理的理由不这样做，他们应向国王证明这一点。"①

在都铎王朝，由于社会处于转型阶段，各种矛盾凸显，地方利益诉求更加迫切，请愿活动增加，伦敦市最为突出，该市政府每次接到议会召集令状后都向各商人协会征集提案。1509 年 8 月，该市某商人协会主席西摩告知市政府，据说刚刚继位的国王亨利八世会在即将召开的议会上宣布禁止免税进口商品，而他和其他协会的主席磋商后一致认为，国王没有权力这样做，因为议会授予国王的吨税和镑税征收权及身而止，不能世袭，现在亨利七世已经去世，亨利八世则尚未得到议会授权这项权力，所以国王无权征收。西摩吁请市政府认真考虑"为维持这个国家，特别是伦敦市的繁荣，我们应作出哪些努力"。1510 年 1 月 10 日，伦敦市各商人协会举行联席会议，选出 17 位代表，研究"在即将召开的议会上应采取哪些必要的行动"。议会开幕后，伦敦市议员传出消息说，亨利八世将如历代君主一样要求议会授予他关税征收权。伦敦市各商人协会代表闻讯后与本市议员协商，向国王请愿，请求其延期行使该权力，降低关税。尽管最后他们的请愿没有成功，但伦敦市因此获得部分免税特权。②

再如埃克塞特市，该市是英国西南部重要的商业城市，其提案具有自身特色。1563 年，该市委托本市议员托西尔提出两份议案，内容庞杂，涉及建立特许孤儿院，取消该市关税；限制学徒工使用人数；延长"批发贸易法"有效期；修订筑路法和济贫法；等等。托西尔为此付出的努力，可从会议开始后不久致该市司库的信中窥见：

> 兹将本市准备提交议会的两份议案寄上，请您过目。愿上帝保佑我们

---

① SC 8/263/13142, https://discovery. nationalarchives. gov. uk/details/r/C9517088，访问日期：2024 年 1 月 17 日。

② 刘新成：《英国议会研究：1485—1603》，第 217—218 页。

的成功。其中有关合并小教区的那份拟提交上院，有关孤儿抚养的那份拟提交下院。我们考虑，有关孤儿抚养的议案经过我们的反复推敲，定能顺利地在下院通过并被转交上院，而我们提交上院的议案也差不多会在这时转交下院。我认为议员们在审议议案时，态度并不认真，如果我们把两个议案同时提交一院，很可能引起该院议员厌烦，从而草率处理……还有一些需要注意……关于学徒工事宜，目前已有一个关于员工的议案提交议会……如果该议案获得通过，并在前言中宣布其条款适用于英国所有有学徒工的城市，我希望埃克塞特市能够得到豁免……今日下午将根据伦敦议员的建议，以西部所有城市及地区的名义提出一个议案，我市将是其中之一。我希望由我兄弟瓦尔特给我捎来 10 英镑现金，因为我为此事欠了不少人情，必须偿还。①

分析材料可知，该时期英国地方政府面临的困难与社会问题，集中于济贫事务、学徒及贸易等领域，需要中央政府从宏观上进行调控，同时地方社会也要主动作为。

可见，随着社会与经济发展，王权借助普通法逐渐加强对地方势力的控制。同时，中央政府借助代议制了解地方社会的情形，进而加深与地方的交流。

结　　语

传统"两分法"认为，中央集权与地方自治是相互矛盾的关系，近代早期英国民族国家的发展必然要牺牲地方利益，地方共同体对中央集权而言是一种障碍。此种认识从本质上割裂了中央与地方的有机联系，既不利于理解封建王权的性质，也无法理解英国地方自治传统的历史意蕴。阿莫诺教授认为，近年有一个趋势，即从上层政治史研究转向下层政治史研究，如地区和地方政治以及大众政治。研究方式的转变无疑是积极的，但不幸的是，这种研究通常被用来取代而不是补充上层政治史研究，故而造成一种错误认知，即中世纪的英国像法国那样支离破碎。此种做法忽视中世纪英国王室政府的统一性，也忽略中央政治机构有能力代表地方利益。在研究地方机制与态度时，不仅需要理解其内部机制与特点，

---

① 刘新成：《英国议会研究：1485—1603》，第 224 页。

也需理解在地区和国家层面其所关联的更广泛政治体系。① 这一论述注意到中央与地方是一个有机体，强调对地方自治和中央集权的研究应置于"相互关系"情境之中。郭方认为，有些人把表面现象总结为英国的地方政府保留了更多中世纪的传统，但从本质上看，应该说正是由于资本主义在英国尤其是在农村率先发展，使英国基层社会结构的进步超过专制王权机构的扩张速度，因而形成一种中央集权与地方自治相平衡的行政司法体制，否则便无法解释为什么只有治安法官和教区的传统得以发展，而其他各种中世纪的社团组织却纷纷衰落消亡。②

在英国从封建国家向民族国家转变过程中，封建制及其孕育的"元规则"，使英国民族国家建立在"地方自治"基础之上。英国历史学家埃尔顿认为，有关英国政府的研究需要特别予以关注，它从外部干涉中发展出相对的自由，呈现一种独特的融合，即非集权的大众自由与强有力、有效率的集权行政相结合。③ 应当指出的是，在封建社会早期阶段，它所要解决的是国家治理机制与地方社会的安全，因为贵族领主等获得地方社会的统治权，分割国家公共权力，由此形成封建割据局面。

但是，英国地方自治传统与中央集权趋势依旧共存。随着封建制所附带的土地占有权与公共责任渗透到地方社会治理之中，地方自治与近代民族国家都得到发展。地方自治逐渐取代封建割据，封建国家逐渐演变为民族国家，两者在近代早期结合，共同构成英国的国家治理形态。正如汤普逊所指出，"封建制度虽已走过了它的历史过程，但它的基本原则——财产的占有须附有公共义务，巨大私人财产应对社会负有某种责任——还是良好政府和公平的社会关系的精粹所在"。④

〔作者陈日华，南京大学历史学院教授〕

（责任编辑：郑 鹏 高 凡）

---

① W. M. Ormrod, *Political Life in Medieval England, 1300 - 1450*, London：Macmillan Press, 1995，p. 39.

② 郭方：《英国近代国家的形成——16 世纪英国国家机构与职能的变革》，北京：商务印书馆，2007 年，第 85—86 页。

③ G. R. Elton, *The Tudor Revolution in Government*, p. Ⅰ.

④ 汤普逊：《中世纪经济社会史》下册，第 329 页。

图书在版编目（CIP）数据

中国历史研究院集刊. 2024 年. 第 2 辑：总第 10 辑 /
李国强主编. -- 北京：社会科学文献出版社，2025. 6.
ISBN 978 - 7 - 5228 - 5120 - 4

Ⅰ. K0 - 55
中国国家版本馆 CIP 数据核字第 20258563PW 号

中国历史研究院集刊2024 年第 2 辑（总第 10 辑）

主　　编 / 李国强
副 主 编 / 周　群（常务）　焦　兵

出 版 人 / 冀祥德
组稿编辑 / 郑庆寰
责任编辑 / 赵　晨
责任印制 / 岳　阳

出　　版 / 社会科学文献出版社·历史学分社（010）59367256
　　　　　地址：北京市北三环中路甲 29 号院华龙大厦　邮编：100029
　　　　　网址：www. ssap. com. cn
发　　行 / 社会科学文献出版社（010）59367028
印　　装 / 北京盛通印刷股份有限公司

规　　格 / 开　本：889mm×1194mm　1/16
　　　　　印　张：19. 75　字　数：330 千字
版　　次 / 2025 年 6 月第 1 版　2025 年 6 月第 1 次印刷
书　　号 / ISBN 978 - 7 - 5228 - 5120 - 4
定　　价 / 300. 00 元

读者服务电话：4008918866